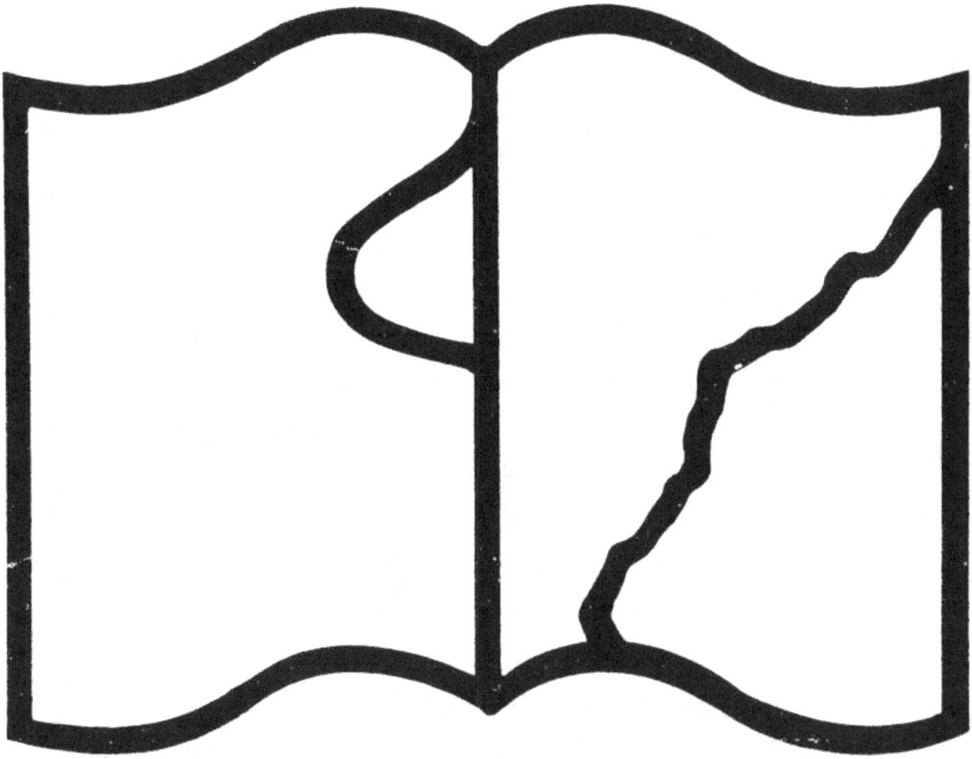

Texte détérioré — reliure défectueuse

NF Z 43-120-11

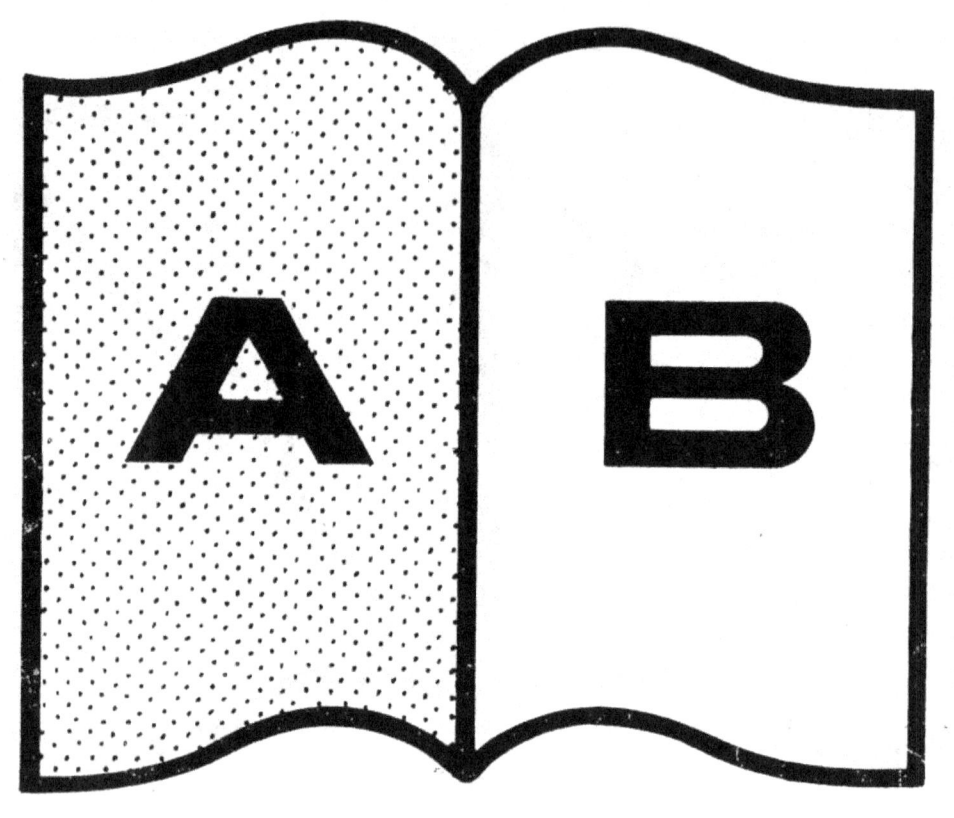

Contraste insuffisant

NF Z 43-120-14

COURS COMPLET

DE

GÉOGRAPHIE

A L'USAGE

DES ÉLÈVES DE L'ENSEIGNEMENT SECONDAIRE SPÉCIAL

RÉDIGÉ CONFORMÉMENT AUX PROGRAMMES OFFICIELS

TROISIÈME ANNÉE

GÉOGRAPHIE PHYSIQUE, POLITIQUE ET ÉCONOMIQUE
DE LA FRANCE

PAR

M. H. PIGEONNEAU

PROFESSEUR A LA FACULTÉ DES LETTRES DE PARIS
VICE-PRÉSIDENT DE LA SOCIÉTÉ DE GÉOGRAPHIE COMMERCIALE

PARIS
LIBRAIRIE CLASSIQUE EUGÈNE BELIN
Vve EUGÈNE BELIN ET FILS
RUE DE VAUGIRARD, N° 52

1885

Tout exemplaire de cet ouvrage non revêtu de ma griffe sera réputé contrefait.

SAINT-CLOUD. — IMPRIMERIE Vᵉ EUG. BELIN ET FILS.

AVERTISSEMENT

Les changements survenus dans les programmes de l'Enseignement secondaire spécial nous ont décidé à remanier complètement le cours de géographie destiné à cet enseignement. Tout en donnant une plus large place à la géographie physique et politique, et en introduisant dans cette nouvelle édition des notions sommaires de géographie historique qui n'existaient pas dans les éditions précédentes, nous avons laissé tout son développement à la géographie économique, particulièrement intéressante pour des jeunes gens qui, presque tous, se préparent, nous l'espérons du moins, aux carrières industrielles ou commerciales.

H. P.

GÉOGRAPHIE DE LA FRANCE

LIVRE PREMIER

GÉOGRAPHIE PHYSIQUE

CHAPITRE PREMIER

Situation. Notions sur la constitution géologique de la France. Les côtes.

1

Bornes. — La France est bornée au **nord-ouest** par la mer du *Nord*, le *Pas de Calais* et la *Manche*, qui la séparent de l'Angleterre ; à l'**ouest** par l'océan *Atlantique*; au **sud** par la rivière de la *Bidassoa* et les *Pyrénées*, qui la séparent de l'Espagne, et par la *Méditerranée*; à l'**est**, par la chaîne des *Alpes*, qui la sépare de l'Italie, le lac de *Genève*, la chaîne du *Jura*, qui la séparent de la Suisse, et celle des *Vosges* jusqu'au mont *Donon*, qui lui sert aujourd'hui de limites du côté de l'Allemagne ; au **nord-est** et au **nord**, par une ligne de convention qui sépare notre pays de l'*Allemagne*, du *Grand-Duché de Luxembourg* et de la *Belgique*.

Elle comprend, en outre, quelques petites îles disséminées sur le littoral, et une grande île, la *Corse*, située dans la Méditerranée, à 160 kilomètres au sud des côtes françaises.

Superficie. — La superficie actuelle de la France est d'environ 528 000 kilomètres carrés ou 52 800 000 hectares, représentant à peu près la millième partie de la superficie du globe et la dix-neuvième partie de celle de l'Europe. Avant les traités de 1871, qui nous ont enlevé l'Alsace et une partie de la Lorraine, la superficie de la France était de 543 000 kilomètres carrés.

Sa plus grande longueur, du sud au nord, entre Perpignan et Dunkerque, est de 1 000 kilomètres (250 lieues kilométriques) ; sa plus grande largeur, de l'est à l'ouest, entre le mont Donon et la pointe Saint-Mathieu, d'environ 960 kilomètres (240 lieues kilométriques).

Configuration de la France. — La France offre la forme d'un *hexagone*, c'est-à-dire d'une figure à six côtés régulièrement disposés. Deux de ces côtés regardent la *Manche* (nord-ouest), de Dunkerque à la pointe Saint-Mathieu, et l'*océan Atlantique* (ouest), de la pointe Saint-Mathieu à l'embouchure de la Bidassoa ; deux autres, les *Pyrénées* (sud-ouest), et la *Méditerranée* (sud-est) ; les deux derniers forment notre frontière continentale de l'est, depuis la Roya jusqu'au mont Donon, et du nord, entre le mont Donon et Dunkerque.

Longitudes et latitudes extrêmes. — La France est située entre quarante-deux degrés vingt minutes (42° 20') et cinquante-un degrés (51°) de latitude septentrionale, sept degrés de longitude occidentale (7°) et cinq degrés de longitude orientale (5°) mesurés à partir du méridien de Paris. Les longitudes extrêmes sont prises à la pointe Saint-Mathieu (ouest) et à Menton près de l'embouchure de la Roya (est) : les latitudes extrêmes à la frontière de Belgique, au nord de Dunkerque, et au cap Cerbéra, sur la Méditerranée.

Situation. — La France est le seul pays qui touche à la fois à la Méditerranée, à l'Atlantique et à la mer du Nord ; elle réunit et résume, pour ainsi dire, tous les climats européens, toutes les natures de terrains, toutes les variétés de cultures ; elle est limitrophe de cinq des États les plus riches de l'Europe continentale, la Belgique, l'Allemagne, la Suisse, l'Italie et l'Espagne ; elle n'est séparée de l'Angleterre que par un détroit ; aussi ne doit-on pas s'étonner du rôle qu'elle joue au point de vue commercial comme au point de vue politique; la nature semble l'y avoir préparée.

II

Régions géologiques. — La géologie nous rend compte du relief et de la constitution actuelle du sol, en retraçant les transformations successives qu'il a subies; elle explique ou s'efforce d'expliquer les causes; mais la géographie a surtout à se préoccuper des effets : elle est la description de la terre, elle n'en est pas l'histoire; les notions de géologie ne sauraient donc tenir qu'une place très modeste dans l'enseignement géographique, surtout quand celui-ci s'adresse aux élèves des lycées et non des facultés. Sans entrer dans le détail plus ou moins hypothétique des révolutions qui ont déterminé le relief actuel de la France, il nous suffit de savoir qu'elle se divise, au point de vue géologique, en dix groupes nettement déterminés (1) :

1° et 2°. — Au centre et à l'ouest, deux massifs de terrains cristallisés, remaniés par des soulèvements de l'époque primaire et secondaire ou par des éruptions volcaniques : la **Bretagne** et le **Massif central**.

3°-7°. — Les massifs des **Pyrénées**, des **Alpes**, du **Jura**, des **Vosges** et des **Ardennes**, soulevés à des époques diverses et qui marquent au sud, à l'est et au nord-est les limites de la France géologique.

8°-10°. — Au pied du massif central, trois grands bassins dont les terrains n'ont émergé que lentement : celui du **nord** ou de **Paris**, espèce de cuvette dont les rebords sont dessinés par les pentes granitiques ou schisteuses des Vosges, des Ardennes, du massif breton et du massif central; celui de la **Garonne** ou du **sud-ouest**, grand golfe qui s'enfonce entre le massif central et les Pyrénées; enfin celui du **Rhône** ou du **sud-est**, avec ses deux étages superposés, dont l'un était un lac

---

(1) Niox, *géographie militaire de la France*, pages 1-5.

baignant le pied du Jura, des Vosges et des Cévennes, l'autre un large golfe dont les eaux venaient battre les derniers gradins des Alpes et du massif central.

Une grande partie de l'**ouest** (*Bretagne*) et du **centre** (*Auvergne, Limousin, Haute-Marche, Haut-Languedoc*); le **sud** (*Roussillon, Languedoc, Béarn*); le **sud-est** (*Provence, Dauphiné, Savoie*); l'**est** (*Franche-Comté, Lorraine* et *Alsace*), et le **nord-est** (*Lorraine, Luxembourg, Prusse-Rhénane*) de la région géologique française sont donc des pays de montagnes ou de plateaux accidentés; le **sud-ouest** et une partie de l'**ouest** (*Guienne* et *Gascogne, Aunis, Saintonge* et *Angoumois, Poitou, Anjou, Maine*); le **nord-ouest** (*Normandie* et *Ile-de-France*); le **nord** (*Picardie, Artois, Flandre, Champagne*); une partie du **centre** (*Orléanais, Touraine, Berry, Basse-Marche, Bourbonnais, Nivernais*); de l'**est** (*Bourgogne, Lyonnais*), et du **sud-est** (*Comtat-Venaissin, Bas-Languedoc, Basse-Provence*) sont des pays de plaines ou de plateaux d'une élévation médiocre et d'une configuration plus régulière et moins tourmentée.

La **Corse** appartient, par sa formation géologique, à la région italienne à laquelle elle se rattache par un plateau sous-marin, tandis qu'elle est séparée de la France par un fossé profond de 1000 mètres et large de plus de 150 kilomètres. C'est un massif de soulèvement en grande partie granitique et émergé à l'époque tertiaire.

Répartition des terrains. — En résumé, les *terrains tertiaires* occupent dans l'Ile-de-France, l'Orléanais, le bassin de la Garonne, le Bas-Languedoc, la Provence, le Dauphiné, la Bresse, le Bourbonnais et la Corse, près du tiers de la France (15 650 000 hectares).

Les *terrains cristallisés* (10 500 000 hectares) dominent dans le massif central, en Vendée, en Bretagne, dans le Roussillon, dans les Alpes de Savoie et du Dauphiné, dans le Morvan, dans les Vosges méridionales.

Les *terrains jurassiques* (10 400 000 hectares) enveloppent le bassin de Paris à l'est, au sud et à l'ouest (Ardennes, Lorraine, Bourgogne, Nivernais, Berry, Poitou,

Maine, Perche, Normandie), couvrent la Franche-Comté, une partie du Dauphiné et de la Savoie, et dessinent autour du massif central une bande étroite interrompue par les terrains tertiaires de la vallée du Rhône.

Les *terrains crétacés* (7 300 000 hectares) s'allongent d'une mer à l'autre au pied des Pyrénées, forment autour du bassin tertiaire de Paris une zone enveloppée elle-même par celle des terrains jurassiques (Champagne, Picardie, Normandie, Perche, Touraine, Berry, Bourgogne) couvrent le Périgord et la Saintonge, et s'étendent du lac de Genève à la Méditerranée, dans le versant occidental des Alpes.

Les *terrains primaires* (5 400 000 hectares) couvrent une partie de la Bretagne, du Maine, du Cotentin, du Lyonnais et presque toute la région des Ardennes, et s'étendent au pied des Pyrénées, parallèlement à la bande crétacée.

Les *terrains triasiques* (2 600 000 hectares) se rencontrent surtout dans la région des Vosges (Lorraine, Alsace), dans celle des Alpes (Savoie) et en Provence :

Les *terrains carbonifères* (500 000 hectares) des différents âges dans le nord (Flandre, Artois, Lorraine), et sur les pentes du plateau central.

Les *terrains d'alluvions modernes* (510 000 hectares) couvrent une partie des vallées et forment la *Camargue*, les *moëres* de la Flandre, la plaine de Perpignan et les marais du bas Poitou.

Enfin, les roches éruptives (*terrains volcaniques*) occupent plus de 500 000 hectares dans le massif central (Auvergne, Vélay, Morvan), en Provence, en Languedoc et en Lorraine.

III.

LES CÔTES. MER DU NORD. PAS DE CALAIS. MANCHE

Les côtes. Le fond des mers. — Le relief du fond des mers a les mêmes causes que celui des continents. Les terrains qui bordent le rivage se continuent sous les flots, et la pente plus ou moins rapide du sol sous-marin ne fait que prolonger celle du sol terrestre. C'est donc au pied des hautes montagnes que devront se trouver les mers profondes, tandis que les plaines basses correspondent à des hauts-fonds maritimes. La France est baignée par la mer au nord-ouest, à l'ouest et au sud-est.

Mer du Nord. — De la frontière de Belgique à la pointe Saint-Mathieu, où se termine la Manche, le développement des côtes de la mer du Nord et de la Manche, qui se dirigent du nord-est au sud-ouest, est d'environ 900 kilomètres.

La mer du Nord ne baigne le littoral français (*département du Nord*) que sur une étendue de 50 kilomètres environ, de la frontière de Belgique à *Calais*. Elle est bordée de dunes d'un sable grisâtre qu'interrompent quelques plages marécageuses. Poussées par les vents d'ouest qui soufflent dans ces parages pendant les deux tiers de l'année, ces dunes avancent peu à peu dans l'intérieur des terres, détruisant les cultures et ensevelissant même des villages entiers; aussi a-t-on essayé de les fixer en y semant des plantes dont les racines pénètrent dans le sable et finissent par donner à ce terrain mouvant assez de consistance pour résister à l'action des vents de mer. Au pied des dunes, du côté du continent, s'étendent des terres à demi noyées, situées au-dessous du niveau des hautes mers, et qui formaient autrefois de vastes marais. Des travaux de dessèchement et d'endiguement ont transformé ces *moëres* en un sol fertile, coupé d'innombrables canaux et couvert de moissons et de prairies.

La principale place maritime est **Dunkerque** (église des Dunes), grande ville, aux rues larges et régulières, entourée d'imposantes fortifications, mais dont le port est sans cesse menacé par l'invasion des sables.

Le Pas de Calais. — Le *Pas de Calais* baigne les côtes du *département* du même nom, de *Calais à Boulogne*. C'est un étroit bras de mer qui, dans sa partie la plus resserrée, n'a pas plus de 28 kilomètres de largeur, et dont les profondeurs extrêmes ne dépassent pas

50 mètres. Il est semé de bancs de sable dont quelques-uns s'élèvent presque au niveau des basses mers. Entre la France et l'Angleterre se prolonge sous la mer, un épais banc de craie imperméable à l'eau, et où de nombreux sondages n'ont révélé aucune fissure ; aussi songe-t-on à y creuser un tunnel sous-marin qui réunirait Calais, en France, et Douvres, en Angleterre, et dont le percement ne paraît pas présenter de difficultés insurmontables. L'obstacle le plus sérieux est la mauvaise volonté de l'Angleterre qui redoute, non pas comme elle l'a laissé entendre, une surprise militaire plus qu'invraisemblable, mais la concurrence dont sa marine serait menacée par cette nouvelle voie.

Les côtes du Pas de Calais sont bordées de dunes, de roches jurassiques et de falaises de craie blanche, où s'ouvrent des brèches étroites et que dominent le cap *Blanc-Nez* (Black-Ness, cap Noir, 134 mètres au-dessus du niveau de la mer), et le cap *Gris-Nez* (Craigh-Ness, cap des Roches), derniers escarpements des collines du Boulonnais.

Les principaux ports du Pas de Calais sont **Calais**, qui, pendant deux siècles, 1347 à 1558, appartint aux Anglais, et dont les paquebots emportent ou débarquent chaque année plus de 200 000 voyageurs passant de France en Angleterre ou d'Angleterre en France ;

Et **Boulogne**, à l'embouchure de la *Liane*, au pied d'une colline escarpée que couronne la ville haute, avec ses vieux remparts plantés d'arbres.

La Manche. — 1° De Boulogne à l'embouchure de la *Somme*, la côte, toujours bordée de dunes, où la sombre verdure des jeunes bois de pins tranche çà et là sur la couleur grisâtre et uniforme des sables, se détourne brusquement vers le sud. Entre la pointe du *Crotoy* et les mamelons escarpés qui portent la vieille ville de *Saint-Valery*, témoin du départ de Guillaume le Conquérant pour l'Angleterre, s'ouvre la baie de *Somme*, golfe à la marée haute, plaine de sable et de vase à la marée basse, sans cesse resserrée par les travaux de dessèchement et par les digues qui font reculer la mer (*département de la Somme*).

2° Au delà de l'embouchure de la Somme, du *Bourg d'Ault* à la pointe de la *Hève*, qui domine l'estuaire de la Seine, la côte s'incline vers l'ouest. Les plateaux de la Haute-Normandie, qui s'étendent jusqu'à la mer, se terminent brusquement par des falaises, murailles crayeuses rongées par les flots et qui souvent se dressent à pic jusqu'à une hauteur de plus de 100 mètres (falaises du *Tréport* et d'*Etretat*, cap d'*Antifer*). Au pied des falaises s'entassent des bancs de galets, cailloux roulés et polis par les vagues, et qui proviennent de débris de falaises écroulées, où le silex est mêlé à la craie.

Les principales villes maritimes de cette côte (*dépar-

Fig. 1. — Falaises d'Etretat (Seine-Inférieure).

tement de la Seine-Inférieure*), sont : **Dieppe**, dans une échancrure des falaises ouverte par la rivière de l'Arques, l'antique rivale de Dunkerque et de Saint-Malo, dont le port, envahi par les galets, ne peut plus soutenir aujourd'hui la concurrence du Havre ; **Fécamp**, l'un de nos ports d'armement pour la grande pêche, et le **Havre**, à l'embouchure de la Seine, créé par François Ier, et qui est devenu, grâce à sa situation, l'entrepôt de notre commerce avec le nord de l'Europe et les deux Amériques.

3° De l'embouchure de la Seine à la presqu'île du *Cotentin* (*département du Calvados*), s'étendent d'abord des plages basses et sablonneuses, puis au delà de l'embouchure de l'*Orne*, des falaises ou des plages de galets bordées d'une ceinture d'écueils à fleur d'eau. Le plus connu de ces bancs de roches sous-marines est celui qui a reçu le nom de *Calvados*, corruption populaire du nom espagnol de Salvador, porté par un vaisseau qui s'y brisa en 1588, avec une partie de la flotte armée par le roi d'Espagne, Philippe II, contre l'Angleterre. Les ports de cette côte, tels que *Honfleur*, *Trouville*, *Port-en-Bessin*, obstrués par les sables ou la vase, ne peuvent recevoir que des barques de pêche ou des bâtiments de faible tonnage, mais leurs plages unies attirent les baigneurs et font de cette partie de la côte de Normandie une des plus fréquentées pendant la saison d'été.

4° Entre la baie de *Seine*, à l'est, et la baie du *mont Saint-Michel*, à l'ouest (*département de la Manche*), s'allonge une presqu'île triangulaire aux côtes rocheuses, calcaires à l'est, granitiques à l'ouest, sans cesse rongées par les courants : c'est la presqu'île du *Cotentin* (pays de Coutances, l'ancienne *Cotentia*), qui projette vers le nord-est la pointe de *Barfleur*, vers le nord, le cap de la **Hague**. Au sud de la pointe de Barfleur, dans la rade de *Saint-Waast* ou de la *Hougue*, dont l'entrée est défendue par les îles *Saint-Marcouf* et *Tatihou*, l'amiral français Tourville, après avoir combattu une flotte anglaise double de la sienne, fut contraint de détruire ses vaisseaux, désemparés par le combat et la tempête, pour ne pas les laisser tomber entre les mains de l'ennemi (1692).

Les deux principaux ports de la presqu'île sont : à l'ouest, *Granville*, port de pêche ; au nord, **Cherbourg**, un de nos premiers ports militaires et l'une des créations les plus merveilleuses du génie moderne. On a dû, pour protéger la rade complètement ouverte aux vents du large, construire une digue immense, longue de près de 4 kilomètres, formée de blocs de granit, et jetée hardiment en pleine mer. Commencés en 1782, les travaux ne furent terminés qu'en 1853 et coûtèrent 67 millions, mais ils ont donné à la France un port vaste et sûr que lui avait refusé la nature, et qui commande toute la Manche.

Fig. 2. — Mont Saint-Michel avant la construction de la digue (marée haute et marée basse).

A l'ouest de la presqu'île sont semés des écueils granitiques, les îles *Chausey*, le banc des *Minquiers*, et trois îles plus considérables, *Jersey*, *Guernesey* et *Aurigny*, séparées de la côte par le *Passage de la Déroute* et le *Raz-Blanchard*. Elles appartiennent à l'Angleterre : c'est le dernier débris du duché de Normandie et de l'héritage de Guillaume le Conquérant.

Entre *Granville* et *Cancale* s'ouvre une large baie dont le fond est couvert de sables mouvants, de vases et de coquilles pilées qui, sous le nom de *tangues*, sont employées comme engrais par les cultivateurs de la

Bretagne et de la Normandie. La profondeur est si peu considérable et la pente si insensible que la baie est presque à sec à marée basse ; mais, les jours de grandes marées, le flux s'y engouffre avec une violence irrésistible et s'élève à 15 mètres au-dessus du niveau des basses mers. Au milieu du golfe se dresse un rocher, véritable pyramide de granit, chargé d'antiques constructions qui furent à la fois une abbaye et une forteresse. C'est le *mont Saint-Michel*, qui a donné son nom à la baie. Au huitième siècle, le mont Saint-Michel était à plusieurs lieues de la mer, qui a submergé des terres cultivées, des forêts et des villages, et qu'on essaie aujourd'hui de faire reculer par des endiguements.

5° Sur la rive gauche du *Couesnon*, le principal des petits cours d'eau qui se jettent dans la baie du mont Saint-Michel, commence la presqu'île de **Bretagne** (*départements d'Ille-et-Vilaine*, *des Côtes-du-Nord* et du *Finistère*), terre de granit dont les découpures profondes, les saillies innombrables contrastent avec l'uniformité du littoral picard et normand.

De l'est à l'ouest, le navigateur voit se creuser successivement le golfe de *Saint-Malo*, où se jette la Rance, la baie de *Saint-Brieuc*, entre les escarpements formidables du cap *Fréhel* et les roches noirâtres de *Saint-Quay*, la rade de *Morlaix* avec ses écueils qui disparaissent à marée haute sous des flots d'écume. Sur la côte sont dispersés des îlots granitiques, l'île *Bréhat*, les *Sept-Iles*, l'île de *Batz*. Les seuls ports accessibles aux navires d'un assez fort tonnage sont **Saint-Malo** (département d'Ille-et-Vilaine), à l'embouchure de la Rance, entassé sur un rocher qui ne se rattache à la terre que par un isthme sablonneux, et **Morlaix** (Finistère), dans une étroite vallée, à quelques kilomètres de la mer.

Les courants chauds, qui viennent de l'Atlantique et qui enveloppent la presqu'île de Bretagne, entretiennent sur le littoral une température douce et humide, et permettent d'y cultiver des fruits ou des légumes qui ne réussiraient pas dans l'intérieur.

Les principales pêches de la Manche sont celles des *huîtres* (Cancale), et du *hareng*.

La profondeur de cette mer n'atteint nulle part 180 mètres, et ne dépasse 100 mètres que dans un bas-fond situé au nord des îles anglo-normandes; sa plus grande largeur est de 255 kilomètres entre Saint-Malo et le cap Saint-Albans, en Angleterre ; sa superficie est évaluée à 88000 kilomètres carrés. Les vents dominants sont ceux du sud-ouest, de l'ouest et du nord-ouest.

ATLANTIQUE

Atlantique. — L'Atlantique et le golfe de Gascogne baignent la France depuis la pointe Saint-Mathieu jusqu'à l'embouchure de la Bidassoa, sur une étendue de près de 1100 kilomètres.

1° *De la pointe Saint-Mathieu à l'embouchure de la Loire*, la côte de **Bretagne** (*départements du Finistère, du Morbihan et de la Loire-Inférieure*) conserve son aspect tour à tour imposant et sauvage. Entre le cap Saint-Mathieu et la pointe septentrionale de la presqu'île de *Crozon* s'ouvre un étroit passage semé de roches sous-marines : c'est le goulet de Brest; mais au delà de ce canal, les côtes s'écartent, et l'on voit tout à coup se déployer une rade qui pourrait abriter 400 vaisseaux de ligne : c'est là que s'élève sur deux collines, séparées par la petite rivière de la *Penfeld*, la ville de **Brest,** notre premier port militaire sur l'Atlantique et l'un des plus beaux du monde (Finistère), avec ses remparts, ses arsenaux, ses casernes, ses ateliers gigantesques, œuvre de Colbert et de Vauban. De l'autre côté de la presqu'île de Crozon, entre le cap de la *Chèvre* et la pointe du *Raz* s'ouvre la baie de *Douarnenez*, bordée d'un amphithéâtre de vertes collines. Entre la pointe du Raz et celle de *Penmarch* (Tête du cheval) s'arrondit en demi-cercle la baie d'*Audierne*, l'une des plus sauvages et des plus dangereuses de la côte de Bretagne. C'est au milieu de ces rochers, enveloppés d'un éternel brouillard et battus par une mer toujours houleuse que la tradition bretonne a placé la scène de ses légendes les plus terribles et les plus fantastiques : c'est là que la barque infernale venait chercher les âmes des morts pour les emporter au pays des ombres, et le souvenir de la légende s'est conservé dans le nom sinistre de *baie des Trépassés,* donné à une anse voisine de la pointe du Raz.

Au delà de la pointe de Penmarch, la côte s'incline vers le sud-est et se creuse en arc de cercle jusqu'à l'embouchure de la Loire. Moins élevée et moins sauvage, elle offre des rades nombreuses : la baie de *Concarneau ;* la baie de **Lorient,** formée par le Scorf et le Blavet, et où s'élève la ville de Lorient, fondée sous Louis XV par la Compagnie des Indes-Orientales, l'un de nos ports militaires ; la baie de *Quiberon,* qui doit son nom à une

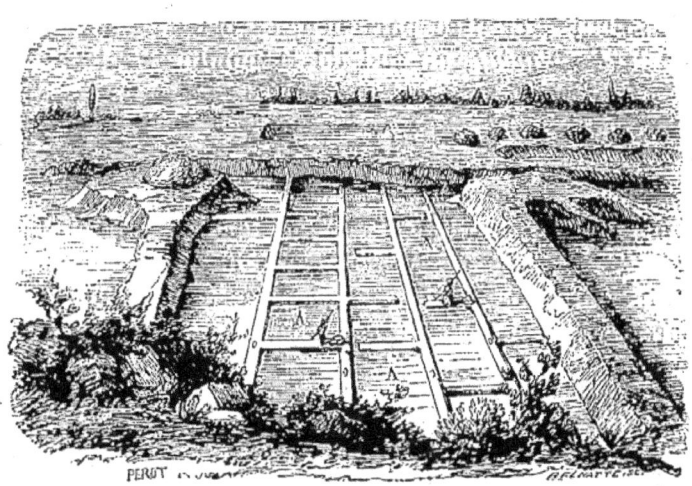

Fig. 3. — Marais salants.

presqu'île rocheuse, célèbre par un désastre des émigrés pendant les guerres de la Révolution ; le golfe du **Morbihan** (petite mer) semé d'îles verdoyantes ; l'estuaire de la *Vilaine* et la rade du *Croisic,* où la côte s'abaisse, et où succèdent aux rochers les sables et les marais salants.

Entre la pointe du *Croisic* et la pointe *Saint-Gildas* s'ouvre le large estuaire de la **Loire**, avec le port de **Saint-Nazaire**, village de pêcheurs au commencement du siècle, aujourd'hui l'un de nos ports les plus actifs, destiné peut-être à éclipser Nantes comme le Havre a détrôné Rouen.

La côte de Bretagne est parsemée de nombreuses îles : *Ouessant*, près de la pointe Saint-Mathieu ; *Sein* qui fut un des derniers asiles de la religion des druides, en face de la pointe du Raz; les îles de *Glenan* et l'île de *Groix*, entre la pointe de Penmarch et la presqu'île de Quiberon, et **Belle-Isle**, en face de l'embouchure de la Vilaine.

2° De la pointe *Saint-Gildas* à la pointe d'*Arvert*, au sud de l'embouchure de la *Scudre* (départements de la *Loire-Inférieure*, de la *Vendée*, de la *Charente-Inférieure*), s'étend une plage basse, sablonneuse ou couverte de marais salants, creusée par quelques baies ensablées, la baie de *Bourgneuf*, au sud de la pointe Saint-Gildas ; l'anse de l'*Aiguillon*, à l'embouchure de la Sèvre Niortaise ; la rade des *Basques*, au nord de l'embouchure de la Charente.

L'île de **Noirmoutier**, en face de la baie de Bourgneuf ; un peu plus au sud, l'île d'**Yeu** ; en face de l'embouchure de la Sèvre, l'île de **Ré**, séparée du continent par le pertuis ou détroit *Breton* ; en face de l'embouchure de la Charente, la petite île d'*Aix* et la grande île d'**Oléron**, séparée de l'île de Ré par le pertuis d'*Antioche* et du continent par la passe étroite de *Maumusson*, forment comme une digue naturelle qui brise les vagues de la haute mer, retient les alluvions apportées par les fleuves et tend peu à peu à combler les échancrures de la côte et les canaux qui la séparent des îles. A marée basse, Noirmoutier devient une presqu'île : le pertuis Breton n'a pas 10 mètres de profondeur, et la partie de la Vendée qui porte encore le nom de *Marais* était un golfe au moyen âge. En outre, la côte, soulevée par un mouvement qui dure depuis des siècles, émerge lentement au-dessus de l'Océan ; près de l'embouchure de la Sèvre, on trouve les traces de bancs d'huîtres qui sont de nos jours à une hauteur de 20 mètres au-dessus du niveau de la mer, et les cales des vaisseaux établies à Rochefort du temps de Louis XIV sont aujourd'hui à plus d'un mètre au-dessus des cales modernes. Aussi, les ports de cette région perdent-ils peu à peu de leur importance. Les **Sables-d'Olonne** (Vendée) ne reçoivent que des bateaux de pêche ; la **Rochelle** (Charente-Inférieure), qui était encore une des reines de l'Atlantique au moment où les protestants français en faisaient leur capitale, et où Richelieu s'en emparait (1628), voit chaque jour décliner son commerce ; enfin **Rochefort** même (Charente-Inférieure), un de nos cinq ports militaires, à l'embouchure de la Charente, paraît sérieusement menacé par l'exhaussement progressif du fond de cette rivière.

De la pointe d'Arvert à la pointe de la *Coubre* (embouchure de la Gironde), le littoral change de caractère : il est couvert de dunes, hautes en quelques endroits de plus de 60 mètres, et qui, dans leur marche envahissante, ont déjà englouti des villages et des forêts.

3° Entre la pointe de la Coubre au nord et celle de *Grave* au sud s'ouvre l'estuaire de la **Gironde**, au milieu duquel s'élève, sur un îlot couvert à marée haute, le phare ou tour de *Cordouan*. La Gironde, qui ronge sans cesse sa rive gauche, et qui accumule sur sa rive droite les sables qu'elle roule dans ses flots, n'a pas de port à son embouchure : les navires, pour trouver un bon mouillage, doivent remonter jusqu'à Bordeaux. Quelques travaux feraient, cependant, de la rade du *Verdon*, sur la rive gauche du fleuve, en face de *Royan*, un des bons ports de France.

A la pointe de Grave commence le golfe de **Gascogne**. Jusqu'à l'embouchure de l'**Adour**, la côte court en ligne droite du nord au sud, sans ports, sans abris, sans autre échancrure que le bassin vaseux d'*Arcachon* (départements de la *Gironde* et des *Landes*). Rien de plus morne et de plus désolé que l'aspect des Landes. Sur le littoral, des dunes hautes de 30 à 50 mètres, mobiles et ondoyantes comme les vagues de l'Océan, poussées comme elles par le souffle furieux des vents d'ouest et s'avançant lentement à la conquête de la terre habitée et cultivée ; dans l'intérieur, au pied des dunes qui arrêtent les eaux, de vastes étangs (étangs de *Carcans*, de *Lacanau*, de *Cazau*, de *Parentis*, de *Saint-Julien*, de *Léon*) d'où montent, vers le soir, des vapeurs blanchâtres, haleine empestée des marais, qui souffle la fièvre et la mort : des plaines monotones, semées de maigres bruyères où errent en liberté des troupes de chevaux sauvages, et que parcourt, monté sur ses longues échasses, le pâtre landais, triste et silencieux comme la nature qui l'entoure. Aujourd'hui, cependant, les Landes changent peu à peu de face. Des forêts de pins, dont les premiers semis ont été faits au siècle dernier, d'après les plans de l'ingénieur Brémontier, ont fixé les dunes ; en même temps qu'elles arrêtent l'invasion des sables, elles fournissent au commerce le bois et la résine : des canaux ouvrent aux eaux stagnantes un chemin vers la mer ; 600 000 hectares, autrefois stériles, sont livrés à la culture. L'homme a vaincu le désert, mais il reste impuissant contre l'Océan, qui continue à ronger la côte des Landes, et qui gagne en un siècle plus de 200 mètres sur la terre.

4° De l'embouchure de l'Adour, à l'entrée duquel s'élève le port de **Bayonne** (département des *Basses-Pyrénées*), menacé par les sables et les galets, à l'embouchure de la *Bidassoa*, la côte est formée de rochers et de falaises, derniers escarpements des Pyrénées, et creusée de baies pittoresques où se cachent les petits ports de *Biarritz*, de *Saint-Jean-de-Luz*, d'*Hendaye*, sur la Bidassoa.

Les principales pêches de l'Atlantique sont celles des huîtres (rade de Brest, *Morbihan*, embouchure de la Charente), de la sardine (côtes de Bretagne), et des crustacés (homards, langoustes, etc., îles de *Houat* et de *Hœdic*, côtes de Bretagne).

Tandis que dans la Manche les profondeurs les plus considérables ne dépassent pas 174 mètres, et que sur les côtes de la Bretagne, de la Vendée et de l'Aunis le fond de l'Atlantique s'abaisse lentement, la pente est beaucoup plus rapide dans le golfe de Gascogne où la sonde atteint, à 150 kilomètres du rivage, des profondeurs de 500 mètres.

Les vents d'ouest dominent sur les côtes de l'Atlantique comme sur celles de la Manche.

IV

Méditerranée. — La Méditerranée, séparée de l'Atlantique par l'isthme des Pyrénées, baigne la France sur une étendue de près de 700 kilomètres du cap *Cerbéra*, pointe extrême des Pyrénées orientales, à l'embouchure de la Roya.

1° Les côtes du **golfe du Lion** (*Pyrénées-Orientales, Aude, Hérault, Gard*), escarpées et rocheuses du cap Cerbéra à l'embouchure de la *Têt*, s'abaissent à partir de ce point jusqu'aux bouches du Rhône et décrivent un vaste demi-cercle, bordé de plages sablonneuses, de marais salants, de lagunes et d'étangs, tels que ceux de *Leucate* et de *Sijean*, entre l'embouchure de la Têt et celle de l'*Aude*; de *Vendres*, de *Thau*, de *Mauguio* et d'*Aigues-Mortes*, entre l'Aude et le Rhône; de *Valcarès*, dans l'île marécageuse de la *Camargue*, formée par les deux bras principaux du fleuve; enfin, à l'est du delta du Rhône, le grand étang de *Berre*, communique avec le golfe de *Fos* par un étroit canal. Sur presque tout le littoral du golfe du Lion, les alluvions apportées par les nombreux cours d'eau qui s'y jettent et peut-être un soulèvement progressif de la côte analogue à celui qu'on a observé dans l'Atlantique, font reculer peu à peu la Méditerranée, transforment les golfes en étangs, séparés de la mer par de petites dunes sablonneuses, et ruinent les ports envahis peu à peu par les sables et les galets. Tel a été le sort de *Narbonne* (Aude), de *Maguelonne* (Hérault), d'*Aigues-Mortes* (Gard), et tel est le danger qui menace les ports d'*Agde* et de **Cette** (Hérault), l'un des plus actifs de la Méditerranée. **Port-Vendres** et *Collioure* (*Pyrénées-*

Orientales), situés au pied des Pyrénées, sont des ports médiocres, mais n'ont pas à redouter l'ensablement.

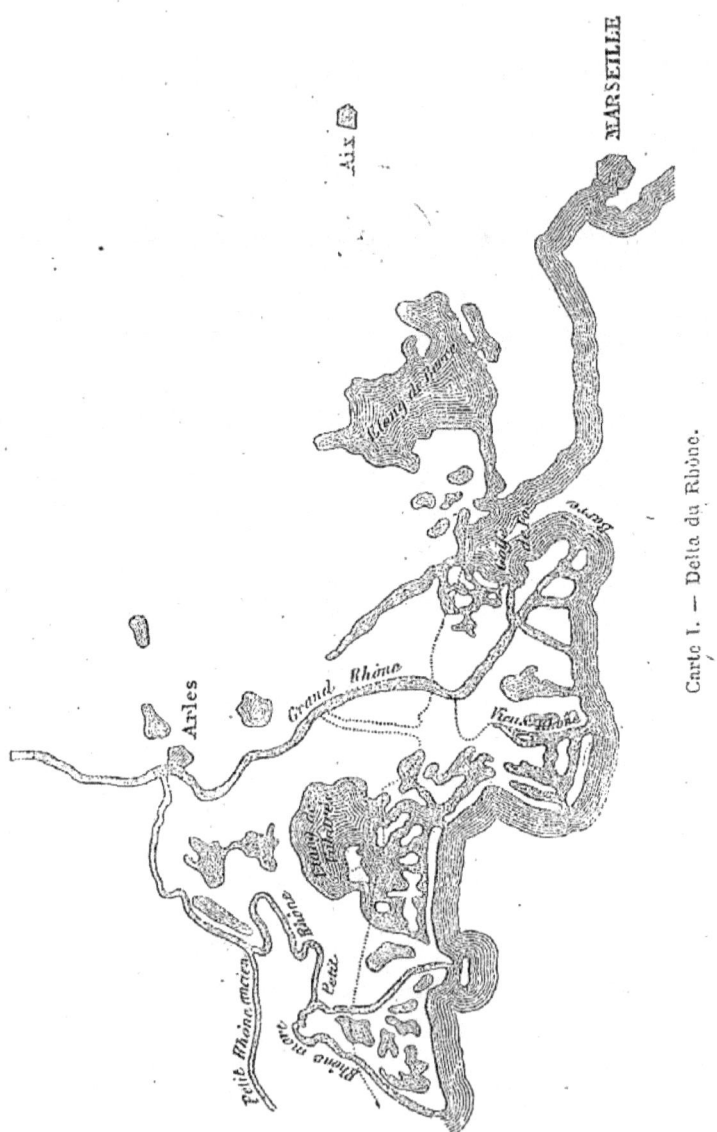

Carte 1. — Delta du Rhône.

2° Au delà de l'étang de Berre, la côte se relève, les

sables font place aux rochers; les îlots de *Pomègue*, de *Ratonneau* et du *château d'If* se dressent à l'entrée d'une vaste baie qui, avec ses eaux bleues et ses roches rougeâtres, ressemble à un golfe de la Grèce. C'est là qu'une colonie de Phocéens est venue fonder **Marseille**, aujourd'hui

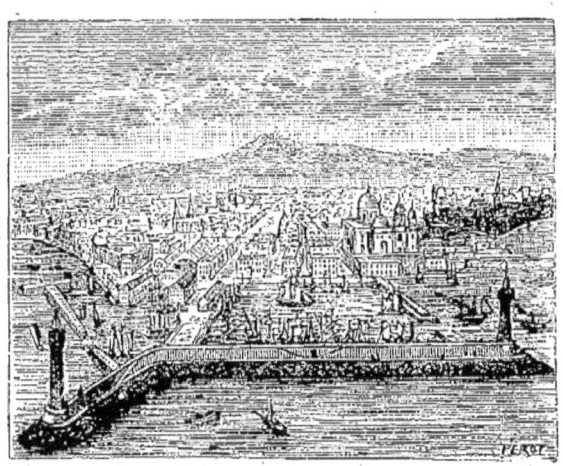

Fig. 4. — Le port de Marseille.

notre premier port français, et l'une des reines du commerce de l'Orient.

La côte de **Provence** (départements des *Bouches-du-Rhône*, du *Var* et des *Alpes-Maritimes*), qui s'avance en arc de cercle, devient de plus en plus rocheuse et découpée. Ses profondes échancrures (rade de *Toulon*, golfe de *Giens*, rade d'*Hyères*, golfes de *Saint-Tropez*, de *Fréjus*, de la *Napoule*, golfe *Jouan*, célèbre par le débarquement de Napoléon en 1815, rade de *Villefranche*), ses caps escarpés et couronnés de verdure (caps *Couronne*, *Sicié*, cap *Cépet*, presqu'île de *Giens*, cap *Lardier*, cap de *Saint-Tropez*); ses îlots granitiques, les îles d'**Hyères** (Porquerolles, Port-Cros et île du Levant), les îles de **Lérins** (Sainte-Marguerite et Saint-Honorat), avec leurs bois de pins et de chênes-verts, annoncent le voisinage des Alpes qui plongent, jusque dans le golfe de Gênes, leurs pentes couvertes de villas, de bois d'oliviers et d'orangers.

Les principaux ports depuis Marseille jusqu'à l'embouchure de la Roya sont : **Toulon**, œuvre de Vauban, avec sa rade immense protégée par la presqu'île de *Cépet*, ses arsenaux et ses chantiers de construction les plus vastes de la Méditerranée ; *Fréjus*, envahi par les sables ; *Cannes*, avec ses avenues de palmiers et son délicieux climat ; *Antibes*, non loin de l'embouchure du Var ; **Nice**, le chef-lieu des Alpes-Maritimes, *Villefranche*, *Menton*, villes françaises depuis 1860, *Monaco*, petite principauté indépendante, rendez-vous de la foule élégante, qui vient chercher sous ce beau ciel la santé ou le plaisir.

3° La **Corse**, terminée au nord par le cap *Corse* et séparée de la grande île de Sardaigne, qui appartient à l'Italie, par un détroit hérissé d'écueils, celui de *Bonifacio*, est une île montagneuse, dont les côtes, très élevées et très découpées au nord et à l'ouest (golfes de *Saint-Florent*, d'*Ajaccio*, de *Valinco*) sont moins accidentées et souvent marécageuses à l'est. Les principaux ports de la Corse sont : au nord, **Bastia**, sur la côte orientale, et *Saint-Florent*, sur la côte occidentale ; à l'ouest **Ajaccio**.

La profondeur de la Méditerranée, qui est de moins de 200 mètres dans le golfe du Lion, atteint 300 mètres à peu de distance du littoral sur les côtes de Provence : les marées, comme dans toutes les mers intérieures, y sont à peine sensibles. Les vents dominants sont ceux du nord-est sur les côtes de Provence, et du nord-ouest, le terrible mistral, sur celles du golfe du Lion. Les principales pêches sont celles du thon et des anchois.

En résumé, malgré l'étendue de ses côtes, la France a peu de bons ports : à l'exception du Havre et de Cherbourg, création tout artificielle, ceux de la Manche sont menacés par l'invasion des sables ou des galets ; ceux de l'Océan et de la Méditerranée ont à redouter le même danger et, de plus, le soulèvement progressif des côtes. Les plus profonds et les plus sûrs sont ceux qui s'ouvrent au milieu des rochers de la Provence et de la Bretagne.

RÉSUMÉ

I

Situation. — La France est située entre 42° 20′ et 51° de latitude septentrionale, 7° de longitude occidentale et 5° de longitude orientale mesurés à partir du méridien de Paris.

Bornes. — Elle est bornée, au nord-ouest, par la *mer du Nord* et la *Manche*, à l'ouest, par l'*Atlantique*, au sud, par les *Pyrénées* qui la séparent de l'Espagne et par la *Méditerranée*, à l'est, par les *Alpes* qui la séparent de l'Italie, le *lac de Genève* et le *Jura* qui la séparent de la Suisse ; au nord-est, par les *Vosges* et par une ligne de convention qui la séparent de l'Allemagne ; au nord, par le grand-duché de Luxembourg et la Belgique.

Superficie. Dimensions. — La France offre à peu près la forme d'un hexagone ou figure à six côtés, dont trois forment la frontière maritime et les trois autres la frontière continentale. La superficie totale est d'environ 528 000 kilomètres carrés ou 52 800 000 hectares, y compris l'île de Corse. Avant les traités de 1871, la superficie de la France était de 543 000 kilomètres carrés.

La plus grande longueur du sud au nord est de 1 000 kilomètres (250 lieues kilométriques) : la plus grande largeur, de l'ouest à l'est, est de 960 kilomètres (240 lieues kilométriques).

II

Régions géologiques. — La France se divise au point de vue géologique en dix régions principales : au centre et à l'ouest deux massifs de terrains cristallisés, le *massif central* et la *Bretagne* ; au nord-est, à l'est, au sud-est et au sud, cinq massifs de soulèvement, les *Ardennes*, les *Vosges*, le *Jura*, les *Alpes* et les *Pyrénées* ; enfin au pied du massif central, du massif breton et des régions de soulèvement, trois grands bassins, celui du *Nord* ou *de Paris*, celui du *Sud-ouest* ou *de la Garonne*, celui du *Sud-est* ou *du Rhône*, avec ses deux étages superposés. Les terrains qui occupent la plus vaste superficie sont les terrains tertiaires, les terrains cristallisés, les terrains jurassiques, les terrains crétacés et les terrains primaires.

III

Mer du Nord. Manche. — De la frontière de Belgique à la pointe Saint-Mathieu, où se termine la Manche, le développement des côtes est d'environ 900 kilomètres. La direction générale est du nord-est au sud-ouest. Elles sont baignées par la mer du Nord, par le Pas de Calais, qui n'a nulle part plus de 50 mètres de profondeur, et par la Manche dont les profondeurs extrêmes ne dépassent pas 174 mètres. On y remarque les caps *Grisnez*, d'*Antifer*, de la *Hève*, la presqu'île du *Cotentin* terminée par le cap de *la Hague*, le cap *Fréhel*.

Les *principaux golfes* sont la baie de la *Somme*, le golfe de la *Seine* ou du *Calvados*, la baie du mont *Saint-Michel*, le golfe de *Saint-Malo*, la baie de *Saint-Brieuc*.

Les *principales îles* sont les îles anglo-normandes : *Aurigny, Guernesey, Jersey*, séparées du littoral par le *Raz de Blanchard* et le *passage de la Déroute*, les îles *Chausey*, l'île *Bréhat*, les *Sept-Îles*.

Les *départements du littoral* sont le Nord, le Pas-de-Calais, la Somme (dunes et plages sablonneuses); la Seine-Inférieure (falaises); l'Eure, le Calvados, la Manche (plages et falaises bordées d'écueils); l'Ille-et-Vilaine, les Côtes-du-Nord, le Finistère (rochers granitiques).

Les *principaux ports* sont *Dunkerque* (Nord); *Calais* et *Boulogne* (Pas-de-Calais); *Dieppe*, Fécamp, le Havre (Seine-Inférieure); Honfleur (Calvados); Cherbourg et Granville (Manche); Saint-Malo (Ille-et-Vilaine) et Morlaix (Finistère).

Atlantique. — L'Atlantique et le golfe de Gascogne baignent la France depuis la pointe Saint-Mathieu jusqu'à l'embouchure de la Bidassoa, sur une étendue de 1 100 kilomètres. La direction générale des côtes est du nord au sud.

De la pointe *Saint-Mathieu* à la pointe du *Croisic* (embouchure de la Loire), s'avance la presqu'île de *Bretagne* (pointes du *Raz*, de la *Chèvre*, de *Penmarch*, presqu'île de *Quiberon*; baies de *Brest*, de *Douarnenez*, d'*Audierne*, du *Morbihan*; îles d'*Ouessant*, de *Sein*, de *Glenan*, de *Groix* et de *Belle-Isle*).

De la pointe *Saint-Gildas* (embouchure de la Loire) à celle de la *Coubre* (embouchure de la Gironde, rive droite), on rencontre les îles de *Noirmoutier*, d'*Yeu*, de *Ré*, d'*Aix*, d'*Oléron*.

De la pointe de *Grave* (embouchure de la Gironde, rive gauche), à la *Bidassoa*, les côtes sont bordées d'étangs (bassin d'*Arcachon*, étangs de *Carcans*, de *Lacanau*, de *Cazau*, de *Parentis*).

Le fond de l'Atlantique s'abaisse par une pente de plus en plus rapide, à mesure qu'on s'éloigne des côtes.

Les *départements du littoral* sont sur l'Atlantique, le Finistère, le Morbihan (rochers et côtes granitiques); la Loire-Inférieure (marais salants); la Vendée, la Charente-Inférieure (plages basses, marais salants); sur le golfe de Gascogne, la Gironde, les Landes (dunes et étangs); et les Basses-Pyrénées (rochers).

LES CÔTES.   23

Les *principaux ports* sont Brest (Finistère); Lorient (Morbihan), ports militaires; Saint-Nazaire et Nantes (Loire-Inférieure); *La Rochelle* et Rochefort, port militaire (Charente-Inférieure); Bordeaux (Gironde); et *Bayonne* sur l'Adour (Basses-Pyrénées).

IV

Limites du sud-est. Méditerranée. — La Méditerranée baigne la France sur une étendue de près de 700 kilomètres, du cap *Cerbéra* à l'embouchure de la *Roya*.

Les *principaux golfes* ou baies sont le *golfe du Lion*, les rades de Marseille et de Toulon, les golfes de *Giens*, de *Saint-Tropez*, de *Fréjus*, le golfe *Jouan*.

Les *principaux étangs* sont ceux de *Leucate*, de *Sijean*, de *Thau*, de *Valcarès* et de *Berre*.

Les *caps* et *presqu'îles* sont le cap *Cerbéra*, le cap *Couronne*, le cap *Sicié*, la presqu'île de *Giens*, le cap *Lardier*.

Les *îles* sont celles d'*Hyères*, de *Lérins* et la Corse (golfes d'Ajaccio, de Valinco, de Saint-Florent, cap *Corse*), séparée de la Sardaigne par le détroit de *Bonifacio*.

Les *départements du littoral* sont les Pyrénées-Orientales (rochers), l'Aude, l'Hérault, le Gard (plages sablonneuses et lagunes); les Bouches-du-Rhône, le Var, les Alpes-Maritimes (côtes rocheuses et découpées).

Les *principaux ports* sont *Port-Vendres* (Pyrénées-Orientales); Cette (Hérault); Marseille (Bouches-du-Rhône); Toulon, port militaire, et Antibes (Var); *Nice* et Villefranche (Alpes-Maritimes); *Bastia* et Ajaccio (Corse).

Exercices

Tracé des côtes de France. — Courbes indiquant la profondeur des mers.
Lecture de la carte de l'état-major et des cartes marines.

Lectures

E. Reclus. *La France (Géographie universelle)*.
Delesse. *Lithologie du fond des mers*, 2 vol. in-8°.
Landrin. *Les plages de France*.
Lenthéric. *Les villes mortes du golfe de Lyon*.
J. Girard. *Soulèvement et dépressions du sol sur les côtes de la France*. (Bulletin de la Société de Géographie, 1875.)

CHAPITRE II

Le relief du sol. Montagnes, plateaux et plaines.

I

Division de la France en pays de montagnes, de plateaux et de plaines. — Si on pouvait d'un coup d'œil embrasser toute la surface du territoire français, on verrait se dresser au sud et au sud-est deux larges massifs montagneux : les **Pyrénées** et les **Alpes** avec leurs sommets couverts de neiges éternelles.

A l'est, on verrait se prolonger entre la France d'un côté, la Suisse et l'Allemagne de l'autre, deux massifs moins épais et moins élevés, celui du **Jura** et celui des **Vosges**. La pente occidentale des Vosges se continue par un plateau d'une altitude moyenne de 300 à 400 mètres qui occupe tout le nord-est de la France et qu'on peut désigner sous le nom de *plateau de Lorraine*.

Au nord-est, entre le Rhin et la Meuse, le regard s'arrêterait sur les plateaux tourmentés des **Ardennes** et du **Hunsruck**.

Enfin au centre s'étend une vaste région, élevée en moyenne de 600 à 800 mètres au-dessus du niveau de la mer, sillonnée par des chaînes de montagnes volcaniques, et dominée, au sud et à l'est, par les **Cévennes** qui se rattachent aux Vosges par une série de plateaux ou de terrasses boisées. On a donné à cette région le nom de **massif central français**.

Tout le reste de la France est un pays de plaines ; mais entre les plaines basses du nord et celles de l'ouest et du sud-ouest, dont aucun point, sauf quelques collines, n'est à plus de 80 mètres au-dessus du niveau de la mer, s'avance comme une sorte de promontoire, une bande de terrains plus élevés (100 à 250 mètres) qui se prolongent depuis les plateaux de la Lorraine jusqu'à l'extrémité de la presqu'île de Bretagne. La **Bretagne** elle-même forme un massif accidenté, dont les points culminants atteignent 390 mètres.

II

LES PYRÉNÉES

Les Pyrénées. — Les Pyrénées françaises s'étendent de l'ouest à l'est, des sources de la Bidassoa (cols de Maya et de Belate) au cap Cerbéra (Méditerranée), sur une longueur de 300 kilomètres environ et une largeur moyenne de 80 à 90. La chaîne s'abaisse et se rétrécit aux deux extrémités ; c'est dans la partie centrale qu'elle atteint sa plus grande épaisseur et sa plus grande élévation (3400 mètres). C'est là aussi qu'elle coupe deux soulèvements antérieurs, qui déterminent une double brisure et interrompent la direction générale de l'ouest à l'est.

La chaîne principale est un massif abrupt soulevé à la fin de la période secondaire, et formé de deux sections parallèles : l'une de la Méditerranée au Mont-Vallier, l'autre de la Maladetta à la source de la Bidassoa. Ces deux tronçons sont soudés par un soulèvement transversal qui en réunit les extrémités. Le squelette granitique des Pyrénées est en grande partie recouvert par les schistes. Les terrains sédimentaires se succèdent sur les deux versants dans leur ordre régulier et sans grandes dislocations. Les parois de la montagne, taillées à pic comme les gradins d'un amphithéâtre, dessinent parfois des enceintes régulières connues sous le nom de *cirques*

Fig. 5. — Les Pyrénées (vue de Pau).

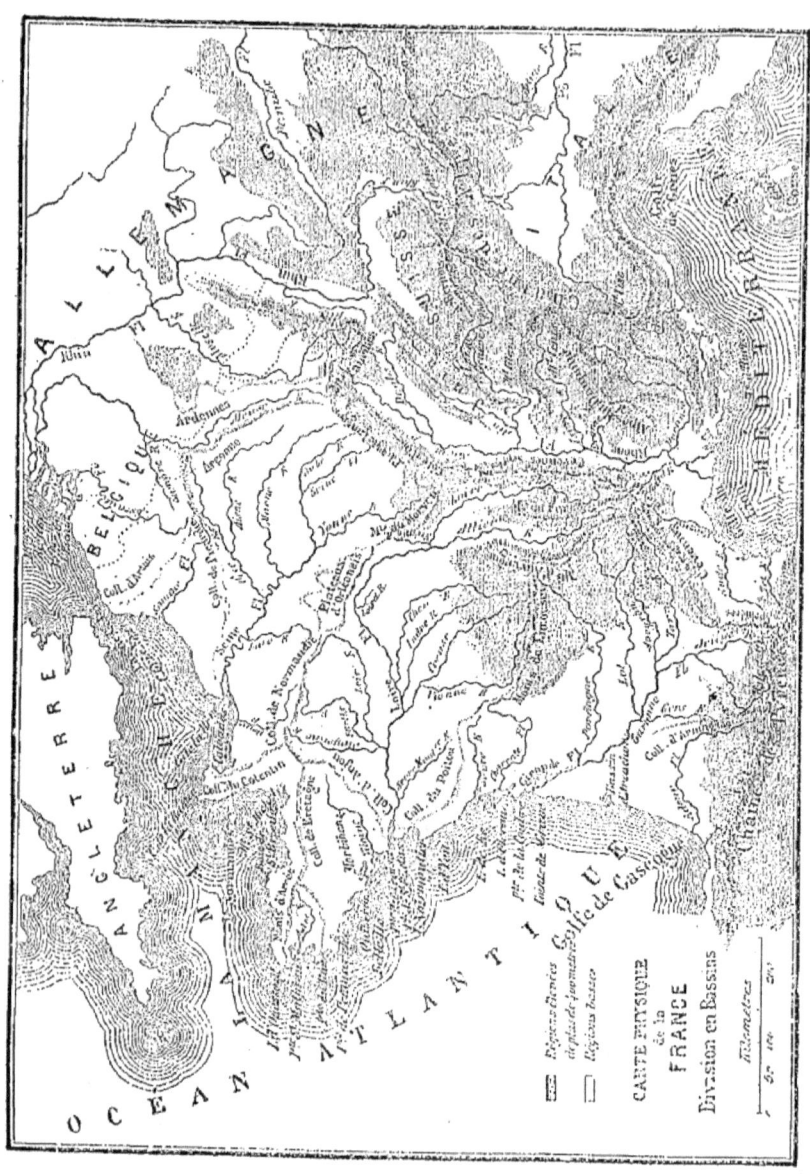

Carte II.

(cirques de *Gavarnie*, de *Troumouse*, du *Lys*, etc.), et dont l'origine n'est pas nettement déterminée. La chaîne est dentelée et hérissée de pics qui se dressent en forme de pyramides ; quelques-uns seulement, ceux qui atteignent 3000 mètres, sont couverts de neiges éternelles. Les Pyrénées ont peu de glaciers : les plus importants sont ceux du Vignemale, du Marboré et du massif de la Maladetta ; mais aucun ne pourrait rivaliser avec les gigantesques glaciers des Alpes. La pente méridionale est beaucoup plus escarpée que la pente septentrionale ; aussi les lacs, nombreux dans le versant français, sont-ils très rares dans le versant espagnol. Situés pour la plupart à une grande élévation, ces lacs sont, du reste, plus remarquables par leur profondeur et la fraîcheur glaciale de leurs eaux que par leur étendue ; les plus grands, les lacs de *Gaube* et d'*Oo*, ne mériteraient même pas une mention s'ils appartenaient à la région des Alpes.

Les contreforts des Pyrénées sont à peu près perpendiculaires à la ligne de faîte et s'abaissent assez rapidement. A la naissance des vallées qu'ils séparent, la crête de la montagne présente de nombreuses échancrures connues sous le nom de *ports*, et qui sont au nombre de plus de 150 dans toute la longueur de la chaîne ; mais, sauf aux deux extrémités, la plupart de ces passages situés à une élévation supérieure à celle des cols des Alpes, sont impraticables en hiver et inaccessibles même en été aux voitures ou au piéton inexpérimenté.

Les Pyrénées ont perdu la couronne de forêts qui les ombrageaient autrefois : l'if, le pin, les arbres des hautes régions, le sapin et le hêtre qui descendent jusqu'à la plaine, y couvrent à peine une superficie de 500 000 hectares dans le versant français : ces défrichements imprudents ont contribué à dénuder les flancs de la montagne, à tarir les sources et, dans la saison des orages, ou de la fonte des neiges, à jeter dans les vallées, par tous les *gaves* ou torrents qui s'y précipitent, des masses d'eau qui les dévastent et s'écoulent en quelques jours, ne laissant derrière elles que la ruine et l'aridité.

Les pâturages, d'un accès difficile à cause des escarpements de la chaîne, sont loin d'être aussi abondants que ceux des Alpes et nourrissent surtout des moutons et des chèvres; l'ours et le chamois se rencontrent comme dans les Alpes, dans les hautes vallées, mais deviennent de plus en plus rares.

Les Pyrénées renfermaient autrefois des mines d'argent exploitées par les Phéniciens; ces mines sont épuisées depuis des siècles; mais les Pyrénées françaises ont encore leurs belles carrières de marbres (Saint-Béat dans la Haute-Garonne, Campan dans les Hautes-Pyrénées), leurs mines de fer (Vicdessos dans l'Ariège, etc.), leurs mines de sel gemme et leurs nombreuses sources minérales presque toutes sulfureuses (*Eaux-Bonnes* dans les Basses-Pyrénées, *Barèges*, *Bagnères-de-Bigorre*, *Cauterets*, dans les Hautes-Pyrénées, *Bagnères-de-Luchon* dans la Haute-Garonne, *Amélie-les-Bains* dans les Pyrénées-Orientales).

Fig. 6. — Cascade de Gavarnie.

Les Pyrénées franco-espagnoles se divisent en trois parties : 1° des sources de la Bidassoa au pic de la *Munia* (3150 mètres), qui domine le cirque de Troumouse, les **Pyrénées occidentales** ou Basses-Pyrénées (1600 mètres de hauteur moyenne) avec le pic d'*Anie* (2500 mètres), le pic du *Midi d'Ossau* (versant septentrional, 2885 mètres), le *Vignemale* (3290 mètres), le *Taillon* (3080 mètres), le *Cylindre* et les tours de *Marboré* (ligne de faîte), le mont

Perdu (3352 mètres, sur le revers espagnol) ; leurs riantes vallées, le *Val-Carlos*, le val d'*Aspe*, le val d'*Ossau*, la vallée de *Cauterets*, celle de *Gavarnie*, celle de *Bastan*, celle d'*Arrens*, et leurs cols d'accès assez facile, les cols de *Maya*, de *Roncevaux*, célèbre par le souvenir de Charlemagne et de Roland, du *Somport*, du *Pourtalet*, de *Gavarnie*, etc.

2° Du cirque de *Troumouse* au pic de *Carlitte* (2920 mètres) s'étendent les **Pyrénées centrales**, la partie la plus large, la plus élevée et la plus abrupte de la chaîne, avec leurs sommets granitiques, le pic *Posets* (3370 mètres), la *Maladetta* et le *Néthou* (3404 mètres) sur le versant espagnol, le pic de *Portillon* (3145 mètres), le *Mont-Vallier* (2840 mètres) et le *Mont-Calm* (3080 mètres) sur la ligne

Fig. 7. — Chamois (hauteur jusqu'à la naissance du cou, 0m,70 à 0m,80).

de faîte ; leurs cols presque tous élevés de plus de 2000 mètres, le port d'*Oo*, le port de *Venasque*, le port de *Viella*, le col de *Puymorens* (1920 mètres) ; leurs glaciers, et leurs vallées profondément encaissées, la vallée d'*Aure*, le val d'*Aran*, où la Garonne prend sa source, le val d'*Andorre*, etc.

Les principaux contreforts des Pyrénées occidentales et centrales sont, dans le versant français, les monts de la *basse Navarre*, dont le point culminant est la *Rhune* (900 mètres), et les monts du *Bigorre*, qui partent du pic de Troumouse. Le sommet le plus connu est le pic du *Midi de Bigorre* (2880 mètres). Ils se prolongent par le plateau de *Lannemezan* et les collines de l'*Armagnac*.

3° Du pic de Carlitte à la pointe de Cerbéra, les **Pyrénées orientales** (hauteur moyenne 1500 mètres), qui prennent à leur extrémité le nom de monts *Albères*, ont peu de sommets qui dépassent 2800 mètres (pic de la *Vache*, pic du *Géant*, *Puigmal*). Les cols de la *Perche*, des *Ares*, de *Coustouge*, de *Pertus*, de *Banyuls*, sont en général peu élevés et d'accès facile; ceux de la *Perche* et de *Pertus* sont carrossables.

Les contreforts les plus importants sont les *Corbières occidentales*, qui se détachent du pic de Carlitte et courent vers le nord jusqu'au col de *Naurouse* en s'abaissant rapidement; les *Corbières orientales*, qui, partant du même point, courent entre l'Aude et la Méditerranée; et le massif imposant du *Canigou* (2785 mètres), qui domine la plaine d'alluvions du Roussillon.

III

LE BASSIN DU SUD-OUEST. LE MASSIF CENTRAL

Description générale. — Au pied des Pyrénées et du bourrelet de terrains crétacés qui en forme la première terrasse, depuis la Méditerranée jusqu'à l'Atlantique, s'étendent la plaine sablonneuse des Landes, la riche et large vallée de la Garonne et les plaines du Carcassez et du Narbonnais; c'est un vaste bassin de formation tertiaire, en partie couvert, surtout dans les Landes, d'alluvions anciennes: mais, sur la rive droite de la Garonne, le terrain se relève rapidement; ce sont les premières pentes d'un massif montagneux que sa situation à peu près au centre de la France a fait nommer le **massif central**, ou moins exactement le *plateau central*. Il occupe une surface de près de 80 000 kilomètres carrés, et comprend les anciennes provinces de Limousin, d'Auvergne, de la Marche, avec une partie de la Guienne, du Languedoc, du Lyonnais, du Bourbonnais et de la Bourgogne. Au nord, la pente s'efface peu à peu dans les plaines marécageuses du Berry et de la Sologne; à l'ouest, dans les vallons de la Saintonge et du Poitou; au sud, dans la vallée de la Garonne et la plaine maritime du bas Languedoc; à l'est et au nord-est, elle se relève brusquement pour former la chaîne des **Cévennes**, qui domine par des talus rapides les vallées du Rhône et de la Saône. Le massif du *Morvan* est le dernier renflement de cette énorme protubérance du sol français.

Le massif central, dont l'élévation moyenne varie de 400 à 800 mètres, est formé de terrains granitiques ou de roches éruptives (porphyre, etc.), dont le noyau paraît n'avoir jamais été recouvert par les eaux et qu'entoure presque entièrement, sauf du côté de l'est, une étroite bande de terrains jurassiques. Il est sillonné par de nombreux cours d'eau, coupé de vallées profondes, qui doivent leur origine, les unes aux convulsions volcaniques, les autres à l'action plus lente des eaux qui ont raviné le sol. Les cratères éteints, où dorment de petits lacs aux eaux profondes, les coulées de lave, les chaussées et les colonnades de basalte conservent les traces des bouleversements que dut subir la France centrale, au temps où des centaines de volcans, debout aux bords des lacs aujourd'hui desséchés, vomissaient des torrents de flammes, et où les tremblements de terre secouaient le sol, creusaient les vallées et déchiraient les montagnes.

Les montagnes d'Auvergne et du Limousin. — Le massif est surmonté par plusieurs chaînes de montagnes en grande partie volcaniques, et qui paraissent rayonner d'un centre commun, le nœud des monts **Lozère**, dans la chaîne des *Cévennes*.

De ce point central se détachent vers le nord les monts du *Vélay* et ceux du *Vivarais*, vers le sud les *Cévennes méridionales*; vers le nord-ouest, dans une sorte de presqu'île formée par le Lot et son affluent la Truyère, se dressent les monts d'*Aubrac* avec leurs volcans éteints et leurs sources sulfureuses (Chaudesaigues, etc.).

Dans la même direction, entre la vallée de la Truyère et celle de l'Allier, courent les monts de la **Margeride,** arête granitique élevée de 1 400 à 1 500 mètres (Truc de Randon, 1 554 mètres), et couverte de forêts.

Fig. 8. — Vue de la chaîne des Puys (Auvergne).

Un plateau âpre et nu élevé de 1 000 à 1 100 mètres, la *Planèze*, sépare les monts d'Aubrac et ceux de la Margeride du massif volcanique du *Cantal* (*Plomb du Cantal*, 1 858 mètres, Puy *Mary*, 1 787 mètres, Puy *Violan*), où commencent les monts d'**Auvergne**. Au nord du Cantal, auquel il se rattache par le groupe moins élevé du *Cézallier* (1 452 mètres), se dresse le massif du mont *Dore*, le point culminant de la France intérieure, avec ses deux sommets jumeaux : le *Sancy* (1 886 mètres) et le *Puy-Ferrand*; ses lacs (lac Pavin, lac Chambon) reposant au fond des cratères, et ses nombreuses sources thermales (mont Dore, la Bourboule).

Du mont Dore se détache vers le nord, entre la vallée de l'Allier et celle de la Sioule, la chaîne des *Puys* ou des *Dômes*, espèce de plateau dominé par plus de soixante cratères éteints ou montagnes volcaniques, dont les plus connues sont : le *Puy-de-Dôme* (1465 mètres), point culminant de la chaîne, le Puy de la *Vache*, et le Puy de *Pariou*. Au pied de la chaîne des Dômes s'étend, jusqu'aux montagnes du Forez, la fertile plaine de la Limagne, bassin d'un lac desséché où surgissent çà et là des monticules, qui furent autrefois des îles volcaniques.

Le massif du Cantal est séparé par la vallée de la Dordogne des monts de la *basse Auvergne*, que prolongent vers le nord-ouest les monts du **Limousin** (mont de *Besson*, 984 mètres, mont de *Meymac*, mont *Audouze*, plateau granitique de *Millevaches*, etc.), plateaux balayés par le vent, couverts de bruyères, de pâturages et de forêts de châtaigniers. Des monts du Limousin se détachent au nord les montagnes granitiques de *la Marche*, au nord-est les collines de *Combrailles*, entre le Cher et la Sioule, au nord-ouest les collines jurassiques du *Poitou* (150 mètres de hauteur moyenne) prolongées par le plateau de *Gâtine* (200 à 300 mètres), îlot de terrains cristallisés qu'enveloppent des formations jurassiques ou primaires, et par les vertes collines du *Bocage vendéen*, qui viennent mourir dans les sables à l'embouchure de la Loire. A l'ouest, un autre rameau, les collines du *Périgord* et de *Saintonge*, se termine à la pointe de la Coubre.

IV

LES CÉVENNES ET LEURS PROLONGEMENTS
LE BASSIN DU NORD

Les Cévennes. — Dans la direction du Nord, le massif des monts Lozère, dont l'axe est perpendiculaire à celui des Cévennes et qui appartient à un soulèvement plus ancien, envoie entre l'Allier et la Loire un rameau qui porte successivement les noms de **monts du Vélay,** volcans éteints comme les puys d'Auvergne, de *monts du Forez* (point culminant le mont Pierre-sur-Haute, 1640 mètres), et de monts de la *Madeleine.* Ce rameau se termine dans les plaines du Bourbonnais. Enfin les monts Lozère marquent le point central de la longue chaîne des Cévennes qui dessine, au sud-est et à l'est, la limite des hautes terres de la France centrale, et qui est contemporaine du Jura.

Du col de Naurouse au mont Lozère, les **Cévennes méridionales** (*coteaux de Saint-Félix, montagnes Noires, monts de l'Espinouse, monts de l'Orb,* plateaux des *Garrigues* et monts du *Gévaudan*) sont des montagnes en partie boisées, qui courent du sud-ouest au nord-est et dont la hauteur varie entre 500 et 1567 mètres (massif de l'*Aigoual*). S'abaissant du côté de la Méditerranée en pentes abruptes (les *Séranes*), en plateaux calcaires désignés sous le nom de *garrigues*, ou en terrasses cultivées, les Cévennes méridionales s'allongent sur l'autre versant en larges plateaux pierreux, arides, à peine couverts d'une herbe sèche et clairsemée, et que les montagnards appellent des *Causses* (*cau*, pierre à chaux en patois cévenol), ou des *Ségalas* (terres à seigle). Les plus désertes et les plus vastes sont la causse *Méjean*, la causse de *Sauveterre* et celle de *Larzac*.

Les causses se continuent vers l'ouest par les plateaux moins sauvages du *Rouergue* et du *Quercy*, que domine l'arête granitique du *Lévezou*.

Des monts Lozère au *mont Saint-Vincent* (sources de la Dheune) s'étendent du sud au nord les montagnes granitiques ordinairement désignées par les géographes sous le nom de **Cévennes septentrionales.** Ce sont les *monts du Vivarais* avec leurs cratères, leurs aiguilles volcaniques, leurs chaussées de basalte, leurs contreforts escarpés, le *Tanargue*, le *Coiron* qui dominent la vallée du Rhône, et leurs sommets dénudés, les plus élevés des Cévennes, monts *Mézenc* (1754 mètres), *Gerbier des Joncs* (1562 mètres). Les monts du *Lyonnais* commencent au mont *Pilat* (1434 mètres); ceux du *Beaujolais* au mont *Tarare* : ce sont des croupes monotones tantôt couvertes de bois, tantôt cultivées et dominées par les ruines de nombreuses tours féodales; enfin les monts du *Charolais*, mieux arrosés et plus boisés, ne sont séparés que par la vallée de l'Arroux du massif granitique du **Morvan**, pays de forêts, de prairies, de vallées sauvages et

Fig. 9. — Une chaussée basaltique (Ardèche).

d'étangs ombragés, dont les points culminants atteignent 900 mètres (*Bois-du-Roi*).

Les prolongements des Cévennes. — Les Cévennes se prolongent vers le nord jusqu'aux Vosges, par une bande de petites montagnes ou de terrains élevés qui forme trois sections principales, et qui sépare le bassin supérieur de la Seine, ceux de la Meuse et de la Moselle, de celui de la Saône. Ce sont, du sud au nord :

1° Du mont *Saint-Vincent* au mont *Tasselot* (593 m.), la **côte d'Or,** série de gradins jurassiques dont les premières assises sont tapissées de vignobles auxquels succèdent des pentes boisées, des plateaux, les uns cultivés, les autres couverts de forêts et sillonnés de vallées pittoresques (point culminant 636 mètres).

2° Du mont Tasselot aux sources de la *Meuse* le **plateau de Langres,** plaines élevées de 400 à 500 mètres, aux talus rapides sur le versant oriental, sans fortes dépressions et dont les seuls sommets sont quelques mamelons arrondis.

3° Des sources de la Meuse au *Ballon d'Alsace* les monts **Faucilles,** recourbés en demi-cercle et composés de plateaux fortement ondulés dont les flancs sont couverts de forêts (point culminant 700 mètres). Ce bourrelet montagneux n'est que le prolongement d'un soulèvement de l'époque primaire, celui des *Ballons* des Vosges méridionales.

Le bassin du nord, le massif de Bretagne. — La France occidentale et septentrionale n'a pas de chaînes de montagnes. Le vaste bassin du *nord* dont la limite est dessinée par les terrains granitiques de la Bretagne, de la Vendée, du massif central et les soulèvements des Vosges et des Ardennes, est formé dans sa partie centrale de dépôts tertiaires qu'enveloppe une zone de terrains crétacés, enveloppée elle-même par une bande de terrains jurassiques. — La limite de ces zones concentriques est marquée par une série de bourrelets qui s'inclinent en pente douce vers le centre du bassin, tandis que la pente opposée présente des escarpements plus brusques. Aucun de ces bourrelets, non plus que les rides qui sillonnent le massif de la Bretagne, ne mérite le nom de montagnes. Les plateaux marécageux de la *Sologne* et de la *Brenne*, les plateaux entre Seine et Loire, qui couvrent une partie de l'Orléanais et de l'Ile-de-France, et qui devraient être désignés sous le nom de *plateaux de la Beauce* plutôt que sous la dénomination trop restreinte de plateau d'Orléans, n'ont pas plus de 100 à

200 mètres d'élévation. Les collines granitiques ou schisteuses du *Perche* et de *Normandie* avec leurs forêts, leurs vallées encaissées et leurs pentes abruptes qui rappellent les vrais pays de montagnes, les collines du *Maine* dont les points culminants, dans la chaîne des *Coëvrons*, entre la Mayenne et la Sarthe, atteignent 400 mètres, les *collines de Bretagne*, plateaux granitiques couverts de bruyères, d'ajoncs et de pâturages, et qui se bifurquent à leur extrémité en deux branches, les *monts d'Arrée* au nord et les *Montagnes Noires* au sud, n'ont aucun sommet qui dépasse 420 mètres.

Les *plateaux de Champagne*, entre le cours de l'Yonne et celui de l'Aisne, plateaux coupés par la Seine, l'Aube et la Marne et formés de terrains crayeux atteignent une hauteur moyenne de 150 à 200 mètres. Ils dominent par des falaises rapides qui s'étendent de Montereau à Laon, le bassin parisien.

Les *collines de la Meuse*, qui prennent naissance au plateau de Langres, les plateaux boisés de l'*Argonne* entrecoupés de marécages, de bas-fonds, de collines aux crêtes noirâtres et dénudées, ne s'élèvent pas au-dessus de 400 mètres. Enfin les hauteurs qui sillonnent les plaines du nord, pour venir se perdre en Belgique, ou plonger dans la Manche par les *falaises normandes* : collines de *Belgique*, collines de l'*Artois*, collines de *Picardie*, arête de grès vert du pays de *Bray*, soulèvement jurassique du *Boulonnais*, plateaux crayeux du pays de *Caux*, n'atteignent nulle part une hauteur de 300 mètres.

V

LES VOSGES ET LE JURA

Les Vosges. — Le nord-est de la France, une partie de la Belgique et de l'Allemagne rhénane sont occupés par un vaste plateau qu'on pourrait appeler plateau de la **Lorraine** ou des **Ardennes**, et dont l'élévation moyenne est de 200 à 400 mètres. Cette surface accidentée, en partie boisée, coupée de vallées étroites et profondes, est sillonnée par plusieurs rides jurassiques dont la principale longe la rive droite de la Meuse sous le nom de *côtes lorraines* et se relève dans le Luxembourg, où elle atteint une hauteur de plus de 600 mètres; c'est là que commence ce grand soulèvement de terrains schisteux qui sous le nom d'**Ardennes** et de **Hunsruck** couvre une partie de la Belgique, de la Prusse et de la Bavière rhénanes. Il s'étale en plateaux tourmentés, semés de cratères éteints et dont les sommets dépassent 800 mètres. Cette région, située entre la Meuse et la Nahe, porte le nom de *hautes Fagnes* en Belgique, d'*Eifel* et de *Hunsrück* en Allemagne.

La limite orientale du plateau lorrain est dessinée par la chaîne des **Vosges**, qui domine la rive gauche du Rhin. Long. d'environ 280 kilomètres, large de 30 à 60, le massif des Vosges se dirige du sud au nord parallèlement au cours du Rhin.

Les cimes des Vosges méridionales sont en général arrondies, ce qui leur a fait donner le nom de *ballons*, et couvertes de forêts de sapins, entrecoupées de pâturages (les *Chaumes*), tandis que les premières pentes sont semées de bois de noisetiers, de hêtres et de châtaigniers. Le versant oriental, qui descend vers la vallée du Rhin, est beaucoup plus rapide que le versant occidental, qui se prolonge par les plateaux de la Lorraine, avec leurs champs de pommes de terre, leurs forêts de chênes et leurs petits lacs encadrés de verdure.

La partie la plus élevée de la chaîne est celle qui porte le nom de **Vosges méridionales**, et qui s'étend du *ballon d'Alsace* (1 250 mètres), au *mont Donon* (1 017 mètres). Le point culminant est le ballon de *Guebwiller* (1 427 mètres), dans le versant oriental. Le ballon de *Servance* (1 189 mètres), le *Honeck* (1 366 mètres), le *Champ de feu* (1 084 mètres), etc., dépassent 1 000 mètres. Cette partie des Vosges presque entièrement granitique est coupée par les cols de *Bussang*, d'*Oderen*, de *Bramont*, de la *Schlucht*, du *Bonhomme*, de *Sainte-Marie-aux-Mines*, d'*Urbeix*, de *Schirmeck*, qui les franchissent entre 700 et 1 000 mètres d'élévation. — Les **Vosges centrales**, moins élevées, moins épaisses, coupées au *col de Saverne* par le canal de la Marne au Rhin et le chemin de fer de Nancy à Strasbourg, au col de Bitche par le chemin de fer de Metz à Strasbourg, commencent au mont Donon et finissent aux sources de la Lauter. Le grès vosgien, le trias et le calcaire jurassique sont les terrains dominants. — La partie **septentrionale** des Vosges, élevée en moyenne de 300 à 400 mètres, se prolonge jusqu'aux bords du Rhin par les plateaux tourmentés et boisés du *Hardt* (point culminant le mont *Tonnerre*, 690 mètres).

Les passages des Vosges sont nombreux, les routes faciles et bien entretenues, et la chaîne est traversée par plusieurs lignes de chemins de fer.

Trouée de Belfort. — Les escarpements qui terminent les Vosges méridionales (Ballons d'Alsace et de Servance) et ceux du *Lomont* où commence le Jura, sont séparés par une sorte de fossé qui donne accès de la vallée du Rhin dans celle de la Saône. On désigne ordinairement cette percée sous le nom de trouée de Belfort; la principale dépression est le col de *Valdieu*, franchi par le canal du Rhin au Rhône (350 mètres d'altitude).

Le Jura. — Le Jura, dont la longueur totale est d'environ 300 kilomètres et la largeur de 50 à 60, se compose de plusieurs séries de crêtes parallèles qui se courbent comme un arc entre le Rhin et le Rhône et dont la direction suit : au sud, celle du Rhône de Genève à Pierre-Châtel, au centre celle du Doubs, au nord (crête du Lomont), celle des Alpes Pennines et Bernoises. Du côté de la Suisse, un long rempart presque à pic, qui s'abaisse à mesure qu'il s'éloigne vers le nord, des cimes aplaties qui se détachent sur le ciel comme des créneaux irréguliers, et au pied de la montagne, de grands bassins aux eaux limpides, les lacs de Genève, de Neuchâtel et de Bienne : du côté de la France, des plateaux boisés ou marécageux, des gorges étroites, appelées *cluses*, où bouil-

GÉOGRAPHIE PHYSIQUE.

Profil de la France, de Bordeaux (Embouchure de la Gironde) au Mont Genèvre.

- Mont Genèvre
- Mont Pelvoux
- Grenoble
- Lyon
- Mont Tarare
- Vallée de la Loire
- Mt Pierre-sur-Haute
- Vallée de l'Allier
- Pic de Sancy
- Vallée de la Dordogne
- Plateau de Limousin
- Massif Central
- Bergerac
- Bordeaux

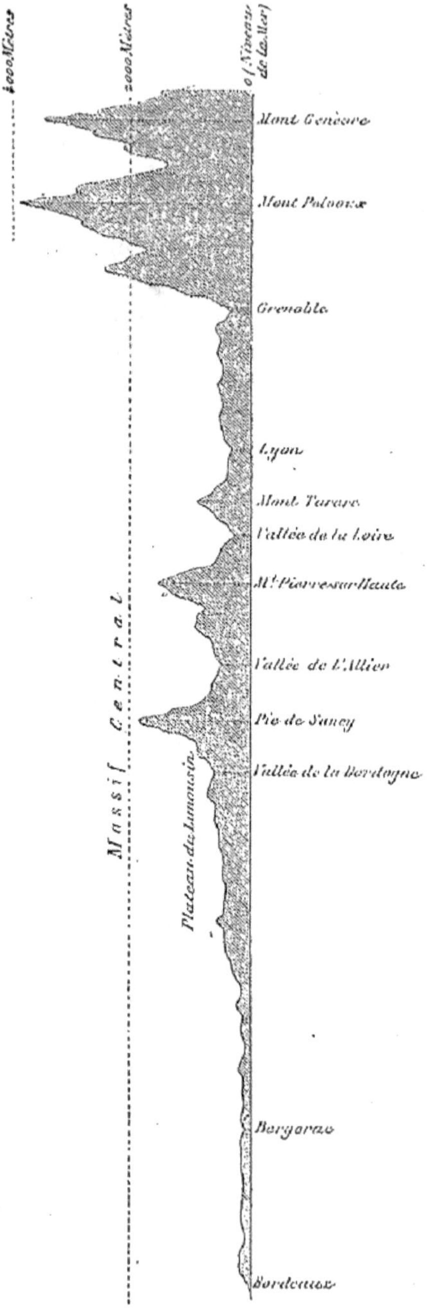

(1) L'échelle horizontale est de 1/5,000,000. Les hauteurs sont exagérées par rapport aux longueurs dans la proportion de 55 à 1.

Carte III.

lonnent des cascades, des bassins fermés connus sous le nom de *combes* où dorment des lacs, des terrains qui se plissent d'une façon capricieuse et dont les dernières ondulations viennent s'effacer dans les plaines humides de la Bresse et dans les vallons de la Franche-Comté; tel est l'aspect général du Jura.

On le divise ordinairement en trois sections.

Du défilé de *Pierre-Châtel*, où s'engouffre le Rhône qui s'y est ouvert un passage à travers les rochers, au col de *Jougne*, le **Jura méridional**, la partie la plus sauvage et la plus élevée de la chaîne, a des sommets de plus de 1600 mètres, le *Grand-Crédo* (1608 m.), le *Reculet* (1720 m.), le *Crêt de la neige* (1724 m.), le mont *Dôle* (1680 m.), le mont *Tendre* (1682 m.), des crêtes escarpées, le *Sallaz*, la *Dent de Vaulion* en Suisse, le *Colombier*, le *Noirmont*, le mont *Risoux*, en France et des cols d'un accès difficile, défilé de *l'Ecluse*, col de la *Faucille*, cols de *Saint-Cergues* et des *Rousses*.

Du col de Jougne au coude du Doubs (*Saint-Ursanne*), s'étend le **Jura central**. Ses principaux sommets, le mont *Suchet* (1595 m.), le *Chasseron* (1611 m.), le *Chasseral* (1609 m.) appartiennent à la Suisse. Les passages les plus fréquentés sont le col des *Verrières* prolongé en Suisse par le *val Travers*, la coupure de *Morteau* où passe la route du Locle, le col de *Seignelegier*. Du côté de la France, le Jura central s'étale en larges plateaux qui se prolongent jusqu'à la crête du *Lomont* et du mont *Terrible* (998 m.).

3° Le **Jura septentrional** (crêtes du *Montoz*, du *Weissenstein*, du *Hauenstein*), appartient tout entier à la Suisse et vient mourir sur les bords de l'Aar et du Rhin. Ses plus hauts sommets (Weissenstein) n'atteignent pas 1300 mètres.

Bassin supérieur du Rhône. — Le bassin qui s'étend entre le Jura à l'est, les Vosges et les monts Faucilles au nord, le plateau de Langres, la Côte-d'Or et les Cévennes septentrionales à l'ouest et qui se prolonge au sud, en se rétrécissant, jusqu'à la vallée de la Drôme, est de formation tertiaire. C'est une plaine boisée sur les dernières terrasses de la Côte-d'Or et du Jura, marécageuse dans les Dombes, couverte dans la Bresse de cailloux roulés et dont l'altitude varie de 200 à 400 mètres.

VI

LES ALPES. — LE BASSIN DU SUD-EST

Les Alpes. Description générale. — La chaîne des Alpes, le massif le plus élevé du continent européen, le principal réservoir des eaux de l'Europe occidentale et centrale, se recourbe en demi-cercle du golfe de Gênes à l'Adriatique sur un développement de 1500 kilomètres et une largeur moyenne de 150 à 190.

La partie française des Alpes commence au mont Blanc et finit un peu avant le col de Tende.

Le massif entier des Alpes françaises est compris entre la Méditerranée, au sud; les plaines de l'Italie septentrionale, à l'est; la vallée du Rhône, au nord et à l'ouest. Il s'étend sur une longueur de 480 kilomètres, une largeur de 190 à 200, et une superficie de 8 millions d'hectares. Du côté de l'Italie, la chaîne est escarpée, les contreforts très courts et très rapides, et les vallées perpendiculaires à la crête; du côté de la France, l'épaisseur du massif est beaucoup plus considérable, les contreforts plus importants, les vallées plus élevées, plus étendues et souvent parallèles à la crête de la montagne.

Les Alpes occidentales n'ont pas été soulevées d'un seul coup et leur origine est relativement récente. Les plus anciens soulèvements, ceux du *Vercors* et du mont *Viso* qui appartiennent à la période secondaire, sont orientés l'un du nord au sud, l'autre du nord-ouest au sud-est. Les plus récents, ceux des *Alpes occidentales* proprement dites dont l'axe passe par le Pelvoux et le mont Blanc, et des *Alpes principales* sont orientés l'un du sud-ouest au nord-est, l'autre de l'est à l'ouest, avec une légère inclinaison vers le sud. Les terrains dominants sont les roches cristallisées, les terrains primaires, triasiques et jurassiques qui forment le noyau de la chaîne, tandis que les premières terrasses appartiennent aux formations crétacées.

Ces soulèvements, qui se croisent et s'enchevêtrent, ont imprimé à tout le massif des Alpes un caractère de désordre sauvage et grandiose que n'offre au même degré aucune de nos chaînes françaises : mais ce n'est pas la seule cause des bouleversements dont ces montagnes portent les traces ineffaçables. L'action des glaciers qui pendant une ou plusieurs périodes géologiques couvraient le massif presque tout entier, celle des pluies, des torrents, des avalanches, des éboulements de rochers a largement contribué à lui donner sa physionomie actuelle, à dégrader les sommets, à raviner les vallées, à creuser le lit des lacs et des rivières, et à semer sur les pentes les gigantesques débris des cimes écroulées.

Les Alpes françaises présentent, comme tout le reste de la chaîne, quatre zones successives, à mesure que l'on s'élève. Jusqu'à une hauteur de 9 000 à 1 000 mètres des terrains cultivés, semés de bois de hêtres, de châtaigniers et de chênes ; de 1 000 à 1 800 mètres, les bouleaux et les arbres résineux, sapins, mélèzes, épicéas ; au-dessus de 1 800 mètres et jusqu'à la limite des neiges, les pâturages où les troupeaux viennent passer les mois d'été. Autrefois les premières terrasses des Alpes, dont la hauteur ne dépasse pas 1 600 à 1 700 mètres, étaient couvertes de forêts jusqu'au sommet : le défrichement de ces forêts, qui sont presque détruites, surtout dans les départements du Var, des Basses-Alpes et des Hautes-Alpes, a eu des conséquences désastreuses : les pluies ont emporté peu à peu la terre végétale qui n'est plus retenue par les racines des arbres : les pâturages mêmes, ruinés par les troupeaux de moutons ou de chèvres qui arrachent l'herbe au lieu de la tondre (1), ont disparu comme les forêts ; les eaux, au lieu de s'infiltrer dans le sol, glissent sur la roche nue

---

(1) Voir la *Géographie* de M. Onésime Reclus, page 645.

et se précipitent dans le lit des torrents, roulant, sur ces pentes rapides, avec la vitesse d'un cheval au galop, de véritables trombes qui vont ravager les vallées et qui minent la montagne.

Les chaînes moyennes, qui ne dépassent pas 2500 m., sont couvertes de neige, pendant sept à huit mois; dans la grande chaîne, la limite des neiges éternelles descend jusqu'à 2700 mètres dans le versant septentrional, 2900 dans le versant méridional, et les hautes vallées, les plateaux resserrés entre les cimes les plus élevées, sont envahis par les glaciers qui cheminent lentement sur la pente de la montagne et descendent parfois jusqu'à 1600 et même 1 200 mètres.

Les Alpes ont leurs animaux et leurs végétaux particuliers; le chamois, la marmotte, qui vivent dans les hautes régions, l'ours brun, qui se cache dans les

Fig. 10. — Marmotte. (L'animal est de la grosseur d'un chat.)

forêts; les lichens, espèce de mousse à filaments jaunâtres, qu'on rencontre jusqu'à 3 600 mètres d'élévation; l'absinthe, l'arnica, la gentiane, etc...

Les habitants des Alpes sont, en général, une race énergique et vigoureuse. Cependant, « dans les vallées » basses, étroites, enfoncées, qui ne reçoivent les vents

» secs que très obliquement, les eaux des torrents et des
» pluies s'arrêtent et deviennent marécageuses. L'air n'y
» circule pas, les brouillards et l'humidité y sont perpé-
» tuels. C'est dans ces endroits qu'on trouve les êtres
» faibles, mous et stupides qu'on nomme crétins. Leurs
» bras abattus, leur bouche béante, leur cou tuméfié et
» pendant, leur couleur blafarde laissent voir le dernier
» terme de la dégradation humaine et de la dégéné-
» rescence animale (1). »

Alpes maritimes. — La chaîne principale des Alpes françaises se divise en trois grandes sections :

Du col de *Cadibone* au mont Viso s'étendent les **Alpes maritimes,** dont les pics les plus élevés n'ont guère plus de 3000 mètres. Elles longent la Méditerranée jusqu'à Nice, si rapprochées de la mer, que la fameuse route de la Corniche (route de Nice à Gênes, en Italie), est pour ainsi dire suspendue au flanc de la montagne et taillée dans le rocher. A partir du col de Tende, la chaîne remonte vers le nord, en décrivant quelques sinuosités : les principaux cols sont, outre le col de Tende, qui appartient à l'Italie, ceux de l'*Argentière*, franchi en 1515 par François Ier, avant la bataille de Marignan, et d'*Agnello* (col d'Agnel), au pied du mont Viso.

Alpes cottiennes. — Du mont Viso, dont le sommet neigeux s'élève à 3836 mètres, au mont Cenis, les Alpes cottiennes ont conservé le nom d'un chef barbare contemporain d'Auguste, le roi Cottius qui régnait sur quelques peuplades de la montagne. Leurs principaux sommets sont: le mont *Genèvre* (3686 m.), le mont *Thabor* (3175 m.), et le mont *Cenis* (3490 m.). Les cols les plus importants sont ceux d'*Abriès*, du mont *Genèvre*, un des plus anciennement fréquentés de toute la chaîne occidentale, de *Fréjus*, sous lequel a été percé le tunnel du chemin de fer d'Italie, entre Modane en France et Bardonèche en Italie, et du mont *Cenis*, qui doit à Napoléon Ier une des plus belles routes des Alpes. Les deux routes du mont Ge-

---

(1) Malte-Brun, *Géographie universelle.*

nèvre et du mont Cenis se réunissent, après avoir franchi la ligne de faîte, dans la vallée de la Dora Riparia, au *Pas de Suse*, clef de l'Italie, théâtre de fréquents combats depuis Charlemagne jusqu'à Louis XIII.

Alpes Grées. — Du mont Cenis au mont Blanc s'élèvent, dans la direction du sud au nord, les Alpes Grées (du celtique *craigh*, rocher, pointe), dont un seul col est fréquenté, celui du petit *Saint-Bernard*. Les Alpes Grées renferment de nombreux glaciers, ceux de la *Vanoise*, du col *Iseran*, de *Ruitor*, au sud du petit Saint-Bernard; mais leurs plus hautes cimes s'effacent devant le massif majestueux du mont Blanc, le géant de nos montagnes européennes.

Le mont Blanc. — Le massif du mont Blanc est limité : au sud, par le col de la *Seigne;* à l'est par l'allée Blanche et le val de Ferret; au nord, par le col de *Balme;* au nord-ouest, par la vallée de Chamonix, où coule le torrent de l'Arve. Hérissé d'aiguilles, dominé par des cimes dont la plus haute s'élève à 4810 mètres, couronné de neiges éternelles et presque toujours enveloppé de nuages, le massif du mont *Blanc* est en partie couvert de glaciers (glacier des Bossons, Mer de glace, glacier de l'Argentière), qui occupent une superficie de 2800 hec-

Fig. 11. — Le mont Blanc.

tares et alimentent les eaux de l'Arve et de la Dora Baltea, affluent du Pô.

Ramifications des Alpes. Versant français. — Les rameaux les plus importants des Alpes sont, du nord au sud : 1° les Alpes du *Valais*, dominées par le dôme neigeux du mont *Buet* et la *Dent du Midi*, qui se détachent du mont Blanc et se prolongent jusqu'au lac de Genève.

2° Les *Alpes de Savoie*, qui partent également du mont Blanc et se divisent en trois grands massifs : le premier entre l'Arve et la Dranse, couvre tout le Chablais et se termine sur les bords du lac par les crêtes de la *Dent d'Oche* et des monts *Voirons*; le second entre l'Arve et le Fier, chaos de montagnes boisées et de plateaux ravinés par les eaux, finit sur les bords du Rhône par les escarpements du mont *Vuache*; le troisième, entre le lac d'Annecy, le lac du Bourget et la vallée de l'Isère, connu sous le nom de monts des *Bauges* se prolonge par les montagnes sauvages et pittoresques de la *Grande-Chartreuse*. Ces trois massifs appartiennent aux formations jurassiques et crétacées.

3° Entre la vallée de l'Isère et celle de l'Arc se dressent les monts de la *Vanoise* avec leurs nombreux glaciers.

4° Du mont Thabor se détachent les *Alpes de Maurienne*, ou massif des *Grandes-Rousses*, épais contrefort dominé par le pic des *Trois Ellions* (3800 mètres) et les crêtes de *Belledonne*, qui sépare la vallée de l'Arc de celle de la Romanche, affluent du Drac.

5° Du même point partent les **Alpes du Dauphiné**, massif imposant dont les glaciers, les gorges sauvages, les pics escarpés, le disputent à ceux de la grande chaîne. Les Alpes du Dauphiné séparent le bassin de l'Isère et celui de la Durance qui communiquent par le col du *Lautaret*. Elles forment trois massifs principaux : celui de l'*Oisans* (*Barre* des *Écrins* (4100 mètres), *Pelvoux*, *Olan*, *Taillefer*), entre la Romanche et le Drac, celui du *Dévoluy* entre le Drac et le Buech affluent de la Durance (point culminant la *Tête d'Obiou*, 2790 mètres), et celui du *Vercors* qui prolonge l'axe des montagnes de la Grande-Chartreuse, entre l'Isère, le Drac et la Drôme. Les Alpes du Dauphiné vont s'épanouir au nord de la Provence par les massifs des *monts de Lure*, du *mont Ventoux* et du *mont Luberon*.

6° Des Alpes maritimes (nœud de l'*Enchastraye*) se détachent les **Alpes de Provence**, dont les rameaux séparent les vallées des affluents de gauche de la Durance, et se dressent sur le littoral de la Méditerranée sous les noms de *monts de l'Estérel*, *monts des Maures*, *montagnes de la Sainte-Baume*, *monts Sainte-Victoire* et de chaîne des *Alpines*, montagnes dénudées et sauvages, dont quelques-unes seulement conservent leur couronne de chênes-lièges et de sapins.

Bassin inférieur du Rhône. — Le bassin inférieur du Rhône, qui commence au défilé de Montélimar, est une plaine étroite, de formation tertiaire, qui s'étend à l'ouest entre la Méditerranée et les Cévennes jusqu'à la vallée de l'Aude, à l'est jusqu'aux terrasses de grès vert des montagnes de Sainte-Victoire et de la Sainte-Baume. La lisière maritime de cette plaine est un immense dépôt d'alluvions, les unes modernes dans le delta marécageux de la Camargue, les autres anciennes dans la plaine aride de la Crau, couverte de cailloux roulés par le gigantesque torrent de la Durance qui se jetait autrefois dans la Méditerranée.

La Corse. — Les montagnes de la **Corse,** forment un massif qui couvre l'île presque tout entière, et dont les points culminants sont le *monte Cinto* (2707 mètres), et le *monte Rotondo* (2624 mètres). Des vallées étroites, où coulent des torrents, souvent desséchés en été, et que séparent des contreforts épais, de maigres pâturages, des forêts de chênes et de sapins, des broussailles impénétrables, qui portent le nom de *maquis*, tels sont les traits caractéristiques des montagnes de la Corse, qui paraissent se rattacher au système des Alpes.

RÉSUMÉ
Relief du sol.

I

DESCRIPTION GÉNÉRALE. — Les régions les plus élevées de la France sont : au sud, celle des PYRÉNÉES ; à l'est, celles des ALPES, du *Jura* et des *Vosges*, au nord celle des *Ardennes*. Ce sont des pays de montagnes formant autant de grandes régions de soulèvement. Au centre s'élève un massif d'une hauteur moyenne de plus de 600 mètres, dominé par des chaines volcaniques et dont la pente va mourir à l'ouest, au sud-ouest et au nord dans les deux larges bassins de la Garonne et de la Loire, tandis qu'elle se prolonge, au sud, par les *Cévennes méridionales*, et qu'elle se relève brusquement à l'est pour former les *Cévennes septentrionales*. Ce massif et celui de la *Bretagne* qui se compose également de terrains cristallisés sont les parties de notre pays les plus anciennement émergées.

La pente occidentale des Vosges se prolonge jusqu'à la vallée de la Meuse par un plateau élevé en moyenne de 200 à 400 mètres, qui occupe le nord-est de la France et qu'on peut désigner sous le nom de *plateau de Lorraine*.

Tout le reste de la France est une région de plaines, mais entre les plaines basses du nord et celles de l'ouest et du sud-ouest dont aucun point, sauf quelques collines, n'est à plus de 80 mètres au-dessus du niveau de la mer, s'avance une bande de terrains plus élevés (hauteur moyenne de 100 à 250 mètres), qui séparent le bassin de la Loire de celui de la Seine, et qui se prolongent jusqu'à l'extrémité de la presqu'île de Bretagne.

II

LES PYRÉNÉES. — Entre l'Espagne et la France se dressent les *Pyrénées*, montagnes élevées en moyenne de plus de 2 000 mètres, hérissées de pics, n'ayant que peu de glaciers et de neiges éternelles. Elles se divisent en trois sections.

1° *Pyrénées occidentales*, du col de Maya jusqu'au cirque de *Troumouse* (pic d'Anie, pic du Midi d'Ossau, monts Vignemale, Perdu, Marboré, pic du Midi de Bigorre, cols de Roncevaux, du Somport et de Gavarnie, vallées d'Aspe, d'Ossau, de Bastan).

2° *Pyrénées centrales*, du cirque de Troumouse au pic de *Carlitte* (pic Posets, mont Maladetta, mont NÉTHOU, point culminant des Pyrénées (3 404 mètres), cols de Vénasque et de Puymorens, val d'Aran, val d'Andorre).

3° *Pyrénées orientales*, du pic de Carlitte au cap Cerbéra (mont Canigou, Puigmal, cols de la Perche, de Pertus).

Des Pyrénées occidentales se détachent, sur le versant septentrional, les montagnes de la *basse Navarre*; des Pyrénées centrales, les monts de *Bigorre* prolongés par les collines de l'*Armagnac*; des Pyrénées orientales, les *Corbières* orientales et les Corbières occidentales qui se prolongent jusqu'au *col de Naurouse*.

III

Le massif central. Les monts d'Auvergne. — Le massif central est une région de hautes terres granitiques qui occupent une partie du centre de la France, et que dominent des montagnes volcaniques. — Le massif est limité, à l'est et au sud-est, par la chaîne des Cévennes, d'où se détachent vers le nord-ouest : 1° les monts du *Vélay* et du *Forez*; 2° les monts de la *Margeride*, prolongés par les massifs volcaniques des monts d'Auvergne (massifs du *Cantal*, du mont Dore, avec le Puy de *Sancy*, 1886 mètres, point culminant de la France intérieure, chaîne des *Puys* avec le *Puy de Dôme*, le Puy de Pariou, etc., volcans éteints), et par les monts du *Limousin*. Ces deux derniers massifs se prolongent eux-mêmes au nord par les monts de la *Marche*; au nord-ouest, par les collines du *Poitou*, le plateau de *Gâtine* et le soulèvement granitique du *Bocage vendéen*; à l'ouest, par les collines de *Saintonge* et de *Périgord*.

IV

Les Cévennes. — Les Cévennes méridionales s'étendent du col de Naurouse aux monts Lozère, sous le nom de *Montagnes Noires*, monts de l'*Espinouse*, monts du *Gévaudan*. — Les plateaux calcaires situés de chaque côté de l'arête principale portent le nom de *causses*, dans le versant septentrional, et de *garrigues*, dans le versant méridional.

Les Cévennes septentrionales, des monts *Lozère* au mont *Saint-Vincent*, portent les noms de monts du *Vivarais* (volcans éteints), la partie la plus élevée de la chaîne (*Mézenc*, 1754 mètres, *Gerbier des Joncs*), monts du *Lyonnais* (mont *Pilat*), monts du *Beaujolais* et du *Charolais*.

Des Cévennes se détachent : 1° à l'ouest, les montagnes granitiques du *Morvan*, prolongées entre la Seine et la Loire par les collines du *Nivernais*, les plateaux de la *Beauce*, les collines du *Perche*, de *Normandie* et de *Bretagne* (points culminants, 420 mètres), qui finissent au cap Saint-Mathieu, sur l'Atlantique;

2° Au nord, la *côte d'Or* et le plateau de *Langres*, rattaché aux Vosges par les monts *Faucilles*.

Du plateau de Langres se détachent, vers le nord-ouest, les collines de la *Meuse* prolongées par les plateaux boisés de l'*Ar-*

gonne. Le nord et le nord-ouest de la France n'ont que des hauteurs insignifiantes : les collines de *Picardie* et du pays de *Caux*, qui vont finir au cap de la Hève, les collines de l'*Artois*, qui finissent au cap Gris-Nez, et celles de *Belgique*.

V

Les Vosges. — Les Vosges sont un massif boisé, dominé au sud par des sommets arrondis nommés ballons, et qui s'étend, du sud au nord parallèlement au cours du Rhin. — Leur versant occidental se prolonge par les plateaux de la Lorraine : leur versant oriental s'abaisse brusquement vers le Rhin. On les divise en *Vosges méridionales*, la partie la plus élevée de la chaîne, du *ballon d'Alsace* au *mont Donon* (point culminant le *ballon de Guebwiller*, 1427 mètres) : *Vosges centrales*, du mont *Donon* à la source de la *Lauter* percées par le col de Saverne, et *Vosges septentrionales*, désignées sous le nom de *Hardt*.

Les Vosges sont séparées du Jura par la *trouée de Belfort*.

Le Jura se compose de plusieurs chaînes parallèles qui vont en s'abaissant de l'est à l'ouest ; il forme un arc de cercle incliné vers le nord-est. — On le divise en *Jura méridional*, la partie la plus élevée (Grand-Credo, *Crêt de la Neige*, 1724 mètres, mont Reculet, la Dôle), depuis le Rhône jusqu'au col de Jougne ; *Jura central*, du col de Jougne au coude du Doubs, près de Saint-Ursanne (col des Verrières, val Travers, monts Chasseron et Chasseral) et *Jura septentrional* ou helvétique, jusqu'au Rhin.

VI

Les Alpes. — Entre la France et l'Italie s'élève le massif des Alpes occidentales. Ces montagnes, hautes en moyenne de 3000 mètres, sont couvertes de glaciers et de neiges et dominées par des pics granitiques. Les premières terrasses des Alpes appartiennent aux formations calcaires. Les pâturages y sont abondants, mais une partie de la chaîne, surtout dans le versant français, a été déboisée.

La chaîne principale des Alpes occidentales commence au col de Tende et finit au mont Blanc. On la divise en trois sections :

1° Du *col de Tende* au *mont Viso*, Alpes maritimes, la partie la moins élevée (cols de l'*Argentière* et d'*Agnello*) ;

2° Du mont Viso au mont *Cenis*, Alpes cottiennes, avec les cols du mont *Genèvre* et du mont *Cenis*, traversés par de belles routes carrossables, le tunnel du chemin de fer de Modane à Bardonèche (13 kilomètres), et les sommets du mont *Thabor*, du mont *Genèvre*, du mont *Cenis*, etc...

3° Les Alpes Grées (rocheuses), du mont Cenis au mont *Blanc*. Cette partie est la plus élevée de la chaîne française. Le point culminant est le massif du mont Blanc, dont le plus haut sommet a 4810 mètres. Les pics du col *Iseran* et de la *Vanoise* ont plus de 4000 mètres.

Les glaciers du mont *Blanc* (Mer de glace, etc.), et ceux de la *Vanoise* sont les plus importants des Alpes françaises.

La seule route fréquentée des Alpes Grées est celle du col du *petit Saint-Bernard*.

Les rameaux les plus importants des Alpes sont, du nord au sud :

1° Les *Alpes du Valais* (mont Buet) ;

2° Les *Alpes de Savoie*, dont le principal massif se prolonge par les monts des *Bauges* et les monts de la *Grande-Chartreuse*. Ces deux rameaux se détachent du mont Blanc ;

3° Les monts de la *Vanoise* ;

4° Les *Alpes de Maurienne* (pic des trois Ellions, 3880 mètres) ;

5° Les ALPES DU DAUPHINÉ (massif du *Pelvoux*, 4100 mètres, mont *Oian*, mont *Ventoux*, monts *Luberon*), qui se détachent du mont Thabor.

6° Les *Alpes de Provence*, prolongées par les monts de l'*Esterel* et des *Maures*, qui se détachent des Alpes maritimes.

La CORSE est couverte de montagnes dont les points culminants sont le mont *Cinto* (2707 mètres), et le mont Rotondo.

Exercices

Tracer sur une carte de France les courbes d'altitude de 100 en 100 mètres jusqu'à 400 mètres, et de 300 en 300 mètres au-dessus de 400 jusqu'à 1000 (1).

Esquisse géologique des Pyrénées, des Alpes, du massif central.

Lecture de la carte de l'état-major français.

Lectures

E. RECLUS. *La France.*
DUPAIGNE. *Les montagnes.*
TAINE. *Les Pyrénées.*
DE SAUSSURE. *Voyages dans les Alpes.*
F. DE TSCHUDI. *Le règne animal du monde alpestre.*
DE LANOYE. *Voyage aux volcans de la France centrale* (dans le *Tour du monde*, 1866).
BERLIOUX. *Le Jura*, 1 vol. gr. in-8°.

(1) Voir la carte hypsométrique de la France au $\frac{1}{800\,000}$ par MM. *Pigeonneau* et *Drivet*.

CHAPITRE III

Versants et bassins. Les eaux.

L'ensemble des terrains que nous venons de décrire forme deux grandes pentes ou versants inclinés, l'un vers le nord-ouest, l'autre vers le sud-est. Les eaux qui coulent sur le versant sud-est se rendent à la **Méditerranée**, celles qui coulent sur le versant nord-ouest à l'océan **Atlantique**. La ligne qui dessine la crête ou le point de partage de ces deux grandes pentes, et qui porte le nom de ligne générale de partage des eaux, est formée par les *Pyrénées* occidentales et centrales, les *Corbières* occidentales jusqu'au col de Naurouse, les *Cévennes méridionales* jusqu'aux monts Lozère, les *Cévennes septentrionales*, du mont Lozère au mont Saint-Vincent, la *côte d'Or*, du mont Saint-Vincent au mont Tasselot, le *plateau de Langres*, du mont Tasselot aux sources de la Meuse, les *monts Faucilles*, des sources de la Meuse au ballon d'Alsace, les collines de Belfort, du ballon d'Alsace au mont Terrible, le *Jura*, du mont Terrible au col des Rousses, enfin les plateaux du *Jorat* et la chaîne neigeuse des *Alpes bernoises*, qui appartiennent à la Suisse et finissent au massif du Saint-Gothard.

Le versant de la **Méditerranée** ne comprend qu'un grand bassin fluvial, celui du *Rhône;* le versant de l'Atlantique est divisé par des rameaux, qui se détachent de la ligne de partage des eaux, en plusieurs bassins :

1° Celui de la mer du **Nord** arrosé par le *Rhin*, la *Meuse* et l'*Escaut*, et dont une faible partie appartient à la France; 2° celui de la **Manche** dont le principal fleuve est la *Seine;* 3° celui de la **mer de France** dont le principal fleuve est la *Loire;* 4° celui du **golfe de Gascogne** dont le principal fleuve est la *Garonne*.

I

VERSANT DE LA MÉDITERRANÉE. BASSIN DU RHÔNE ET BASSINS CÔTIERS

Ceinture du bassin. — La ceinture du bassin français de la Méditerranée est formée à l'ouest et au nord par les *Pyrénées orientales* et par la ligne de partage des eaux (Corbières, Cévennes, côte d'Or, plateau de Langres, monts Faucilles, ballon d'Alsace, Jura, Jorat, Alpes bernoises), à l'est par les Alpes Pennines, Grées, Cottiennes et Maritimes, jusqu'aux Apennins.

Cours du Rhône. — Le **Rhône**, le plus grand fleuve du versant français de la Méditerranée, prend sa

Fig. 12. — Source du Rhône.

source à une hauteur de 1 800 mètres dans un glacier du massif du Saint-Gothard, au pied du mont *Furca*, et coule d'abord de l'est à l'ouest dans une étroite et sauvage vallée, encaissée entre les Alpes Bernoises et les Alpes Pennines, et qui forme le canton suisse du Valais. A partir de *Sion*, capitale du Valais, le torrent grossi par les eaux des glaciers est déjà presque un fleuve. A *Martigny*, dans le Valais, un rameau des Alpes le force à se détourner vers le nord, et il entre dans le lac de Genève, entre *Le Bouveret* et *Villeneuve*.

Le lac **Léman** ou lac de **Genève** est un vaste bassin (54000 hectares de superficie), long de 72 kilomètres, large de 5 à 12, encadré de collines verdoyantes et dont les eaux limpides et profondes (plus de 300 mètres dans la plus grande profondeur) baignent, en Suisse, les riants coteaux de *Vevey* et de *Lausanne;* en France, les baies pittoresques au bord desquelles s'étagent sur le flanc des collines les villes d'*Évian* et de *Thonon* (Haute-Savoie).

Le Rhône sort du lac à *Genève*, et roule au milieu des vergers et des vignobles, ses eaux bleues et transparentes, bientôt troublées par le limon du torrent de l'*Arve*. Il vient se heurter, à quelques kilomètres au delà de la frontière française, contre la barrière que lui oppose le Jura méridional, dont les montagnes de la Savoie occidentale ne sont que le prolongement. Le fleuve s'est creusé, à travers les rochers, un étroit passage encaissé entre les escarpements du *Grand-Credo* (département de l'Ain) et les pentes du mont *Vuache* (Haute-Savoie), et dominé par le fort de l'*Écluse*.

Rejeté brusquement vers le sud par le massif du Jura, le fleuve, redevenu torrent, s'engouffre sous une voûte de rochers où, dans la saison des basses eaux, il disparaît presque entièrement et semble se perdre dans le sein de la terre : c'est ce qu'on appelle la Perte du Rhône. Jusqu'à *Seyssel*, le lit du Rhône n'est qu'une fissure étroite et profonde, creusée dans la montagne ; mais à partir de ce point le fleuve s'élargit, devient navigable, franchit à *Pierre-Châtel* un nouveau défilé, et, un peu avant son confluent avec l'Ain, entre dans une vaste plaine où il reprend sa direction primitive de l'est à l'ouest.

A *Lyon* (département du Rhône), il n'est qu'à 162 mètres au-dessus du niveau de la mer. C'est là qu'il reçoit la Saône, son plus grand affluent. Sa direction change de nouveau. Arrêté par la barrière des Cévennes, il se détourne brusquement vers le sud, et descend vers la mer en roulant des flots rapides qui, dans les inondations, s'élèvent quelquefois jusqu'à dix mètres au-dessus de l'étiage (1). Il arrose *Givors* (département du Rhône, rive droite), *Vienne* (Isère, rive gauche), *Tournon* (Ardèche, rive droite), *Valence* (Drôme, rive gauche), *Pont-Saint-Esprit* (Gard, rive droite), qui doit son nom à un pont construit au moyen âge, *Avignon* (Vaucluse, rive gauche), *Beaucaire* (Gard, rive droite), célèbre autrefois par ses foires, et situé presqu'en face de *Tarascon* (Bouches-du-Rhône, rive gauche); enfin *Arles* (Bouches-du-Rhône, rive gauche), où commence le delta. Au delà d'Arles (à 45 kilomètres de la mer), le fleuve se partage en deux branches qui embrassent l'île marécageuse de la *Camargue*. La branche occidentale, le *Petit-Rhône*, ne représente que 14 % de la masse totale des eaux. Elle se bifurque elle-même avant d'arriver à la mer; le bras oriental conserve son nom; le bras occidental porte ceux de canal de *Sylveréal* et de *Rhône vif*.

La principale branche, le *Grand-Rhône*, qui a plusieurs fois changé de lit, verse à la mer 86 % des eaux du fleuve; elle se divise également en deux bras : l'un sinueux et presque desséché, le *Bras-de-Fer* ou *Vieux-Rhône*, l'autre puissant mais peu profond, le *Grand-Rhône*, qui se jette à la mer par plusieurs embouchures, ou *graus*, souvent obstruées par les sables. Toutes les bouches du Rhône emportent annuellement à la mer 54 milliards de mètres cubes d'eau, dix fois plus que la Loire, et près de 21 millions de mètres cubes de limon.

Les bouches du Rhône étant difficilement accessibles pour les navires de mer, on a creusé, du golfe de Fos au *port Saint-Louis* sur le Grand-Rhône, un canal long

---

(1) On appelle étiage le niveau du fleuve à l'époque où les eaux sont les plus basses, c'est-à-dire en été.

de 4000 mètres qui permet d'arriver directement à la partie navigable du fleuve. Un autre canal, moins large et moins profond, longe le Grand-Rhône (rive gauche) d'*Arles* à *Bouc*.

Affluents de droite. — Les principaux affluents du Rhône sont, sur la rive droite :

1° L'**Ain** (190 kilomètres), navigable à l'époque des eaux moyennes, qui descend du Jura et coule du nord au sud, dans une profonde et sauvage vallée (départements du Jura et de l'Ain), parallèle à la direction du Jura.

2° La **Saône** (455 kilomètres), qui naît dans les monts Faucilles (département des Vosges), et coule du nord au

Fig. 13. — Le lac de Genève.

sud en traversant la Haute-Saône où elle arrose *Gray*, la Côte-d'Or où elle passe à *Auxonne* et à *Saint-Jean de Losne*, la Saône-et-Loire où elle baigne *Chalon-sur-Saône* et *Mâcon*. Elle sépare le département de l'Ain, où elle arrose *Trévoux*, de ceux de Saône-et-Loire et du Rhône, où elle vient finir à Lyon.

C'est une rivière tranquille, paresseuse et dont les eaux paisibles contrastent avec l'impétuosité du Rhône. Elle reçoit, à droite, la *Tille* et l'*Ouche* qui passe à *Dijon*; à gauche, l'*Ognon* qui descend du ballon d'Alsace, le *Doubs* (430 kilomètres), torrent sinueux aux eaux bleues et limpides, qui prend sa source au Noirmont, traverse le lac de *Saint-Point*, roule dans une gorge profonde d'où il sort en se précipitant d'une hauteur de 20 mètres (*Saut du Doubs*), serpente à travers les vallées du département du Doubs (*Pontarlier*, *Baume-les-Dames*, *Besançon*), du canton suisse de Berne, traverse le département du Jura (*Dôle*) et finit près de Châlon.

La *Seille*, qui passe à *Louhans* (Saône-et-Loire), est le dernier affluent important de la Saône sur sa rive gauche.

3°, 4°, 5°, 6°, 7° : Le **Gier** avec les innombrables usines entassées sur ses bords; le **Doux**; l'**Ouvèze**, qui arrose *Privas* (Ardèche); l'**Ardèche** qui passe à *Aubenas* (Ardèche); la **Cèze**, grands torrents redoutables par leurs inondations, descendent des Cévennes.

8° Le **Gard** (140 kilomètres), naît dans les monts Lozère et arrose *Alais* (Gard).

Affluents de gauche. — Les affluents de gauche sont :

1° L'**Arve**, torrent qui sort des glaciers du mont Blanc, coule dans la vallée de Chamonix, et se jette dans le fleuve près de Genève.

2° Le **Fier** qui sert de déversoir au lac d'**Annecy** (Haute-Savoie), et coule dans des gorges sauvages.

3° Le canal de *Savières*, déversoir du lac du **Bourget**, un des plus pittoresques de la région des Alpes (Savoie), et le plus vaste de France après celui de Genève. Avant qu'il se fût ouvert la brèche de Pierre-Châtel, le Rhône s'écoulait par le lac du Bourget, la plaine marécageuse de Chambéry et le lit actuel de l'Isère, large à cette époque de plusieurs kilomètres.

4° Le **Guiers** descend du massif de la Grande-Chartreuse.

5° L'**Isère** (290 kilomètres) naît dans les glaciers des Alpes Grées, au col Iseran, coule dans l'étroite vallée qui a reçu le nom de Tarentaise, et où elle baigne *Moutiers* et *Albertville,* longe le pied des montagnes de la Grande-Chartreuse, en arrosant la riche vallée du Grésivaudan, passe à *Grenoble,* au pied des coteaux de *Saint-Marcellin* (département de l'Isère), et finit dans le département de la Drôme au nord de Valence. Elle suit la grande faille longitudinale qui sépare les massifs des *Bauges* et de la Chartreuse de ceux de la Vanoise et des Alpes de Maurienne. Cette faille se prolonge d'un côté par la vallée du *Drac* entre les massifs du Vercors, du Dévoluy et de l'Oisans, et de l'autre par celle de l'*Arly,* affluent de droite de l'Isère entre les Alpes de Savoie et les Alpes Grées. Malgré l'impétuosité de son cours, l'Isère est navigable un peu au dessus de Grenoble.

Elle reçoit à gauche l'*Arc* qui descend des glaciers du col Iseran et passe à *Saint-Jean de Maurienne,* et le *Drac,* grossi de la *Romanche,* qui descendent des Alpes du Dauphiné.

6° La **Drôme** (département de la Drôme), prend sa source dans les Alpes du Dauphiné et passe à *Die.*

7° L'**Aigues** passe à *Nyons* (Drôme).

8° La **Sorgues** déverse dans le Rhône les eaux de la fontaine de *Vaucluse,* qui a donné son nom à un département.

9° La **Durance** (380 kilomètres) naît au mont Genèvre, coule du nord-est au sud-ouest, dans une vallée étroite encaissée entre les Alpes du Dauphiné et les Alpes de Provence, où elle arrose *Briançon* et *Embrun* (Hautes-Alpes), puis elle passe à *Sisteron* (Basses-Alpes), et sépare, dans la partie inférieure de son cours, le département des Bouches-du-Rhône de celui de Vaucluse. Elle reçoit à droite le *Buech* qui descend du col de la *Croix-Haute* (massif du Dévoluy), à gauche l'*Ubaye* (*Barcelonnette*), la *Bléone* (*Digne*), et le *Verdon* (*Castellane*). Malgré la longueur de son cours et la largeur de son lit, la Durance, terrible dans les crues, mais desséchée en été, ne sert qu'au flottage des bois.

Bassins secondaires. — Les bassins côtiers que l'on rattache à celui du Rhône sont à l'est du fleuve (rive gauche) : ceux du **Var** (Basses-Alpes et Alpes-Maritimes); de la *Siagne* (Alpes-Maritimes); de l'**Argens** (Var) et de l'*Huveaune* (Bouches-du-Rhône), torrents qui descendent des Alpes de Provence :

A l'ouest (rive droite), ceux du *Vidourle*, du *Lez* qui passe à *Montpellier*, de l'**Hérault** et de l'*Orb* qui arrose *Béziers* : ces cours d'eau qui appartiennent tous au département de l'Hérault descendent des Cévennes.

L'Aude (210 kilomètres) prend sa source dans les Pyrénées près du pic de Carlitte (Pyrénées-Orientales), roule d'abord dans des gorges ombragées de sapins, passe à *Limoux* et à *Carcassonne* (département de l'Aude) et finit près de l'étang de Vendres entre Agde et Narbonne.

Les Corbières orientales et les Pyrénées envoient à la mer d'autres petits cours d'eau qui arrosent le département des Pyrénées-Orientales, l'*Agly*, la *Têt* qui passe à *Prades* et à *Perpignan*, et le *Tech* qui passe à *Céret*.

La Corse n'a que des torrents : à l'ouest, le *Liamone* (golfe de Sagone) et le *Taravo*; à l'est le *Tavignano* qui passe à *Corte*, et le *Golo* qui descend du mont Cinto, terribles à la fonte des neiges, mais presque à sec en été.

RÉSUMÉ

I

La CEINTURE DU BASSIN du Rhône et des bassins secondaires du versant de la Méditerranée est formée, au sud-ouest, à l'ouest et au nord, par les *Pyrénées* orientales et la ligne de partage des eaux (*Corbières*, *Cévennes*, *côte d'Or*, *plateau de Langres*, *Faucilles*, *Jura*, en France, *Jorat* et *Alpes Bernoises*, en Suisse); à l'est, par la chaîne des *Alpes*, depuis le mont Saint-Gothard jusqu'aux Apennins.

Le RHÔNE prend sa source en Suisse, dans le massif du *Saint-Gothard*, coule, de l'est à l'ouest, dans le canton suisse du *Valais*, entre dans le lac *Léman* ou de *Genève*, en sort à *Genève* et franchit la frontière.

Il est brusquement détourné vers le sud par un des contreforts du *Jura*, mais un contrefort des *Alpes de Savoie* le rejette de nouveau vers l'ouest, jusqu'à son confluent avec la Saône.

Après avoir reçu la Saône, en sortant de *Lyon*, il coule du nord au sud jusqu'à la mer. A 45 kilomètres de son embouchure, le fleuve se partage en deux bras principaux, le *Grand-Rhône*, à l'est, le *Petit-Rhône*, à l'ouest, qui embrassent l'île de la *Camargue*. C'est le plus rapide de nos fleuves et celui qui porte le plus d'eau à la mer.

Son cours est de 1 000 kilomètres dont 497 navigables (du Fort-l'Écluse, département de l'*Ain*, à la mer).

Il arrose sur sa rive droite : l'Ain, le Rhône (*Lyon*), l'Ardèche (*Tournon*), le Gard (*Beaucaire*) ; sur sa rive gauche : la Haute-Savoie, la Savoie, l'Isère (*Vienne*), la Drôme (*Valence*), le département de Vaucluse (*Avignon*), les Bouches-du-Rhône (*Tarascon* et *Arles*).

II

Les *affluents de droite* du Rhône sont : l'AIN (département du Jura et de l'Ain) ;

La SAÔNE (455 kilomètres), rivière tranquille qui prend sa source dans les monts Faucilles (départements des Vosges, de la Haute-Saône (*Gray*), de la Côte-d'Or, de Saône-et-Loire (*Châlon* et *Mâcon*), de l'Ain et du Rhône) ; elle reçoit à gauche l'*Ognon*, le *Doubs*, torrent sinueux qui descend du Jura (Doubs, Pontarlier, Besançon, Jura, *Dôle*, Saône-et-Loire), et la *Seille* ; à droite, l'*Ouche* (*Dijon*) ;

Le GIER (départements de la Loire et du Rhône), l'ARDÈCHE (département de l'Ardèche), la CÈZE (*Id.*), le GARD (départements de la Lozère et du Gard (*Alais*), grands torrents qui descendent des *Cévennes*.

Les affluents de gauche sont : l'ARVE (Haute-Savoie), qui descend du mont Blanc, le FIER et le canal de *Savières*, qui servent d'écoulement aux lacs d'*Annecy* et du *Bourget*, en Savoie ; le GUIERS qui descend des montagnes de la Grande-Chartreuse ;

L'ISÈRE, rivière impétueuse qui descend des Alpes Grées (Savoie (*Moutiers*), Isère (*Grenoble*), et Drôme) ;

La DROME, qui descend des Alpes du *Dauphiné* (département de la Drôme (*Die*) ;

La DURANCE, torrent de 380 kilomètres qui naît au mont Genèvre et coule, du nord-est au sud-ouest entre les *Alpes du Dauphiné* et les *Alpes de Provence* (Hautes-Alpes (*Embrun* et *Briançon*), Basses-Alpes (*Sisteron*), Vaucluse et Bouches-du-Rhône).

Les bassins secondaires du versant de la Méditerranée sont : à l'est du Rhône (rive gauche), ceux du *Var*, de la *Siagne* (Alpes-Maritimes), de l'*Argens* (Var), de l'*Huveaune* (Bouches-du-Rhône), séparés de la vallée de la Durance par les Alpes de Provence ;

A l'ouest des bouches du Rhône (rive droite), ceux du *Vidourle*, du *Lez*, de l'*Hérault*, qui descendent des Cévennes, de l'*Aude*, qui prend sa source dans les Pyrénées (Pyrénées-Orientales, Aude (*Carcassonne*), de la *Têt* (Pyrénées-Orientales (*Perpignan*), et du *Tech*.

II

BASSIN DE LA MER DU NORD

Ceinture du bassin. — Le territoire français n'occupe qu'une faible partie du bassin de la mer du Nord, dont la ceinture occidentale est formée en France, par le *Jura*, les collines de *Belfort*, le *ballon d'Alsace*, les *Faucilles*, le *plateau de Langres*, l'*Argonne* et les *collines de l'Artois* jusqu'au cap *Gris-Nez*, sur la mer du Nord.

Cours du Rhin. — Le Rhin, le principal fleuve de ce bassin, prend sa source dans le massif du *Saint-Gothard* (mont *Adula*), en Suisse, coule d'abord du sud au nord, traverse le lac de *Constance*, se détourne brusquement à l'ouest, franchit par la chute de *Schaffhouse*, un chaînon détaché des Alpes qui se croise avec un des rameaux de la *Forêt-Noire*, et continue à se diriger vers l'ouest jusqu'à *Bâle* (Suisse). Arrêté par les Vosges, et rejeté vers le nord par le Jura, le fleuve roule entre les Vosges et la Forêt-Noire, dans un large lit semé d'îles et de bancs de sable qui traçait, avant 1871, la frontière entre la France et l'Allemagne. Un peu au-dessous de son confluent avec le *Main*, il incline vers le nord-ouest et garde cette direction à travers l'Allemagne du Nord et la Hollande, jusqu'à ce qu'il se confonde à son embouchure avec la Meuse et l'Escaut (mer du Nord) (1 350 kilomètres).

Affluents. — Il reçoit sur sa rive gauche, en *Alsace :* l'**Ill**, qui prend sa source dans le Jura et coule du sud au nord, en arrosant *Mulhouse* et *Strasbourg*, la *Zorn*, qui a creusé à travers les Vosges le défilé de Saverne, et la **Lauter** (*Wissembourg* et *Lauterbourg*), qui formait, avant 1871, la limite entre la France et la Bavière rhénane ; en *Allemagne* (Prusse rhénane), la **Moselle,** qui descend du col de Bussang, traverse le département des Vosges (*Remiremont* et *Épinal*), celui de Meurthe-et-Moselle (*Toul*), et la Lorraine dite allemande depuis 1871 (*Metz*, *Thionville*), arrose *Trèves* (Prusse rhénane) et finit à *Coblentz*. Elle reçoit, à droite, la *Meurthe* (*Saint-Dié* dans les Vosges, et *Nancy* dans le département de Meurthe-et-Moselle), la *Seille* qui finit à *Metz*, et la *Sarre* (*Sarrebourg* et *Sarreguemines* en Lorraine, *Sarrebruck* et *Sarrelouis* dans la Prusse rhénane), sorties de la chaîne des Vosges, dont le massif épais sépare la vallée du Rhin de celle de la Moselle.

Bassin secondaire de la Meuse. — La *ceinture du bassin* de la Meuse est formée en France : à l'est, par les *côtes lorraines*, à l'ouest, par l'*Argonne*. Elle prend sa source au *plateau de Langres*, dans le département de la Haute-Marne et coule du sud au nord, dans une vallée étroite, en arrosant le département des Vosges (*Neufchâteau*), celui de la Meuse (*Commercy* et *Verdun*), et celui des Ardennes (*Sedan*, *Mézières-Charleville* et *Givet*). Elle va se confondre avec le *Rhin*, après avoir franchi la frontière française et traversé la Belgique et la Hollande (900 kilomètres, dont 233 navigables en France, de Verdun à la frontière).

Elle reçoit, en France (rive droite), le *Chiers* et la *Semoy*, qui coulent dans des gorges profondes; en Belgique, la *Sambre* (rive gauche), rivière sinueuse qui prend sa source dans le département de l'Aisne, et passe à *Landrecies* et à *Maubeuge* (Nord).

Bassin secondaire de l'Escaut. — Le bassin de l'Escaut, qui n'est français qu'en partie, a pour ceinture les *collines de l'Artois* et les *collines de Belgique*.

L'Escaut prend sa source au plateau de Saint-Quentin (département de l'Aisne), et coule en plaine, du sud au nord, jusqu'à son entrée en Belgique (62 kilomètres navigables en France depuis Cambrai). Il passe à *Cambrai* et à *Valenciennes*, dans le département du Nord.

Il reçoit, à gauche, la *Sensée*, la *Scarpe* (*Arras*, dans le Pas-de-Calais et *Douai*, dans le Nord), et la *Lys*, qui finit en Belgique et descend des collines de l'Artois.

Le plus important des petits fleuves côtiers du bassin

de l'Escaut est l'*Aa*, qui passe à *Saint-Omer* (Pas-de-Calais), et finit à *Gravelines* (Nord).

RÉSUMÉ

La CEINTURE DU BASSIN de la mer du Nord est formée, en France, par le Jura, les monts Faucilles, le plateau de Langres, les collines de la Meuse, l'Argonne et les collines de l'Artois jusqu'au cap Gris-Nez.

Ce bassin n'est français qu'en partie et seulement sur la rive gauche.

Le RHIN prend sa source, en Suisse, au mont Saint-Gothard, coule du sud au nord, traverse le lac de Constance, se détourne de l'est à l'ouest, puis du sud au nord à partir de Bâle jusqu'à son confluent avec le Main. Il traverse la Suisse, l'Allemagne et les Pays-Bas.

Les affluents de gauche sont : l'ILL (Mulhouse et Strasbourg, en Alsace) ;

La LAUTER (Wissembourg, en Alsace) ;

La MOSELLE (en partie française), et dont la vallée est séparée de celle du Rhin par les Vosges (Vosges) (*Epinal*), Meurthe-et-Moselle (*Toul*), Lorraine (*Metz* et *Thionville*). Elle reçoit, à droite, la *Meurthe* (Vosges, Meurthe-et-Moselle (*Nancy*), et la *Sarre* (*Sarrebourg* et *Sarreguemines*, dans la Lorraine dite allemande).

BASSINS SECONDAIRES. — La MEUSE (en partie française), coule entre l'Argonne et les talus du plateau de la Lorraine. Elle prend sa source au plateau de *Langres* (Haute-Marne), arrose en France les départements de Haute-Marne, Vosges, Meuse (*Commercy*, *Verdun*), et Ardennes (*Sedan*, *Mézières*), traverse la Belgique et finit dans les Pays-Bas. Elle reçoit, à gauche, la *Sambre* (Aisne, Nord, Belgique).

L'ESCAUT (en partie français) coule entre les collines de l'Artois et celles de Belgique (Aisne, Nord (*Cambrai*, *Valenciennes*) : il traverse la Belgique et finit dans les Pays-Bas ; il reçoit, à gauche, la *Scarpe* (Pas-de-Calais (*Arras*), Nord (*Douai*) et la *Lys*.

III

BASSIN DE LA MANCHE

Ceinture du bassin. — La ceinture du bassin de la Manche est formée : au nord, par les *collines de l'Artois*, depuis le cap Gris-Nez, et par l'*Argonne* ; à l'est, par le *plateau de Langres*, et la *côte d'Or* ; au sud, par les monts du *Morvan*, les collines du *Nivernais*, les plateaux de *Beauce*, les collines du *Perche*, de *Normandie* et de *Bretagne*, et les monts d'*Arrée* jusqu'à la pointe Saint-Mathieu.

Cours de la Seine. — La **Seine**, le principal tributaire de la Manche, prend sa source non loin du mont *Tasselot*, dans le département de la Côte-d'Or, sur le territoire de la commune de Chanceaux, à 471 mètres d'altitude. A *Châtillon-sur-Seine* c'est encore un ruisseau qui se tarit en été ; mais peu à peu elle se grossit des eaux que lui envoient les plateaux crayeux de la Champagne et devient navigable dans le département de l'Aube (*Bar, Troyes, Nogent-sur-Seine*), qu'elle sépare un instant du département de la Marne.

Dans le département de Seine-et-Marne (*Montereau, Melun*), c'est déjà un fleuve qui roule, dans les eaux moyennes, près de 200 mètres cubes par seconde. Après avoir traversé la partie orientale du département de Seine-et-Oise (*Corbeil*), la Seine entre dans le département qui porte son nom, et où elle arrose *Paris, Boulogne, Neuilly* et *Saint-Denis*. Jusque-là le fleuve a coulé du sud-est au nord-ouest, mais à partir de Paris, il serpente lentement entre des coteaux couverts de bois, de maisons de campagne, de villes florissantes (*Saint-Germain, Poissy, Mantes* dans le département de Seine-et-Oise ; les *Andelys, Vernon* (Eure) ; *Elbeuf, Rouen*, dans la Seine-Inférieure), et décrit d'innombrables détours qui sont un des traits caractéristiques de son cours.

A partir de *Quillebeuf* (Seine-Inférieure), il s'élargit, les marées le remplissent : c'est là que commence l'estuaire qui se prolonge jusqu'au *Havre* (rive droite), et à *Honfleur* (rive gauche).

Le lit de la Seine est bien encaissé, sa pente modérée, et les travaux de canalisation et d'endiguement ont triomphé en partie des difficultés qu'offraient les bancs de sable ou de roches, et la barre ou courant violent produit à son embouchure par la lutte du fleuve contre la marée.

Son cours est de 770 kilomètres, dont 560 navigables ou canalisés, de Troyes à la mer.

Affluents de droite. — Ses affluents de droite sont :

1° L'**Aube,** qui descend du *plateau de Langres*, et dont la direction est presque parallèle à celle de la Seine (Haute-Marne, Aube, où elle arrose *Arcis* et *Bar-sur-Aube*).

2° La **Marne,** qui prend sa source au *plateau de Langres*, dans le département de la Haute-Marne, où elle arrose *Chaumont* et *Saint-Dizier*. Elle traverse le département de la Marne (*Vitry, Châlons, Epernay*), ceux de l'Aisne (*Château-Thierry*), de Seine-et-Marne (*Meaux*), de Seine-et-Oise, et finit à *Charenton* (Seine), après avoir tracé un demi-cercle (493 kilomètres dont 363 navigables depuis Saint-Dizier). Elle reçoit, à droite, la *Saulx* grossie de l'*Ornain*, qui passe à *Bar-le-Duc*, et l'*Ourcq*; à gauche, le *Grand-Morin*.

3° L'**Oise,** prend sa source en Belgique et coule du nord-est au sud-ouest, en traversant les départements de l'Aisne (la *Fère*), de l'Oise (*Compiègne* et *Creil*), et de Seine-et-Oise (*Pontoise*), (189 kilomètres navigables ou canalisés). A gauche, l'Argonne lui envoie l'*Aisne*, grossie de l'*Aire* et de la *Vesle*, qui passe à *Reims*. L'Aisne arrose la Meuse, la Marne (*Sainte-Menehould*), les Ardennes (*Vouziers* et *Rethel*), l'Aisne (*Soissons*), et l'Oise.

4° L'**Epte** (*Gisors* dans l'Eure), et l'**Andelle**, sortent des collines du pays de Bray.

Affluents de gauche. — Les principaux affluents de gauche sont :

1° L'**Yonne** (119 kilomètres navigables depuis Auxerre), qui descend des monts du *Morvan*. Elle passe à *Clamecy* (département de la Nièvre), à *Auxerre, Joigny* et *Sens* (Yonne), et finit à *Montereau* (Seine-et-Marne). Elle reçoit, à droite, l'*Armançon* (*Tonnerre*), le *Serain* et la *Cure*.

2° Le **Loing,** passe à *Montargis* (Loiret) et finit à *Moret* (Seine-et-Marne).

3° L'**Essonne**, se jette à *Corbeil*, après avoir arrosé, sous le nom d'*Œuf* (*Pithiviers*), les plateaux du Loiret.

4° L'**Eure**, descend des collines du Perche (Orne), traverse les riches plateaux de la Beauce (département d'Eure-et-Loir, où elle passe à *Chartres*), et les vallées boisées de l'Eure (*Louviers*). Elle reçoit l'*Iton*, qui passe à *Evreux* (rive gauche).

5° La **Rille**, qui se jette dans la baie de Seine, arrose *Laigle* (Orne), et *Pont-Audemer* (Eure).

Bassins secondaires. — 1° Le bassin secondaire de la **Somme**, situé sur la rive droite de la Seine, est enfermé dans une fourche que forment les *collines de l'Artois*, au nord; celles de *Picardie* et du *Pays de Caux*, au sud, jusqu'au cap de la Hève.

La Somme, rivière marécageuse, prend sa source au pied du plateau de *Saint-Quentin* (Aisne), et coule du sud-est au nord-ouest, en arrosant *Péronne*, *Amiens* et *Abbeville* (département de la Somme). Elle finit à *Saint-Valery* (Somme). Les petites rivières de la *Bresle* (le *Tréport*), de l'*Arques* (*Dieppe*), sont comprises dans ce bassin (Seine-Inférieure).

2° Le bassin secondaire de l'**Orne**, situé sur la rive gauche de la Seine, est enfermé entre les collines du *Lieuvin*, à l'est; celles de *Normandie*, au sud; celles du *Cotentin*, à l'ouest, jusqu'à la pointe de la *Hague*. L'Orne descend des collines de Normandie et coule du sud-est au nord-ouest en arrosant les départements de l'Orne (*Argentan*), et du Calvados (*Caen*). Les bassins côtiers de la *Touques* (*Lisieux*, et *Pont-l'Evêque*, dans le Calvados), de la *Dives*, de la *Vire* (*Vire* dans le Calvados, et *Saint-Lô* dans la Manche), peuvent se rattacher à celui de l'Orne.

3° Entre les collines du *Cotentin* et celles de *Bretagne*, de la pointe de la Hague à la pointe Saint-Mathieu, s'étendent les bassins de la *Sélune* (Manche), du *Couesnon*, qui passe à *Fougères* (Ille-et-Vilaine), et finit dans la baie du mont Saint-Michel, de la *Rance*, qui arrose

Dinan (dans les Côtes-du-Nord), et finit à *Saint-Malo* (Ille-et-Vilaine), du *Trieux*, qui passe à *Guingamp* (Côtes-du-Nord), etc. Ces petits fleuves côtiers descendent des collines de Bretagne.

RÉSUMÉ

La CEINTURE DU BASSIN est formée : au nord-est, depuis le cap Gris-Nez, par les collines de l'Artois, les plateaux de l'Argonne, les collines de la Meuse ; à l'est, par le plateau de Langres et la côte d'Or ; au sud, par les monts du Morvan, les collines du Nivernais, les plateaux de Beauce, les collines du Perche et de Normandie, les collines de Bretagne jusqu'à la pointe Saint-Mathieu.

La SEINE prend sa source près de Chanceaux (Côte-d'Or, à la jonction du plateau de Langres et de la côte d'Or), et coule, du sud-est au nord-ouest, jusqu'à la Manche.

Elle traverse les départements de la Côte-d'Or (*Châtillon*), de l'Aube (*Bar-sur-Seine, Troyes, Nogent-sur-Seine*), de Seine-et-Marne (*Melun*), de Seine-et-Oise (*Corbeil*), de la Seine (*Paris, Saint-Denis*), de Seine-et-Oise (*Mantes*), de l'Eure, de la Seine-Inférieure (*Elbeuf, Rouen, le Havre*).

Les *affluents de droite* sont : L'AUBE (Haute-Marne, Côte-d'Or, Aube (*Bar-sur-Aube, Arcis-sur-Aube*) :

La MARNE (Haute-Marne, plateau de Langres (*Chaumont*), Marne (*Vitry, Châlons, Épernay*), Aisne (*Château-Thierry*), Seine-et-Marne (*Meaux*), Seine-et-Oise, Seine (*Charenton*) :

L'OISE (Belgique, Aisne, Oise (*Compiègne, Creil*), Seine-et-Oise (*Pontoise*), qui reçoit, à gauche, l'AISNE (Meuse, Marne (*Sainte-Menehould*), Ardennes (*Vouziers, Rethel*), Aisne (*Soissons*), Oise) :

L'EPTE et l'ANDELLE.

Les *affluents de gauche* sont : L'YONNE, qui descend des monts du Morvan (Nièvre (*Clamecy*), Yonne (*Auxerre, Joigny, Sens*), Seine-et-Marne (*Montereau*) ;

Le LOING (Yonne, Loiret (*Montargis*), Seine-et-Marne) ;

L'EURE (Eure-et-Loir (*Chartres*), Eure (*Louviers*), grossie de l'*Iton* (*Évreux*) ;

La RILLE (Orne, Eure (*Pont-Audemer*) ;

BASSINS SECONDAIRES. — Au nord (rive droite), la SOMME, entre les collines de l'Artois et les collines de la Picardie et du pays de Caux jusqu'à la pointe de la Hève, arrose l'Aisne (*Saint-Quentin*), et la Somme (*Péronne, Amiens, Abbeville, Saint-Valery*) ;

A l'ouest (rive gauche), la TOUQUES (Calvados, *Lisieux* et *Pont-l'Évêque*), la DIVES, l'ORNE (Orne (*Argentan*) et Calvados (*Caen*) :

la Vire, départements du Calvados (*Vire*) et de la Manche (*Saint-Lô*), coulent entre les collines de Lieuvin à l'est, celles de Normandie au sud, et du Cotentin à l'ouest, jusqu'à la pointe de la Hague.

La Sélune, le Couesnon, la Rance (Côtes-du-Nord (*Dinan*), Ille-et-Villaine (*Saint-Malo*), coulent entre les collines du Cotentin et les collines de Bretagne, jusqu'à la pointe Saint-Mathieu.

IV

BASSIN DE L'OCÉAN ATLANTIQUE (MER DE FRANCE).

Ceinture du bassin. — La ceinture du bassin de l'océan Atlantique proprement dit ou mer de France est formée au nord, depuis le *cap Saint-Mathieu*, par la ceinture méridionale du bassin de la Manche, qui longe la rive droite de la Loire; à l'est par les *Cévennes septentrionales* jusqu'aux monts Lozère; au sud par les monts d'*Auvergne*, du *Limousin*, et les collines du *Périgord* et de *Saintonge*, jusqu'à la pointe de la Coubre.

Cours de la Loire. — La Loire, le plus grand fleuve de ce bassin et le plus long de nos cours d'eau français, prend sa source dans les Cévennes, au mont Gerbier-des-Joncs (Ardèche), à 1375 mètres d'altitude, et coule d'abord du sud au nord dans une vallée étroite enfermée entre les Cévennes et les montagnes du Vélay et du Forez (départements de la Haute-Loire et de la Loire) : jusqu'à *Roanne* (Loire), c'est un torrent aux eaux claires roulant sur un lit de rochers et de gravier.

A partir de Roanne, la vallée s'élargit, le fleuve traverse le département de Saône-et-Loire qu'il sépare de celui de l'Allier, puis le département de la Nièvre (*Nevers* et *Cosne*, rive droite), qu'il sépare de celui du Cher. Serrée de près par les pentes des collines du Nivernais et les plateaux de l'Orléanais, la Loire se détourne peu à peu vers le nord-ouest, puis vers l'ouest, à partir de *Gien* (Loiret). Elle atteint à *Orléans* le point le plus septentrional de sa course, descend vers le sud-ouest par *Blois* (Loir-et-Cher) et *Tours* (Indre-et-Loire), reprend la direction de l'ouest à *Saumur* (Maine-et-Loire) et la garde jusqu'à son embouchure. Depuis Gien, c'est un fleuve sans lit, encombré de sables mouvants, desséché en été, sujet, grâce à la nature imperméable des terrains de son bassin supérieur, à des crues subites dont la double levée qui l'endigue entre Orléans et Angers ne conjure pas toujours les effets désastreux.

Après avoir arrosé le département de la Loire-Inférieure et traversé *Ancenis* et *Nantes*, où elle ne peut porter que des bâtiments de 800 à 1000 tonneaux, elle se jette dans l'océan Atlantique entre *Saint-Nazaire* et *Paimbœuf* après un cours de 1100 kilomètres, dont 782 navigables (depuis Roanne).

Affluents. — Les affluents de droite sont :

1° Le **Furens**, qui passe à *Saint-Etienne* (Loire).

2° L'**Arroux**, qui descend des monts du Morvan et arrose *Autun* (Saône-et-Loire).

3° La **Nièvre**, qui prend sa source dans les collines du Nivernais et finit à *Nevers* (Nièvre).

4° La **Maine**, formée, près d'*Angers* (Maine-et-Loire), par la jonction de la *Mayenne* (204 kilomètres dans le département de la Mayenne, où elle arrose *Mayenne*, *Laval* et *Château-Gontier*, et dans celui de Maine-et-Loire); de la *Sarthe* (276 kilomètres dans l'Orne, où elle passe à *Alençon*, la Sarthe, où elle arrose *le Mans*, et le Maine-et-Loire) et du *Loir* (310 kilomètres dans l'Eure-et-Loir, où il passe à *Châteaudun*, le Loir-et-Cher, où il arrose *Vendôme*, la Sarthe, où il passe à *la Flèche*, et le Maine-et-Loire). Ces trois rivières naissent sur le revers méridional des collines du Perche et de Normandie.

5° L'**Erdre**, qui se jette à Nantes.

Les affluents de gauche sont :

1° L'**Allier** (370 kilomètres), qui descend du massif des monts Lozère, à 1 420 mètres d'altitude, et coule du sud au nord entre les monts d'Auvergne à l'ouest et les montagnes du *Vélay*, du *Forez* et de la *Madeleine* à l'est, en traversant les départements de la Lozère, de la Haute-Loire (*Brioude*), la riche plaine de la Limagne (Puy-de-Dôme), où il reçoit la *Dore*, le département de l'Allier, où il arrose *Vichy* et *Moulins*, et où il reçoit la *Sioule* (rive gauche).

2° Le **Loiret**, petite rivière navigable de 12 kilomètres de cours, et qui n'est qu'une infiltration de la Loire.

3° et 4° Le **Cosson** et le **Beuvron**, déversoir des marais de la Sologne.

5° Le **Cher** (197 kilomètres navigables) naît dans les monts d'Auvergne et coule d'abord au nord (départements de la

Fig. 14. — L'Allier à Moulins.

Creuse, de l'Allier (*Montluçon*) et du Cher (*Saint-Amand* et *Vierzon*); puis à l'ouest (départements de Loir-et-Cher et d'Indre-et-Loire, où il passe près de Tours). Ses principaux affluents sont la *Sauldre* et l'*Yèvre* qui passe à Bourges.

6° L'**Indre** prend sa source dans un des derniers rameaux des monts de la Marche et coule du sud-est au nord-ouest en arrosant le département de l'Indre (*la Châtre* et *Châteauroux*) et celui d'Indre-et-Loire (*Loches*).

7° La **Vienne** descend des monts du Limousin, dans le département de la Corrèze, coule d'abord de l'est à l'ouest, dans les vallées étroites de la Haute-Vienne (*Limoges*), puis du sud au nord, dans la Charente (*Confolens*), la Vienne (*Châtellerault*) et l'Indre-et-Loire (*Chinon*), et reçoit à droite la *Creuse* (*Aubusson* dans la Creuse et *le Blanc* dans l'Indre), grossie de la *Gartempe*, à gauche le *Clain* (*Poitiers*.)

8° Le **Thouet** arrose *Parthenay* (Deux-Sèvres).

9° La **Sèvre-Nantaise** descend du plateau de Gâtine et finit à Nantes.

10° L'**Achenau** sert de déversoir au lac de *Grandlieu*, marais à demi desséché.

Bassin secondaire de la Vilaine. — Le bassin secondaire de la Vilaine (rive droite de la Loire) est compris entre les collines de Bretagne au nord, les collines du Maine et l'Anjou au sud-est jusqu'à la pointe du Croisic. La Vilaine descend des collines de Bretagne et coule de l'est à l'ouest jusqu'à son confluent avec l'*Ille*, puis du nord au sud jusqu'à son embouchure, en arrosant *Vitré*, *Rennes* et *Redon* (Ille-et-Vilaine) et la *Roche-Bernard* dans le Morbihan (145 kilomètres navigables). Les petits bassins du *Blavet* (*Pontivy* et *Lorient*), de l'*Odet* (*Quimper*), de l'*Aulne* (*Châteaulin*), peuvent être regardés comme une dépendance de celui de la Vilaine.

Bassin secondaire de la Charente. — Au sud du bassin de la Loire s'étend celui de la **Charente**, compris entre les collines de *Saintonge* et du *Périgord* au sud, les collines *du Poitou* et le plateau de *Gâtine* au nord, depuis la pointe *Saint-Gildas* jusqu'à la pointe de la *Coubre*.

La Charente sort du versant occidental des monts du Limousin, coule d'abord du sud au nord, puis rencontre les collines du Poitou qui la rejettent vers le sud. Elle prend un peu au-dessous d'Angoulême la direction du nord-ouest qu'elle garde jusqu'à son embouchure. Elle arrose *Civray* (Vienne), *Ruffec*, *Angoulême* et *Cognac* (Charente), *Saintes* et *Rochefort* (Charente-Inférieure), et finit, en face de l'île d'Oléron, après un cours de 340 kilomètres, dont 192 navigables. Elle reçoit à gauche la *Tardoire*, qui s'engouffre en partie dans des cavités souterraines ; à droite la *Boutonne*, qui passe à *Saint-Jean-d'Angély*.

Le *Lay*, qui reçoit l'*Yon* (*la Roche-sur-Yon* dans la Vendée), la *Sèvre-Niortaise*, qui passe à *Niort* et reçoit la *Vendée* (*Fontenay-le-Comte*), et la *Seudre*, qui finit à *Marennes* peuvent être regardés comme dépendant du bassin de la Charente.

BASSIN DE L'ATLANTIQUE. 73

RÉSUMÉ

La ceinture du bassin est formée : au nord, depuis le cap Saint-Mathieu, par la ceinture méridionale du bassin de la Manche ; à l'est, par les Cévennes septentrionales jusqu'aux monts Lozère ; au sud, par les monts d'Auvergne, du Limousin, les collines du Périgord et de Saintonge.

La Loire prend sa source dans les Cévennes, au mont Gerbier-des-Joncs (Ardèche), coule du sud au nord jusqu'à Gien, décrit un demi-cercle en inclinant à l'ouest de Gien à Tours, et se dirige, de l'est à l'ouest, jusqu'à son embouchure.

Elle traverse les départements de l'Ardèche, Haute-Loire, Loire (*Roanne*), Saône-et-Loire, qu'elle sépare de l'Allier, Nièvre (*Nevers*), qu'elle sépare du Cher, Loiret (*Gien, Orléans*), Loir-et-Cher (*Blois*), Indre-et-Loire (*Tours*), Maine-et-Loire (*Saumur*), Loire-Inférieure (*Ancenis, Nantes, Saint-Nazaire, Paimbœuf*).

Les affluents de droite sont : Le Furens (*Saint-Étienne*, dans la Loire), l'Arroux (*Autun*, dans Saône-et-Loire), la Nièvre (Nièvre, *Nevers*).

La Maine (Maine-et-Loire, *Angers*), formée du Loir (Eure-et-Loir, *Châteaudun* ; Loir-et-Cher, *Vendôme* ; Sarthe, la *Flèche* ; Maine-et-Loire) ; de la Sarthe (Orne, *Alençon* ; Sarthe, *le Mans* ; Maine-et-Loire) et de la Mayenne (Mayenne, *Mayenne, Laval, Château-Gontier* ; et Maine-et-Loire).

L'Erdre (Maine-et-Loire, Loire-Inférieure).

Les affluents de gauche, sont : l'Allier, séparé de la Loire par les monts du Vélay et du Forez (Lozère ; Haute-Loire, *Brioude* ; Puy-de-Dôme ; Allier, *Vichy, Moulins* ; Nièvre). Il reçoit, à gauche, la *Sioule*, à droite, la *Dore*.

Le Loiret (Loiret).

Le Cher (Creuse ; Allier, *Montluçon* ; Cher, *Saint-Amand* ; Loir-et-Cher ; Indre-et-Loire).

L'Indre (Indre, *Châteauroux* ; Indre-et-Loire, *Loches*).

La Vienne (Corrèze, *Mont Audouze* ; Haute-Vienne, *Limoges* ; Charente, *Confolens* ; Vienne, *Châtellerault* ; Indre-et-Loire, *Chinon*). Elle reçoit, à droite, la *Creuse* (Creuse, *Aubusson* ; Indre, *Le Blanc* ; Indre-et-Loire), grossie de la *Gartempe* ; à gauche, le *Clain* (Vienne, *Poitiers*).

Le Thouet (Deux-Sèvres, Maine-et-Loire).

La Sèvre-Nantaise (Deux-Sèvres, Vendée, Loire-Inférieure).

L'Achenau, déversoir du lac de *Grandlieu*.

Bassins secondaires. — Au nord (rive droite de la Loire), la Vilaine coule entre les collines de l'Anjou et du Maine et les collines de Bretagne (Ille-et-Vilaine, *Vitré, Rennes, Redon* ; Loire-Inférieure ; Morbihan).

Elle reçoit l'*Ille* à Rennes.

On doit citer encore les *bassins côtiers* du *Blavet* (Côtes-du-Nord; Morbihan, *Pontivy*) et de l'*Aulne*, (Finistère, *Châteaulin*), ce dernier entre les monts d'Arrée et les Montagnes Noires.

Au sud (rive gauche de la Loire), la CHARENTE coule entre les monts du Limousin, les collines du Poitou et le plateau de Gâtine au nord, les collines du Périgord et de la Saintonge au sud (Haute-Vienne; Charente; Vienne, *Civray*; Charente, *Angoulême, Cognac*; Charente-Inférieure, *Saintes, Rochefort*).

De ce bassin dépendent ceux du *Lay* (Vendée; de la *Sèvre-Niortaise* (Deux Sèvres, *Niort*; Vendée; Charente-Inférieure), qui reçoit la *Vendée* (Vendée, *Fontenay-le-Comte*), et de la *Seudre* (Charente-Inférieure).

V

BASSIN DU GOLFE DE GASCOGNE

Ceinture du bassin. — La ceinture du bassin du golfe de Gascogne est formée au nord par la ceinture méridionale du bassin de la Charente et du bassin de la Loire, à l'est par les *Cévennes méridionales* et les *Corbières occidentales*, au sud par les *Pyrénées*.

Cours de la Garonne. — La Garonne prend sa source en Espagne, au val d'*Aran*, au pied du massif de la Maladetta, et coule d'abord du sud-est au nord-ouest, dans des gorges étroites et sauvages. A partir de *Montréjeau* (Haute-Garonne), elle se détourne au nord-est et entre dans des plaines monotones, où elle arrose *Muret* et *Toulouse* (Haute-Garonne). Au-dessous de Toulouse, elle reprend la direction du nord-ouest en longeant les dernières terrasses du massif central; sa vallée, plus étroite, est d'une

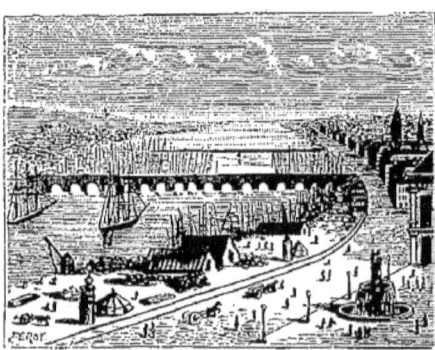

Fig. 15. — Le pont de Bordeaux.

merveilleuse fertilité ; elle passe près de *Castel-Sarrasin* (Tarn-et-Garonne), arrose *Agen*, *Tonneins*, *Marmande* (Lot-et-Garonne), *la Réole* (Gironde). A *Bordeaux* (Gironde), la Garonne est large de 700 mètres, elle porte les plus gros navires et roule plus de 800 mètres cubes par seconde aux eaux moyennes. Elle prend, dans sa partie maritime, du *Bec d'Ambez* à la *tour de Cordouan*, le nom de **Gironde** et se jette dans le golfe de Gascogne entre la pointe de Grave et celle de la Coubre. Son cours est de 650 kilomètres, dont 468 navigables (depuis Cazères dans la Haute-Garonne). Les crues sont fréquentes et terribles : quelques-unes se sont élevées à plus de 10 mètres au-dessus de l'étiage, et dans les grandes inondations, le volume des eaux est 200 ou 300 fois plus fort qu'en temps ordinaire.

Affluents. — Ses principaux affluents sont, à droite:

1° Le **Salat**, qui passe à *Saint-Girons* (Ariège) ;

2° L'**Ariège**, qui descend des rochers de *Porteilles* et arrose *Foix* et *Pamiers* (Ariège).

3° Le **Tarn** (147 kilomètres navigables) prend sa source dans les monts *Lozère* (Lozère), coule dans un profond défilé entre la causse Méjean et la causse de Sauveterre, traverse les départements de l'Aveyron (*Milhau*), du Tarn (*Albi* et *Gaillac*), où il entre dans la plaine et finit dans le Tarn-et-Garonne, où il arrose *Montauban* et *Moissac*. Il est navigable depuis Albi.

Ses principaux affluents sont, à droite : l'*Aveyron*, qui descend des monts Lévezou, passe à *Rodez* et à *Villefranche* (Aveyron), reçoit le *Viaur*, sorti du même massif de montagnes, et finit dans le Tarn-et-Garonne ; à gauche l'*Agout*, qui descend des monts de l'Espinouse (Hérault) et arrose *Castres* et *Lavaur* (Tarn).

4° Le **Lot** descend des monts Lozère (1 500 mètres), coule dans un vallée profonde, où il arrose *Mende* (Lozère), *Espalion* (Aveyron), *Cahors* (Lot), et finit en plaine près d'*Aiguillon* (Lot-et-Garonne), après avoir traversé *Villeneuve-d'Agen*. Son principal affluent est la *Truyère*, qui sort des monts de la Margeride.

5° Le **Dropt** (Dordogne, Lot-et-Garonne, Gironde), sort des monts du Quercy.

6° La **Dordogne** naît au mont Dore, à 1694 mètres d'altitude, au pied du Sancy (Puy-de-Dôme), longe le département du Cantal, traverse ceux de la Corrèze et de la Dordogne, où elle arrose *Bergerac*, et finit au Bec-d'Ambez après avoir traversé *Libourne* (Gironde).

Son cours est de 460 kilomètres, dont 380 navigables.

Elle reçoit à gauche la *Cère*, qui lui apporte les eaux du massif du Cantal; à droite la *Vézère*, grossie de la *Corrèze* qui arrose *Tulle* et *Brive* (Corrèze); et l'*Isle* (Haute-Vienne; Dordogne, *Périgueux;* Gironde), grossie de la *Dronne*, qui descend des monts du Limousin.

Les affluents de gauche de la Garonne, la **Neste**, grand torrent des Pyrénées, la **Save** (Haute-Garonne, Gers), qui finit près de *Grenade* (Haute-Garonne), le **Gers** (Gers, *Auch;* Lot-et-Garonne), la **Baïse** (Gers, *Mirande* et *Condom;* Lot-et-Garonne, *Nérac*), ne sont pas navigables. Ces trois derniers cours d'eau naissent au plateau de Lannemezan.

Bassin secondaire de l'Adour. — Au sud du bassin de la Garonne, entre les Pyrénées, les monts de Bigorre, les collines de l'Armagnac, les collines du Bordelais et du Médoc, s'étendent les bassins de la **Leyre**, qui se jette dans le golfe d'Arcachon, et de l'**Adour**, grand cours d'eau navigable de 300 kilomètres. Il descend des

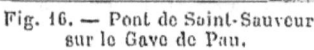

Fig. 16. — Pont de Saint-Sauveur sur le Gave de Pau.

monts de Bigorre (1930 mètres d'altitude), arrose *Bagnères-de-Bigorre*, *Tarbes* (Hautes-Pyrénées), *Aire*, *Saint-Sever*, où il devient navigable, *Dax* (Landes), et finit au-dessous de *Bayonne* (Basses-Pyrénées). — Il reçoit à droite la *Midouze*, la rivière de *Mont-de-Marsan* (Landes), à gauche le *Gave de Pau* (*Argelès*, *Pau*, *Orthez*), qui naît au cirque de Gavarnie et reçoit le *Gave d'Oloron*; la *Bidouze* et la *Nive*, qui finit à Bayonne.

Comparaison des grands fleuves. — L'étendue navigable des cours d'eau français atteint presque 8000 kilomètres. Quatre des grands fleuves de l'Europe, la Garonne, la Loire, la Seine et le Rhône, appartiennent à la France dans toute la partie navigable de leur cours.

Coulant dans un pays de montagnes, dont les terrains sont en général imperméables, alimenté par les neiges et les glaciers des Alpes, ce dernier n'est qu'un grand torrent, aux eaux abondantes, mais impétueuses, et redoutable par ses crues subites, bien que l'encaissement de sa vallée ne permette pas aux inondations de s'étendre sur d'aussi vastes espaces que celles de la Garonne ou de la Loire. Le lac de Genève, qui lui sert de réservoir, et le peu de largeur de son lit maintiennent ses eaux à un niveau assez élevé pour que la navigation n'ait pas à subir d'interruption; mais les brusques détours du fleuve, les roches qui l'obstruent, la rapidité de la pente, les sables et la vase qui s'amoncellent dans la partie inférieure de son cours rendent la navigation difficile et dangereuse; il n'existe pas de port à son embouchure, et les navires de 500 tonneaux ne peuvent remonter jusqu'à Arles.

La *Garonne*, la *Loire* et la *Seine*, alimentées surtout par les pluies et coulant en plaine ou dans des pays peu accidentés, dont les terrains presque tous perméables sauf dans le massif central et dans les plaines argileuses de la Sologne et de la Brenne, absorbent une partie des eaux pluviales, ont un volume d'eau moins considérable, un cours plus lent, des crues en général moins soudaines. Les sables qu'elles emportent, au lieu de s'entasser à l'embouchure et d'y créer un delta, se déposent dans toute l'étendue de leur parcours, où ils forment quelquefois, surtout dans la Loire, des bancs dangereux pour la navigation. Elles débouchent à la mer par de larges et profonds *estuaires*, accessibles aux plus forts navires, et où s'élèvent des ports florissants. La Garonne, la Loire et la Seine commencent par n'être que des sentiers et finissent par devenir de grandes routes; le Rhône est une grande route qui aboutit à un sentier.

Lacs, étangs et marais. — La France ne possède de grands lacs que dans la région tourmentée des Alpes, où les bouleversements du sol ont creusé d'immenses vasques de granit, sans cesse remplies par la fonte des neiges, des glaciers et par les eaux pluviales. Nous avons déjà décrit le lac de *Genève* (54 000 hectares de superficie), les lacs du *Bourget* et d'*Annecy* en Savoie. Les lacs du Dauphiné et de la Provence (lacs de **Paladru**, dans l'Isère, d'*Allos*, dans les Basses-Alpes), ceux du Jura (lacs de **Saint-Point**, de *Nantua*, de *Châlin*, de *Grandvaux*), des Vosges (lacs de **Gérardmer**, de Longemer, etc.), des Pyrénées (lacs d'*Oo*, de *Gaube*), les lacs volcaniques de l'Auvergne (lac *Pavin*, lac *Chambon*) et du Vélay (lac du *Bouchet*) ne sont que des étangs si on les compare à ces larges nappes d'eau qui dorment au pied des grandes Alpes. Le lac de *Grandlieu*, dans la Loire-Inférieure, est plus vaste : il a près de 7 000 hectares de superficie, mais c'est un marais vaseux plutôt qu'un lac, et on songe à le dessécher.

Outre les étangs du littoral de la Méditerranée et des Landes, que nous avons décrits plus haut, les régions d'étangs et de marécages sont, au pied du Jura, la *Bresse* et les *Dombes* (département de l'Ain), terres argileuses au sol imperméable ; au sud de la Loire, la *Sologne* (départements de Loir-et-Cher, du Loiret et du Cher) et la *Brenne* (départements de l'Indre et d'Indre-et-Loire), dont le sous-sol argileux retient également les eaux pluviales ; la région des *Brières*, prairies inondées au nord de la Loire, près de son embouchure; les vastes tourbières de la *Somme* et du *Pas-de-Calais*, désignées dans le pays sous le nom de *claires*, la forêt d'*Argonne* et la partie méridionale de la Lorraine dite allemande (environs de Dieuze).

RÉSUMÉ

La CEINTURE DU BASSIN DU GOLFE DE GASCOGNE est formée : au nord, par la ceinture méridionale du bassin de la Loire ; à l'est, par les Cévennes méridionales et les Corbières ; au sud, par les Pyrénées centrales et occidentales.

La GARONNE prend sa source en Espagne, au val d'Aran, dans le massif de la Maladetta, coule du sud-ouest au nord-est jusqu'à Toulouse, puis du sud-est au nord-ouest jusqu'à la mer. Elle prend le nom de Gironde à partir de son confluent avec la Dordogne.

Elle traverse les départements de la Haute-Garonne (*Toulouse*), de Tarn-et-Garonne, de Lot-et-Garonne (*Agen, Marmande*), de la Gironde (*La Réole, Bordeaux, Blaye*).

Les *affluents de droite sont* : le SALAT (Ariège, *Saint-Girons*), l'ARIÈGE (Ariège, *Foix, Pamiers*; Haute-Garonne), qui descend du pic de Porteilles.

Le TARN, qui descend des monts Lozère (Lozère; Aveyron, *Milhau*; Tarn, *Albi, Gaillac*; Tarn-et-Garonne, *Montauban, Moissac*). Il reçoit, à droite, l'*Aveyron* (Aveyron, *Rodez, Villefranche*; Tarn; Tarn-et-Garonne); à gauche, l'*Agout* (Hérault; Tarn, *Castres*).

Le LOT, qui naît dans les monts Lozère (Lozère, *Mende*; Aveyron, *Espalion*; Lot, *Cahors*; Lot-et-Garonne, *Villeneuve*).

La DORDOGNE (Puy-de-Dôme, *Mont Dore*; Cantal; Corrèze; Lot; Dordogne, *Bergerac*; Gironde, *Libourne*). Elle reçoit, à droite, la *Vézère*, grossie de la *Corrèze* (Corrèze, *Tulle* et *Brive*), et l'*Isle* (Haute-Vienne; Dordogne, *Périgueux*; Gironde).

Les *affluents de gauche sont* : la NESTE (Hautes-Pyrénées), la SAVE (Haute-Garonne, Gers).

Le GERS (Hautes-Pyrénées, Gers, *Auch*; Lot-et-Garonne).

La BAÏSE (Hautes-Pyrénées; Gers, *Condom*; Lot-et-Garonne, *Nérac*).

Au sud du bassin de la Garonne s'étendent ceux de la LEYRE (Landes, Gironde) et de l'ADOUR, entre les Pyrénées et les monts du Bigorre, les collines de l'Armagnac et du Bordelais jusqu'à la pointe de Grave (Hautes-Pyrénées, *Bagnères-de-Bigorre, Tarbes*; Gers; Landes, *Saint-Sever, Dax*; Basses-Pyrénées, *Bayonne*).

L'Adour reçoit, à droite, la *Midouze* (Gers; Landes, *Mont-de-*

Marsan); à gauche, le *Gave de Pau* (Hautes-Pyrénées; Basses-Pyrénées, *Pau* ; Landes), grossi du *Gave d'Oloron*.

LACS, ÉTANGS ET MARAIS. — Les principaux lacs de France sont ceux de GENÈVE, du BOURGET, d'ANNECY, en Savoie, de GRANDLIEU (Loire-Inférieure), de *Paladru* (Isère), de *Saint-Point* (Doubs), de *Gérardmer* (Vosges).

Les régions marécageuses sont les *Dombes* et la *Bresse* (Ain), la *Sologne* (Loir-et-Cher), la *Brenne* (Indre), le *marais vendéen*, les *Landes*, le littoral de la Méditerranée, depuis l'embouchure de la *Têt* jusqu'à l'étang de Berre, et les tourbières de Picardie et d'Artois.

Exercices

Tracer le cours du Rhône, du Rhin, etc., et de leurs principaux affluents.
Expliquer, d'après la carte géologique de France, le régime de nos principaux cours d'eau.

Lectures

E. RECLUS. *La France.*
DURUY. *Introduction générale à l'histoire de France.*

CHAPITRE IV

Le climat

I

Observations générales. — Le climat de la France, grâce à sa situation, est partout tempéré, mais sans être uniforme. Sur le littoral de l'ouest et du sud-ouest, il est à la fois doux et humide : les vents d'ouest qui soufflent de la mer y apportent les pluies et les brouillards, et les courants chauds de l'Atlantique y entretiennent une température égale et assez élevée pour permettre aux plantes du midi d'y vivre en pleine terre. Sur les plateaux du centre, les étés sont brûlants, les hivers rigoureux, les pluies abondantes. Sur les bords de la Méditerranée, les neiges sont presque inconnues, le ciel a la pureté et la chaleur des climats de l'Europe méridionale. Aussi la France est-elle le seul pays de l'Europe qui possède à la fois les oranges et les olives de la Provence et du Languedoc, les vins généreux de la Bourgogne et du midi, et les vins plus légers du centre et de la Lorraine; les betteraves de Picardie et du Beauvaisis, les céréales de la Beauce, de la Flandre et de l'Artois, les prairies de la Normandie, les forêts du Jura et des Vosges.

II

Le climat rhodanien et méditerranéen. — Le bassin de la Méditerranée, au point de vue du climat, peut se diviser en deux grandes régions. — Dans la partie septentrionale et centrale jusqu'au confluent de l'Ardèche et de la Drôme avec le Rhône (*climat rhodanien*), la température moyenne de l'année est de 11 degrés centigrades, la pluie et les orages sont fréquents, surtout dans le Jura et dans les Alpes de Savoie, les variations brusques; les vents dominants sont ceux du sud et du nord qui s'engouffrent sans obstacle dans les longues vallées du Rhône et de la Saône, tandis que le massif central et les Alpes arrêtent les vents de l'ouest et de l'est. Cette région, boisée dans les parties élevées, cultive surtout les céréales et la vigne; elle nourrit beaucoup de chevaux, de moutons et de porcs.

Dans la partie méridionale du bassin du Rhône et les petits bassins du littoral (*climat méditerranéen*), la température moyenne atteint 15 degrés centigrades, les hivers sont doux, les étés brûlants, les pluies torrentielles mais assez rares, sauf dans les Cévennes méridionales : les vents dominants sont celui du nord-ouest, le *mistral*, si redouté des marins de la Méditerranée, et le vent du sud, le *sirocco*, tout chargé encore des effluves brûlants qu'il a recueillis en passant sur les sables de l'Afrique.

Cette région, pauvre en céréales et en prairies, doit à son climat des cultures méridionales (olivier, arbres fruitiers, amandier, pêcher, oranger dans les environs de

Nice); la vigne et la soie, ses plus riches produits, sont profondément atteints par deux fléaux qui jusqu'ici n'ont pas été combattus avec succès, le phylloxéra et la maladie des vers à soie.

Le climat girondin. — Le climat *girondin* est plus chaud et plus humide que celui du bassin supérieur du Rhône (bassins de la Garonne et de l'Adour). La moyenne de la température s'élève à plus de 12 degrés : les pluies sont fréquentes surtout dans la région des Pyrénées : les vents dominants sont les vents de mer (ouest, sud-ouest et nord-ouest) et le vent du sud. Les cultures industrielles sont rares dans le bassin du golfe de Gascogne, mais la vigne et le blé y prospèrent; les hauts plateaux nourrissent de nombreux moutons, et les plantations de pins maritimes ont transformé les terrains stériles et sablonneux des Landes.

Le climat du centre. — Le climat du massif central est froid; les pluies sont fréquentes surtout dans les parties élevées, les neiges y commencent dès la fin d'octobre : dans la vallée inférieure de la Loire et dans celles de la Charente et de la Vilaine, la température plus douce et plus égale se rapproche de celle du bassin de la Seine, avec des pluies plus abondantes, au moins sur les côtes, et des hivers moins rigoureux. Les vents d'ouest et de nord-ouest y prédominent, surtout sur le littoral. Cette région, dont les terrains sont en grande partie granitiques est riche en pâturages et en herbages sur les plateaux, en vins et en céréales sur le littoral, de la Gironde à la Loire, et dans la vallée du fleuve.

Le climat séquanien. — Dans le climat de la Manche (*climat séquanien*), la moyenne de la température annuelle s'élève à près de 11 degrés : les hivers sont assez doux sur le littoral, les pluies fréquentes, le ciel brumeux : les vents dominants sont ceux de l'ouest, du sud-ouest chargés d'humidité, et le vent sec et froid du nord-est. La vigne ne réussit pas dans toute la région maritime, où elle est remplacée par les pommes à cidre; mais d'admirables herbages, des plaines où prospèrent les céréales et les plantes fourragères, de belles cultures industrielles, font du bassin de la Manche une des parties les plus riches de notre territoire.

Le climat vosgien. — Dans le bassin de la mer du Nord, les vallées du Rhin, de la Moselle et de la Meuse (*climat vosgien*) sont exposées à de brusques variations atmosphériques : la moyenne annuelle ne dépasse pas 9 degrés et demi centigrades : les étés sont chauds, les hivers rigoureux; les pluies et les orages assez fréquents : les vents dominants sont ceux du nord-est et du sud-ouest, l'un sec, l'autre humide. Les forêts, la vigne en Champagne et même en Lorraine, les fourrages, l'avoine sont les principaux produits agricoles de la région du nord-est.

Dans le bassin de l'Escaut, le climat est plus égal, les orages moins fréquents, les pluies plus abondantes, le ciel plus brumeux, et les vents dominants sont ceux de l'ouest et du sud-ouest qui apportent les vapeurs et les brouillards de l'océan : la vigne n'y réussit pas, mais la culture des céréales, celle des plantes industrielles et fourragères y est poussée à un degré de perfection inconnu dans les provinces méridionales.

RÉSUMÉ

La France est située tout entière dans la zone tempérée, mais son climat n'est pas uniforme.

1° Dans le bassin supérieur et moyen du Rhône (*climat rhodanien*), il est variable et les hivers sont assez rigoureux : c'est une région de vignes et de forêts.

2° Dans le bassin inférieur du Rhône et sur le littoral de la Méditerranée, il est sec et chaud (*climat méditerranéen*) : c'est la région de l'olivier et de la soie.

3° Dans le bassin du golfe de Gascogne (*climat girondin*) il est doux et humide, très favorable à la vigne, sauf dans les régions élevées.

4° Dans le bassin de l'Atlantique il est froid et pluvieux sur les hauteurs (massif central), très doux sur le littoral et dans la vallée de la Loire : c'est un pays de pâturages, de prairies et de céréales.

5° Dans le bassin de la Manche (*climat séquanien*), il est humide et tempéré; les vents d'ouest y dominent : c'est la région des fourrages et des céréales : la vigne ne réussit pas sur le littoral.

6° Dans le bassin de la mer du Nord, le climat est très humide sur le littoral (bassin de l'Escaut), plus sec et plus froid dans l'intérieur (*climat vosgien,* — bassins de la Meuse et du Rhin).

Exercices

Tracer sur une carte de France la limite des différents climats.
Indiquer par des teintes différentes l'intensité des pluies.
Tracer les lignes isothermes de 2 en 2 degrés.

Lectures

E. RECLUS. *La France.*
LEVASSEUR. *De quelques rapports généraux du climat de la France avec le sol.* (Revue de géographie, 1878.)
GRAD. *Essai sur le climat de l'Alsace et des Vosges.*
DELESSE. *Distribution de la pluie en France.* (Bulletin de la Société de géographie, 1868.)

LIVRE II

GÉOGRAPHIE POLITIQUE

CHAPITRE PREMIER

Formation du territoire français. Anciennes divisions

La Gaule indépendante et la Gaule romaine. — Le pays qui porte aujourd'hui le nom de France faisait autrefois partie d'un territoire plus vaste que les Grecs appelaient *Celtique* et les Romains *Gaule,* du nom des anciens habitants, *Celtes* ou *Gaulois.*

Trois races principales ont contribué à peupler la Gaule. Les deux plus anciennes paraissent être les

Ibères (*Euscariens* ou *Vascons*), dont les traits caractéristiques et la langue ont survécu chez les Basques des Pyrénées, et qui dominaient, entre les Pyrénées et la Garonne, dans le pays appelé plus tard *Aquitaine;* et les **Ligures**, que les Grecs trouvèrent établis sur le littoral de la Méditerranée quand ils abordèrent en Gaule, et qui furent plus tard refoulés vers l'est par les Celtes. Les Gaulois, **Galls** ou Celtes, dominaient entre la Garonne, la mer, la Seine et la Marne, le Jura et les Cévennes, dans la région nommée Celtique; les derniers venus de la race gauloise, les *Kymris* ou *Belges* ont occupé la région désignée sous le nom de *Belgique*.

Depuis longtemps déjà, des colonies phéniciennes et grecques avaient pris possession d'une partie du littoral de la Méditerranée (Marseille, 600 ans av. J.-C.), quand les Romains s'emparèrent du midi de la Gaule, où ils fondèrent Aix et Narbonne. César acheva la soumission des Gaulois de 58 à 50 avant Jésus-Christ. La langue des vainqueurs effaça peu à peu celle des vaincus, mais les limites de la Gaule restèrent jusqu'à la chute de la domination romaine ce qu'elles étaient avant la conquête. L'ancienne Gaule était bornée au nord par le Rhin; au nord-ouest, par la mer du Nord et la Manche; à l'ouest, par l'Atlantique; au sud, par les Pyrénées et la Méditerranée; à l'est, par les Alpes et le Rhin. Ces frontières étaient, comme on le voit, physiques ou naturelles, et s'étendaient bien au delà des limites de la France moderne, puisqu'elles embrassaient, outre le territoire français, les pays appelés aujourd'hui Belgique, Pays-Bas, Suisse et une partie de l'Allemagne occidentale.

La Gaule fut divisée sous Auguste en quatre provinces : **Narbonnaise**, ou province romaine, **Aquitaine**, Celtique ou **Lyonnaise** (du nom de *Lugdunum* ou Lyon) et **Belgique**.

Cette division se modifia peu à peu, et au quatrième siècle après Jésus-Christ, la Gaule comptait dix-sept provinces, subdivisées en cent quinze cités, dont les chefs-lieux étaient en même temps les résidences des auto-

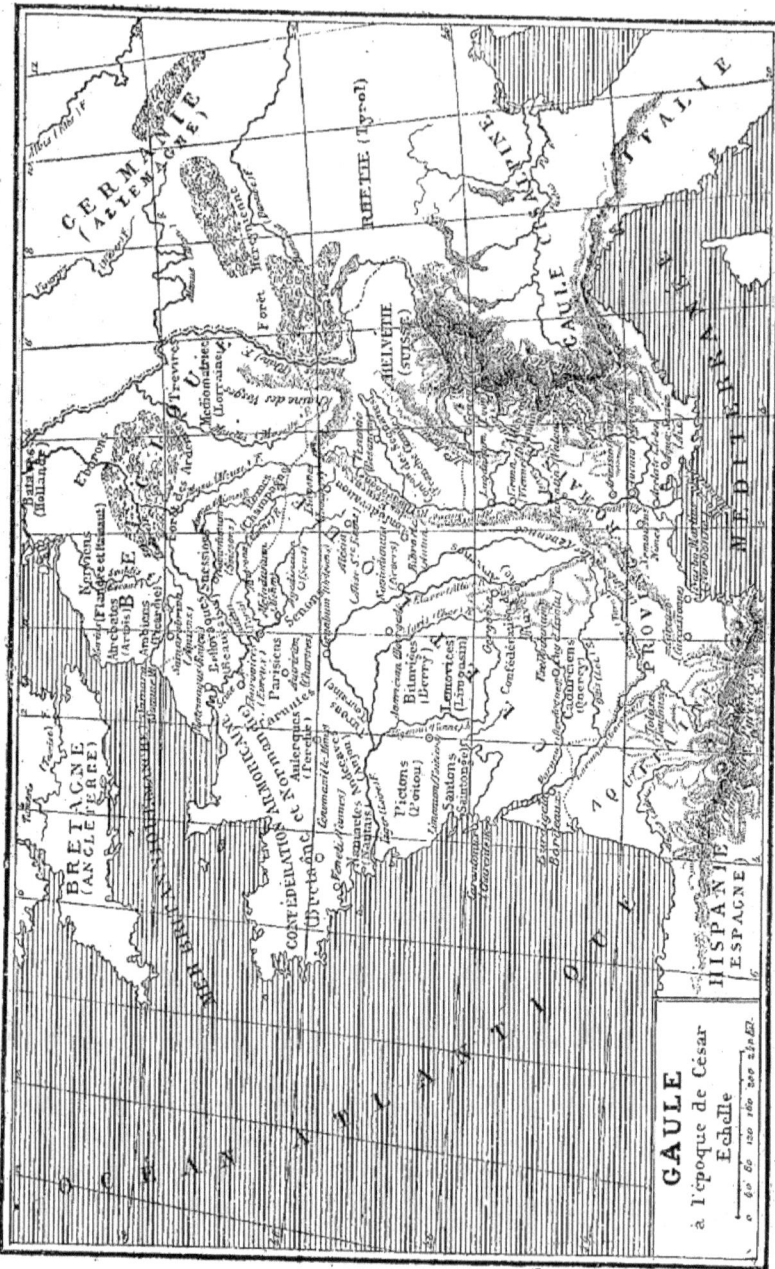

Carte IV.

rités administratives et des autorités religieuses (archevêques dans les métropoles ou capitales de provinces, évêques dans les simples cités).

La **Narbonnaise** avait formé : 1° la **Narbonnaise première,** capitale *Narbo Martius* (Narbonne), villes principales Nemausus (Nîmes), Tolosa (Toulouse); 2° la **Narbonnaise deuxième,** cap. *Aquæ Sextiæ* (Aix), v. pr. Forum Julii (Fréjus); 3° les **Alpes Maritimes,** cap. *Eburodunum* (Embrun); 4° les **Alpes Grées,** cap. *Darantasia* (Moutiers-en-Tarentaise); 5° la **Viennoise,** cap. *Vienne,* v. pr. Massilia (Marseille), Arelate (Arles), Avenio (Avignon), Geneva (Genève), Gratianopolis (Grenoble).

L'Aquitaine était subdivisée en : 1° **Aquitaine première,** cap. *Bituriges* (Bourges), l'ancien *Avaricum*, v. pr. Augustonemetum (Clermont-Ferrand), Lemovices ou Augustoritum (Limoges), Cadurci (Cahors), Albiga (Albi),; 2° **Aquitaine deuxième,** cap. *Burdigala* (Bordeaux), v. pr. Limonum ou Pictavi (Poitiers), Santones ou Mediolanum (Saintes), Petrocorii (Périgueux), Inculisma (Angoulême), Aginum (Agen); 3° la **Novempopulanie,** cap. *Elusa* (Eause, dans le Gers), v. pr. Ausci (Auch).

La **Lyonnaise** avait formé : 1° la **Lyonnaise première,** cap. *Lugdunum* (Lyon), v. pr. Matisco (Mâcon), Cabillonum (Châlon-sur-Saône), Augustodunum (Autun), Lingones (Langres); 2° la **Lyonnaise deuxième,** cap. *Rotomagus* (Rouen), v. pr. Eburovices (Evreux), Baiocasses (Bayeux), etc.; 3° la **Lyonnaise troisième,** cap. *Turones* (Tours), v. pr. Andecavi (Angers), Suindinum ou Cenomani (le Mans), Condate ou Redones (Rennes), Namnetes (Nantes); 4° la **Lyonnaise quatrième,** cap. *Agedincum* ou Senones (Sens), v. pr. Lutetia Parisiorum (Paris), Melodunum (Melun), Meldi (Meaux), Carnutes, l'ancien Autricum (Chartres), Aurelianum (Orléans), Tricasses ou Augustobona (Troyes). 5° la **Grande Séquanaise,** cap. *Vesuntio* (Besançon).

La Belgique était morcelée en **Belgique première,**

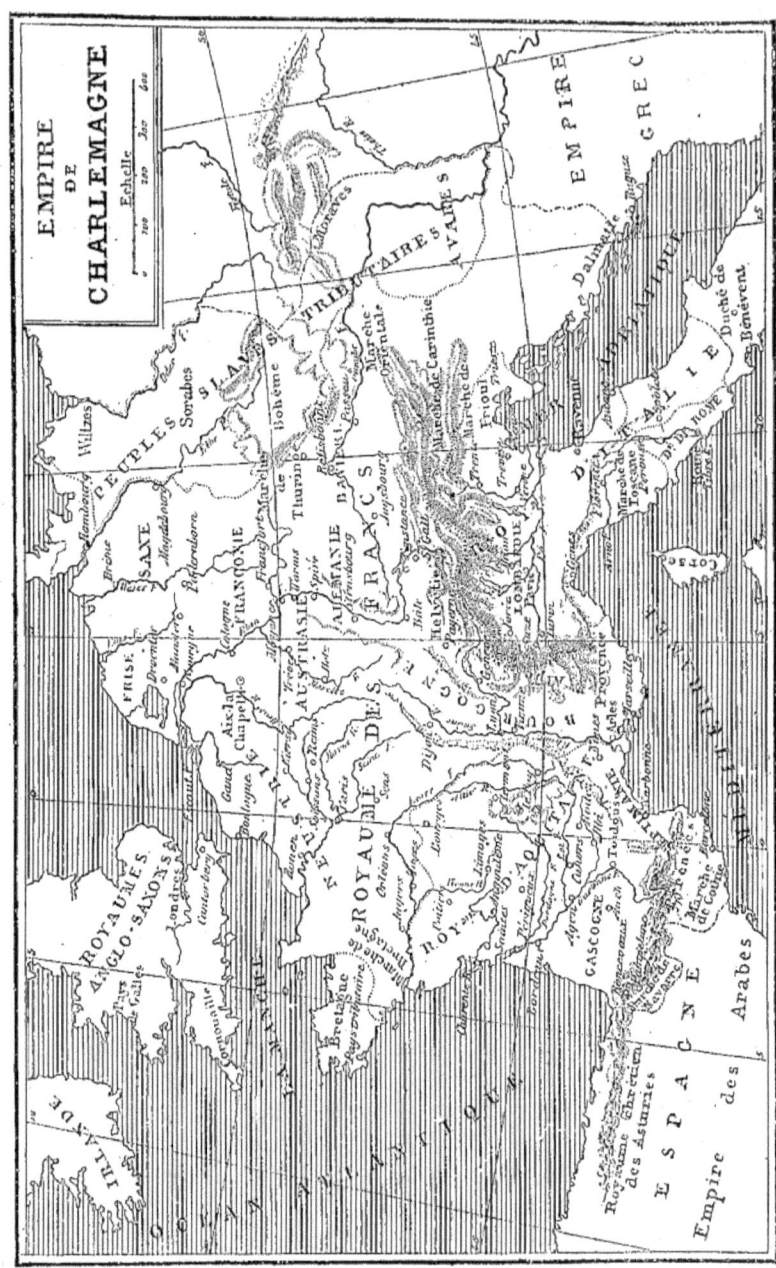

Carte V.

cap. *Treviri* (Trèves), v. pr. Verodunum (Verdun), Tullum (Toul), Divodurum ou Mediomatrici (Metz); 2° **Belgique deuxième**, cap. *Remi* (Reims), v. pr. Catalauni (Châlons), Suessiones (Soissons), Ambiani (Amiens), Atrebates (Arras), Bellovaci (Beauvais), Cameracum (Cambrai); 3° **Germanie première**, cap. *Mogontiacum* (Mayence, sur le Rhin), v. pr. Argentoratum (Strasbourg); 4° **Germanie deuxième**, cap. *Colonia Agrippina* (Cologne), v. pr. Lugdunum Batavorum (Leyde en Hollande), etc.

Empire franc sous les Mérovingiens et sous Charlemagne. — Au cinquième siècle après Jésus-Christ, les invasions des barbares germains, détruisirent peu à peu la domination romaine en Gaule, et Clovis, chef des Francs, lui porta le dernier coup. Le nom des Francs, qui se rendirent maîtres de l'ancienne Gaule, finit par prévaloir sur celui des Gaulois; mais ce ne fut guère avant le neuvième ou dixième siècle qu'on commença à appeler France la partie septentrionale de la Gaule, et ce nom ne s'étendit que beaucoup plus tard aux provinces du midi, qui formaient l'ancienne Aquitaine. Sous la première dynastie franque, celle des Mérovingiens, l'empire des Francs comprenait, à l'époque de sa plus grande puissance, sous le roi Dagobert Ier (vers 630), toute l'ancienne Gaule divisée alors en *Burgundie* (bassin du Rhône), *Austrasie* (bassin du Rhin, rive gauche), *Neustrie* (bassins de l'Escaut, de la Somme, de la Seine et de l'Orne), *Aquitaine* (bassins de la Loire et de la Garonne). La *Septimanie* (bassins côtiers des Pyrénées au Rhône) et la *Bretagne*, l'ancienne *Armorique*, n'obéissaient pas aux Francs.

Sous la seconde dynastie franque, celle des Carlovingiens, les frontières reculèrent encore, et en 814, à la mort de Charlemagne, son empire comprenait toute la Gaule, le nord et le centre de l'Italie, presque toute l'Allemagne moderne et le nord de l'Espagne.

Royaume de France en 843 (Traité de Verdun). — En 843, les fils de Louis le Débonnaire, succes-

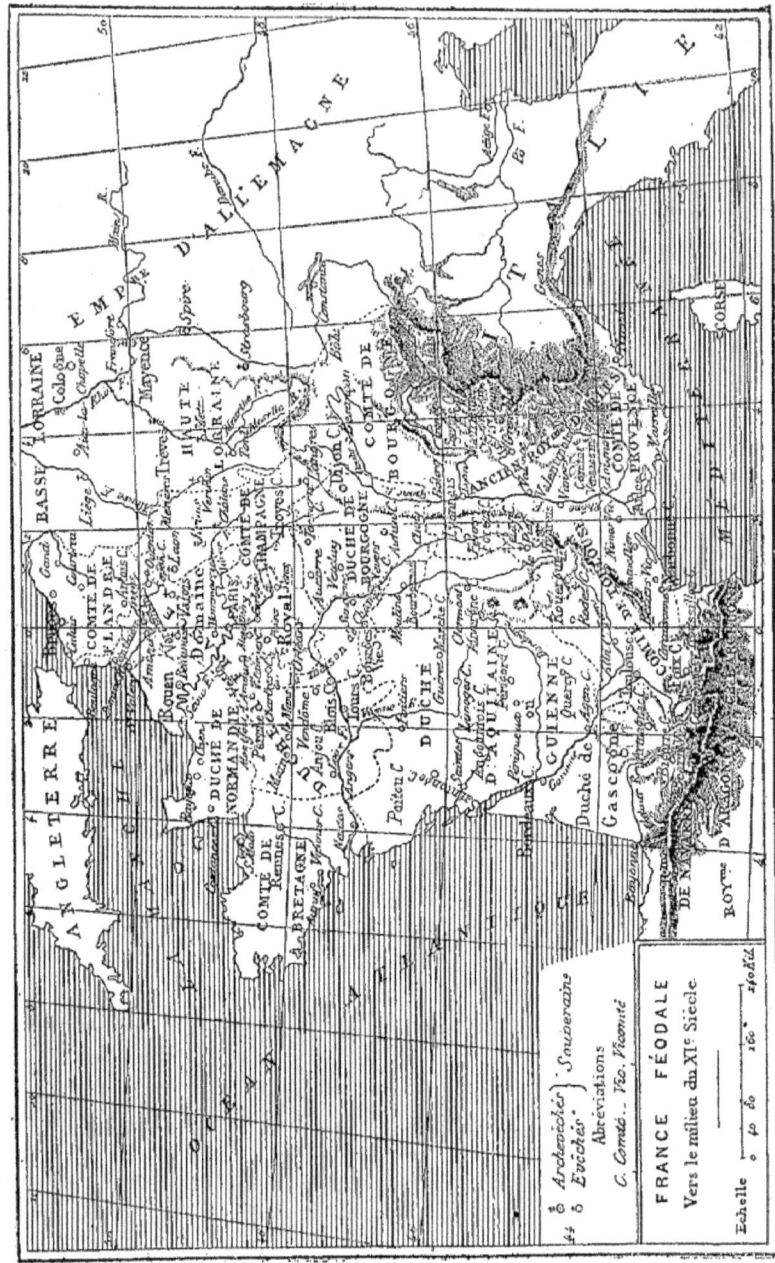

Carte VI.

seur de Charlemagne, *Lothaire* (1), *Louis* et *Charles le Chauve*, se partagèrent cet immense empire. Lothaire eut l'Italie et le pays compris entre le Rhin et les Alpes à l'est, l'Escaut, la Meuse, la Saône, et le Rhône à l'ouest; Louis la Germanie (Allemagne), Charles la partie de l'ancienne Gaule comprise entre la mer du Nord, la Manche et l'Atlantique au nord-ouest et à l'ouest; les Pyrénées, le cours de l'*Èbre*, en Espagne, et la Méditerranée au sud; le Rhône, la Saône et la Meuse à l'est; l'Escaut au nord.

La France féodale et la France royale (843-1789). — Les derniers Carlovingiens et les rois de la troisième dynastie, les Capétiens, perdirent dès le neuvième siècle le pays au sud des Pyrénées; à la fin du quinzième, le pays au nord de la Somme, qui devint une possession de la maison d'Autriche; mais ils reconquirent, sous Philippe le Bel, le *Lyonnais;* sous Philippe de Valois, le *Dauphiné;* sous Louis XI, la *Provence;* sous Henri II, la *Lorraine* occidentale; sous Henri IV la *Bresse* et autres provinces au delà de la Saône (départ. de l'Ain, 1601), sans compter un grand nombre de provinces qui étaient devenues des fiefs presque indépendants et qui furent successivement réunies au domaine royal.

L'annexion de l'*Alsace* (1648), du *Roussillon*, de l'*Artois* (1659), de la *Flandre française* (1668), de la *Franche-Comté* (1678) et de Strasbourg (1681) sous Louis XIV, celles de la *Lorraine* et de la *Corse* sous Louis XV, portaient en 1789 les limites du royaume aux Pyrénées, au Rhin et au Jura, et poursuivaient glorieusement la marche lente de la France moderne vers les limites naturelles de l'ancienne Gaule.

La France de la Révolution et du premier Empire (1789-1815). — L'acquisition du *Comtat-Venaissin*, qui appartenait aux papes et qui fut réuni par l'Assemblée constituante (1791) donnait pour limites

---

(1) C'est de cette époque que date le nom de Lotharingie ou Lorraine qui fut donné à une des provinces attribuées à Lothaire.

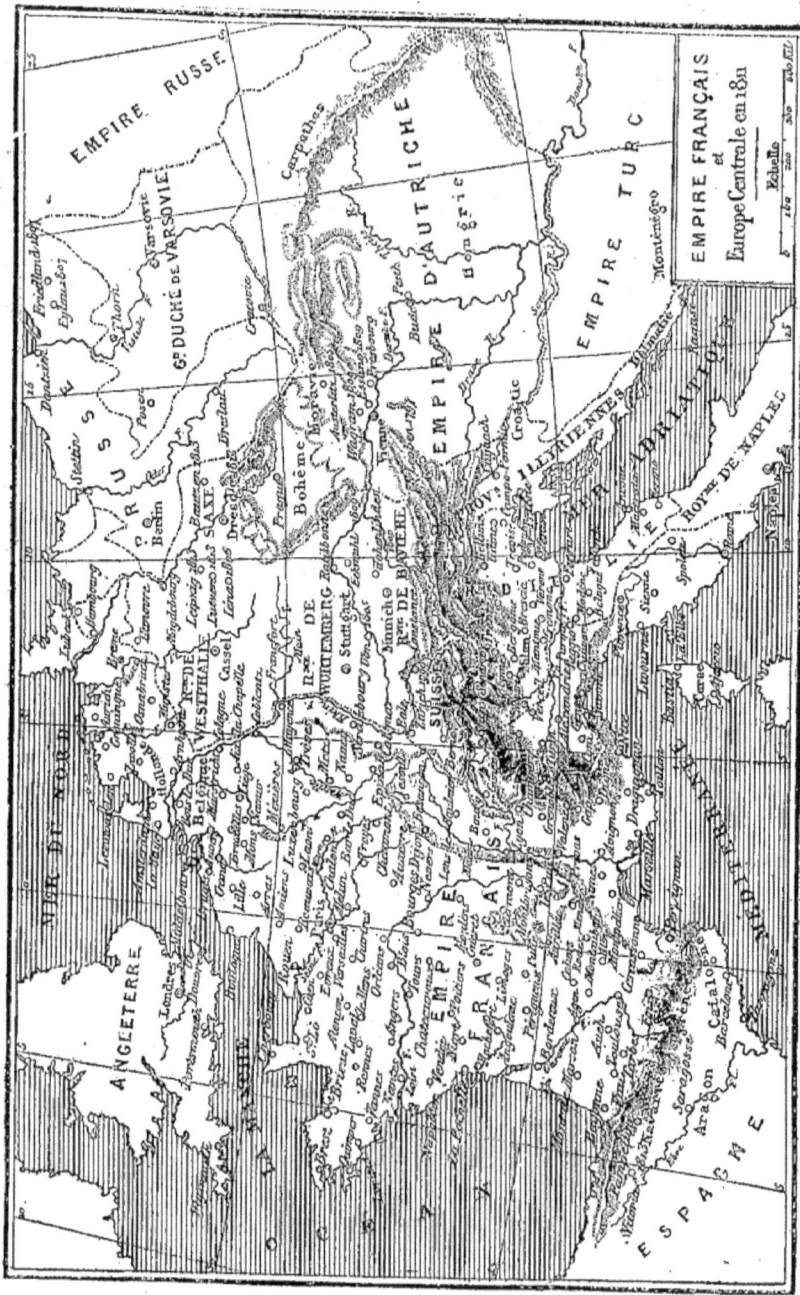

Carte VII.

à la France, au nord-ouest, à l'ouest et au sud, ses frontières naturelles, la Manche, l'Océan et la Méditerranée ; à l'est, le *Var*, les *Alpes*, une ligne conventionnelle du mont *Thabor* au *Rhône*, le Jura et le Rhin ; au nord une limite conventionnelle qui était à peu de chose près la même qu'aujourd'hui. La France était divisée, au moment de la révolution de 1789, en 40 gouvernements militaires et 33 gouvernements civils désignés sous le nom d'intendances ou de généralités et subdivisés, suivant les régions, en élections, diocèses, bailliages, etc. Ces gouvernements et ces généralités, qu'il ne faut pas confondre avec nos anciennes provinces dont la circonscription ne correspondait pas toujours avec cette division purement administrative, furent remplacés en 1790 par 83 départements créés pour effacer le souvenir des rivalités provinciales, et pour rapprocher par l'unité de lois et d'administration toutes les parties de la France. Les départements furent divisés en arrondissements, les arrondissements en cantons, et les cantons en communes.

Les victoires de la République portèrent la France, au nord, jusqu'au Rhin et jusqu'aux frontières de la Hollande ; à l'est, jusqu'aux Alpes et au lac de Genève ; elle était divisée alors en 103 départements.

Napoléon Ier atteignit et dépassa nos limites naturelles : la Hollande, en deçà et au delà du Rhin, le littoral de l'Allemagne septentrionale, une partie de la Suisse et de l'Italie devinrent des départements français ; en 1812, l'empire en comptait 130, des bouches du Tibre, en Italie, aux bouches de l'Elbe, en Allemagne.

En 1814 et en 1815, une coalition européenne renversa cet empire démesuré, et les traités de Vienne (1815) nous réduisirent à nos limites de 1791, moins quelques places fortes sur la frontière du nord.

Acquisitions et pertes territoriales depuis 1815. — En 1860, Napoléon III, après la fondation du royaume d'Italie, a ajouté à la France, par une cession volontaire de la part de ce royaume et un vote presque unanime des populations, la *Savoie* et le *Comté de Nice*, qui ont formé trois départements, Haute-Savoie, Savoie et Alpes-Maritimes, et qui portent notre frontière du sud-est à ses limites naturelles, les Alpes et le lac de Genève.

Après une guerre funeste entreprise par Napoléon III (1870-1871) contre l'Allemagne, les traités de 1871, en nous enlevant deux provinces toutes françaises, l'Alsace et une partie de la Lorraine avec Metz, ont compromis l'œuvre de dix siècles, ouvert notre frontière aux attaques de la Prusse et détruit pour longtemps toute espérance de tranquillité en Europe, par une affirmation nouvelle et éclatante du droit brutal de la conquête, malgré les vœux et les intérêts des populations conquises.

La France comprend aujourd'hui 87 départements, en comptant le territoire de Belfort.

RÉSUMÉ

L'histoire de la formation du territoire français peut se subdiviser en sept époques.

1° et 2° La *Gaule indépendante et romaine* a pour limites, au nord, le Rhin; à l'est, le Rhin et les Alpes; au sud, la Méditerranée et les Pyrénées; à l'ouest, l'Atlantique; au nord-ouest, la Manche. La Gaule romaine se divise d'abord en quatre provinces, *Narbonnaise*, *Aquitaine*, *Lyonnaise* ou Celtique et *Belgique*, puis en 17 provinces et 115 cités.

3° L'*empire franc sous les Mérovingiens et les Carlovingiens* comprend l'ancienne Gaule et la plus grande partie de l'Allemagne, à laquelle les Carlovingiens ajoutent les deux tiers de l'Italie et le nord de l'Espagne.

Le *Royaume de France*, formé en 843 par le premier démembrement de l'empire carlovingien, comprend la partie de l'ancienne Gaule située entre la mer du Nord, la Manche, l'Atlantique, les Pyrénées, la Méditerranée, le Rhône, la Saône, la Meuse et l'Escaut.

4° Les Capétiens perdent le Roussillon et le pays au nord de la Somme, mais ils recouvrent successivement le Lyonnais, sous Philippe IV, le Dauphiné sous Philippe VI, la Provence sous Louis XI, une partie de la Lorraine sous Henri II, la Bresse sous Henri IV, l'Alsace, le Roussillon, l'Artois, la Flandre française, la Franche-Comté sous Louis XIV, la Lorraine et la Corse sous Louis XV, et réunissent au domaine royal tous les grands fiefs organisés au moyen âge. En 1789, la France était divisée en 40 gouvernements militaires et 33 généralités ou intendances.

5° En 1791, l'acquisition du Comtat-Venaissin enlevé au pape, donne à la France pour frontières la Manche, l'Atlantique au nord-ouest et à l'ouest, les Pyrénées et la Méditerranée au sud, les Alpes, le Rhône, le Jura et le Rhin à l'est, et une ligne conventionnelle au nord.

La république donne à la France ses frontières naturelles, au nord et à l'est, par l'acquisition de la Savoie, de la Belgique, celle des provinces allemandes du Rhin : l'Empire, dépasse ces limites et s'empare de la Hollande, d'une partie de l'Allemagne, de la Suisse et de l'Italie.

Le traités de 1815 nous ramènent aux limites de 1791, moins quelques places du nord.

6° En 1860, l'annexion de Nice et de la Savoie nous rend nos limites naturelles à l'est.

7° En 1871, les traités de Versailles et de Francfort nous enlèvent l'Alsace et une partie de la Lorraine, qui sont réunies à l'Allemagne.

La France compte aujourd'hui 87 départements, en y comprenant le territoire de Belfort.

Exercices

Cartes comparées de la Gaule au temps de César et au temps de Constantin.
Cartes de la France en 843, en 987, en 1483, en 1648, en 1715, en 1789, en 1811, en 1815, en 1860, en 1871.

Lectures

DESJARDINS. *La Gaule romaine*, 2 vol. in-4°.
MIGNET. *Formation territoriale de la France.*
PAQUIER. *Histoire de l'unité territoriale et politique de la France.* 3 vol. in-8°.

CHAPITRE II

Limites continentales. Les places fortes.

I

LIMITES MÉRIDIONALES. LES PYRÉNÉES

La Bidassoa. — La limite entre la France et l'Espagne est formée, depuis le golfe de Gascogne jusqu'au col de *Véra*, par la petite rivière de la **Bidassoa**, que le chemin de fer de Paris à Madrid franchit entre *Hendaye*, sur la rive française, et *Irun* sur la rive espagnole : puis par un rameau des Pyrénées, les *montagnes de la basse Navarre*, qui se prolongent jusqu'au col de *Maya*. C'est la partie la plus faible de cette frontière, celle par où l'armée anglaise pénétra, en 1814, sur le territoire français. Elle est défendue par la place forte de **Bayonne**, qui n'a jamais été prise depuis sa réunion à la France.

Les Pyrénées. — Du col de Maya au cap *Cerbéra*, sur la Méditerranée, sur une longueur d'environ 360 kilomètres, la frontière se dirige de l'ouest à l'est en suivant presque toujours la crête des Pyrénées, sauf sur deux points, les sources de la Garonne (val d'*Aran*), qui appartiennent à l'Espagne, et les sources de la *Segra* (Cerdagne française), qui appartiennent à la France.

Le massif des Pyrénées, bien qu'il soit traversé par de nombreux passages (plus de 150), forme une frontière à peu près infranchissable aux armées, sauf aux deux extrémités de la chaîne qui s'abaissent vers le golfe de Gascogne et la Méditerranée. Les principales routes praticables aux voitures sont dans les Pyrénées occidentales, celle de *Pampelune*, capitale de la Navarre espagnole, à *Bayonne* par le *col de Maya*; celle de Pampelune à *Saint-Jean-Pied-de-Port*, petite place fortifiée par Vauban, (Basses-Pyrénées), par le *col de Roncevaux*, témoin du désastre si fameux de l'armée de Charlemagne, et où la route carrossable s'interrompt pendant quelques kilomètres; celle de Jaca en Espagne, à Oloron en France, par la vallée d'*Aspe*, le *Somport* et le val de *Canfranc* (vallée de l'Aragon, affluent de l'Èbre). Cette route est inachevée au delà de la frontière française : elle est défendue par le fort d'*Urdos*.

Dans les Pyrénées orientales, les routes carrossables sont celles de *Puycerda* (Cerdagne espagnole), à *Ax* (Ariège) par le col de *Puymorens* et à *Prades* (Pyrénées-Orientales), par le col de la *Perche*, que défend la forteresse française de *Mont-Louis;* et celle de *Figuières*, en Catalogne, à *Perpignan* (Pyrénées-Orientales), par le col de *Pertus*, que défend le fort de *Bellegarde*. Le chemin de fer de Barcelone franchit les Pyrénées au col des Balistres, le long de la côte, non loin de *Banyuls*. La route de la côte est commandée par les fortifications de *Collioure* et de *Port-Vendres* et par le fort *Saint-Elme*.

Les Pyrénées-Orientales ont pour citadelle la place forte de **Perpignan**, qui domine toute la plaine du Roussillon, et qui a toujours arrêté les invasions de ce côté de la frontière. Les petits cours d'eau qui descendent des Pyrénées, le Tech, la Têt, l'Agly, l'Aude forment des lignes de défense parallèles très difficiles à franchir.

Les départements qui touchent à la frontière sont : de l'ouest à l'est, les *Basses-Pyrénées*, les *Hautes-Pyrénées*, la *Haute-Garonne*, l'*Ariège* et les *Pyrénées-Orientales*.

II

LIMITES DU SUD-EST. LES ALPES

Les Alpes. — La frontière entre la France et l'Italie qui, avant l'annexion du comté de Nice (1860), était formée par le Var, a été reportée, à l'est de cette ancienne limite, jusqu'à la crête des collines qui dominent la rive droite de *la Roya*. Elle longe ensuite cette rivière et passe sur sa rive gauche, puis la franchit de nouveau, au sud du col de **Tende**, pour se diriger vers l'ouest et atteindre enfin la crête des Alpes, qu'elle suit aujourd'hui jusqu'au mont *Blanc*. Malgré leurs glaciers et leurs neiges éternelles, les Alpes sont moins inaccessibles que les Pyrénées. Les routes qui les franchissent sont nombreuses. Quelques-unes, comme celles du *col de l'Argentière* suivie par François Ier avant la bataille de Marignan (route de *Barcelonnette*, dans les Basses-Alpes, à *Coni*, en Piémont), et du col *Agnel* (route de *Briançon*, dans les Hautes-Alpes, à *Saluces*, en Piémont), défendues l'une par le fort de *Tournoux*, l'autre par celui de *Queyras*, celles des cols d'*Abriès*, de la *Croix*, etc., ne sont que des routes muletières; mais celles du mont **Genèvre** et du mont **Cenis** qui partent, l'une de *Briançon*, l'autre de *Saint-Jean-de-Maurienne* (Savoie), et viennent se réunir à *Suse*, en Piémont, sont praticables aux gros charrois et ont été plus d'une fois franchies par les armées depuis Annibal jusqu'à nos jours. La route de *Moutiers* (Savoie) à *Aoste* (Piémont) par le col du *Petit Saint-Bernard* n'est pas entièrement carrossable.

Le chemin de fer de Lyon à Turin perce les Alpes entre le mont *Cenis* et le mont *Thabor* par un tunnel de 13 kilomètres qui passe sous le col de *Fréjus*.

Les principales places fortes de cette frontière sont : *Embrun, Mont-Dauphin, Briançon* (Hautes-Alpes), qui défendent la vallée de la Durance et qui communiquent avec celle de l'Isère par la route du col de Lautaret et la

Fig. 17. — Grenoble.

vallée de la Romanche. **Grenoble** (Isère), l'une de nos plus importantes forteresses, est située au débouché des montagnes, dans la vallée de l'Isère.

Malgré les nombreuses routes, les obstacles qu'offre le pays et la ligne de défense que forme derrière les Alpes le cours du Rhône depuis le défilé de Pierre-Châtel jusqu'à son embouchure rendent les invasions difficiles par la frontière du sud-est.

Les départements limitrophes de l'Italie sont, du sud au nord, les *Alpes-Maritimes*, les *Basses-Alpes*, les *Hautes-Alpes*, la *Savoie* et la *Haute-Savoie*.

III

LIMITES DE L'EST. LE JURA (SUISSE) ET LES VOSGES

Le lac de Genève. — A partir du mont Blanc, la frontière se redresse vers le nord, s'éloigne de la chaîne principale et suit jusque sur les bords du lac de Genève un rameau des Alpes qui sépare le département de la *Haute-Savoie* du canton suisse du Valais.

Elle longe ensuite la rive méridionale du lac, l'abandonne à peu de distance de Genève, atteint le Rhône, qu'elle remonte pendant quelques kilomètres, traverse le fleuve et le chemin de fer de Lyon à Genève, et se dirige de nouveau vers le nord, séparée du lac par une étroite bande de terrain qui appartient au canton suisse de Genève. Le défilé par lequel le Rhône se fraie un chemin entre le Jura et les derniers contreforts des Alpes de Savoie (mont *Vuache*), est fermé par le fort l'*Écluse*, un second défilé situé plus bas par ceux de *Pierre-Châtel* et des *Bancs*. La place de **Lyon,** au confluent du Rhône et de la Saône, est la citadelle de la région de l'est et du sud-est.

Le Jura. — A partir du massif de la Dôle, la limite suit la crête du Jura, puis le Doubs, qui séparent la France des cantons de Vaud, de Neuchâtel et de Berne, coupe deux fois le cours capricieux de cette rivière et vient rejoindre les Vosges au ballon d'Alsace en embrassant le territoire de Belfort, le dernier débris de l'Alsace que nous aient laissé les traités de 1871.

Le Jura est franchi par un grand nombre de routes, dont les principales sont : celle de Lyon à Genève par la vallée du Rhône que suit également le chemin de fer ;

celles de Lons-le-Saunier à Genève, par le col des *Rousses;* de Pontarlier à Neuchâtel, par le col des *Verrières*, défendue par le fort de *Joux;* et de Besançon au Locle, ville du canton de Neuchâtel, par le col des *Roches* ou coupure de *Morteau*.

Fig. 18. — Besançon.

Quatre lignes de chemins de fer traversent le Jura : celle de Pontarlier à Lausanne (Suisse) par *Jougne;* celle de Pontarlier à Neuchâtel, par le col des *Verrières;* celle de *Morteau* à Bienne (Suisse); et celle de Montbéliard (département du Doubs) à Porrentruy (Suisse).

La principale place forte de notre frontière de l'est est **Besançon**, sur le Doubs (département du Doubs). **Dijon**, fortifié depuis 1871, et **Auxonne** (Côte-d'Or), défendent les routes qui conduisent de la vallée de la Saône dans celle de la Seine.

La Suisse est un pays neutre, et, si cette neutralité est respectée, la frontière du Jura se trouve garantie contre toute attaque; mais, quelle que puisse être la bonne volonté de la Suisse, sa neutralité, déjà violée en 1814, peut l'être une seconde fois, et c'est une éventualité qu'il serait imprudent de ne pas prévoir.

La trouée de Belfort. — Entre le Jura et les Vosges, le terrain s'abaisse; aux montagnes succèdent des collines ou des plateaux peu élevés : c'est la trouée de Belfort, franchie par le canal de l'Est, par la grande route de Paris à Bâle (Suisse), et par le chemin de fer de Belfort à Mulhouse et à Bâle. Ce point vulnérable est couvert par le camp retranché de *Belfort*, la seule des forteresses assiégées par les Prussiens en 1871, qui ait résisté jusqu'à la fin des hostilités. En seconde ligne, *Langres* défend à la fois la vallée de la Saône, celle de la Seine et celle de la Marne.

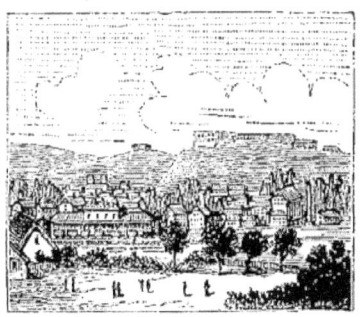

Fig. 19. — Belfort.

Les départements limitrophes de la Suisse sont la *Haute-Savoie*, l'*Ain*, le *Jura*, le *Doubs* et le territoire de *Belfort (Haut-Rhin)*.

La frontière avant 1871. — Avant les traités de 1871, la frontière française de l'est, à partir de la trouée de Belfort, suivait le cours du Rhin depuis *Huningue*, place forte démantelée en 1814, jusqu'à *Lauterbourg*, au confluent du fleuve avec la Lauter. Le Rhin avait donné son nom aux deux départements qui formaient autrefois la province d'Alsace, le Haut-Rhin et le Bas-Rhin. La grande place de **Strasbourg** couvrait à la fois le passage du fleuve et les défilés des Vosges. Les traités de 1871, ont donné à l'empire d'Allemagne les deux rives du Rhin.

Les Vosges. — Les Vosges forment aujourd'hui la frontière entre l'Allemagne et la France, depuis le ballon d'Alsace jusqu'au mont Donon. Ces montagnes, percées de nombreux défilés : le col de *Bussang* (route d'Epinal à Mulhouse); les cols d'*Oderen*, de *Bramont*, de la *Schlucht* (Remiremont à Saint-Amarin et à Munster); le col du *Bon-*

homme (route de Saint-Dié à Colmar); le col de *Sainte-Marie-aux-Mines* (route de Saint-Dié à Schelestadt); le col de *Schirmeck* (route de Saint-Dié à Strasbourg), ne seraient une défense que si nous possédions tout le versant occidental de la chaîne; les Prussiens étant maîtres des deux versants au nord du mont Donon, la défense des *Vosges méridionales* n'offre plus qu'un intérêt secondaire : elles ne sont couvertes, du reste, par aucune grande place forte dans le département qui porte leur nom; mais un grand nombre de forts détachés, ceux du ballon de *Servance*, de *Rupt*, de *Remiremont*, d'*Epinal*, etc., ferment les routes qui les traversent.

IV

FRONTIÈRES DU NORD-EST ET DU NORD

Allemagne. — A partir du mont Donon, la frontière cesse d'être **naturelle**; ce ne sont plus des fleuves, des montagnes ou des mers qui limitent la France, mais des frontières de convention.

Avant 1871, la frontière, à partir du confluent du Rhin et de la Lauter, suivait d'abord la vallée de cette petite rivière où se livrèrent les premiers combats de la campagne de 1870 (bataille de Wissembourg), puis coupait les Vosges, la vallée de la Sarre, l'une des routes de l'invasion prussienne en 1870, et celle de la Moselle, défendue par les places de *Thionville* et de **Metz**, aujourd'hui occupées par l'Allemagne.

Depuis les traités de 1871, qui nous ont enlevé le département presque entier de la Moselle et une partie de celui de la Meurthe avec toutes les places fortes qui défendaient les passages des Vosges et les vallées de la Sarre et de la Moselle : *Phalsbourg*, *Bitche*, *Metz*, *Thionville*, la frontière se dirige vers le nord-ouest en coupant le chemin de fer de Nancy à Strasbourg, le canal de la Marne au Rhin, le cours de la Moselle et les voies ferrées de Nancy et de Verdun à Metz. *Toul*, sur la Moselle, dont les travaux récents ont fait un vaste camp retranché, est la seule forteresse que nous ayons conservée.

Le département de *Meurthe-et-Moselle*, devenu frontière, est limitrophe de l'Alsace-Lorraine, la nouvelle conquête allemande, et de deux pays neutres : le grand-duché de Luxembourg et la province du Luxembourg belge.

Belgique. — Depuis *Longwy* (Meurthe-et-Moselle), jusqu'à *Dunkerque*, la France n'est séparée de la Belgique que par une ligne de convention. La frontière, qui continue de courir vers le nord-ouest, traverse les plateaux des Ardennes, coupe le cours de la Meuse, se creuse en arc de cercle entre la Meuse et la Sambre, traverse la Sambre, l'Oise presque à sa source, l'Escaut et son affluent la Lys, et vient aboutir à la mer du Nord, non loin de Dunkerque. Les départements limitrophes de la Belgique sont, de l'est à l'ouest, les départements de *Meurthe-et-Moselle*, de la *Meuse*, des *Ardennes*, de l'*Aisne* et du *Nord*.

Cette frontière étant complètement ouverte aux invasions, Louis XIV confia au grand ingénieur Vauban le soin de la fortifier et de suppléer par l'art aux défenses naturelles.

Longwy et *Montmédy* (Meuse) défendent mal la trouée entre la Moselle et la Meuse. Sur ce dernier cours d'eau sont échelonnés, du sud au nord : *Verdun* (Meuse), devenu, depuis la perte de Metz, une des principales places de notre frontière, *Mézières* (Ardennes) et *Givet-Charlemont* (Ardennes). Les défilés de l'*Argonne*, rendus si fameux par la campagne de Dumouriez en 1792, sont aujourd'hui percés par trop de routes pour constituer une ligne de défense sérieuse. *Rocroi* couvre imparfaitement la trouée entre la Sambre et la Meuse. *Landrecies* et *Maubeuge* (Nord) barrent la vallée de la Sambre; *Condé*, *Valenciennes* et la citadelle de *Cambrai*, celle de l'Escaut; *Douai*, celle de la Scarpe; *Aire* (fort *Saint-François*), celle de la Lys; *Dunkerque*, *Gravelines* (Nord) et *Calais*, les routes du littoral. **Lille,** une des plus fortes places de l'Europe, commande tout le système de défense de la frontière septentrionale.

Derrière cette première ligne, les forts détachés de *Reims* protègent la jonction de cinq de nos plus importantes voies ferrées; les fortifications de *Soissons*, de *la Fère* et de *Laon* défendent la trouée de l'Oise; celles d'*Arras* (Pas-de-Calais), la vallée supérieure de la Scarpe; celles d'*Amiens* et de *Péronne* (Somme), le cours de la Somme. Enfin, Paris avec son enceinte bastionnée et son vaste système de forts détachés, est devenu la base sur laquelle s'appuie toute l'organisation défensive de notre nouvelle frontière, si largement ouverte à toutes les attaques.

La Belgique est neutre comme la Suisse, mais cette neutralité est beaucoup plus favorable à l'Allemagne qu'à la France, car elle nous empêche de tourner les défenses de l'Allemagne, tandis qu'elle ne gêne en rien les opérations des armées allemandes, qui ont pour point d'appui naturel Metz et la ligne des Vosges, et qui peuvent choisir leur route d'invasion.

Littoral. — En énumérant nos ports militaires, nous avons indiqué plus haut les principales défenses du littoral français. *Brest, Lorient, Rochefort* et *Toulon* sont à l'abri d'une attaque venant de la mer; il n'en est pas de même de *Cherbourg*, que ses ouvrages avancés et les batteries de sa digue ne protégeraient qu'imparfaitement contre les nouvelles pièces à longue portée. *Dunkerque* est aujourd'hui une place forte de premier ordre; *Calais* a été également fortifié avec soin; mais nos autres ports marchands de la Manche et de l'Atlantique, sauf *Bayonne*, ne sont protégés que par des batteries isolées ou de vieilles fortifications impuissantes contre l'artillerie moderne. Sur la Méditerranée, *Nice* et *Toulon* offrent, au contraire, des positions capables d'arrêter toute invasion qui suivrait la route du littoral.

RÉSUMÉ

1° Les LIMITES DU SUD entre l'Espagne et la France sont formées par la *Bidassoa*, les *Pyrénées occidentales* (cols de Maya et de Roncevaux); les *Pyrénées centrales* dont les passages sont impraticables pour une armée; et les *Pyrénées orientales* (cols de la Perche, de Pertus). Deux lignes de chemins de fer franchissent cette frontière à l'ouest et à l'est.

Les *départements frontières* sont les Basses-Pyrénées (place forte de Bayonne), les Hautes-Pyrénées, la Haute-Garonne, l'Ariège, les Pyrénées-Orientales (Perpignan).

2° Les LIMITES DU SUD-EST ET DE L'EST sont formées : Entre la France et l'Italie, par les *Alpes maritimes* du col de Tende au mont Viso (col de l'Argentière); les *Alpes cottiennes* du mont Viso au mont Cenis (cols du mont Genèvre et du mont Cenis, tunnel du chemin de fer de Lyon à Turin); les *Alpes Grées* du mont Cenis au mont Blanc (col du Petit-Saint-Bernard).

Les *départements frontières de l'Italie* sont les Alpes-Maritimes, les Basses-Alpes, les Hautes-Alpes (Embrun, Briançon), la Savoie et la Haute-Savoie; Grenoble (Isère) et Lyon (Rhône) sont les principales défenses de cette frontière.

3° Entre la France et la Suisse : par le *lac de Genève* et le *Jura* jusqu'à la trouée de Belfort. Le Jura est traversé par plusieurs routes ou lignes de chemins de fer (col des Rousses, col des Verrières, chemins de fer de Pontarlier à Lausanne et à Neuchâtel).

Les *départements frontières de la Suisse* sont la Haute-Savoie, l'Ain, le Jura, le Doubs (place forte de Besançon).

4° Entre la France et l'Allemagne, au delà de la trouée défendue en première ligne par Belfort, en seconde ligne par Langres (Haute-Marne), s'élèvent les *Vosges* (territoire de Belfort et département des Vosges) coupées par les cols de Bussang, du Bonhomme, de Sainte-Marie aux Mines, de Schirmeck, dans leur partie française et défendues par les ouvrages d'Épinal et de nombreux forts détachés.

5° La LIMITE DU NORD-EST ET DU NORD est une ligne conventionnelle qui sépare la France de l'*Allemagne* (département de Meurthe-et-Moselle, place forte de Toul); du *grand-duché de Luxembourg* (département de Meurthe-et-Moselle, place forte de Longwy), et de la *Belgique* (départements de Meurthe-et-Moselle, de la Meuse (Verdun), des Ardennes (Mézières), de l'Aisne (Laon et La Fère), et du Nord (Maubeuge, Cambrai, Valenciennes, Lille). Douai, Arras, Amiens, Péronne, Soissons, Reims forment une seconde ligne de défense.

Paris avec ses forts détachés est devenu la citadelle de la France septentrionale.

5.

6° Les principales défenses du littoral sont les ports de Dunkerque, Calais, Cherbourg, Brest, Lorient, Rochefort, Bayonne, sur la Manche et l'Atlantique; Port-Vendres, Toulon et Nice, sur la Méditerranée.

Exercices.

Tracé comparé des frontières françaises en 1789, en 1815, en 1860 et en 1871. — Places fortes. — Principales routes et lignes de chemins de fer.
Lecture de la carte de l'état-major.

Lectures.

Niox. *Géographie militaire de la France*, 1 vol. in-12, 1879.
Ch. Lavallée. *Les frontières de la France*.

CHAPITRE III

Description des départements, bassin de la Méditerranée

Aspect général du bassin. — Le bassin de la Méditerranée, qui comprend l'est, le sud-est et une partie du midi de la France, est une des régions les plus accidentées, les plus pittoresques et les plus variées de notre pays : d'un côté, les *Alpes*, avec leurs vallées sauvages, leurs glaciers et leurs neiges éternelles, le *Jura*, avec ses forêts de chênes et de sapins; de l'autre, les *Cévennes*, avec leurs sommets dépouillés; au nord, une large et riche vallée, bordée de prairies, de champs de maïs, de coteaux où mûrit la vigne, c'est celle de la Saône à laquelle succède la vallée plus étroite et plus tourmentée du Rhône avec ses vignobles et ses plantations de mûriers : au sud-est, sur le littoral de la Méditerranée, des hauteurs déchirées et couronnées de chênes-verts dominent de riantes vallées où croissent l'olivier, le mûrier et la vigne, et des baies innombrables au bord desquelles grandissent l'oranger et le palmier, et que séparent des caps hérissés de rochers. Les montagnes viennent mourir aux bords du Rhône dans une vaste plaine (la *Crau*), couverte de cailloux roulés, brûlée par le soleil, mais qui se revêt en hiver d'une herbe fine et savoureuse, et où émigrent alors les troupeaux de moutons qui descendent des Alpes. A l'ouest des Bouches-du-Rhône, sur le littoral du golfe du Lion, succèdent aux rochers et aux montagnes des côtes basses et sablonneuses, des lagunes, des plaines sillonnées de canaux d'irrigation, couvertes de moissons et d'oliviers, des coteaux plantés de vignes et de mûriers et qui prolongent jusqu'à la mer les dernières ondulations des Cévennes, des Corbières et des Pyrénées.

Climat. — Le bassin de la Méditerranée peut se diviser en deux grandes régions : la partie septentrionale et centrale, jusqu'au confluent de l'Ardèche et de la Drôme avec le Rhône, appartient au climat *rhodanien;* la partie inférieure du bassin et les bassins secondaires du littoral au climat *méditerranéen.*

Ancienne division en provinces. — Le bassin du Rhône comprend le territoire entier de quatre des anciennes provinces continentales : la *Franche-Comté,* le *Dauphiné,* la *Provence* et le *Roussillon,* et la plus grande partie de trois autres, le *Lyonnais,* la *Bourgogne* et le *Languedoc.* Il faut y ajouter l'île de *Corse,* ainsi que le *Comtat Venaissin,* la *Savoie* et le *Comté de Nice* qui ne faisaient pas partie de la France en 1789.

Départements. — Il renferme 23 (1) de nos départements qui représentent le quart de la superficie de la France. Le Rhône ne coupe aucun de ces départements et sert de limite entre ceux qui bordent sa *rive gauche :* Haute-Savoie, Savoie, Isère, Drôme, Vaucluse, Bouches-du-Rhône, et ceux qui longent sa *rive droite :* Ain, Rhône, Loire, Ardèche et Gard.

Rive gauche du Rhône

PROVINCE DE SAVOIE

Résumé historique. — La Savoie, dont les habitants portaient à l'époque gauloise le nom d'*Allobroges,* de *Centrons,* etc... et

---

(1) Nous considérons comme appartenant au bassin d'un fleuve les départements dont le chef-lieu ou le territoire presque tout entier est compris dans ce bassin.

qui correspondait à la province romaine des *Alpes Grées*, ne prit le nom de *Sabaudia* ou *Sapaudia* (pays des sapins) que vers le cinquième siècle. Elle devint au moyen âge un comté, puis un duché, souvent mêlé aux affaires de France et dont les souverains, possesseurs du Piémont, au delà des Alpes, devinrent rois de Sardaigne en 1720. Réunie à la France en 1792, la Savoie forma le département du Mont-Blanc ; les rois de Sardaigne la recouvrèrent en 1815, et la cédèrent à la France en 1860, quand ils placèrent sur leur tête la couronne royale d'Italie. Elle a formé deux départements.

1° Vallée de l'Arve. Département de Haute-Savoie. (*Chablais, Faucigny, Pays des Bauges, Haute-Savoie*)[1], 274100 habitants. — Si l'on descend le Rhône depuis sa source et qu'on entre avec le fleuve dans le lac de Genève, après avoir dépassé la première ville française, le petit port de *Saint-Gingolph*, on voit s'ouvrir, au-delà des prairies et des vignobles qui bordent la rive gauche, une série de vallées étroites et sauvages ravinées par des torrents qui descendent des Alpes, l'*Arve*, la *Dranse*, etc., encaissées entre des montagnes couvertes de pâturages ou de forêts de châtaigniers et de sapins, et dominées par le massif du mont Blanc. Ce chaos de vallées, de rochers et de neige, c'est le département de la HAUTE-SAVOIE, limité à l'est par les *Alpes Grées*, qui le séparent de l'Italie, et par les *Alpes du Valais*, qui le séparent de la Suisse ; au nord, par le *lac de Genève* ; à l'ouest, par le *Rhône*, qui le sépare du département de l'Ain.

Le chef-lieu est **Annecy** (évêché), petite ville de 11300 habitants, assise aux bords d'un lac qui porte son nom ; les trois sous-préfectures : *Bonneville* (Faucigny), sur l'Arve, *Saint-Julien*, et *Thonon* (Chablais), sur le lac de Genève. *Evian*, sur le lac de Genève, a des eaux minérales célèbres.

Saint François de Sales est originaire des environs d'Annecy.

(1) Ces noms de pays, dont beaucoup sont encore très usités, correspondent soit à des divisions naturelles du sol, soit à d'anciennes divisions politiques.

2° **Haute vallée de l'Isère. Département de Savoie** (*Tarentaise, Maurienne, les Bauges, Basse-Savoie*), 266500 habitants. — Au sud de la Haute-Savoie s'étend le département de Savoie, limité à l'est par les *Alpes Grées* et le massif du *mont Cenis*, qui le séparent de l'Italie; au sud, par les *Alpes de Maurienne*, contre-fort épais qui le sépare du département de l'Isère; à l'ouest, par le *Rhône*, qui le sépare du département de l'Ain. L'*Isère* y creuse une étroite vallée dominée par des hauteurs sauvages et dénudées. Pays de montagnes et de pâturages, entrecoupé de lacs et de quelques bassins fertiles où mûrissent la vigne, le froment, le maïs et le tabac, la Savoie est habitée par des populations rudes et courageuses qui demandent souvent à l'émigration les ressources que leur refuse le sol natal.

Le chef-lieu est **Chambéry** (*Lemincum* des Romains (1), 20000 habitants) ancienne capitale de la Savoie, archevêché, chef-lieu d'académie, cour d'appel, dans une riante vallée qui vient aboutir au lac du *Bourget* et qui renferme des carrières de plâtre et de pierre à chaux.

Les sous-préfectures sont : *Moutiers-sur-l'Isère* (*Darantasia*) dans la Tarentaise, évêché, (on y exploite des sources salines); *Saint-Jean-de-Maurienne*, évêché, sur l'*Arc*, affluent de l'Isère, et *Albertville*, au pied d'une montagne qui renferme des mines de plomb argentifère.

Aix-les-Bains, près du lac du Bourget, possède des sources thermales.

PROVINCE DE DAUPHINÉ

Résumé historique. — Le Dauphiné dont les principaux peuples étaient les *Allobroges* et les *Voconces* correspondait à l'époque romaine, à une partie des provinces de *Viennoise* et des *Alpes-Maritimes*; érigé en comté au moyen âge, il fut cédé en 1349 au

---

(1) Les noms imprimés en *italiques* et entre parenthèses, à côté de ceux des villes modernes, sont ceux qu'elles portaient à l'époque gauloise ou romaine.

roi Philippe de Valois à condition qu'il deviendrait l'apanage des fils aînés des rois de France, et que ceux-ci porteraient le nom de *Dauphins*, comme les anciens comtes du Viennois. Ils devaient ce surnom à un dauphin qui figurait dans leurs armoiries. Le Dauphiné a formé trois départements.

1° Vallée de l'Isère. Département de l'Isère

(*Grésivaudan, Royannais, Viennois*), 580300 habitnts. — Le département de l'Isère, séparé de la Savoie par les *Alpes de Maurienne*, du département de l'Ain et de celui du Rhône par le *Rhône*, est montagneux au sud et à l'est, plat et sablonneux au nord. L'*Isère* y pénètre par un étroit défilé encaissé entre les contre-forts des *Alpes de Maurienne* sur la rive gauche et le massif pittoresque de la *Grande-Chartreuse*, prolongement des *monts des Bauges*, sur la rive droite. A partir de cette gorge, la vallée s'élargit, se couvre des cultures les plus variées, cerisiers, mûriers, vignes, légumes, froment, et se peuple de petits centres industriels, *Allevard*, avec ses forges et ses eaux sulfureuses, *Voiron*, avec ses toiles, *Rives*, avec ses papeteries, etc.

Le chef-lieu est **Grenoble** (*Cularo*, plus tard *Gratianopolis*), dans le Grésivaudan, sur l'Isère, siège d'un évêché, d'une académie, d'une cour d'appel, ancienne capitale du Dauphiné, place de guerre et ville d'industrie (fabrication de gants, de liqueurs, exploitation de ciments, etc.) (51 400 habitants).

Les trois sous-préfectures sont : *Saint-Marcellin*, près de l'Isère, la *Tour-du-Pin*, avec ses houillères et ses fonderies, et *Vienne* (*Vienna*, 26 100 habitants), sur la rive gauche du Rhône, vieille ville romaine, importante aujourd'hui par ses manufactures de draps.

Le département de l'Isère a vu naître le chevalier Bayard qui a vécu aux quinzième et seizième siècles.

2° Vallée de la Drôme. Département de la Drôme

(*Valentinois, Diois*), 313760 habitants. — L'Isère termine son cours dans le département de la DRÔME, situé au sud de celui de l'Isère et séparé de celui

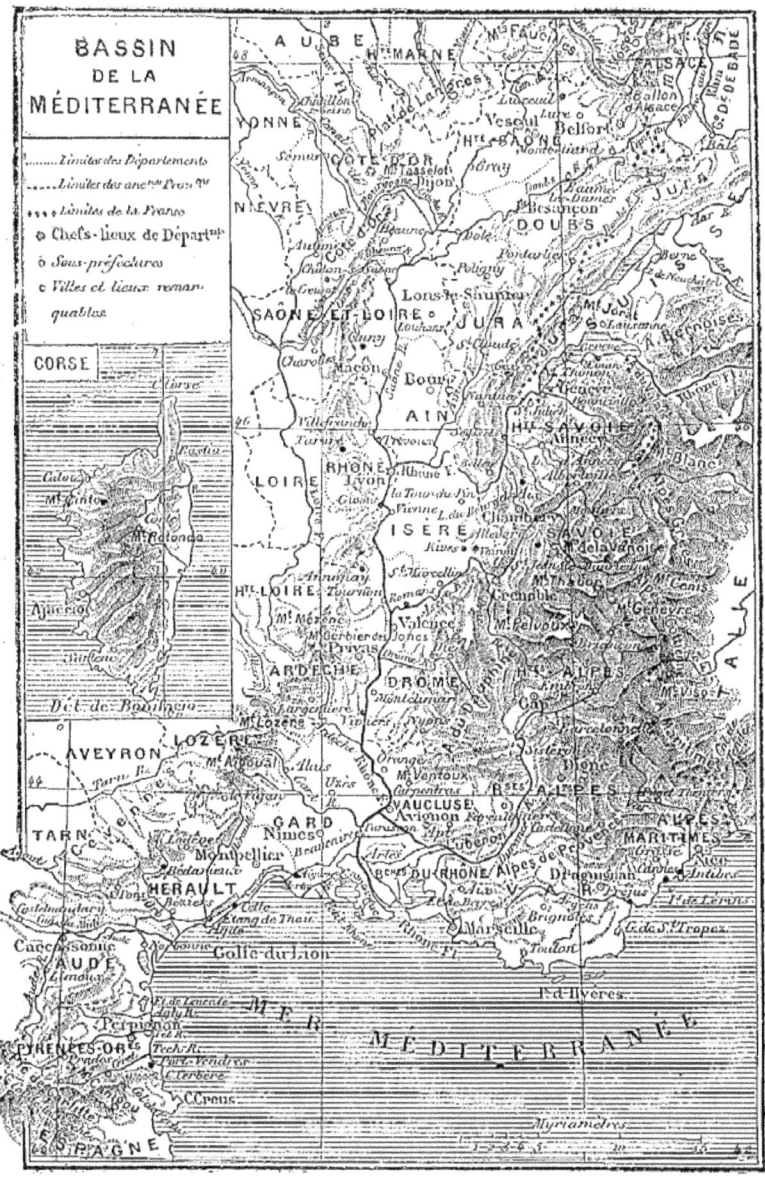

Carte VIII.

de l'Ardèche par le Rhône. La *Drôme* y creuse une vallée resserrée dans sa partie supérieure entre deux contreforts des *Alpes du Dauphiné*, et couverte de forêts et de landes ; mais sur les bords du Rhône s'élèvent des coteaux chargés de mûriers, d'arbres fruitiers et de vignobles, parmi lesquels on distingue le fameux cru de l'*Ermitage*.

Le chef-lieu est **Valence** (*Valentia*, 24500 habitants), sur le Rhône, siège d'un évêché, l'un des principaux centres de la production et du commerce de la soie :

Les trois sous-préfectures sont : *Die*, sur la *Drôme*, *Nyons*, et *Montélimar*, près du Rhône.

La petite ville de *Romans*, sur l'Isère, a d'importantes fabriques de cordonnerie.

3° Haute vallée de la Durance. Département des Hautes-Alpes (*Champsaur, Gapençais, Embrunais, Briançonnais*, 121,800 habitants). — La *Durance*, formée par les torrents qui descendent du col du Lautaret et du mont *Genèvre*, coule d'abord dans une profonde vallée fermée par le massif neigeux du *Thabor*, et dominée à l'est par les *Alpes Cottiennes*, qui la séparent de l'Italie ; à l'ouest, par l'épaisse muraille des *Alpes du Dauphiné*. Cette vallée sauvage et stérile, c'est le département des HAUTES-ALPES, un des plus pauvres de France, car ses seules ressources sont de maigres pâturages, des forêts de sapins et quelques mines de houille, de fer et de plomb.

Le chef-lieu est **Gap** (*Vapincum*, évêché, 10800 habitants) ; les deux sous-préfectures, *Briançon* (*Brigantium*), et *Embrun* (*Eburodunum*), places fortes qui défendent la vallée de la Durance.

PROVENCE ET COMTAT VENAISSIN

RÉSUMÉ HISTORIQUE. — La Provence doit son nom à l'ancienne province romaine de Narbonnaise (*Provincia*) dont elle faisait partie. Érigée en comté au dixième siècle, elle passa, par le mariage de l'héritière des comtes de Provence, à la maison d'Anjou issue de Louis VIII (1245). La seconde maison d'Anjou, issue de Jean le Bon, en hérita à la fin du quatorzième siècle, et en 1481 Louis XI en prit possession après l'extinction de cette nouvelle dynastie. La Provence a formé trois départements. Le *Comtat Venaissin* (du nom de la ville de *Venasque*), et *Avignon* qui appartenaient en partie aux comtes de Toulouse, en partie aux comtes de Provence, furent cédés aux papes, l'un en 1274, l'autre en 1348. Ils en restèrent maîtres jusqu'à la réunion de ce pays à la France en 1791.

1° **Vallée de la Durance. Département des Basses-Alpes** (*Haute-Provence*), 131 900 habitants. En sortant du département des Hautes-Alpes, la *Durance*, dont la vallée s'élargit peu à peu, traverse du nord au sud le département des BASSES-ALPES, dominé à l'est par les *Alpes Maritimes*, qui le séparent de l'Italie, et couvert de leurs contreforts, où les torrents creusent des gorges profondes, qu'ils inondent à la fonte des neiges.

Le chef-lieu est **Digne** (évêché, 6800 habitants); les quatre sous-préfectures : *Barcelonnette*, sur l'*Ubaye*, affluent de la Durance, dont la fertile vallée contraste avec la stérilité du reste du département; *Sisteron* (*Ségustero*), sur la Durance; *Forcalquier*, dont l'arrondissement possède des mines de charbon de terre, et *Castellane*, sur le *Verdon*, affluent de la Durance.

2° **Vallée de la Durance. Département de Vaucluse** (*Comtat Venaissin, Avignon*, principauté d'*Orange*), 244150 habitants. — En quittant le département des Basses-Alpes, la *Durance* sert de limite entre ceux des Bouches-du-Rhône et de Vaucluse. Séparé du Gard par le *Rhône*, des Bouches-du-Rhône par la *Durance*, dominé au nord par le massif du mont *Ventoux*, qui le sépare de la Drôme, arrosé par un grand nombre de petites rivières, dont la plus connue, la *Sorgues*, porte au Rhône les eaux de la *fontaine de Vaucluse*, qui a donné son nom au département, l'ancien Comtat-Venaissin est une des régions les mieux cultivées du Midi : dans la montagne, d'excellents pâturages; sur les coteaux, le mûrier, la vigne, les arbres fruitiers; dans les plaines sillonnées de canaux d'irrigation, les céréales et l'olivier; mais les ravages du phylloxéra et l'abandon de la culture de la garance ruinée par la découverte des teintures extraites de la houille, ont porté un coup sensible à la prospérité de ce département dont la population a diminué.

Fig. 20. — Avignon. Le palais des papes.

Le chef-lieu est **Avignon** (*Avenio*), archevêché, sur le Rhône, antique résidence des papes, dont le palais est encore debout (37700 habitants); les trois sous-préfectures : *Carpentras*, au pied du mont Ventoux; *Apt* et *Orange* (*Arausio*) avec leurs antiquités romaines.

3° **Vallées de la Durance et du Rhône. Département des Bouches-du-Rhône** (*Basse-Provence*), 589,000 habitants. — Le département des Bouches-du-Rhône est un de ceux dont le sol offre le plus de contrastes : au nord-ouest, des terrains sablonneux et peu fertiles malgré les canaux d'irrigation; à l'ouest, une grande île plate et marécageuse, la *Camargue*, formée par les alluvions du Rhône et parcourue par des troupeaux de moutons, de bœufs et de chevaux à demi sauvages; au sud, entre le golfe de *Fos* et l'étang de *Berre*, la plaine aride et pierreuse de la *Crau;* au sud-est, sur le littoral de la Méditerranée, des baies profondément découpées et quelques coteaux plantés de vignes, d'oliviers et d'arbres fruitiers : au nord-est enfin, le prolongement des *Alpes de Provence* avec leurs forêts de chênes-verts.

Le chef-lieu est **Marseille** (360 000 hab.), l'ancienne *Massilia*, siège d'un évêché et du 15ᵉ corps d'armée, la

Fig. 21. — Marseille. Notre-Dame de la Garde.

reine de la Méditerranée, avec ses cinq ports, sa flotte de 240 vapeurs qui sillonnent, dans tous les sens, la Méditerranée, l'océan Indien, l'océan Pacifique et même l'Atlantique, son commerce qui dépasse deux milliards et demi, sa florissante industrie (fabriques de savon, de bougies, d'allumettes chimiques, machines à vapeur, fonderies de cuivre, minoteries, chapellerie) et ses antiques traditions qui font remonter son origine jusqu'aux colonies grecques et phéniciennes. Marseille est la patrie du sculpteur Puget (dix-septième siècle) et de Thiers.

Les deux sous-préfectures sont : *Aix* (29 260 habitants, *Aquæ Sextiæ*), archevêché, académie, cour d'appel, école d'arts et métiers, ville d'origine romaine, l'ancienne capitale de la Provence, centre du commerce des huiles et des laines du département, patrie de l'historien Mignet, et *Arles* (23 480 habitants, *Arelate*), sur le Rhône, dont les arènes et les temples romains attestent l'antique prospérité.

Le petit port de la *Ciotat* a des chantiers assez actifs, et *Tarascon* sur le Rhône, des fabriques de draps et de soieries.

Fig. 22. — Marseille. La Cannebière.

3° Bassin secondaire de l'Argens. Département du Var (288 600 hab.). — Le Var ne coule plus aujourd'hui dans le département qui porte son nom, et qui appartient presque tout entier au bassin de l'Argens. Enfermée entre deux chaînes de montagnes couvertes de sapins et de chênes lièges, au nord les monts de l'*Esterel* (Alpes de Provence), au sud les monts des *Maures*, qui plongent jusque dans la Méditerranée, la vallée de l'Argens est semée de vergers, de vignobles, de plants de mûriers et d'oliviers qui en font le jardin de la Provence, tandis que, sur le littoral, au bord des golfes abrités contre les vents du nord, et dans le groupe des îles d'*Hyères*, croissent le palmier et l'oranger.

Le chef-lieu est **Draguignan** (9 100 hab.), les deux sous-préfectures, *Brignoles*, centre du commerce des prunes dites de Brignoles, et *Toulon* (70 000 hab.), siège d'une préfecture maritime et notre premier port de guerre sur la Méditerranée. *La Seyne* a des chantiers de construction très actifs.

La petite ville de *Fréjus* (*Forum Julii*), est le siège d'un évêché et le centre d'une exploitation houillère assez importante. *Hyères*, si renommé pour son doux climat, est la patrie du prédicateur Massillon (dix-huitième siècle).

COMTÉ DE NICE

Résumé historique. — Nice (*Nicæa*), ancienne colonie de Marseille, a été au moyen âge la capitale d'un comté qui, dès le quatorzième siècle, appartenait à la maison de Savoie, et qui après avoir été réuni à la France de 1792 à 1814, fut restitué aux rois de Sardaigne et cédé en 1860 à Napoléon III en même temps que la Savoie.

Bassin du Var. Département des Alpes-Maritimes (226 600 hab.). — Le bassin du *Var* est compris presque tout entier dans le département des Alpes-Maritimes séparé de l'Italie, au nord par les *Alpes*, à l'est par la vallée de la *Roya*, et couvert des ramifications des *Alpes-Maritimes* qui dominent la Méditerranée, et abritent de riantes et fraîches vallées où croissent l'oranger, l'olivier, les arbres fruitiers, le mûrier.

Le chef-lieu est **Nice**, sur la Méditerranée (66 300 hab.), siège d'un évêché, patrie du maréchal Masséna (Révolution et Empire), renommée par la douceur de son climat et son admirable situation.

Les deux sous-préfectures sont : *Grasse*, centre d'un commerce de parfumerie sans rival en France, et *Puget-Théniers*, sur le Var.

Cannes (20000 hab.), *Antibes*, (*Antipolis*), *Menton*, *Villefranche*, sur la Méditerranée, partagent avec Nice le commerce maritime du département.

Fig. 23. — Vue de Nice.

La principauté indépendante de *Monaco* est enclavée dans les Alpes-Maritimes.

Rive droite du Rhône
PROVINCE DE BOURGOGNE

Résumé historique. — La Bourgogne, habitée à l'époque gauloise par les *Éduens*, et comprise à l'époque romaine dans la province de Lyonnaise Ire, doit son nom aux *Burgondes* ou Bourguignons, peuple germain qui l'occupa au cinquième siècle après J.-C. Le duché de Bourgogne date du neuvième siècle; après avoir appartenu à diverses dynasties, il fut donné par Jean le Bon à son fils Philippe le Hardi, et réuni au domaine royal par Louis XI après la mort de Charles le Téméraire en 1477. La partie de la province située sur la rive gauche de la Saône, fut conquise par Henri IV en 1601 sur les ducs de Savoie. La Bourgogne a formé quatre départements, dont trois dans le bassin du Rhône et un dans celui de la Seine.

1° **Vallée de l'Ain. Département de l'Ain** (*Bresse, Bugey, pays des Dombes, pays de Gex, Valromey*), 363 500 hab. — Le premier département français que l'on rencontre sur la rive droite du Rhône est celui de l'Ain, limité au nord-est par la Suisse, à l'est et au sud par le *Rhône*, qui le sépare de la Haute-Savoie, de la Savoie et de l'Isère, à l'ouest par la *Saône*, qui le sépare des départements du Rhône et de Saône-et-Loire. Couvert à l'est par la chaîne du *Jura* avec ses pâturages, ses forêts de chênes, de hêtres et de sapins, ses vallées étroites, ses torrents et ses cascades, le département de l'Ain présente, dans sa partie occidentale, entre l'Ain et la Saône, une vaste plaine marécageuse, entrecoupée d'étangs qui dorment au milieu des champs de blé et des prairies (Bresse et Dombes).

Le chef-lieu est **Bourg** en Bresse (18 200 hab.), centre du commerce des grains, des volailles et des bestiaux; les quatre sous-préfectures sont : *Belley* (Bugey), siège d'un évêché; *Nantua* (Valromey), sur les bords d'un lac que dominent les premières terrasses du Jura; *Gex*, sur le versant oriental du Jura, centre du commerce des fromages, et *Trévoux* (Dombes), sur la Saône.

On exploite à *Seyssel* d'importants gisements d'asphalte.

2° **Vallée de la Saône. Département de**

Saône-et-Loire (*Mâconnais, Charolais, Brionnais, Morvan*), 625 600 hab. — En remontant le cours de la *Saône*, on pénètre dans le département de SAONE-ET-LOIRE, coupé en deux versants par la partie la plus septentrionale des *Cévennes*, les monts du *Charolais*, dont le versant occidental appartient au bassin de la Loire. Apre, montagneux et boisé dans la région du nord-ouest,

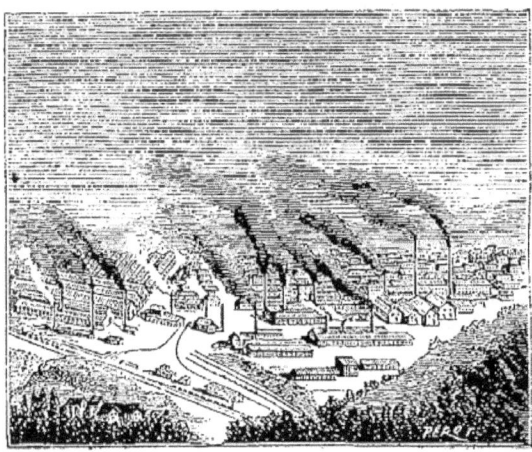

Fig. 24. — Le Creusot.

où l'exploitation de la houille a créé les centres industriels de *Montceau*, de *Blanzy*, de *Montchanin* (briqueteries), d'*Epinac* (verreries), du *Creusot*, notre premier établissement métallurgique (28 100 hab.); couvert au sud-ouest d'herbages et de prairies où paissent les bœufs du Charolais, le département de Saône-et-Loire possède dans le versant de la Saône de riches plaines où mûrissent le maïs, le froment et des vignes renommées, celles du Mâconnais.

Le chef-lieu est **Mâcon** (*Matisco*, 19 600 hab.), sur la Saône, centre du commerce des vins. A l'arrondissement de Mâcon appartiennent *Cluny* avec son antique abbaye, siège de l'École normale pour l'enseignement secondaire spécial, et *Romanèche* avec ses vignobles et ses mines de manganèse.

Les quatre sous-préfectures sont : *Autun (Augustodunum),* évêché, la cité gauloise et romaine qui, malgré ses fabriques d'huile de schiste et ses tanneries, le cède aujourd'hui pour la population et pour l'importance à la ville industrielle du *Creusot; Châlon-sur-Saône (Cabillonum,* 21620 habitants), où commence le canal du Centre qui passe à *Chagny* et finit à *Digoin,* sur la Loire; *Charolles,* dans le versant de la Loire, et *Louhans,* dans la partie du département située à l'est de la Saône. *Tournus,* sur la Saône, a des carrières de pierres.

Le département de Saône-et-Loire est la patrie du poète Lamartine (dix-neuvième siècle).

3° Vallée de la Saône. Département de la Côte-d'Or *(Auxois, Morvan et Bourgogne),* 382800 hab.

Le département de la COTE-D'OR, coupé par le plateau qui lui a donné son nom, n'appartient qu'en partie au bassin du Rhône. Le versant occidental de la côte d'Or est arrosé par la *Seine* et par ses affluents et se divise en deux régions : celle du sud, couverte par les montagnes du *Morvan,* et celle du nord, où la *Seine,* l'*Aube* et l'*Ource* serpentent au milieu des prairies et des vignobles entrecoupés de plateaux boisés et de pâturages, où paissent les troupeaux de mérinos. Sur le versant oriental s'étagent, des bords de la Saône au sommet de la côte d'Or, de belles prairies, des champs de blé, des plantations de houblon, des vignobles parmi lesquels figurent les crus les plus estimés de Bourgogne, *Clos-Vougeot, Chambertin, Pomard, Volnay, Meursault, Montrachet, Nuits,* enfin

Fig. 25. — Saint Bénigne à Dijon.

des forêts et des pâturages sur les parties les plus élevées du plateau.

Le chef-lieu est **Dijon** (*Divio*, 55 500 hab.), sur l'*Ouche*, affluent de la Saône, et sur le canal de Bourgogne; évêché, cour d'appel et chef-lieu d'académie, autrefois capitale de la Bourgogne, aujourd'hui ville de commerce et d'industrie (fabriques de moutarde, de vinaigres, de cassis, de pains d'épices), et grand entrepôt des vins, des bois et des grains de la Côte-d'Or.

Les trois sous-préfectures sont : *Beaune*, au centre des vignobles les plus renommés; *Châtillon-sur-Seine*, avec ses forges et ses hauts-fourneaux, et *Semur-en-Auxois*, sur un affluent de l'Yonne.

Fig. 26. — Statue de Vercingétorix à Alésia.

Citons encore *Auxonne* et *Saint-Jean de Losne*, sur la Saône, où commencent le canal de Bourgogne, qui réunit la Saône à l'Yonne, et le canal du Rhône au Rhin, *Saulieu* dans le Morvan, *Fontaine-Française* où Henri IV vainquit les Espagnols, et *Alise-Sainte-Reine*, l'ancienne *Alésia*, illustrée par la défense de Vercingétorix.

Le département de la Côte-d'Or a vu naître Bossuet, évêque de Condom et de Meaux, (dix-septième siècle, Dijon); Buffon, le célèbre naturaliste (Montbard, dix-huitième siècle), et saint Bernard, le prédicateur de la seconde croisade (douzième siècle).

FRANCHE-COMTÉ

Résumé historique. — La Franche-Comté correspond à l'ancien territoire des *Séquanes* et à la province romaine de Séquanaise. Elle fit plus tard partie du royaume des Burgondes, et fut érigée en comté au dixième siècle, sous le nom de comté de Bourgogne ; elle finit après de nombreuses vicissitudes par être réunie au duché de Bourgogne en 1384 ; le mariage de Marie de Bourgogne, héritière de Charles le Téméraire, avec Maximilien d'Autriche, en fit une dépendance des domaines autrichiens, et elle resta dans la branche espagnole de la maison d'Autriche jusqu'au traité de Nimègue (1678), qui la céda à Louis XIV. — Elle a formé trois départements.

1° Vallée de la Saône. Département de la Haute-Saône (295000 hab.). — En continuant à remonter le cours de la *Saône*, on pénètre dans le département de la Haute-Saône, pays de prairies souvent inondées et de coteaux fertiles au sud et à l'ouest, de hauteurs boisées au nord et à l'est, où viennent s'épanouir les derniers rameaux des *Vosges méridionales* et des monts *Faucilles*.

Le chef-lieu est **Vesoul** (9600 hab.); les deux sous-préfectures : *Gray* sur la *Saône*, avec ses minoteries, et *Lure*, près de l'*Ognon*, affluent de la Saône, centre d'exploitation houillère (*Ronchamp*) et d'industrie métallurgique. Non loin de Lure est située la petite ville de *Luxeuil*, célèbre par ses eaux thermales et son antique abbaye, et celle d'*Héricourt*, une des colonies de l'industrie alsacienne (fabrication des indiennes et chamoiserie).

2° Vallée du Doubs. Département du Doubs (310 800 hab.). — Le département de la Haute-Saône est borné au sud par celui du Doubs, limitrophe de la Suisse. Couvert par le massif du Jura avec ses forêts de sapins, ses vastes pâturages, ses terrasses creusées par la profonde et sinueuse vallée du Doubs, habité par une race vigoureuse, énergique et intelligente, ce département est à la fois agricole et industriel.

Le chef-lieu est **Besançon**, (*Vesuntio*, 57 100 hab.), sur le Doubs, ancienne capitale de la Franche-Comté, archevêché, académie, cour d'appel, quartier général du 7° corps d'armée, place forte de premier ordre, centre

Fig. 27. — Une fromagerie dans le Jura.

d'une région industrielle enrichie par la fabrication de l'horlogerie et par le travail des forges.

Les trois sous-préfectures sont : *Baume-les-Dames*, sur le Doubs et sur le canal du Rhône au Rhin ; *Montbéliard* (sur le canal), qui a vu naître le grand naturaliste Cuvier, et dont l'arrondissement possède des forges (*Audincourt, Blamont*), des fabriques d'outils (*Valentigney* et *Pont-de-Roide*) ; et *Pontarlier*, sur le Doubs, avec son horlogerie, sa boissellerie, ses forges et son commerce de fromages, dits de Gruyère, fabriqués dans la montagne.

3° **Vallées du Doubs et de l'Ain. Département du Jura** (285 300 hab.). — En descendant le cours du Doubs, on entre dans le département du Jura, limitrophe de la Suisse comme le précédent, et dont le sol offre les mêmes caractères. Il est arrosé par l'Ain et par le Doubs.

Le chef-lieu est **Lons-le-Saunier** (12 400 hab.), qui

doit son nom aux sources salines assez nombreuses dans le département (*Salins*, etc.).

Les trois sous-préfectures sont : *Dôle*, sur le Doubs et sur le canal du Rhône au Rhin ; *Poligny*, avec ses vignobles (vins d'*Arbois*) et ses carrières de marbre, et *Saint-Claude*, évêché, avec ses papeteries et ses ateliers pour la taille des pierres précieuses et pour la fabrication de la tabletterie. *Morez* fabrique de la grosse horlogerie.

LYONNAIS

Résumé historique. — Le Lyonnais qui doit son nom à la première capitale de la Gaule romaine *Lugdunum* (Lyon), fit partie, après les invasions du cinquième siècle ap. J.-C., du royaume de Burgondie, puis de l'empire franc. Après le démembrement de l'empire carlovingien, la plus grande partie du Lyonnais, du Forez et du Beaujolais resta soumise à la suzeraineté des rois de France : le reste avec la ville de Lyon devint une dépendance de l'empire germanique. Lyon fut réuni au domaine royal sous Philippe le Bel : le Forez et le Beaujolais, possessions de la maison de Bourbon, sous François Ier. Le Lyonnais a formé deux départements, dont un seul dans le bassin du Rhône.

Fig. 28. — La rue de la République à Lyon.

Vallées de la Saône et du Rhône. Département du Rhône (*Beaujolais, Lyonnais,* 744 500 hab.).

RÉGIONS DU SUD-EST ET DE L'EST. 125

En redescendant le cours de l'*Ain* et de la *Saône*, et en laissant derrière nous le département de l'Ain, nous atteignons le département du **Rhône**, l'un des plus riches et des plus peuplés de la France, malgré son peu d'étendue.

Limité à l'est par la *Saône*, qui le sépare du département de l'Ain, et par le *Rhône*, qui le sépare de celui de l'Isère, à l'ouest par les montagnes boisées du *Lyonnais* et du *Beaujolais*, ce département réunit à la culture des arbres fruitiers, du mûrier, des légumes, du tabac, de la vigne (crûs de *Condrieu, Côte-Rôtie*, etc.), l'exploitation de la houille, du cuivre, du fer, et une industrie d'une activité et d'une prospérité sans égale.

Le chef-lieu est **Lyon** (376 600 hab.), au confluent de la Saône et du Rhône, siège d'un archevêché, d'une cour d'appel, d'une académie, d'un commandement de corps d'armée (14e), la seconde ville de France par sa population, l'une des premières par son commerce, la métropole de l'industrie des soieries, qui doit sa richesse à l'inventeur du métier mécanique, à un enfant de Lyon, l'ouvrier Jacquard; l'un des principaux centres pour la fabrication de la charcuterie, de la bière, des liqueurs, de la chapellerie, des machines à vapeur, des produits chimiques; l'antique capitale des Gaules au temps des premiers Césars; la patrie de l'empereur romain Claude, de Saint-Ambroise, de l'architecte des Tuileries, Philibert Delorme, des botanistes Laurent et Bernard de Jussieu, etc.

La seule sous-préfecture est *Villefranche*, près de la Saône.

Tarare, au pied des montagnes du Lyonnais, fabrique des broderies et des mousselines; *Givors* sur le Rhône, du verre et de la poterie.

LANGUEDOC

Résumé historique. — Ce nom vient de celui qu'on donna au moyen âge au dialecte de la France méridionale où *oui* se disait *oc*. Cette vaste région, habitée à l'époque gauloise par la puissante confédération des *Volques* prit plus tard le nom de *Narbonnaise*, celui de *Septimanie* et enfin celui de *Gothie* après la conquête de la Gaule méridionale par les Wisigoths ; les Arabes la conquirent en grande partie au huitième siècle et la perdirent sous Pépin le Bref. Elle se morcela après la chute de l'empire franc en un grand nombre de fiefs qui relevaient des comtes de Toulouse. Le *Bas-Languedoc* et le littoral furent conquis par Louis VIII sur les comtes de Toulouse et formèrent les sénéchaussées de Beaucaire et de Carcassonne. Le *Haut-Languedoc*, qui était resté à l'héritière du dernier comte de Toulouse, Raymond VII, mariée à un frère de saint Louis, Alphonse, comte de Poitiers, fut réuni après leur mort au domaine royal en 1271. Le Languedoc a formé huit départements dont quatre dans le bassin de la Méditerranée.

1° Vallées de l'Ardèche et du Rhône. Département de l'Ardèche (*Vivarais*, 376,900 hab.).

— En descendant le Rhône et en franchissant une étroite bande de terrain qui appartient au département de la Loire, on pénètre dans le département de l'ARDÈCHE, séparé par le Rhône de celui de la Drôme. Sillonné en tous sens par les contre-forts arides et pierreux des *Cévennes*, dont les premières pentes sont plantées de vignes (cru de *Saint-Péray*) et de mûriers, auxquels succèdent des forêts de châtaigniers et de maigres pâturages, le département de l'Ardèche possède les sources de la *Loire* et verse dans le Rhône les eaux de quelques torrents, l'*Ardèche*, le *Doux*, l'*Ouvèze*, qui naissent au flanc des Cévennes.

Le chef-lieu est **Privas** (7,920 hab.); les deux sous-préfectures, *Tournon*, sur le Rhône, et *Largentière*. Les autres villes importantes du département sont : *Annonay* avec ses mégisseries et ses papeteries ; *Aubenas*, centre du commerce des soies et des fruits ; *la Voulte* avec ses mines de houille et ses forges, et *Viviers* sur le Rhône, siège d'un évêché.

L'Ardèche a vu naître le grand agriculteur Olivier de Serres (seizième siècle).

2° Vallées du Gard et du Rhône. Département du Gard (415,600 hab.).

— Le département de

l'Ardèche est borné au sud par celui du Gard, que le Rhône sépare de ceux de Vaucluse et des Bouches-du-Rhône, et dont les *Cévennes méridionales* forment la limite au nord-ouest. Montagneux dans la partie qui touche aux Cévennes, à peine sillonné de quelques collines dans les riches et fertiles plaines situées au sud du *Gard*, marécageux et sablonneux sur les bords de la Méditerranée, ce département a pour chef-lieu **Nîmes** (*Nemausus*, 63500 hab.), évêché, cour d'appel, l'une des plus anciennes villes des Gaules, toute parsemée de ruines romaines, les Arènes, la Maison-Carrée, qui attestent son antique splendeur. Nîmes fabrique des tapis, des châles, de la passementerie.

Fig. 29. — Les arènes de Nîmes.

Les trois sous-préfectures sont : *Alais* avec ses tanneries, ses fabriques de produits chimiques, ses verreries et ses établissements métallurgiques qui doivent leur existence aux mines de houille de *Bessèges* et de la *Grand'-Combe ; Uzès* et *le Vigan* avec leurs magnaneries et leurs filatures de soie.

Beaucaire, sur le Rhône, doit sa renommée à ses foires aujourd'hui déchues, et *Aigues-Mortes* à son port ensablé par les alluvions du fleuve et qui fut témoin de l'embarquement de saint Louis pour la septième et la huitième croisades.

3° **Bassin secondaire de l'Hérault. Dépar**-

tement de l'Hérault (441,500 hab.). — Le bassin de l'HÉRAULT forme la plus grande partie du département à qui cette rivière a donné son nom. Bordé sur la côte de lagunes et de marais salants, traversé au nord par la chaîne des *Cévennes*, ce département renferme dans sa partie centrale une région fertile, plantée de mûriers, d'oliviers et d'arbres fruitiers, sillonnée de coteaux où

Fig. 30. — Nîmes. Maison-Carrée.

mûrissent sous les rayons d'un soleil ardent les muscats de *Frontignan* et de *Lunel*, et les gros vins des environs de Béziers. Le phylloxéra a en partie ruiné ces vignobles qui faisaient la richesse du Bas-Languedoc.

Le chef-lieu est **Montpellier** (56,000 hab.), évêché, cour d'appel, académie, chef-lieu du 16e corps d'armée; grand centre industriel pour la fabrication des produits chimiques et des bougies. Les trois sous-préfectures sont :

Béziers (*Biterræ*, 42,900 hab.), patrie de Riquet, qui creusa le canal du Midi, et entrepôt des vins et des eaux-de-vie de l'Hérault; *Lodève*, et *Saint-Pons*, au pied des Cévennes, renommées par leurs fabriques de draps communs qui le cèdent cependant à celles de *Bédarieux*.

Fig. 31. — Montpellier. Le Peyrou.

Sur le littoral on doit citer *Pézenas* près de l'Hérault, *Agde*, et *Cette* (35,520 hab.), au débouché du canal du Midi, notre second port de commerce sur la Méditerranée, et le centre d'un immense trafic de vins, d'eaux-de-vie, de poissons salés; dans la montagne, *Graissessac* avec ses mines de houille.

4° **Bassin secondaire de l'Aude. Département de l'Aude** (*Carcassez, Lauraguais, Narbonnais*) (328,000 hab.). — Le bassin de l'**Aude** comprend le département de l'AUDE, dominé au nord par les *Cévennes*, à l'est par les *Corbières occidentales* et traversé par les *Corbières orientales*, dont les dernières ondulations viennent mourir sur les bords marécageux et sablonneux de la Méditerranée. La vallée inférieure de l'Aude est une plaine ondulée, couverte de moissons, de vergers, d'oliviers et de vignes, et traversée par le *canal du Midi*, qui longe le cours de l'Aude.

Le chef-lieu est **Carcassonne** (*Carcaso*, 27,500 hab.), sur l'Aude, siège d'un évêché, dans une plaine que domine la vieille cité du moyen âge avec son château et ses remparts encore debout.

Les trois sous-préfectures sont *Castelnaudary*, sur le canal du Midi; *Limoux*, sur l'Aude, avec ses vins et ses draps, et *Narbonne* (*Narbo Martius*), l'antique colonie romaine, centre d'un commerce important de vins, d'eaux-de-vie, de miel et de grains.

PROVINCE DE ROUSSILLON

Résumé historique. — Le Roussillon doit son nom à l'ancienne ville de *Ruscino* et faisait partie de la Narbonnaise Ire. — Il passa au douzième siècle sous la suzeraineté des rois d'Aragon, fut un moment occupé par Louis XI, mais conquis seulement sous Louis XIII et cédé à la France par la paix des Pyrénées, en 1659.

Bassin secondaire de la Têt. Département des Pyrénées-Orientales (*Roussillon* et *Cerdagne*), (208,800 hab.).

Le bassin de la Têt renferme la partie la plus fertile du département des Pyrénées-Orientales qu'enveloppent au sud les *Pyrénées* et le massif du *Canigou*, à l'ouest les *Corbières occidentales*, à l'est la Méditerranée bordée d'étangs et de plages sablonneuses. Autant la région de la montagne avec ses torrents, ses lacs sauvages et ses sommets dépouillés, et celle du littoral avec ses marais salants et ses plages nues balayées par le vent, sont stériles et désolées, autant la plaine qu'arrose la Têt, avec ses innombrables canaux d'irrigation, ses plants de vignes et d'oliviers, ses moissons et ses admirables cultures maraîchères, est peuplée et fertile. Les Pyrénées-Orientales possèdent des carrières de marbres, des mines de fer et de nombreuses sources minérales dont les plus connues sont celles d'*Amélie-les-Bains*.

Le chef-lieu est **Perpignan** (31,700 hab.), sur la Têt, place forte, siège d'un évêché et ancienne capitale du Roussillon; les deux sous-préfectures : *Prades*, sur la Têt, et *Céret*, près du Tech.

Port-Vendres (*Portus-Veneris*) et *Collioure*, sur la Méditerranée, sont les débouchés maritimes du département.

CORSE (272,600 hab.)

Résumé historique. — La Corse (*Corsica*), soumise tour à tour par les Carthaginois, les Romains, les Lombards, les Francs, puis par les républiques de Pise et de Gênes, fut vendue, en 1767, à la France par les Génois et annexée en 1769 après une assez vive résistance.

La **Corse** est une grande île (8,747 kilom. carrés), située à 160 kilom. au sud des côtes de France, terminée au nord par le *cap Corse*, et séparée de la Sardaigne, par le *détroit de Bonifacio*. Traversée du nord au sud par une chaîne de montagnes dont le point culminant, le mont *Cinto*, dépasse 2,700 mètres, couverte de forêts de pins, de châtaigniers et de chênes verts, ou de fourrés inextricables qui portent le nom de *maquis*, la Corse est ravinée par des torrents qui inondent les vallées plutôt qu'ils ne les arrosent, et qui transforment les plaines basses en marécages; ses rudes et belliqueuses populations gardent encore leur langue (l'italien) et une partie de leurs habitudes nationales; c'est un pays primitif, mais réservé à un brillant avenir agricole et industriel : les céréales, toutes les variétés d'arbres fruitiers, l'olivier, le mûrier,

Fig. 32. — Ajaccio.

le tabac, le chanvre, réussissent sur le littoral; le bétail y trouve de magnifiques pâturages; des forêts épaisses couronnent les montagnes, qui recèlent dans leurs flancs des carrières de marbre, des mines de fer, de cuivre et de plomb.

Le chef-lieu est **Ajaccio** (18 000 hab.), sur la côte occidentale, siège d'un évêché et patrie de Napoléon Ier. Les quatre sous-préfectures sont : *Bastia*, sur la côte nord-est, le principal port de l'île, siège d'une cour d'appel ; *Calvi*, sur la côte nord-ouest ; *Corte*, au centre de l'île, et *Sartène*, au sud-ouest.

Pour le résumé, les exercices et les lectures, voir les pages 205 et suivantes.

CHAPITRE IV

Versant de l'océan Atlantique

BASSIN DE LA MER DU NORD

Aspect général du bassin. — Le bassin de la mer du Nord comprend le nord-est et le nord de la France, et se divise en quatre grandes vallées, celle du Rhin, celle de la Moselle, celle de la Meuse et celle de l'Escaut.

La vallée du Rhin, que dominent les sommets arrondis et les pentes boisées des Vosges, est une des régions les plus fertiles et les mieux cultivées de l'Europe. Habitée par une race énergique et intelligente, française de cœur, bien qu'elle parle un dialecte allemand, et que l'Allemagne vienne de nous l'arracher par la conquête, elle a vu l'industrie se développer en même temps que l'agriculture, et la population s'accroître, malgré l'émigration, dans une proportion inconnue aux régions du Midi.

La vallée de la Moselle, plus accidentée que celle du Rhin, bien arrosée, sillonnée de nombreuses collines, contraste avec l'étroite vallée de la Meuse, que dominent des plateaux boisés, au sol âpre et pierreux et presque partout rebelle à la culture.

Le bassin de l'Escaut est une vaste plaine, d'une fertilité sans égale, entrecoupée de quelques tourbières et bordée sur le littoral de dunes sablonneuses et de marais desséchés.

Climat. — Les vallées du Rhin, de la Moselle et de la Meuse appartiennent au *climat vosgien*, le bassin de l'Escaut au *climat séquanien*.

Divisions anciennes et contemporaines. — Le bassin de la mer du Nord comprend cinq de nos anciennes provinces, l'*Alsace*, la *Lorraine*, une partie de la *Champagne*, l'*Artois* et la *Flandre*.

Il était divisé avant 1871 en 9 départements qui représentaient un dixième de la superficie de la France. Aujourd'hui il ne comprend plus que six départements et le territoire de Belfort.

Vallée du Rhin

PROVINCE D'ALSACE (1)

Résumé historique. — L'Alsace (*Ellsatz*) doit son nom à la rivière de l'Ill ou de l'Ell. Elle fit partie sous la domination romaine de la Séquanaise et de la Germanie Ire, au moyen âge de l'empire franc (Austrasie) et de l'empire germanique. Sous Louis XIII elle fut occupée par les troupes françaises et cédée à la France sous Louis XIV, en 1648, par les traités de Westphalie. Strasbourg ne fut réuni qu'en 1681. — Les traités de 1871 en ont fait une dépendance de l'empire d'Allemagne. Elle formait deux départements.

1° Vallées du Rhin et de l'Ill. Ancien département du Haut-Rhin (*Sundgau, Haute-Alsace*), 461,000 hab. en 1884. — A partir de la ville suisse de *Bâle*, le cours du Rhin traçait avant 1871, la frontière française entre le grand-duché de Bade (Allemagne) et le département du Haut-Rhin que limitaient au sud le *Jura septentrional* et les *Vosges méridionales*, à l'ouest les *Vosges centrales*, couvertes de pâturages et d'épaisses forêts de sapins. Sur les bords du *Rhin* et de l'*Ill* s'étendent des prairies, des champs de blé, de maïs, de hou-

---

(1) Tout en enregistrant des changements imposés par la nécessité et consacrés par des traités, il est bon de ne pas laisser oublier que l'Alsace et la Lorraine dite allemande ont été françaises et le sont encore par le cœur et par les intérêts. Les traités passent et les traditions restent.

blon, de riches cultures maraîchères, des plantations de chanvre et de tabac ; la pomme de terre est cultivée dans la montagne, la vigne sur les coteaux.

Le chef-lieu était **Colmar**, siège d'une cour d'appel; sous-préfectures : *Belfort*, place forte au débouché du col de Valdieu, et *Mulhouse* (68 000 hab.), sur l'Ill et sur le canal du Rhône au Rhin, centre d'une région manufacturière sans rivale pour la filature du coton, les étoffes imprimées, et la construction des machines. Citons encore *Ribeauvillé*, *Guebwiller*, *Altkirch*, *Thann* avec leurs filatures de coton et leurs produits chimiques, *Sainte-Marie-aux-Mines* avec ses manufactures de draps, *Soultzbach* et *Soulzmatt* avec leurs eaux minérales, *Beaucourt* avec ses forges et sa grosse

Fig. 33. — La cathédrale de Strasbourg.

horlogerie. De ce département la France n'a conservé, par suite des traités de 1871, que la ville et une partie de l'arrondissement de **Belfort**. Le reste est annexé à l'empire d'Allemagne.

2° **Vallées du Rhin et de l'Ill. Ancien département du Bas-Rhin** (*Basse-Alsace*, 618,000 hab. en 1884). — Le département du BAS-RHIN, limité à l'ouest par les *Vosges*, au nord par la *Lauter*, qui le séparait de la Bavière rhénane (Allemagne), à l'est par le *Rhin*, qui le séparait du grand-duché de Bade, offre les mêmes caractères et les mêmes cultures que le précédent ; on y exploite des bitumes (*Lobsann*) et de nombreuses sources minérales, *Niederbronn*, *Soultz-les-Bains*, etc.

Le chef-lieu était **Strasbourg** (*Argentoratum*, 104,500 hab. en 1884), sur l'Ill, près du Rhin, siège d'un évêché et d'une académie, place forte de premier ordre, ville de commerce et d'industrie (fabriques de machines à vapeur et de machines-outils, horlogerie, tannerie, pâtisserie), remarquable, en outre, par ses monuments et surtout par son admirable cathédrale. Strasbourg est la patrie du général Kléber, l'un des héros de nos guerres de la Révolution.

Les trois sous-préfectures étaient : *Saverne*, au pied des Vosges sur le canal de la Marne au Rhin, avec ses fabriques de quincaillerie ; *Schelestadt*, sur l'Ill, avec ses toiles métalliques, et *Wissembourg* (bataille de 1870), sur la Lauter ; mais les villes industrielles de *Niederbronn* (forges et hauts-fourneaux), de *Bischwiller* (manufactures de draps), de *Bouxwiller* (produits chimiques), de *Haguenau*, la place forte de *Neuf-Brisach*, sur le Rhin, égalaient l'importance des chefs-lieux d'arrondissements.

Ce département, qui a vu commencer les désastres de la campagne de 1870 (*Wissembourg*, *Reichshoffen*), nous a été enlevé par les traités de 1871.

Vallée de la Moselle

LORRAINE

Résumé historique. — La Lorraine (territoire des *Leuques* et des *Médiomatrices*, plus tard *Belgique* Ire), faisait partie de l'Austrasie. Elle doit son nom (*Lotharingia*, *Lothringen*) à Lothaire, fils de Louis Ier, auquel elle fut assignée par le traité de Verdun. — La partie de la Lotharingie qui correspond à la Lorraine moderne, devint un duché héréditaire au onzième siècle, sous la suzeraineté des rois de Germanie. Henri II conquit en 1552 les trois évêchés de Metz, Toul et Verdun : le duché de Lorraine, cédé en 1738 au roi détrôné de Pologne, Stanislas Leczinski, beau-père de Louis XV, revint à la France après sa mort en 1766. Les traités de 1871 nous en ont enlevé une partie. La Lorraine formait avant 1871 quatre départements ; depuis 1871 elle n'en forme plus que trois.

1° Vallée de la Moselle. Département des Vosges (407,000 hab.). — La *Moselle* naît au pied du ballon d'Alsace dans le département des Vosges, qu'elle coupe du sud au nord. Couvert par les rameaux des *Vosges* et des monts *Faucilles*, dominé au nord-ouest par les *côtes lorraines*, semé de lacs et d'étangs, traversé par la *Meuse*, arrosé par la *Moselle*, la *Meurthe* et la *Saône* qui y prennent leur source, ce département se divise en deux régions, la plaine riche en prairies et en céréales, et la montagne où l'on cultive la pomme de terre, le lin, le chanvre, le houblon, le merisier, et qui possède de vastes pâturages et des forêts de chênes et de sapins.

Le chef-lieu est **Épinal** (45,500 hab.), sur la Moselle, avec d'importantes fabriques d'imagerie et de fécule de pommes de terre; les quatre sous-préfectures sont : *Mirecourt* avec ses broderies, ses dentelles et ses fabriques de lutherie; *Neufchâteau* sur la Meuse; *Remiremont* sur la Moselle. *Saint-Dié* sur la Meurthe, avec ses papeteries et ses cotonnades, est le siège d'un évêché.

On doit encore citer *Plombières* pour ses eaux thermales et ses fabriques de quincaillerie, *Gérardmer* pour ses fromageries, *Bains* pour ses forges, *Rambervillers* pour ses papeteries et ses tanneries, et *Domrémy*, petit village où naquit Jeanne d'Arc.

2° Vallées de la Moselle et de la Meurthe. Département de Meurthe-et-Moselle (419 300 hab.). — Arrosé par la *Moselle* et par la *Meurthe*, dominé à l'est par les pentes boisées des Vosges, à l'ouest par les premières terrasses des Ardennes, ce département est le plus riche de la Lorraine; les céréales, les cultures maraîchères, la pomme de terre, le colza, le chanvre, le lin, le tabac, la vigne même y réussissent; le bétail est nombreux, et l'industrie active et prospère.

Fig. 34. — Nancy.

Le chef-lieu est **Nancy** (73 200 hab.), sur la Meurthe

et sur le canal de la Marne au Rhin, ancienne capitale de la Lorraine, siège d'un évêché, d'une cour d'appel, d'une académie, centre de l'industrie des broderies, l'une des plus florissantes du département, de celle des draps, des chapeaux de paille, etc... Les trois sous-préfectures sont : *Lunéville*, sur la Meurthe, avec sa ganterie et ses faïences, *Toul*, place forte sur la Moselle, et *Briey*, ancien chef-lieu d'arrondissement du département de la Moselle. Les cristalleries de *Baccarat*, les manufactures de glaces de *Cirey*, les verreries de *Pont-à-Mousson*, les forges de *Frouard* et de *Longwy* (place forte), comptent parmi nos premiers établissements français. Les deux arrondissements de *Sarrebourg* et de *Château-Salins* nous ont été enlevés par les traités de 1871.

L'ancien département de la MOSELLE (*Pays Messin et Lorraine*), 452150 hab. en 1866, arrosé par la *Moselle* et par la *Sarre*, était limité, avant 1871, à l'est, par les *Vosges*, au nord par la Bavière rhénane, la Prusse rhénane et le grand-duché de Luxembourg, et traversé, à l'ouest, par les rameaux des *Ardennes:* il offrait les mêmes caractères et les mêmes cultures que la Meurthe, avec des plaines plus étendues, plus de prairies artificielles et moins de vignobles. Les richesses minérales étaient considérables : des houillères, des mines de fer, avaient créé, à Stiring, à Ars-sur-Moselle, à Attange, des forges et des fonderies d'une haute importance. Les verreries de Forbach (bataille de 1870) et la cristallerie de Saint-Louis rivalisaient avec les établissements du département de la Meurthe.

Le chef-lieu était **Metz** sur la Moselle (53 000 hab. en 1884), siège d'un évêché et d'une cour d'appel, place forte de premier ordre, centre d'une active industrie qui produit surtout de la papeterie, de l'imagerie, des draps et de la chapellerie. Les trois sous-préfectures étaient : *Briey*, *Sarreguemines* sur la Sarre, avec ses fabriques de faïences et d'allumettes chimiques, et *Thionville*, place forte sur la Moselle. Les traités de 1871 ne nous ont laissé que l'arrondissement de Briey, et quelques cantons

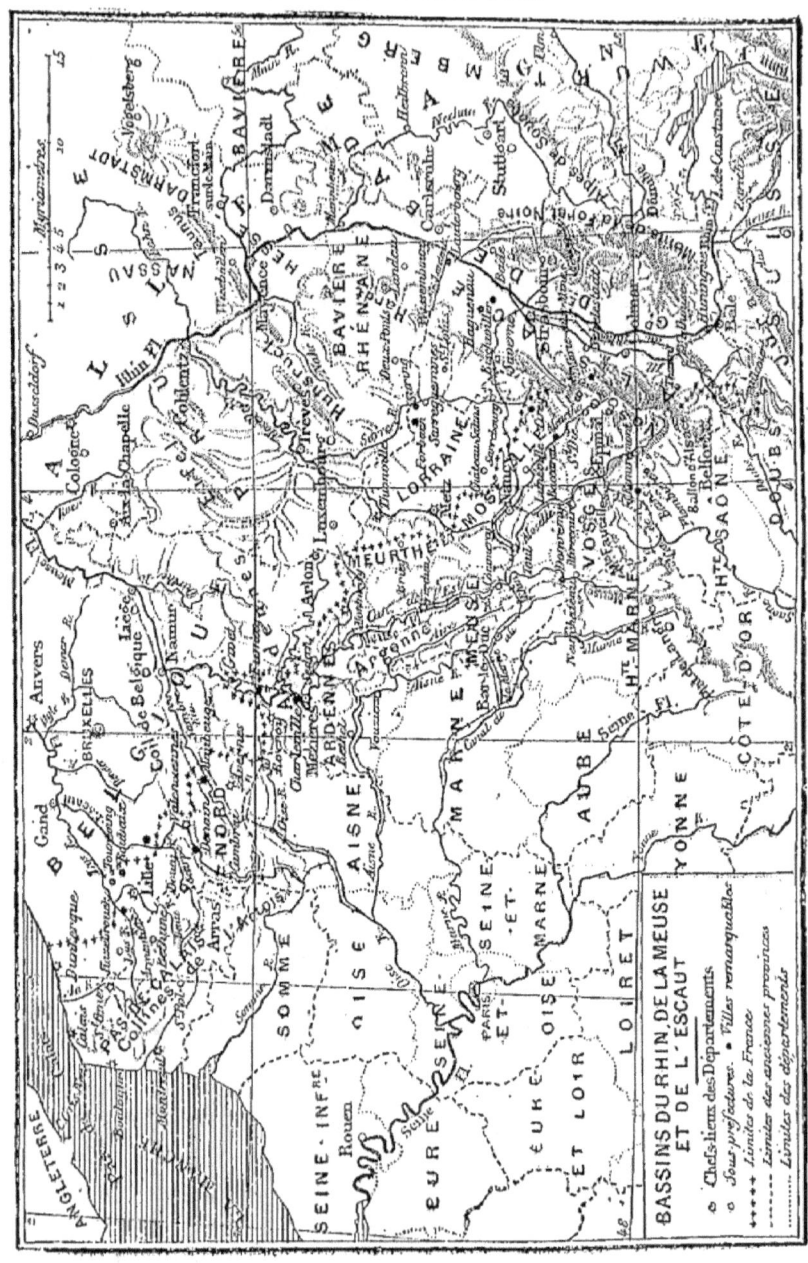

Carte IX.

de l'arrondissement de Metz, réunis aujourd'hui au département de Meurthe-et-Moselle.

Bassin de la Meuse

3° Vallée de la Meuse. Département de la Meuse (*Verdunois, Barrois, Rethélois*). 290 000 hab. — La plus grande partie de ce département est comprise dans le bassin de la Meuse, bien que le chef-lieu soit situé dans celui de la Seine. Arrosé par la *Meuse*, par quelques affluents de la Moselle, et par des cours d'eau qui appartiennent au bassin de la Seine (l'*Aisne*, etc.), le département de la MEUSE touche à la frontière de Belgique ; il est dominé à l'ouest et à l'est par les collines boisées de l'*Argonne* et des *Ardennes*, mais la vallée de la Meuse produit en abondance les céréales, les fourrages, les légumes, la pomme de terre, le colza, le chanvre et le lin, et l'exploitation du fer y a créé de grands établissements métallurgiques.

Le chef-lieu est **Bar-le-Duc** (17 500 hab.), sur l'*Ornain*, sous-affluent de la Marne, et sur le canal de la Marne au Rhin, renommé pour ses filatures de coton. Les trois sous-préfectures sont *Commercy* sur la Meuse, la petite ville fortifiée de *Montmédy*, et *Verdun* (*Virodunum*), place forte sur la Meuse, siège d'un évêché et célèbre par sa confiserie.

PROVINCE DE CHAMPAGNE

(Voir le bassin de la Manche).

Vallée de la Meuse. Département des Ardennes (333 700 hab.). Le département des ARDENNES est limité au nord par la Belgique, arrosé par la *Meuse* et par l'*Aisne* et presque entièrement couvert, sauf dans sa partie méridionale, par les plateaux boisés de l'Argonne et des Ardennes qui forment la ceinture du bassin de la Meuse. Les pâturages nourrissent de nombreux moutons estimés pour leur chair et pour leur laine, et malgré l'âpreté du sol, le froment, le seigle, la pomme de terre, le chanvre, les prairies naturelles et artificielles, concourent avec les mines de fer, les carrières d'ardoises de *Fumay*, à la prospérité croissante d'une région où le travail a dû tout créer malgré la nature.

Le chef-lieu est **Mézières**-*Charleville* (*Mosa*, 22 400 h.), sur les deux rives de la Meuse, avec ses forges et ses manufactures d'armes et de clouterie; les quatre sous-préfectures : *Rethel* sur l'Aisne, l'un de nos plus grands centres pour la filature de la laine, et la fabrication des châles et des mérinos; *Rocroi*, place forte, fameuse par une victoire du grand Condé (1643); *Sedan* sur la Meuse, patrie de Turenne (dix-septième siècle), l'une des métropoles de l'industrie des draps, et le théâtre d'un de nos plus sanglants désastres (1er septembre 1870), et *Vouziers*, centre d'une importante fabrication de vannerie.

Givet, place forte sur la Meuse, possède des tanneries, des fabriques de colle forte, des lamineries de zinc et de cuivre, *Nouzon* et *Carignan* des usines métallurgiques importantes.

Bassin de l'Escaut

PROVINCE D'ARTOIS

Résumé historique. — L'Artois doit son nom à un peuple gaulois, les *Atrebates*, compris dans la Belgique seconde. Au moyen âge, il forma un comté vassal de la Flandre, et qui passa tour à tour à la maison royale d'Artois, issue de Louis VIII, à celle de Bourgogne et enfin à la maison d'Autriche. — Les rois d'Espagne perdirent cette province sous Louis XIII et la cédèrent à la France par la paix des Pyrénées en 1659.

Vallées de la Scarpe et de la Lys. Département du Pas-de-Calais (*Artois, Boulonnais, Ponthieu*), 819 000 hab. — Le département du Pas-de-Calais est une plaine, arrosée par la *Scarpe*, la *Lys*, et par quelques petits fleuves côtiers (*Canche, Authie, Liane*), traversée par les *collines de l'Artois*, bordée sur les côtes de la Manche et du détroit qui lui a donné son nom, de rochers, de dunes et de plages marécageuses, semée de tourbières, mais presque partout fertile, couverte de prairies, de champs de blé, de betteraves, de colza, de lin, de chanvre, de pommes de terre, de plantations de tabac et de cultures maraîchères.

Le chef-lieu est **Arras** (*Atrebates*, 27 000 hab.), sur la Scarpe, siège d'un évêché, place forte et ville industrielle (dentelles, huiles de graines, fabriques de sucre de betteraves). Les cinq sous-préfectures sont : *Béthune*, centre

Fig. 35. — Le beffroi d'Arras.

d'une importante exploitation de houille ; *Boulogne* (*Bononia*, 44 800 hab.), port sur le pas de Calais, l'un des principaux débouchés de notre commerce avec l'Angleterre et l'Europe du nord, centre de l'exploitation des marbres du Pas-de-Calais ; *Montreuil*, petit port sur la Canche ; *Saint-Omer*, patrie de l'abbé Suger, le conseiller des rois Louis VI et Louis VII (douzième siècle), et *Saint-Pol*, centre d'un grand commerce de porcs, de volailles et de laines.

Calais sur le détroit, en relations continuelles avec

l'Angleterre, se livre en outre à la fabrication des tulles et des blondes de soie (*Saint-Pierre-lès-Calais*, 33 300 hab.). *Lens*, où Condé vainquit les Espagnols en 1648, exploite des mines de houille. Le village d'*Azincourt* est célèbre par une victoire anglaise (1415).

PROVINCE DE FLANDRE

Résumé historique. — La Flandre (pays des *Morins* et des *Nerviens*, *Belgique II*[e], plus tard dépendance du royaume de Neustrie), doit probablement son nom (*Vlænderen*), qui apparaît pour la première fois au huitième siècle, aux émigrations qui en ont renouvelé la population. Elle fut érigée en comté souverain au neuvième siècle, et ne tarda pas à devenir une des contrées les plus peuplées et les plus industrieuses de l'Europe. Elle passa par mariage dans la maison de Bourgogne, puis dans la maison d'Autriche, et fut conquise, comme l'Artois, sur les rois d'Espagne. Louis XIV l'annexa à la France en 1668 par le traité d'Aix-la-Chapelle, et en 1678 par celui de Nimègue. On parle encore dans quelques parties de la Flandre, dite *flamingante*, un dialecte flamand.

Vallée de l'Escaut. Département du Nord. 1 603 300 hab. — Le département du Nord, limité au nord par la Belgique, à l'ouest par la mer du Nord, arrosé par l'*Escaut*, la *Scarpe*, la *Lys*, la *Sambre* et de nombreux canaux, est une plaine ondulée et couverte de forêts et d'herbages dans sa partie orientale, marécageuse et sablonneuse sur les bords de la mer, formée au centre de magnifiques terrains d'alluvion qui produisent la betterave, les céréales, le lin, les graines oléagineuses (colza, œillette, etc.), le houblon, le tabac, les plantes fourragères et qui nourrissent des races estimées

Fig. 36. — Lille.

de chevaux, de bœufs et de moutons. Les riches houillères d'*Anzin* et d'*Aniches* ont créé des établissements métallurgiques qui rivalisent avec ceux de la Belgique, et qui ne craignent en France aucune concurrence.

Le chef-lieu est **Lille** (178 000 hab.), quartier général du 1er corps d'armée, place forte de premier ordre (sièges de 1708 et de 1792), et l'un de nos grands centres manufacturiers pour la filature du coton et du lin, la fabrication des toiles, les raffineries de sucre de betterave, les fabriques d'huiles de graines, les teintureries, les produits chimiques, la construction des machines à vapeur et des métiers mécaniques.

Les six sous-préfectures sont : *Avesnes*, *Cambrai* (*Cameracum*, 23 450 hab.), sur l'Escaut, siège d'un archevêché occupé par Fénelon, et centre de la fabrication des batistes, *Douai* (29 172 hab.), ville forte sur la Scarpe, siège d'une cour d'appel et d'une académie (raffineries, forges et verreries), *Dunkerque* sur la mer du Nord (37 400 h.), patrie du marin Jean-Bart (dix-septième siècle), l'un de nos ports les plus actifs, et notre principale fabrique de toiles à voiles, *Hazebrouck*, petite ville commerçante et *Valenciennes* (27 600 hab.), place forte sur l'Escaut, centre de l'exploitation des houilles, de l'industrie métallurgique (*Anzin*, *Denain*, *Aniches*), de la fabrication

Fig. 37. — Le beffroi de Douai.

des dentelles, des distilleries d'alcool de betterave et des fabriques de café-chicorée.

A côté ou au-dessus des chefs-lieux d'arrondissements se placent *Roubaix* (94 600 hab.), et *Tourcoing* (52 000 hab.), centres industriels de premier ordre pour la filature de la laine et du coton, les coutils, les tissus mélangés, les lainages, les tapis ; *Armentières* (25100 h.), sans rivale pour la filature du lin ; *Fourmies, Halluin, Wattrelos*, villes de 14000 à 16000 habitants, enrichies par la filature et le tissage du coton ; *Maubeuge* (place forte), avec ses forges, *Landrecies*, place forte sur la Sambre, *Gravelines*, port à l'embouchure de l'Aa. On doit citer en outre Bouvines (1214), Cassel (1328), Malplaquet (1709), Denain (1712), Hondschoote et Wattignies (1793), illustrés par les armes françaises.

Pour le résumé, les exercices et les lectures, voir pages 205 et suivantes.

CHAPITRE V

Bassin de la Manche

Aspect général du bassin. — Le bassin de la Manche qui correspond à la région du nord-ouest et à une partie de celle du nord offre un aspect tout autre que celui des bassins du Rhône ou du Rhin ; plus de neiges éternelles, plus de montagnes élevées, plus de vallées sauvages ; la ceinture du bassin est presque partout formée de collines ou de plateaux d'une médiocre hauteur ; la pente des rivières est modérée, leur lit bien tracé, les inondations rares et peu redoutables ; au nord de la Marne et de la Seine, s'étend jusqu'à la mer une plaine accidentée, sillonnée de collines boisées, semée dans le bassin de la Somme de tourbières et de marécages, riche en céréales et en cultures industrielles de toute espèce. Entre la Marne et la Seine s'élève un plateau crayeux, stérile, creusé de quelques vallées marécageuses. Sur la rive gauche de la Seine, aux plateaux boisés qui dominent le cours de l'Yonne, succèdent les vastes plaines de la Beauce et les vallées de la Normandie avec leurs magnifiques herbages ; enfin, sur le littoral de la Manche, du golfe de Saint-Malo à la pointe Saint-Mathieu, se prolonge une bande de terrains granitiques, de plaines sablonneuses et de landes stériles.

Climat. — Le bassin entier de la Manche appartient au *climat séquanien*.

Divisions anciennes et contemporaines. — Le bassin de la Manche comprend trois de nos anciennes provinces, l'*Ile-de-France*, la *Picardie* et la *Normandie*, et une partie de quatre autres, la *Bourgogne*, la *Champagne*, l'*Orléanais* et la *Bretagne*.

Il renferme 17 départements qui représentent un peu plus du cinquième de la superficie de la France. Ceux que la Seine traverse sont la Côte-d'Or (bassin du Rhône), l'Aube, la Seine-et-Marne, la Seine, la Seine-et-Oise, l'Eure et la Seine-Inférieure.

Vallée supérieure de la Seine

(De la source à Paris)

Rive droite

PROVINCE DE CHAMPAGNE

Résumé historique. — La Champagne, du latin *Campania* (pays de plaines), habitée à l'époque gauloise par les *Lingons*, les *Rèmes*, les *Sénons*, etc., fit partie à l'époque romaine de la Lyonnaise et de la Belgique. Érigée en comté souverain au dixième siècle, elle fut réunie à la couronne sous Philippe IV par son mariage avec l'héritière de ce comté. — Elle a formé quatre départements dont trois dans le bassin de la Manche, et un dans celui de la mer du Nord.

1° Vallées de la Seine et de l'Aube. Département de l'Aube (*Champagne et Vallage*), 255 300 hab. — En sortant du département de la Côte-d'Or, où elle prend sa source, la *Seine* entre dans le département de l'Aube, qui doit son nom au premier des affluents du fleuve sur la rive droite. Les plateaux crayeux situés sur les deux rives de l'*Aube*, pays moins favorable à la culture qu'à l'éducation du bétail, ne produisent guère que du seigle, de l'orge et de l'avoine ; mais le froment, la vigne, les légumes, réussissent dans la partie méridionale du département.

Le chef-lieu est **Troyes** (*Tricasses*), sur la rive gauche de la Seine (46 000 hab.), ancienne capitale de la Champagne, siège d'un évêché et ville industrielle (filatures de coton et bonneterie).

Les quatre sous-préfectures sont : *Arcis-sur-Aube*, *Bar-sur-Aube* (Vallage), *Bar-sur-Seine* et *Nogent-sur-Seine*. *Arcis-sur-Aube*, *Méry-sur-Seine*, et les petites villes de *Brienne* et de la *Rothière* ont été illustrées par la campagne de Napoléon Ier en 1814.

2° **Vallée de la Marne. Département de la Haute-Marne** (*Bassigny, Perthois, Vallage*), 255 000 hab. — Le second des grands affluents de la rive droite de la Seine, la *Marne*, prend sa source dans le département de la HAUTE-MARNE, au pied du plateau de Langres, et coule dans une vallée que dominent d'un côté les collines boisées de la Meuse, de l'autre les plateaux arides de la rive droite de l'Aube. Mais les forêts, les bruyères et les rochers n'occupent qu'une partie du département : sur les pentes méridionales du plateau de Langres, qui appartiennent au bassin du Rhône, s'étagent des champs de blé et de riches vignobles; dans la vallée supérieure de la *Marne*, de la *Meuse* et de l'*Aube*, s'étendent les plaines du Bassigny, espèce de bassin entouré de collines et d'une remarquable fertilité; enfin le nord du département cultive avec succès les céréales, la vigne et les plantes fourragères.

Le chef-lieu est **Chaumont** (Bassigny), ville de 12 200 habitants, sur la Marne, qui fabrique de la bonneterie de laine et des gants de peau; les deux sous-préfectures *Langres* (*Lingones*), place forte, siège d'un évêché, sur un plateau longé par la Marne, avec sa coutellerie renommée dont la plus grande partie sort des fabriques de *Nogent-le-Roi*, et *Vassy* (Vallage), dont l'arrondissement renferme des forges considérables (*Saint-Dizier* en Perthois, sur la Marne, etc.). — L'établissement thermal de *Bourbonne-les-Bains* est situé dans la Haute-Marne.

Le sire de Joinville, l'ami et l'historien de saint Louis, est originaire de ce département.

3° **Vallée de la Marne. Département de la Marne** (*Perthois, Champagne pouilleuse, Rémois*), 421 800 hab. — En entrant dans le département qui a pris son nom, la MARNE incline au nord-ouest et coule entre deux plateaux crayeux aux rebords escarpés, et sillonnés par quelques petits cours d'eau marécageux.

Les seules grandes cultures de la vallée de la Marne sont celles de l'avoine et surtout de la vigne, qui pro-

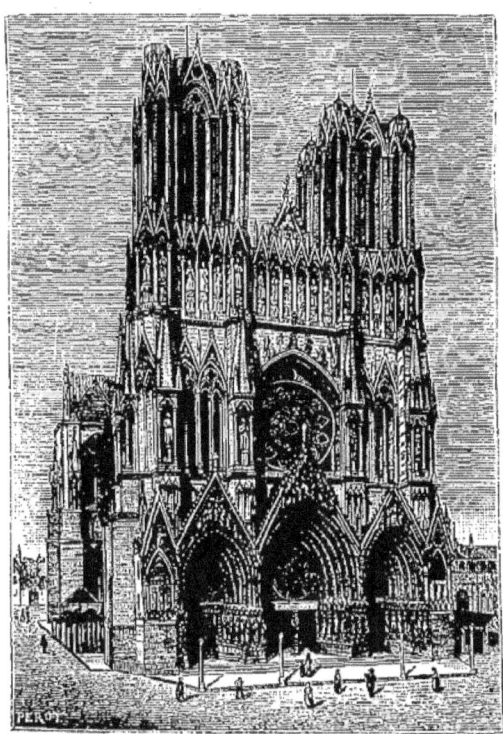

Fig. 38. — Cathédrale de Reims.

duit sur les coteaux de la rive droite les fameux vins de Champagne (Aï, Sillery, etc...); les pâturages nourrissent de nombreux troupeaux de moutons, dont la laine est une des richesses de ce pays déshérité. La vallée de l'*Aisne*, à l'est, et celle de l'*Aube*, au sud du département, sont plus fertiles et mieux cultivées.

Le chef-lieu est **Châlons-sur-Marne** (*Catalauni*, 23 200 hab.), siège d'un évêché, du 6ᵉ corps d'armée et d'une école d'arts et métiers. Les quatre sous-préfectures sont : *Épernay*, sur la rive gauche de la Marne, l'un des principaux centres du commerce et de la fabrication des vins de Champagne ; *Reims* (*Durocortorum*, puis *Remi*, 94 000 hab.), sur la Vesle, affluent de l'Aisne, et sur le canal de la Marne à l'Aisne, siège d'un archevêché, patrie du grand ministre Colbert (dix-septième siècle) et la cité sainte de l'ancienne monarchie française, dont les rois se faisaient sacrer dans sa magnifique cathédrale. Reims possède, outre ses filatures de laine et ses manufactures de flanelle et de mérinos qui n'ont pas d'égales en France, des fabriques de produits chimiques, de vins de Champagne, de pain d'épices, de biscuits. *Sainte-Menehould*, sur l'Aisne et *Vitry-le-François* (Perthois), font le commerce des laines et des grains. — Le département de la Marne a été le théâtre des plus glorieuses victoires de Napoléon Iᵉʳ en 1814 (*Champaubert*, *Montmirail*) et du premier triomphe de la Révolution française à *Valmy* (1792).

Rive gauche

PROVINCE DE BOURGOGNE

Vallée de l'Yonne. Département de l'Yonne (357,000 hab.). — Le seul grand affluent de la rive gauche de la Seine dans la partie supérieure de son cours est l'*Yonne*, qui, après avoir arrosé le département de la Nièvre, où elle prend sa source, entre dans celui de l'Yonne auquel elle a donné son nom, et que traversent ses nombreux affluents : l'*Armançon*, la *Cure*, le *Serain*.

Couvert de forêts et de plateaux rocailleux, ce département ne cultive en grand que la vigne (Chablis, Tonnerre, etc.), le chanvre et les céréales, surtout l'avoine.

Le chef-lieu est **Auxerre** (17000 hab.), sur l'Yonne. Les

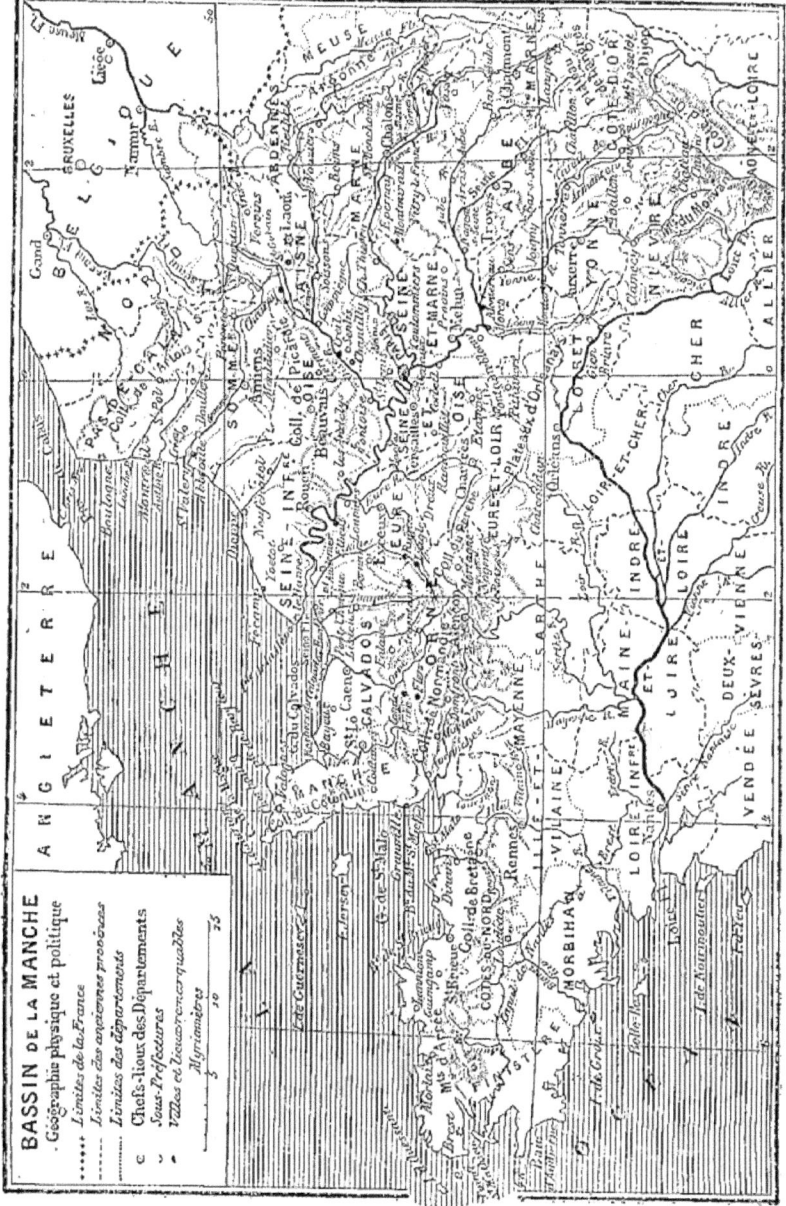

Carte X.

quatre sous-préfectures sont : *Avallon*, *Joigny*, sur l'Yonne; *Sens* (*Agedincum*, puis *Senones*), sur l'Yonne, siège d'un archevêché et célèbre par sa cathédrale, et *Tonnerre*, qui exploite des carrières de pierre de taille et fabrique du ciment romain. La petite ville de *Vézelay* possède les restes imposants d'une abbaye fameuse au moyen âge.

Rive droite et rive gauche

ILE-DE-FRANCE

Résumé historique. — L'Ile-de-France était habitée à l'époque gauloise par les Parisiens, les Meldes (Meaux), les Suessions (Soissons), les Bellovaques (Beauvais), les Véromanduens (Vermandois); à l'époque romaine elle fut partagée entre la Belgique et la Lyonnaise; à l'époque franque elle faisait partie de la Neustrie. Le duché de France, créé sous Charles le Chauve pour Robert le Fort, fut dès l'origine le domaine des Capétiens, et resta toujours attaché à la couronne.

1° Vallées de la Seine, de l'Yonne et de la Marne. Département de Seine-et-Marne (*Brie* et *Champagne*, 349000 hab.). — L'*Yonne*, en sortant du département qui porte son nom, et la *Marne*, après avoir traversé la partie méridionale du département de l'Aisne, limitrophe de celui de la Marne, pénètrent toutes deux dans le département de Seine-et-Marne, que la *Seine* coupe en deux parties inégales. Sur la rive gauche, arrosée par le *Loing*, s'étend une région boisée, dont les clairières sont occupées par des champs de blé et des prairies, et où mûrissent sur les coteaux des bords de la Seine les fameux chasselas de Fontainebleau. Sur la rive droite, les dernières ondulations des plateaux de Champagne viennent se perdre dans les plaines et les vallons de la Brie, où la culture du blé, de l'avoine, de la betterave, des légumes, la production de la laine, la fabrication des fromages de Brie développent une prospérité agricole inconnue à la stérile Champagne.

Le chef-lieu est **Melun** (*Melodunum*, 12150 hab.), sur la Seine, dont la principale industrie est la fabrication de la faïence. Les quatre sous-préfectures sont : *Coulommiers*, *Fontainebleau*, près de la Seine, avec son château, sa forêt et ses carrières de grès ; *Meaux* (*Meldi*), sur le canal de l'Ourcq et sur la Marne, siège d'un évêché occupé par Bossuet, centre d'un grand commerce de farines, de grains, de fromages de Brie, et *Provins*, sur la Voulzie.

La ville de *Montereau*, au confluent de l'Yonne et de la Seine, témoin d'une des dernières victoires de Napoléon Ier en 1814, possède d'importantes fabriques de faïences, et la *Ferté-sous-Jouarre*, sur la Marne, est le centre d'une exploitation de pierres meulières sans rivale en France.

<small>Le grand orateur Mirabeau (Révolution française) est originaire du département de Seine-et-Marne.</small>

Vallée moyenne de la Seine (de Paris à Rouen)

2° Vallée de la Seine. Département de la Seine [*Parisis*] (2800000 hab.). — La Seine et la Marne traversent, avant d'entrer dans le département de la SEINE, la partie orientale de celui de Seine-et-Oise, qui l'enve-

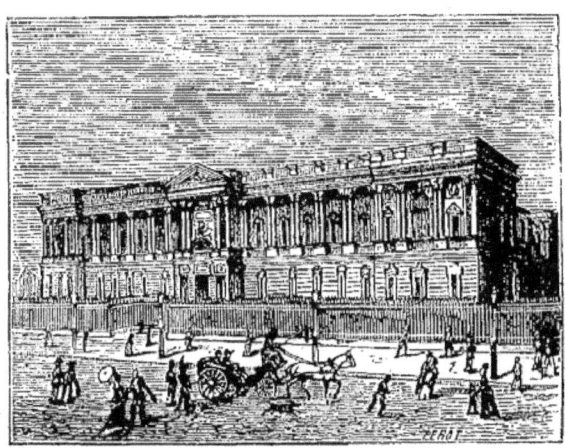

Fig. 39. — La colonnade du Louvre à Paris.

loppe tout entier. Occupant seulement une superficie de 475 kilomètres carrés, que couvrent en partie des vergers et des cultures maraîchères, ce département est à la fois le plus petit, le plus peuplé et le plus important de la France. Il a pour chef-lieu **Paris** (*Lutetia Parisiorum*), avec sa superficie de 257588000 mètres carrés, et sa population de plus de 2270000 habitants, qui s'est accrue malgré les funestes événements de 1870-71.

Siège des administrations, des grands corps de l'État, de la Banque de France, des établissements de crédit les plus solides, des compagnies de commerce les plus puissantes, situé sur un grand fleuve, la Seine, à 40 lieues de la mer, au centre de nos lignes de chemins de fer, de télégraphie électrique et de toutes nos voies de communication, habité par une immense population, foyer d'une industrie dont le chiffre d'affaires s'élève à près de 4 milliards (industries du bâtiment, du vêtement; de l'ameublement, industries alimentaires, orfèvrerie et bijouterie, bronzes, carrosserie et sellerie, tannerie et maroquinerie, ganterie, imprimerie et gravure, instruments de musique et de précision, produits chimiques, métallurgie, articles de Paris), ville de luxe et de travail, d'activité et de plaisir, Paris est à la fois la capitale politique, commerciale et industrielle de la France. En même temps, ses monuments (l'ancien et le nouveau Louvre, le Luxembourg, le Palais de Justice, le Palais-Royal; les églises Notre-Dame, de la Sainte-Chapelle, du

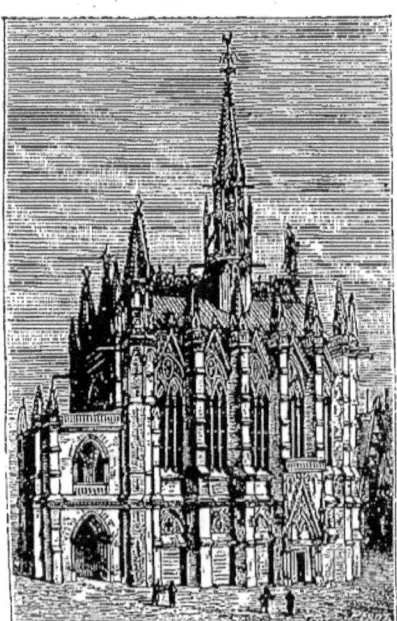

Fig. 40. — La Sainte-Chapelle.

Val-de-Grâce, de Saint-Sulpice, du Panthéon, de la Madeleine; l'Opéra, l'hôtel des Invalides, l'Arc de Triomphe, etc.), ses musées, ses bibliothèques, ses établissements scientifiques (Sorbonne, Collège de France, jardin des Plantes, Observatoire, Conservatoire des arts et métiers, etc.), ses écoles, ses théâtres, en font le rendez-vous du monde civilisé, la capitale des arts et de l'intelligence, la tête de la France et de l'Europe.

Paris est le siège d'un archevêché, d'une cour d'appel, d'un gouvernement militaire spécial, d'une académie, etc.

Fig. 41. — Notre-Dame de Paris.

Le département de la Seine a vu naître les grands ministres Richelieu et Louvois (dix-septième siècle), Turgot (dix-huitième); les écrivains Boileau, Molière, Regnard (dix-septième siècle), Rollin, Voltaire et Beaumarchais (dix-huitième), Béranger, Alfred de Musset et Michelet (dix-neuvième); le chimiste Lavoisier (dix-huitième siècle); les peintres Lesueur (dix-septième), David (dix-huitième et dix-neuvième), Horace Vernet et Delaroche (dix-neuvième); les architectes Mansard et Perrault (dix-septième); le sculpteur Jean Goujon (seizième); les généraux Condé, Eugène de Savoie, Catinat (dix-septième), etc.

Fig. 42. — Le château-fort de Vincennes.

Les deux sous-préfectures, dont l'administration est concentrée à Paris, sont: la petite ville de *Sceaux* et celle de *Saint-Denis*, sur la Seine, avec son antique abbaye, sépulture des rois de France, et ses nombreuses usines, fonderies de fer et de cuivre, filatures de laine, distilleries, etc. (44000 hab.). Les villes de *Neuilly*, de *Boulogne-sur-Seine*, de *Levallois-Perret*, de *Vincennes*, qui ne sont que des faubourgs de Paris, ont plus de 20000 habitants.

3° **Vallées de la Seine et de l'Oise. Département de Seine-et-Oise** (*Hurepoix, Mantois, Vexin français*) [578000 hab.]. — Le département de SEINE-ET-OISE, qui enveloppe de toutes parts celui de la Seine, est arrosé par la *Marne* et la *Seine*. Ce fleuve y reçoit, à droite l'*Oise;* à gauche, un grand nombre de petits cours d'eau qui coulent dans de riantes et fertiles vallées, dominées par des collines ou des plateaux boisés. Grâce au voisinage de Paris et à une culture perfectionnée plutôt qu'à la fertilité du sol, le département de Seine-et-Oise se place aux premiers rangs pour la production du froment, de l'avoine, de la pomme de terre, de la betterave, des légumes, des arbres fruitiers et des plantes fourragères. On y élève un grand nombre de moutons mérinos ; enfin la pierre de taille, la pierre meulière, la craie, les argiles y sont largement exploitées.

Le chef-lieu est **Versailles** (48 300 hab.), siège d'un évêché, patrie du général Hoche (Révolution); célèbre par son parc, son château, son musée historique, par les souvenirs de Louis XIV, de la Révolution et les événements de 1870-71.

Les cinq sous-préfectures sont : *Corbeil* (Hurepoix), sur la Seine, qui possède d'immenses minoteries; *Étampes*, qui fait un grand commerce de grains, de laines, et qui exploite des grès ; *Mantes*, sur la Seine; *Pontoise*, sur l'Oise, et *Rambouillet*, avec sa forêt et son château royal.

Peu de départements sont plus riches en souvenirs historiques : *Saint-Cloud*, *Meudon*, *Saint-Germain-en-Laye*, ont leurs châteaux (1) et leurs parcs ; *Saint-Cyr*, son école militaire; *Poissy*, son antique église qui vit baptiser saint Louis ; *Montlhéry*, sa tour féodale; *Marly*, sa machine et son aqueduc qui alimentent les réservoirs de Versailles; *Sèvres*, enfin, sa manufacture de porcelaine transportée aujourd'hui dans le parc de St-Cloud.

Rive droite

4° **Vallées de l'Oise et de l'Aisne. Département de l'Oise** (*Valois*, *Noyonnais*, *Beauvaisis*), (404 600 hab.). — En remontant le cours de l'Oise, on pénètre dans le département de l'Oise, grande plaine traversée au nord par les collines de *Picardie*, en partie boisée, sur les bords de l'*Oise* et de l'*Aisne*, en partie cou-

---

(1) Ceux de Saint-Cloud et de Meudon on été détruits par les Allemands en 1870-71.

verte des cultures les plus variées, avoines, froment, betteraves, légumes, chanvre, lin, prairies.

Le chef-lieu est **Beauvais** (*Bellovaci*, 17 500 hab.), siège d'un évêché, remarquable par son antique cathédrale et par ses industries, manufactures de tapisseries, de boutons, de bonneterie, ateliers de tabletterie. Les trois sous-préfectures sont : *Clermont*, *Compiègne*, sur l'Oise, célèbre par son château et sa forêt, *Senlis* (*Augustomagus*), en Valois, centre d'un grand commerce de laines.

Citons encore *Noyon*, patrie de Calvin, le fondateur du protestantisme en France (seizième siècle) ; *Chantilly*, avec son château et ses fabriques de dentelles ; *Creil*, avec ses manufactures de faïences fines ; *Pierrefonds* avec sa vieille forteresse féodale.

Fig. 43. — Château de Pierrefonds.

5° **Vallées de l'Oise, de l'Aisne, etc. Département de l'Aisne** (*Vermandois*, *Laonnais*, *Soissonnais*, *Thiérache*), 557 000 hab. En continuant à remonter l'*Oise*, on entre dans le département de l'AISNE, limitrophe de la Belgique, traversé de l'est à l'ouest par la rivière qui lui a donné son nom, arrosé au sud par la *Marne*, sillonné au nord par les collines boisées de l'*Artois*, d'où descend l'*Escaut*, à l'ouest par celles de *Picardie*, où la *Somme* prend sa source. Il est peu de départements dont les productions naturelles soient plus variées : dans la plaine, l'avoine, le froment, la betterave, les cultures maraîchères, le chanvre, le lin et le colza; dans la partie montagneuse, la pomme de terre; sur les coteaux qui bordent la Marne, les vignes; dans toutes les fermes, de nombreux bestiaux et des moutons estimés à la fois pour la viande et pour la laine.

Le chef-lieu est Laon (12600 hab.), sur une colline escarpée que dominent la citadelle et une antique cathédrale. Les quatre sous-préfectures sont : *Château-Thierry*, sur la Marne, patrie du fabuliste la Fontaine (dix-septième siècle); *Saint-Quentin* (*Augusta Veromanduorum*), sur la Somme et sur le canal qui réunit la Somme et l'Oise à l'Escaut (46000 hab.), l'un des grands centres de la fabrication des tissus légers de coton, des mérinos, des fils de coton et de laine, du sucre de betterave, énergiquement défendu en 1557 contre les Espagnols, et en 1871 contre les Prussiens; *Soissons* (*Suessiones*), place forte, sur l'Aisne, siège d'un évêché, et *Vervins* (traité de 1598), qui fabrique de la vannerie.

Au département de l'Aisne appartiennent *la Ferté-Milon*, patrie de Racine (dix-septième siècle); *Saint-Gobain*, connu pour sa manufacture de glaces; *Chauny*, par ses produits chimiques; *Notre-Dame-de-Liesse*, par sa bimbeloterie; *Coucy*, par son château féodal; *Guise* et *la Fère*, places fortes.

Bassin secondaire de la Somme

PROVINCE DE PICARDIE (1)

Résumé historique. — La Picardie (ancien pays des *Ambiani* et des *Veromandui*) fut une des premières provinces occupées

(1) De *Picardus*, piquier, à cause de l'habileté des habitants de cette province à se servir de la pique?

par les Francs. Divisée au moyen âge en fiefs qui relevaient en partie du comté de Flandre, elle ne fut définitivement réunie à la couronne qu'après la mort de Charles le Téméraire, duc de Bourgogne, en 1477.

Vallée de la Somme. Département de la Somme (*Amiennois, Santerre, Ponthieu*), 551 000 habitants. — La Somme, en sortant du département de l'Aisne, où elle prend sa source, coule de l'est à l'ouest en arrosant le département de la Somme. A peine sillonné de quelques collines, et bordé, sur le littoral de la Manche, de dunes peu élevées, ce département est une vaste plaine entrecoupée de tourbières et couverte de magnifiques cultures, blés, avoines, lin, chanvre, betteraves, pommes de terre, colza, œillette, prairies où paissent de nombreux troupeaux de chevaux, de bœufs et de moutons.

Le chef-lieu est **Amiens** (*Samarobriva*, puis *Ambiani*), (74000 hab.), sur la Somme, évêché, cour d'appel, siège du 2ᵉ corps d'armée ; l'une des métropoles de la filature de la laine, de l'industrie des velours de coton et de laine, des tissus mélangés, de la bonneterie de laine, des toiles de chanvre et de lin, des tapis, de la pape-

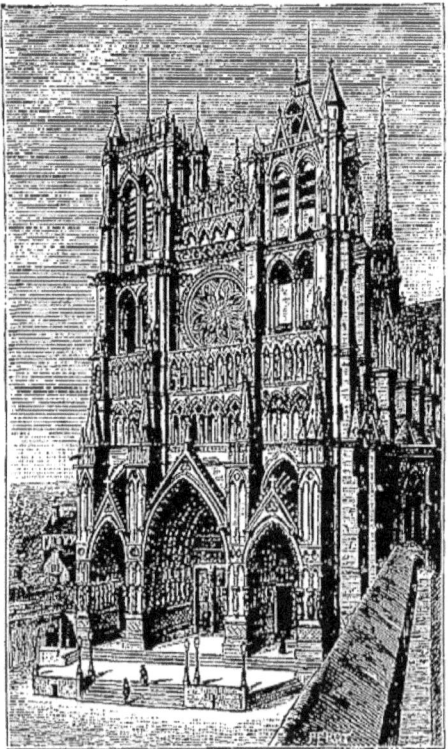

Fig. 44. — Cathédrale d'Amiens.

terie. La cathédrale est une des plus belles de France. C'est à Amiens que fut signée, en 1802, la paix avec l'Angleterre. Les quatre sous-préfectures sont : *Abbeville* (Ponthieu), sur la Somme, qui fabrique des draps et des velours de laine et centralise les produits des ateliers de serrurerie et de ferronnerie répandus dans tout l'arrondissement (*Escarbotin, Ault*, etc.); *Doullens* qui fabrique des toiles; *Montdidier* (Santerre), patrie de Parmentier, le propagateur de la culture de la pomme de terre, et *Péronne,* place forte, sur la Somme, dans une région marécageuse.

Le petit bourg de *Crécy*, au nord d'Abbeville, fut témoin d'une de nos plus sanglantes défaites dans la guerre de Cent ans (1346). Le port de *Saint-Valery*, à l'embouchure de la Somme, la citadelle de *Ham*, les petites villes de *Picquigny* (traité de 1475), de *Corbie* (siège de 1636) et de *Nesle* méritent aussi une mention.

Rive gauche de la Seine

ORLÉANAIS

(Voir page 169).

Vallée de l'Eure. Département d'Eure-et-Loir (*Dunois, Beauce*), 280 100 hab. — L'*Eure*, le plus important des affluents de gauche de la Seine entre Paris et Rouen, prend sa source sur le revers septentrional des *collines du Perche,* et traverse le département d'EURE-ET-LOIR, coupé en deux par le large plateau de la Beauce et par les collines du Perche, qui séparent le bassin de la Seine (Eure) de celui de la Loire (Loir). Ce département est occupé presque tout entier par les plaines de la *Beauce,* la région des céréales et des prairies artificielles, le grenier de Paris et l'un des centres d'élevage pour le mouton et le cheval.

Le chef-lieu est **Chartres** (*Autricum*, puis *Carnutes*, 21 100 hab.), sur l'Eure, siège d'un évêché, célèbre par sa cathédrale. Chartres possède des tanneries et fabrique des pâtés renommés. Les trois sous-préfectures sont *Châ-*

teaudun (Dunois), près du Loir, illustré par sa défense contre les Prussiens en 1870 ; *Dreux* (*Durocasses*), et *Nogent-le-Rotrou* sur l'*Huisne*, affluent de la Sarthe, qui fabrique des serges et autres lainages.

NORMANDIE

RÉSUMÉ HISTORIQUE. — La Normandie doit son nom aux conquérants normands (scandinaves) qui l'occupèrent au dixième siècle. Elle avait été autrefois désignée comme la Bretagne sous le nom d'Armorique ; les Romains en avaient fait la province de Lyonnaise IIe et les Francs l'avaient attribuée au royaume de Neustrie. En 911, Charles le Simple la céda au Normand Rollon dont les descendants conquirent l'Angleterre et conservèrent le duché de Normandie jusqu'en 1204. Philippe-Auguste l'enleva par confiscation à Jean sans Terre et Charles VII la reconquit sur les Anglais qui s'en étaient rendus maîtres après la bataille d'Azincourt. La Normandie a formé cinq départements.

1° Vallée de l'Eure. Département de l'Eure (*Beauce, Vexin normand*, etc.), 364 300 hab. — En sortant du département d'Eure-et-Loir, l'Eure pénètre dans celui auquel elle a donné son nom ; ce département est une plaine légèrement accidentée et boisée au nord et à l'est, arrosée par le cours sinueux de la *Seine*, par l'*Eure* et la *Rille*, ses affluents, et par un grand nombre d'autres petites rivières, riche en céréales, en cultures maraîchères, en lins, en vergers, en prairies où paissent de nombreux bestiaux et des chevaux de grande taille.

Le chef-lieu est **Évreux** (*Eburovices*, 15 900 hab.), sur l'Iton, affluent de l'Eure, siège d'un évêché et l'une des succursales de Rouen pour la fabrication des cotonnades. Les quatre sous-préfectures sont : les *Andelys*, patrie du peintre Nicolas Poussin (dix-septième siècle) ; *Bernay*, important par ses filatures et son commerce de grains, de lins et de chevaux ; *Louviers* sur l'Eure, l'une des métropoles de l'industrie des draps, des lainages et de la construction des machines, et *Pont-Audemer* sur la Rille (tanneries et papeteries).

Citons, en outre, *Pont-de-l'Arche* et *Vernon*, sur la Seine, *Ivry*, célèbre par une victoire de Henri IV (1590), et *Cocherel* par une victoire de Duguesclin (1364).

· Vallée inférieure de la Seine.

2° Vallée de la Seine. Département de la Seine-Inférieure (*Pays de Caux et Normandie*), 814 000 hab. — La vallée inférieure de la Seine forme le département de SEINE-INFÉRIEURE, arrosé en outre par plusieurs petits cours d'eau qui se jettent directement dans la mer. Couvert, sur les bords de la *Seine*, de forêts, de coteaux plantés de pommiers à cidre et d'arbres fruitiers, de riches prairies où paissent des troupeaux de chevaux et de bœufs; formé au centre et à l'est de belles plaines où réussissent les céréales, les plantes fourragères, le lin, le chanvre, le colza, le houblon; bordé sur le littoral de falaises escarpées, et de pâturages où l'herbe imprégnée d'une saveur saline nourrit les fameux moutons de Prés-Salés, le département de la Seine-Inférieure exploite en outre la craie, la pierre à bâtir et les sources minérales dont les plus connues sont celles de *Forges*.

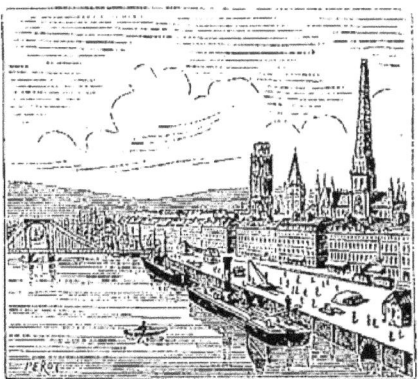

Fig. 45. — Rouen vu de la Seine.

Le chef-lieu est **Rouen** (*Rotomagus*) sur la Seine (106000h.), siège d'un archevêché, d'une cour d'appel et du 3° corps d'armée, patrie du grand tragique Corneille (dix-septième siècle) et du compositeur Boïeldieu (dix-neuvième siècle), ancienne capitale de la Normandie, célèbre par ses monuments et plus encore par son commerce et par son active industrie, qui s'applique à la filature et au tissage du coton, à la teinturerie, à la fabrication des produits chimiques, à la construction des machines, à la confiserie, etc. Les quatre sous-préfectures sont : *Dieppe* (22000 hab.), sur la Manche, à l'embouchure de l'Arques, l'un de nos ports d'armements pour la pêche du hareng et de la morue, patrie du marin Duquesne (dix-septième siècle); le *Havre* sur la Manche, à l'embouchure de la Seine (106000 hab.), le second de nos ports de commerce, le grand marché des cotons et des cafés, le centre de nos relations avec l'Angleterre, l'Amérique et les Indes, ville industrielle en même temps que commerçante et dont les raffineries de sucre, les corderies, les usines pour la construction des machines à vapeur et les chantiers maritimes ne craignent aucune concurrence; *Neufchâtel* et *Yvetot* qui font surtout le commerce du beurre et des fromages.

On doit citer en outre, *Elbeuf* (23152 hab.) sur la rive gauche de la Seine, l'une des métropoles de la filature de la laine et de l'industrie des draps; les ports du *Tréport*, de *Saint-Valery-en-Caux* et de *Fécamp*, *Caudebec* sur la Seine, et *Jumièges* avec les ruines de son abbaye.

Bassins secondaires de l'Orne et de la Vire

3° Bassin de l'Orne. Département de l'Orne (*Perche*), 376200 hab. — Le bassin secondaire de l'Orne renferme la plus grande partie du département de l'Orne, bien que le chef-lieu soit situé dans le bassin de la Loire, et le département presque entier du Calvados.

Le département de l'ORNE, traversé par les collines du *Perche* et de *Normandie* qui séparent la vallée de l'*Orne* de celle de la *Sarthe* (bassin de la Loire), est accidenté, en partie boisé, assez pauvre en céréales et en grandes cultures industrielles, mais riche en prairies naturelles qui nourrissent de nombreux et magnifiques bestiaux et une race de chevaux célèbre sous le nom de *race percheronne*.

Le chef-lieu est **Alençon** (17200 hab.) sur la Sarthe, l'un des centres de la fabrication des dentelles. Les trois sous-préfectures sont : *Argentan* sur une colline près de l'Orne; *Domfront*, centre du commerce des chevaux, et *Mortagne* (Perche) qui fabrique des toiles et des coutils.

La petite ville de *Séez* (*Sagii*), sur l'Orne, est le siège d'un évêché; *Laigle*, sur la Rille, fabrique des épingles et de la quincaillerie fine; *Vimoutiers*, des toiles blanches; *Flers* et la *Ferté-Macé*, des coutils de coton.

4° Bassin de l'Orne. Département du Calvados (*Basse-Normandie, Pays d'Auge, Pays de Lieuvin, Bessin*), 440 000 hab. — Le département du CALVADOS est baigné par la Manche et arrosé à l'est par la *Toucques*, au centre par l'*Orne*, à l'ouest par la *Vire*; sur le littoral, des falaises interrompues par des plages basses et sablonneuses et bordées d'une ceinture d'écueils, auxquels ce département doit son nom; peu de plaines, peu de grandes cultures, à l'exception de celle du colza, du froment et des pommiers à cidre; de riantes vallées, de magnifiques herbages qui nourrissent les plus beaux bestiaux et les chevaux les plus robustes de France : tel est l'aspect que présente le Calvados.

Le chef-lieu est **Caen**, sur l'Orne canalisée, à 14 kilomètres de la mer (41 500 hab.), siège d'une académie et d'une cour d'appel, port assez actif, ville de commerce et d'industrie (dentelles, bonneterie, huiles de graines). Caen a vu naître le poète Malherbe (seizième et dix-septième siècles). Les cinq sous-préfectures sont : *Bayeux* (*Baiocasses*), siège d'un évêché et le principal centre de la fabrication des dentelles du Calvados; *Falaise*, patrie de Guillaume le Conquérant, premier roi normand d'Angleterre (onzième siècle); *Lisieux*, sur la Toucques, qui fabrique des toiles; *Pont-l'Evêque*, sur la Toucques, et *Vire* sur la Vire, qui possède des fabriques de draps et des papeteries.

Citons encore *Condé-sur-Noireau*, important par ses filatures de coton, *Trouville* par ses bains de mer, et *Honfleur*, port à l'embouchure de la Seine.

5° Bassin de la Vire, etc. Département de la

Manche (*Cotentin*), 526 400 hab. — Le département de la Manche est divisé en deux versants par les collines du Cotentin qui finissent au cap de la *Hague;* le versant occidental est arrosé par la *Vire,* le versant oriental par un grand nombre de petites rivières qui se jettent dans la baie du mont Saint-Michel. La presqu'île du Cotentin est bordée à l'ouest, au nord et au nord-ouest de falaises séparées par un chenal étroit des îles rocheuses semées sur le littoral, depuis l'embouchure de la *Vire* jusqu'à celle du *Couesnon*.

L'intérieur est un pays d'herbages, des plus favorables à l'élève du bétail et des chevaux ; la culture du lin, celle des céréales, des légumes et des pommiers à cidre sont les seules qui se soient largement développées.

Le chef-lieu est **Saint-Lô** (10 100 hab.) sur la Vire, qui fabrique des toiles et des draps. Les cinq sous-préfectures sont : *Avranches* (*Abrincatui*), avec ses carrières de granit ;

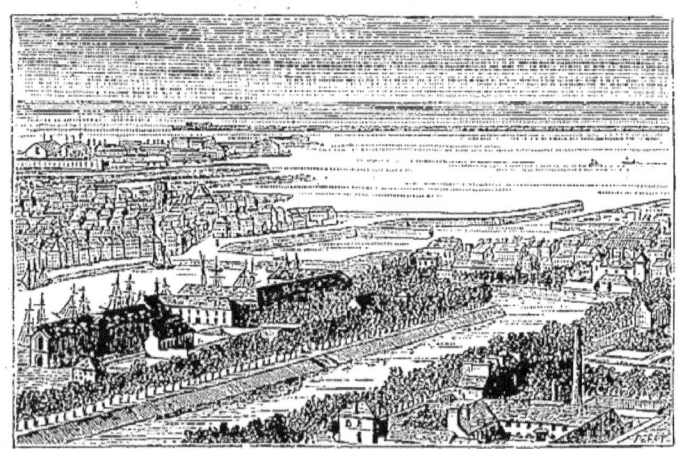

Fig. 46. — Cherbourg et sa digue

Cherbourg, siège d'une préfecture maritime (36 000 hab.), notre seul grand port militaire de la Manche, créé par une série de travaux gigantesques qui ont duré plus d'un demi-siècle ; *Coutances* (*Constantia*, évêché), non loin de laquelle naquit le célèbre marin Tourville (dix-septième siècle); *Mortain*, avec ses toiles et ses papeteries, et *Valognes*.

Au département de la Manche appartiennent la ville de *Carentan*, les ports de *Saint-Waast-la-Hougue* (bataille de 1692) et de *Granville*, l'un des plus actifs pour la pêche des huîtres, du hareng et de la morue, et la fameuse abbaye du *Mont-Saint-Michel*, sur un rocher qui domine des grèves redoutables par leurs sables mouvants.

PROVINCE DE BRETAGNE

(Voir les bassins de la Vilaine et de la Loire.)

Bassin de la Rance, etc. Département des Côtes-du-Nord (627 600 hab.). — Le département des Côtes-du-Nord arrosé par la *Rance* et plusieurs autres petits fleuves, qui dépendent du bassin de la Manche, est séparé du département de la Manche par celui d'Ille-et-Vilaine dont la plus grande partie appartient au bassin de la Vilaine. Traversé par la chaîne aride et dépouillée des collines de *Bretagne*, occupé en partie par des bruyères et des plaines sablonneuses qui ne laissent à la culture qu'une étroite bande de terrain située sur le littoral, hérissé sur les bords de la Manche de rochers et d'îles granitiques, pour la plupart inhabitées, ce département nourrit un grand nombre de bestiaux, de chevaux, de moutons et de porcs; mais si l'on excepte la culture du lin, du chanvre, des légumes verts, de la pomme de terre et des fruits à cidre, l'agriculture est peu avancée : la production du sarrasin dépasse celle du froment.

Le chef-lieu est **Saint-Brieuc** (17 800 hab.), près d'une large baie qui porte son nom, siège d'un évêché et centre d'une importante exploitation de granits. Les quatre sous-préfectures sont *Dinan* sur la Rance, *Guingamp*, *Lannion* et *Loudéac;* les principaux ports *Paimpol* et *Tréguier* (1).

(1) Pour le résumé, les exercices et les lectures, voir pages 205 et suiv.

CHAPITRE VI

Bassin de l'océan Atlantique

Aspect général du bassin. — La partie supérieure du bassin de la Loire forme le talus septentrional d'un vaste plateau granitique élevé de 400 à 800 mètres au-dessus du niveau de la mer et circonscrit à l'est par les Cévennes, à l'ouest par la vallée de la Vienne, au nord par une ligne droite tirée des monts du Morvan à la jonction des collines du Limousin et de celles du Poitou, au sud par les dernières terrasses des monts d'Auvergne et du Limousin. Pays tourmenté, sillonné de vallées profondes, hérissé de montagnes volcaniques, couvert de bruyères et de pâturages, le massif central porte encore dans ses cratères éteints, dans ses coulées de laves, dans les déchirures qui ont donné passage aux eaux de ses lacs desséchés les traces des convulsions de la nature à l'époque où il se dressait comme une île gigantesque au-dessus des flots de l'Océan qui recouvraient encore presque tout le reste de la France.

La pente septentrionale du plateau vient mourir dans une plaine marécageuse et légèrement ondulée dont la Loire forme la limite. Sur la rive droite les montagnes ou les collines de ceinture, qui dans la vallée supérieure de la Loire sont très rapprochées du fleuve, s'écartent à partir d'Orléans, et aux pâturages de la région des Cévennes, aux forêts du Nivernais succèdent les riches et fertiles plaines de l'Orléanais, du Maine et de la Touraine, le jardin de la France.

A partir de la vallée de la Mayenne, le sol change encore une fois de caractère; le granit reparaît; c'est l'Anjou avec ses étroits vallons, ses champs bordés de haies, ses plantations de pommiers et de poiriers, c'est la Bretagne avec ses bruyères, ses landes stériles, ses champs de blé noir et sa ceinture de rochers, battus par une mer houleuse.

Climat. — Le climat du massif central est froid et en général pluvieux; dans la vallée inférieure de la Loire et sur le littoral (bassin de la Charente), la température se rapproche de celle du bassin de la Seine, avec moins de variations brusques et des hivers plus doux.

Divisions anciennes. — Le bassin de l'Atlantique proprement dit comprend le territoire entier de dix de nos anciennes provinces: la *Marche*, le *Bourbonnais*, le *Berry*, la *Touraine*, le *Maine* et l'*Anjou*, le *Poitou*, l'*Aunis* et la *Saintonge* et l'*Angoumois*, et une partie plus ou moins considérable de sept autres : le *Languedoc*, l'*Auvergne*, le *Lyonnais*, le *Nivernais*, l'*Orléanais*, la *Bretagne* et le *Limousin*.

Départements. — Il renferme vingt départements, qui représentent plus du quart de la superficie de la France. Les départements traversés par le fleuve sont, outre celui de l'*Ardèche*, où il prend sa source (bassin du Rhône), ceux de la *Haute-Loire*, de la *Loire*, de *Saône-et-Loire* (bassin du Rhône), séparé par le cours de la Loire de celui de l'*Allier;* de la *Nièvre*, séparé par le cours de la Loire du département du *Cher;* du *Loiret*, de *Loir-et-Cher*, d'*Indre-et-Loire*, de *Maine-et-Loire* et de la *Loire-Inférieure*.

Vallée supérieure de la Loire (de la source à Briare)

PROVINCE DU LANGUEDOC

Vallées de la Loire et de l'Allier. — **Département de la Haute-Loire.** (*Vélay*), 346 500 hab. — En sortant du département de l'Ardèche, la Loire, qui n'est encore qu'un torrent, entre dans celui de la HAUTE-LOIRE. Ce département se compose de deux vallées : celle de la *Loire*, dominée par les pentes abruptes et dénudées des *Cévennes* avec leurs pâturages, leurs champs de seigle et de pommes de terre, et celle de l'*Allier*, enfermée entre la chaîne volcanique des *monts du Vélay* et celle des *monts de la Margeride*, avec leurs forêts de châtaigniers et de sapins.

Le chef-lieu est **le Puy** (18 800 hab.), siège d'un évêché, et centre d'un important commerce de dentelles, bâti non loin de la Loire, au milieu d'un chaos de montagnes volcaniques, de coulées de lave et de rochers basaltiques.

Les deux sous-préfectures sont : *Brioude*, sur l'Allier, et *Yssingeaux*, qui exploite des mines de houille.

PROVINCE DE LYONNAIS

Vallée de la Loire. Département de la Loire (*Forez*), 600 000 hab. — Le département de la Loire, où le fleuve, toujours resserré entre les Cévennes et les monts du Forez, n'est pas encore navigable, n'a, comme le précédent, d'autres ressources agricoles que la culture des pommes de terre et du seigle, quelques vignobles, des forêts de châtaigniers et des pâturages où paissent

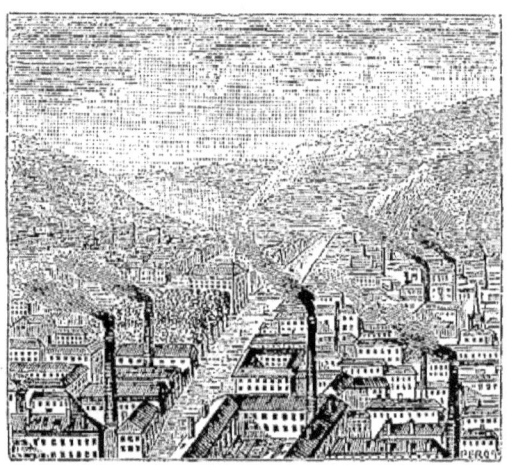

Fig. 47. — Saint-Etienne.

des bestiaux et des moutons de race médiocre. Mais les richesses minérales compensent la pauvreté du sol : de magnifiques houillères (*Rive-de-Gier*, *Firminy*, *Saint-Chamond*, *Terrenoire*) en ont fait un des centres les plus actifs de notre industrie métallurgique.

Le chef-lieu est **Saint-Etienne** (124 000 hab.), sur le *Furens*, l'une des métropoles de l'industrie française, avec ses fabriques de rubans, ses manufactures d'armes, de quincaillerie, de serrurerie, de verrerie.

Les deux sous-préfectures sont : *Montbrison*, l'ancien chef-lieu, et *Roanne* (*Rodumna*, 25 425 hab.), sur la Loire, qui fabrique des cotonnades rayées.

PROVINCE DE NIVERNAIS

Résumé historique. — Le Nivernais qui doit son nom à la ville gauloise de *Nevirnum* (Nevers) forma au moyen âge un comté érigé plus tard en duché et qui resta jusqu'en 1789 dans la famille du grand ministre Mazarin.

Vallées de la Loire et de la Nièvre. Département de la Nièvre (*Morvan* et *Nivernais*), 347 600 hab. — En sortant du département de la Loire, le fleuve arrose le département de *Saône-et-Loire*, que nous avons déjà décrit, et le sépare de celui de l'*Allier*, puis il entre dans le département de la Nièvre.

Couvert en partie par le massif des monts du *Morvan*, qui se prolongent par les collines du *Nivernais*, arrosé par l'*Yonne*, par la *Loire*, par l'*Allier* et par la *Nièvre*, ce département se divise en deux régions séparées par les montagnes qui le traversent; celle du nord, le *Morvan*, froide, sauvage, couverte de rochers et de forêts, ne produit que du seigle et des pommes de terre; celle du sud, plus fertile et moins accidentée, cultive la vigne, le froment, le chanvre, nourrit de nombreux bestiaux et possède en outre des sources minérales très fréquentées (*Pougues-les-Eaux*, *Saint-Honoré-les-Bains*) et des mines de fer et de houille, qui ont développé à *Fourchambault*, à *Imphy*, à *Decize*, la fabrication du fer et de l'acier.

Le chef-lieu est **Nevers** (*Nevirnum*, 23 900 hab.), sur la Loire et sur la Nièvre, siège d'un évêché et renommé pour ses faïences, ses fonderies et ses forges. Les trois sous-préfectures sont *Château-Chinon*, près de l'Yonne,

Clamecy, sur l'Yonne, entrepôt des bois et des charbons du Morvan, et *Cosne*, sur la Loire, qui fabrique de la quincaillerie.

PROVINCE D'AUVERGNE

Résumé historique. — L'Auvergne doit son nom aux *Arvernes*, un des peuples les plus puissants de la Gaule : conquise par les Romains, puis par les Visigoths et par les Francs, elle devint au moyen âge un comté qui fut définitivement réuni à la couronne sous Louis XIII. L'Auvergne a formé deux départements, le Puy-de-Dôme et le Cantal.

Vallée de l'Allier. Département du Puy-de-Dôme (*Limagne*), 566 100 hab. — Le seul grand affluent de la Loire dans la partie supérieure de son cours est l'*Allier*, qui prend sa source dans le département de la *Lozère*, traverse celui de la *Haute-Loire*, et pénètre par un étroit défilé dans celui du Puy-de-Dôme.

Quand du haut de la montagne qui a donné son nom au département on jette les yeux sur l'immense horizon qui embrasse presque toute l'ancienne Auvergne, on voit se prolonger au nord et au sud un plateau aride et tourmenté, dominé par une chaîne de volcans avec leurs cônes dépouillés et leurs lacs qui dorment au fond de cratères encore béants. C'est la chaîne des *Dômes*, qui se rattache, sur les limites du Cantal, au mont *Dore* dont les deux sommets jumeaux, le *Sancy* et le *Puy-Ferrand*, sont les plus élevés du massif central. A l'ouest s'étend une longue pente qui se relie au plateau de la Creuse, et que couvrent des champs de seigle, de pommes de terre et des pâturages où paissent d'innombrables moutons.

A l'est enfin s'ouvre un large bassin dominé à l'horizon par les montagnes du *Forez* et arrosé par l'*Allier*. C'est la plaine de la Limagne avec ses moissons, ses vignes, ses champs de betteraves, ses arbres fruitiers, ses cultures maraîchères et sa fertilité sans égale.

Les forêts de sapins et de châtaigniers, l'éducation du

bétail, l'exploitation des mines de plomb argentifère (*Pontgibaud*), des laves de *Volvic*, de la pierre à chaux, des sources minérales (*Mont-Dore*, la *Bourboule*, *Royat*), ajoutent de nouvelles ressources à celles de l'agriculture.

Le chef-lieu est **Clermont-Ferrand** (*Augustonemetum*, 43000 hab.), bâti au pied du Puy-de-Dôme avec des pierres volcaniques, siège d'un évêché, d'une académie et du 13e corps d'armée, centre d'une fabrication importante de toiles, de caoutchouc, de pâtes alimentaires et de conserves de fruits. Cette ville a vu naître un de nos plus grands écrivains et de nos plus illustres savants, Pascal (dix-septième siècle).

Fig. 48.
Cathédrale de Clermont-Ferrand.

Les quatre sous-préfectures sont : *Ambert* (papeteries et dentelles) ; *Issoire*, près de l'Allier ; *Riom*, siège d'une cour d'appel, et *Thiers*, la première fabrique de coutellerie française.

PROVINCE DE BOURBONNAIS

Résumé historique. — Le Bourbonnais qui doit son nom à la ville de Bourbon-l'Archambault et qui faisait partie du territoire des Eduens et des Bituriges, fut érigé au moyen âge en duché, en faveur de la maison de Bourbon. Il fut confisqué en 1523 par François Ier après la trahison du connétable de Bourbon.

Vallées de l'Allier et du Cher. Département de l'Allier (416 800 hab.). — En sortant du Puy-de-Dôme, l'Allier entre dans le département qui porte son nom, et que les derniers contreforts des monts d'Auvergne et du Forez divisent en trois larges vallées ouvertes du sud au nord, celle de la *Loire*, celle de l'*Allier* et celle du *Cher*. De belles prairies qui nourrissent un grand nombre de bœufs et de moutons, des plaines fertiles où l'on cultive la pomme de terre, le chanvre, le froment, le seigle et l'avoine, des vignobles médiocres, telles sont les richesses agricoles de ce département où les terres incultes occupent encore beaucoup trop de place; mais les mines de houille (*Commentry*) y ont développé une industrie florissante, et les sources minérales de *Vichy*, de *Cusset*, de *Néris*, de *Bourbon l'Archambault*, comptent parmi les plus célèbres de France.

Le chef-lieu est **Moulins** (24 200 hab.), sur l'Allier, évêché, patrie du maréchal Villars (dix-septième et dix-huitième siècles); les trois sous-préfectures ; *Gannat, la Palisse* et *Montluçon* (26 080 hab.), sur le Cher, qui exploite des forges et des verreries.

Vallée moyenne de la Loire (de Briare à Saumur)

PROVINCE D'ORLÉANAIS

Résumé historique. — L'Orléanais (ancien pays des *Carnutes* et des *Senons*) faisait partie du domaine des Capétiens. Morcelé plus tard en plusieurs fiefs (comté de Blois, duché d'Orléans, etc.), il fut souvent donné comme apanage à des princes du sang royal. Il a formé trois départements, dont deux dans le bassin de la Loire, et un dans celui de la Seine.

1° Vallée de la Loire. Département du Loiret (*Orléanais et Gâtinais*), 368 500 hab. — A partir de *Briare*, petite ville située sur les confins du département de la Nièvre et de celui du Loiret, à l'origine du *canal de Briare* qui unit la Loire à la Seine, et à l'extrémité du *canal latéral à la Loire*, qui commence à Digoin (Saône-et-Loire), le lit du fleuve s'élargit, sa direction change, et sa vallée prend un autre aspect.

Le département du Loiret se compose de deux plateaux séparés par la *Loire* : l'un, au nord du fleuve, en partie boisé, en partie couvert de champs de blé et d'avoine, où paissent en automne de nombreux troupeaux de moutons ; c'est le plateau d'Orléans, dont le *Loing* arrose le revers septentrional ; l'autre, au sud, riche et bien cultivé sur les rives mêmes de la Loire, et dans la riante vallée du *Loiret* (vignobles et cultures maraîchères), devient sablonneux, marécageux et stérile à mesure qu'on s'éloigne du fleuve et qu'on s'enfonce dans les plaines de la Sologne.

Le chef-lieu est **Orléans** (*Genabum*, puis *Aurelianum*, 57 000 hab.), sur la Loire, évêché, cour d'appel, siège du 5ᵉ corps d'armée, ancienne capitale de l'Orléanais, centre d'un grand commerce de vinaigres, d'eaux-de-vie et de vins, et d'une industrie assez active qui s'applique à la

Fig. 49. — La statue de Jeanne d'Arc à Orléans.

fabrication des couvertures de laines, des casquettes et des tricots. C'est en faisant lever le siège d'Orléans aux Anglais que Jeanne d'Arc commença la délivrance de la France (1429).

Les trois sous-préfectures sont : *Gien*, sur la Loire, avec ses fabriques de porcelaine ; *Montargis*, sur le Loing, et *Pithiviers*, sur une branche de l'Essonne (l'*Œuf*). *Beaugency*, sur la Loire, *Coulmiers*, *Patay*, *Beaune-la-Rolande* ont été le théâtre de combats sanglants en 1870.

2° **Vallées de la Loire, du Loir et du Cher. Département de Loir-et-Cher** (*Vendomois, Blaisois, Sologne*), 275 700 hab. — Le département de Loir-et-Cher est coupé comme le précédent par la *Loire* : au nord du fleuve s'étend une région assez accidentée, traversée par le *Loir*, riche en céréales, en vignobles et en prairies ; au sud, entre la Loire et le *Cher*, une plaine monotone, semée d'étangs et de landes, où paissent des troupeaux de moutons ; c'est la *Sologne*, pays de fièvres et de marais que régénèrent lentement le drainage, les canaux de desséchement et les plantations de bois de pins et de chênes.

Fig. 50. — Le château de Blois.

Le chef-lieu est **Blois** (21 000 hab.), siège d'un évêché, vieille cité bâtie en amphithéâtre sur les bords de la Loire et dominée par son château, où résidèrent souvent les derniers Valois, et où l'un d'eux, Henri III, fit assassiner le fameux duc Henri de Guise (1588).

Les deux sous-préfectures sont : *Romorantin*, au sud de la Sologne, et *Vendôme*, sur le Loir.

Le château de *Chambord*, élevé par François Ier, est situé dans le département de Loir-et-Cher, non loin de la Loire.

<small>Le département de Loir-et-Cher a vu naître le poète *Ronsard* (seizième siècle), le physicien *Papin* (dix-septième siècle) et l'historien *Augustin Thierry* (dix-neuvième siècle).</small>

PROVINCE DE TOURAINE

RÉSUMÉ HISTORIQUE. — La Touraine doit son nom à un peuple gaulois, les *Turons*. Elle devint au moyen âge un fief souverain qui fut réuni aux domaines de la maison d'Anjou et confisqué en 1204 par Philippe-Auguste sur Jean sans Terre.

Vallées de la Loire, du Cher, de l'Indre et de la Vienne. Département d'Indre-et-Loire

(329 200 hab.). — Le département d'INDRE-ET-LOIRE, traversé par la *Loire*, est arrosé au sud par le *Cher*, l'*Indre*, la *Vienne* et la *Creuse*. L'aspect de la riche vallée de la Loire avec ses prairies, ses vignobles (*Vouvray*, etc.), ses champs de blé, ses arbres fruitiers, contraste avec le caractère monotone du reste du département, où la seule grande culture est celle du chanvre, et dont une partie est couverte de bois et de landes incultes.

Le chef-lieu est **Tours** (*Turones*, 52 300 hab.), près du confluent du Cher et de la Loire, sur la rive gauche du fleuve, siège d'un archevêché et du 9e corps d'armée, célèbre autrefois par son abbaye de *Saint-Martin*, l'une des plus anciennes de France, et par le château du *Plessis*, séjour favori du roi Louis XI. Le commerce des vins et des fruits, l'industrie des étoffes pour ameublement, de la passementerie, de la tannerie, ont conservé à Tours une assez grande activité.

Les deux sous-préfectures sont : *Chinon*, sur la Vienne et *Loches*, sur l'Indre.

Citons encore *Amboise*, sur la Loire et *Chenonceaux* avec leurs châteaux de la Renaissance; *Château-Renault* avec ses nombreuses tanneries, et *la Haye*, patrie du philosophe Descartes (dix-septième siècle).

PROVINCES D'ANJOU ET DE SAUMUROIS

RÉSUMÉ HISTORIQUE. — L'Anjou doit son nom à un peuple gaulois, les *Andecavi*. Au moyen âge, il devint la propriété de la maison des Plantagenets à qui Philippe-Auguste l'enleva en 1204. Donné comme apanage à un fils de Louis VIII, puis à un fils de Jean II, il fut réuni à la couronne en 1481 par Louis XI.

Vallées de la Loire et de la Maine. Département de Maine-et-Loire (523,500 hab.). — Le département de MAINE-ET-LOIRE est, comme les précédents, divisé par la Loire en deux parties : l'une, sur la rive gauche du fleuve, couverte de prairies qui nourrissent de nombreux et magnifiques bestiaux, ou de champs de blé que bordent des haies de grands arbres et qu'ombragent des plantations de pommiers; l'autre, sur la rive droite, arrosée par la *Mayenne*, la *Sarthe* et le *Loir*, qui se réunissent pour former la *Maine*, sillonnée par d'innombrables vallons, riche en céréales, en prairies artificielles, en chanvres, lins, pommes de terre, en herbages où paissent des chevaux de race percheronne, en pépinières dont les produits donnent lieu à un important commerce, et qui font des environs d'Angers un vaste jardin. A ces richesses agricoles il faut joindre les *ardoisières* d'Angers, les plus riches de France, des mines de fer et des mines de charbon de terre qui alimentent les fours à chaux de l'arrondissement de Cholet.

Le chef-lieu est **Angers** (*Andecavi*, 68 000 hab.), sur la Maine, ancienne capitale de l'Anjou, siège d'un évêché, d'une cour d'appel et d'une école d'arts et métiers, ville de commerce et d'industrie (filatures de chanvre, corderies, toiles à voiles, fabriques de chaussures clouées).

Les quatre sous-préfectures sont : *Baugé; Cholet*, centre d'une immense fabrication de toiles et d'un grand commerce de bestiaux; *Saumur*, sur la rive gauche de la Loire (tanneries, vins et eaux-de-vie), et *Segré*.

Affluents de la rive droite

PROVINCE DU MAINE

RÉSUMÉ HISTORIQUE. — Le Maine doit son nom à un peuple gaulois, les *Cenomans*. Érigé en comté au dixième siècle, il fut conquis par les ducs de Normandie, puis confisqué par Philippe-Auguste en 1204 sur Jean sans Terre, plusieurs fois donné en apanage et réuni à la couronne par Louis XI en 1481. Il a formé deux départements.

1° Vallées de la Sarthe et du Loir. Département de la Sarthe (439 000 hab.). — La *Sarthe* et le *Loir*, les deux principaux cours d'eau qui contribuent à former la Maine après avoir arrosé, le premier, le département de l'Orne, le second, ceux d'Eure-et-Loir et de

Loir-et-Cher, entrent dans le département de la SARTHE, grande plaine coupée de quelques collines, bien cultivée (céréales, pommes de terre, chanvre, vergers, forêts de pins), et l'une des régions les plus importantes pour l'éducation du bétail, du porc et surtout de la volaille.

Le chef-lieu est **le Mans** (*Suindinum*, puis *Cenomani*, 55300 hab.), sur la Sarthe, siège d'un évêché et du 4me corps d'armée, ancienne capitale du Maine, enrichi par le commerce des volailles, par l'industrie des toiles et de la minoterie.

Les trois sous-préfectures sont : *la Flèche*, sur le Loir (prytanée militaire); *Mamers* et *Saint-Calais*.

2° **Vallée de la Mayenne. Département de la Mayenne** (345000 hab.). — Le troisième affluent de la Maine, la *Mayenne*, naît dans le département qui porte son nom, et qu'elle traverse du nord au sud. C'est un pays plat, sauf sur la limite occidentale du département (*collines du Maine*), riche en prairies naturelles qui nourrissent de nombreux bestiaux, et en plantations de pommiers à cidre et de châtaigniers. Les ardoisières de *Rénazé* le disputent à celles d'Angers. Des mines de charbon de terre, qui s'étendent jusque dans le département de la Sarthe, entretiennent des fours à chaux dont les produits sont employés à l'amélioration du sol.

Le chef-lieu est **Laval** (30000 hab.) sur la Mayenne, siège d'un évêché, l'un des centres de la fabrication des coutils. Les deux sous-préfectures, *Château-Gontier* et *Mayenne*, qui fabrique des toiles, sont également situées sur la Mayenne.

Affluents de la rive gauche

PROVINCE DE BERRY

RÉSUMÉ HISTORIQUE. — Le Berry, qui doit son nom aux *Bituriges*, devint au moyen âge un comté héréditaire que Philippe 1er acheta en 1100. Il fut plusieurs fois donné en apanage et définitivement réuni à la couronne en 1601. Il a formé deux départements.

8.

Carte XI.

Les principaux affluents de gauche de la Loire dans la partie moyenne de son cours sont : le Cher, l'Indre et la Vienne.

3° Vallées du Cher et de la Loire (rive gauche). **Département du Cher** (354 400 hab.). — Le Cher, qui prend sa source dans la Creuse, traverse le département de l'Allier, celui du Cher, longe la limite méridionale de celui de Loir-et-Cher et finit dans l'Indre-et-Loire. Nous avons déjà décrit ces départements, à l'exception de celui du CHER.

Séparé de la Nièvre par le cours de la *Loire*, traversé par le *Cher* et par le canal du *Berry*, ce département est une plaine sillonnée par quelques collines peu élevées, plus riche en terrains boisés et en prairies naturelles qu'en céréales, très favorable à l'éducation du bétail, et surtout des moutons. On y cultive avec succès le chanvre et la vigne, mais les vins sont plus abondants qu'estimés. On exploite à ciel ouvert des minières de fer dont les minerais n'ont pas de rivaux en France.

Le chef-lieu est **Bourges** (*Avaricum*, plus tard *Bituriges*, 40 200 hab.), sur l'Auron, affluent de l'*Yèvre*, ancienne capitale du Berry, siège d'un archevêché, d'une cour d'appel, du 8me corps d'armée; patrie du roi Louis XI et du marchand Jacques Cœur, qui prodigua sa fortune pour aider Charles VII à chasser les Anglais de France. Sa maison, qui sert aujourd'hui d'hôtel de ville, est un des chefs-d'œuvre de l'architecture du quinzième siècle, et la cathédrale de Bourges est un des plus beaux monuments du moyen âge.

Les deux sous-préfectures sont : *Sancerre*, sur son rocher qui domine la Loire, et *Saint-Amand* sur le Cher.

Vierzon, sur le Cher, possède des manufactures de porcelaine qui en font la seconde ville du département.

2° Vallées de l'Indre et de la Creuse. Département de l'Indre (287 700 hab.). — L'Indre, qui finit dans le département d'Indre-et-Loire, prend sa source dans la Creuse, et traverse le département de l'INDRE. Les vallées de l'*Indre* et de la *Creuse*, qui coule au sud du département, sont fertiles et bien cultivées; mais entre ces deux rivières s'étend un plateau marécageux et stérile, la *Brenne*, où, comme en Sologne, la pêche des étangs et l'éducation du mouton forment à peu près les seules ressources d'une contrée dévastée par les fièvres.

Le chef-lieu est **Châteauroux** (21 200 habit.), sur l'Indre, important par ses fabriques de gros draps. Les trois sous-préfectures sont : *le Blanc*, sur la Creuse ; *la Châtre*, sur l'Indre, et *Issoudun ;* les villes remarquables *Buzançais*, sur l'Indre, et *Argenton*, sur la Creuse, centres industriels.

PROVINCE DE LA MARCHE

Résumé historique. — La Marche (province frontière) de Limousin (pays des *Lemovices*) fut érigée en comté par les ducs d'Aquitaine, devint un des fiefs de la maison de Bourbon et fut confisquée par François Ier, après la trahison du connétable de Bourbon.

Vallées du Cher, de la Creuse, etc. Département de la Creuse (278 800 hab.). — La Vienne, qui naît dans le département de la Corrèze, et qui finit dans celui d'Indre-et-Loire, arrose, en outre, la Haute-Vienne, la Charente et la Vienne. Son principal affluent est la *Creuse*.

Le département de la Creuse, sillonné par les rameaux des *monts d'Auvergne* et *de la Marche,* arrosé par le *Cher*, la *Creuse*, affluent de la Vienne et la *Gartempe*, affluent de la Creuse, qui y prennent leur source, est un pays de prairies et de pâturages, au sol maigre et sablonneux, au climat froid et humide, où la vigne ne mûrit pas, et où le seigle, le blé noir, les châtaignes et la pomme de terre remplacent le froment. La houille (*Ahun*) et la pierre de taille sont l'objet d'exploitations assez actives.

Le chef-lieu est **Guéret** (6 750 hab.), ancienne capitale

de la Marche; les trois sous-préfectures: *Aubusson*, sur la Creuse, célèbre par ses manufactures de tapis; *Bourganeuf* et *Boussac*.

PROVINCE DE LIMOUSIN

Résumé historique. — Le Limousin, ancien pays des *Lemovices*, fit partie au moyen âge du duché d'Aquitaine. Il fut conquis sur les rois d'Angleterre, ducs d'Aquitaine, sous le règne de Charles V. Il a formé deux départements, dont un, la Corrèze, dans le bassin de la Garonne.

Vallée de la Vienne. Département de la Haute-Vienne (*Limousin, Marche, Poitou, Berry*) (349 300 hab.). — Le département de la HAUTE-VIENNE, où la Vienne pénètre en sortant de la Corrèze, est une région humide, couverte par les ramifications des *monts du Limousin* et des *monts de la Marche*, et arrosée par d'innombrables ruisseaux. Les pâturages, les prairies naturelles, les châtaigniers, qui suppléent à la production insuffisante des céréales, couvrent plus de la moitié du département; mais l'éducation du mouton et du porc et l'exploitation des richesses minérales, minerais de fer, terre à porcelaine de Saint-Yrieix, etc., compensent dans une certaine mesure la pauvreté du sol.

Fig. 51. — Limoges.

Le chef-lieu est **Limoges** (*Augustoritum*, plus tard *Lemovices*, 63 700 hab.), sur la Vienne, siège d'un évêché, d'une cour d'appel et du 12ᵐᵉ corps d'armée, ancienne capitale du Limousin et l'une de nos premières villes industrielles pour la fabrication de la porcelaine, celle des flanelles et des étoffes de laine.

Les trois sous-préfectures sont : *Bellac, Rochechouart* et *Saint-Yrieix*.

Le département de la Haute-Vienne a vu naître le chirurgien Dupuytren, le grand orateur Vergniaud (Révolution) et le maréchal Bugeaud (dix-neuvième siècle).

PROVINCE DE POITOU

Résumé historique. — Le Poitou (ancien pays des *Pictavi*) était au moyen âge une dépendance du duché d'Aquitaine. Il fut conquis par Philippe-Auguste sur Jean sans Terre, restitué aux Anglais par la paix de Brétigny (1360) et repris par Charles V. Il a formé trois départements.

Vallée de la Vienne. Département de la Vienne (340 300 hab.). — Après avoir traversé l'extrémité septentrionale du département de la Charente, la Vienne entre dans le département qui porte son nom, et qu'arrosent le *Clain*, un de ses affluents, la *Gartempe*, affluent de la Creuse, et la *Charente*. Le sol, accidenté sans être montagneux, est médiocrement cultivé. Les landes et les bruyères en disputent encore une partie à la culture des céréales, du chanvre, de la pomme de terre et de la vigne, les seules qui s'y soient développées; mais les chevaux, les moutons, les porcs, sont nombreux; l'éducation de la volaille y prospère, et l'exploitation de la pierre meulière et de la pierre lithographique y est assez importante.

Le chef-lieu est **Poitiers** (*Limonum*, plus tard *Pictavi*), sur une hauteur qui domine le Clain (36 200 hab.), siège d'un évêché, d'une académie et d'une cour d'appel, ancienne capitale du Poitou.

Les quatre sous-préfectures sont : *Châtellerault*, sur la Vienne, avec sa manufacture d'armes et ses fabriques de coutellerie; *Civray*, sur la Charente; *Loudun*, qui fait un commerce important de cire et de truffes, et *Montmorillon*, sur la Gartempe.

Le Poitou compte un grand nombre de champs de bataille célèbres : *Voulon* (507), *Moussais-la-Bataille* (732), *Maupertuis* (1356), *Moncontour* (1569).

Vallée inférieure de la Loire

PROVINCE DE BRETAGNE

Résumé historique.— La Bretagne, ancienne Armorique, doit son nom aux émigrés de la Grande-Bretagne qui vinrent s'y établir au cinquième siècle ap. J.-C. Les Francs ne furent jamais complètement maîtres de la Bretagne, qui forma au moyen âge un comté, puis un duché considéré comme vassal du duché de Normandie, mais en réalité indépendant. Le mariage de la dernière héritière du duché, Anne de Bretagne, avec Charles VIII, puis avec Louis XII, prépara sa réunion à la couronne, qui fut décidée sous François Ier en 1532. La Bretagne a formé cinq départements.

1° **Vallée de la Loire. Département de la Loire-Inférieure** (625 600 hab.). — La vallée inférieure de la Loire appartient tout entière au département de la Loire-Inférieure. Sur le littoral, des marais salants (*le Croisic, Batz* et *Guérande*) et des plages sablonneuses; sur les bords du fleuve, semé de grandes îles verdoyantes, des coteaux granitiques interrompus çà et là par des prairies marécageuses; au sud de la Loire, des étangs (lac de *Grand-Lieu*, etc.), des plaines humides, arrosées par la *Sèvre nantaise*, coupées de haies qui entourent des champs de blé, de pommes de terre ou de lin; au nord du fleuve, dans la région comprise entre la *Loire*, la *Vilaine*, le canal de *Nantes à Brest* et la rivière de l'*Erdre*, des tourbières, des marais desséchés, des prairies où paissent de nombreux bestiaux; dans celle qui s'étend jusqu'aux limites de la Mayenne et de l'Ille-et-Vilaine, des collines boisées, des landes, des pâturages et des étangs; tel est l'aspect général du département. On y exploite la houille et la pierre à chaux.

Le chef-lieu est **Nantes** (*Portus Namnetum*, 124 300 h.), sur la rive droite de la Loire, à 60 kilomètres de la mer, siège d'un évêché et du 11e corps d'armée, l'un de nos grands ports de commerce, le principal marché des sucres coloniaux, et le centre d'une active industrie qui s'applique à la raffinerie du sucre, à la préparation des conserves alimentaires et surtout de la sardine, à la construction des navires, à la fabrication des machines à vapeur (établissements d'Indret et de la Basse-Indre, non loin de Nantes) et des machines agricoles.

Fig. 52. — Le port de Nantes.

Les quatre sous-préfectures sont : *Ancenis*, sur la rive droite de la Loire ; *Châteaubriant,* au nord du département ; *Paimbeuf,* petit port sur la rive gauche de la Loire, et *Saint-Nazaire,* à l'embouchure du fleuve (rive droite), ville improvisée en quelques années par le commerce et par la grande navigation, point de départ des lignes régulières de la Compagnie transatlantique qui desservent l'Amérique centrale et les Antilles, et dès aujourd'hui l'un de nos ports de commerce les plus florissants. *Savenay*, ancienne sous-préfecture, a été le théâtre des derniers désastres de l'armée vendéenne en 1793.

Bassin secondaire de la Vilaine

2° **Vallée de la Vilaine. Département d'Ille-et-Vilaine** (615500 hab.). — La vallée supérieure de la Vilaine appartient au département d'ILLE-ET-VILAINE, que traversent les *collines de Bretagne*, et dont la partie septentrionale est comprise dans le bassin de la *Rance* et du *Couesnon* (voir le bassin de la Seine) et baignée par la Manche (*golfe de Saint-Malo*). Malgré les progrès de la culture du froment, du chanvre et du lin, le département d'Ille-et-Vilaine rappelle encore l'aspect de la vieille Bretagne avec ses forêts de chênes et de châtaigniers, ses collines granitiques, ses champs bordés de haies, ses landes incultes où paissent de petits chevaux à demi sauvages et des bestiaux à la charpente osseuse dont le lait et le beurre est à peu près le seul produit. Les mines de plomb sont presque toutes épuisées, mais le fer, l'ardoise, le granit, la pierre à chaux, sont l'objet d'exploitations importantes.

Le chef-lieu est **Rennes** (*Redones*, 61 000 hab.), au confluent de l'Ille et de la Vilaine et à l'origine du canal d'Ille-et-Rance, siège d'un archevêché, d'une cour d'appel, d'une académie et du 10° corps d'armée, ancienne capitale de la Bretagne, et centre du commerce des cuirs, du beurre, de la volaille. Peu d'industrie, si l'on en excepte quelques tanneries, des fabriques de toiles à voiles, des blanchisseries de cire et des manufactures de papiers peints.

Fig. 53. — Rennes.

Les cinq sous-préfectures sont : *Fougères*, *Montfort*, *Redon*, petit port sur la Vilaine; *Saint-Malo*, sur la

Manche, à l'embouchure de la Rance, autrefois grand port de commerce, pépinière de corsaires et de marins intrépides, Duguay-Trouin (dix-septième siècle), Surcouf (Révolution et Empire), aujourd'hui ville déchue, et qui n'a conservé de son ancienne prospérité que les armements pour la pêche et quelques relations avec l'Europe du nord; *Vitré*, sur la Vilaine, qui fabrique des toiles et des cuirs. *Cancale* connu par ses parcs aux huîtres, et *Dol* par ses marais salants sont situés dans l'Ille-et-Vilaine.

Le département d'Ille-et-Vilaine a vu naître le connétable *Duguesclin* (quatorzième siècle), *Chateaubriand* (dix-neuvième siècle), l'auteur du *Génie du christianisme*, et l'illustre médecin *Broussais* (*id.*).

3° **Vallées de la Vilaine, du Blavet, etc. Département du Morbihan** (521600 hab.). — La vallée inférieure de la Vilaine appartient au département du MORBIHAN qu'arrosent en outre le *Blavet*, le *Scorf*, l'*Auray*, etc., et qui doit son nom à une vaste baie formée sur ses côtes par l'océan Atlantique; c'est là, au milieu des bruyères sauvages, des forêts de chênes et de châtaigniers, des landes arides et pierreuses, des îles hérissées de rochers (*Groix, Belle-Isle*), que semble s'être réfugié le rude et opiniâtre génie de cette vieille race bretonne qui parle encore la langue des Gaulois, nos ancêtres. Dans les campagnes, pas d'autres céréales que le seigle, l'avoine et le sarrasin, pas d'autres cultures industrielles que le lin et le chanvre; dans les pâturages, qui couvrent la moitié du sol, errent de maigres troupeaux de bœufs et de moutons noirs; mais la pêche, très active sur le littoral offre une ressource précieuse à ce pays déshérité.

Le chef-lieu est **Vannes** (*Veneti*, 19300 hab.), sur le golfe du Morbihan, siège d'un évêché, au centre d'une région couverte de monuments gaulois (*pierres de Carnac*, etc.), et célèbre dans l'histoire des guerres civiles de Révolution (*Quiberon*, 1795).

Les trois sous-préfectures sont : *Lorient* (37800 hab.),

à l'embouchure du Blavet, l'un de nos grands ports militaires, siège de la troisième préfecture maritime, et qui doit à ses forges, à ses chantiers de construction, une remarquable activité; *Pontivy* (Napoléonville), sur le Blavet, et *Ploërmel*, au nord-ouest du département. *Auray*, non loin du célèbre pèlerinage de Sainte-Anne, a été le théâtre d'une sanglante bataille en 1364.

4° **Vallée de l'Aulne. Département du Finistère** (684 600 hab.). — Le département du FINISTÈRE (1), traversé par les rameaux des *monts d'Arrée*, et des *montagnes Noires* qui enferment le bassin de l'*Aulne*, forme une presqu'île découpée par des baies profondes, celles de *Brest*, de *Douarnenez* et d'*Audierne*, hérissée de caps escarpés (pointes de *Saint-Mathieu*, du *Raz*, de *Penmarch*), bordée d'îles sauvages (*Ouessant*, *Sein*, etc.) et battue par les flots presque toujours soulevés de la Manche et de l'Atlantique. Terre de granit, ravinée par les torrents, sillonnée de collines aux flancs nus ou tapissés de bruyères qui couvrent près de la moitié de sa superficie, le Finistère nourrit cependant un grand nombre de chevaux et de bestiaux, et la culture du lin, du chanvre, de l'avoine, du froment, gagne chaque jour du

Fig. 54. — Le port de Brest.

terrain sur celle du seigle et du blé noir ou sur les landes incultes. On y exploite de riches carrières d'ardoises et de granit; mais l'exploitation des mines de plomb est suspendue depuis 1866.

Le chef-lieu est **Quimper** (15 300 hab.), siège d'un

---

(1) Ce nom est dû à la situation du département, qui se trouve à l'extrémité de la presqu'île de Bretagne et de la terre de France (Fin de la terre).

évêché. Les quatre sous-préfectures sont : *Brest*, notre premier port de guerre sur l'Océan, siège de la 2° préfecture maritime et le plus actif de nos chantiers de construction pour la marine militaire (66 100 hab.); *Châteaulin*, sur l'Aulne, avec ses fabriques de toiles et ses ardoisières; *Morlaix*, sur la Manche, avec ses saleries de beurre, et *Quimperlé*, au sud du département.

Landerneau, près de Brest, possède des manufactures de toiles, des tanneries et des fabriques de bougies stéariques; *Douarnenez* et *Concarneau* des établissements pour la préparation des sardines.

La petite ville de *Carhaix* était, à l'époque gallo-romaine, sous le nom de *Vorgium*, une des plus importantes cités de l'Armorique.

Le département du Finistère a vu naître *Moreau*, l'un des grands généraux de la Révolution.

Bassin secondaire de la Charente

PROVINCE DE POITOU

1° Vallées de la Sèvre-Niortaise et de la Sèvre-Nantaise. Département des Deux-Sèvres (*Gâtine et Bas-Poitou*, 350 400 hab.). — Le département des DEUX-SÈVRES, qui doit son nom à ses deux principaux cours d'eau, la *Sèvre-Nantaise*, affluent de la Loire, et la *Sèvre-Niortaise*, tributaire de l'Atlantique, est une région accidentée, traversée par les *collines du Poitou*, et par les rameaux qui se détachent du *plateau de Gâtine*, favorable à l'éducation du gros bétail, des mulets, des moutons et des chèvres, riche en céréales, en légumes et en plantes fourragères.

Le chef-lieu est **Niort** (22 250 hab.), sur la Sèvre-Niortaise, centre industriel important pour la cordonnerie, la chamoiserie et les gants de peau d'agneau. Les trois sous-préfectures sont : *Bressuire*, *Melle* qui partage avec la petite ville de *Saint-Maixent* le commerce des mulets, et *Parthenay*, ancienne capitale de la Gâtine. La ville de

Thouars, sur le Thouet, a conservé une certaine importance.

2° **Vallées de la Sèvre-Niortaise et de la Vendée. Département de la Vendée** (*Bocage et Marais*), 421 6&0 hab. — La Sèvre-Niortaise se jette dans l'Atlantique entre les départements de la Charente-Inférieure et de la VENDÉE, et reçoit à droite la *Vendée*, qui a donné son nom à ce dernier. Le littoral, que bordent des marais salants, est une plaine autrefois inondée, aujourd'hui rendue à la culture par les canaux de dessèchement, couverte de champs de blé, de lin, de prairies qui nourrissent un grand nombre de bestiaux : on la désigne encore sous le nom de *Marais*. Au centre et au nord du département s'épanouit le plateau de Gâtine, avec ses ruisseaux encaissés dans des gorges profondes, ses champs entourés de haies, ses pâturages où paissent de nombreux moutons. Cette région difficile et que ses haies d'arbres font ressembler à une vaste forêt se nomme le *Bocage*.

L'île d'*Yeu* et l'île de *Noirmoutier* appartiennent à ce département.

Le chef-lieu est **La Roche-sur-Yon** (10 600 hab.), les deux sous-préfectures, *Fontenay-le-Comte*, sur la Vendée, et les *Sables d'Olonne*, port médiocre sur l'Atlantique. *Luçon* est le siège d'un évêché, dont le fameux cardinal de Richelieu était titulaire vers le commencement du dix-septième siècle.

ANGOUMOIS ET SAINTONGE

RÉSUMÉ HISTORIQUE. — L'Angoumois (d'*Inculisma*, ancien nom d'Angoulême) forma au moyen âge un comté qui fut réuni à la couronne en 1300, puis donné en apanage à la branche cadette de la maison d'Orléans. François Ier, issu de cette branche, le réunit au domaine royal.

La Saintonge (pays des *Santons*) dépendait au moyen âge du duché d'Aquitaine. Elle fut conquise sur les rois d'Angleterre, ducs d'Aquitaine, par Charles V.

Vallées de la Charente et de la Vienne.

Département de la Charente (370 800 hab.). —
En sortant du département de la Haute-Vienne, où elle prend sa source, la *Charente* entre dans le département qui porte son nom, et qu'arrose au nord-est la *Vienne*. Traversé, à l'est, par les *monts de Limousin*, au sud, par les collines *du Périgord*, que couvrent des forêts de chênes et de châtaigniers, le département de la CHARENTE, où les cultures industrielles sont peu développées, possède en revanche de belles prairies, des terrains propres à la culture des céréales, et des vignobles, dont les produits consacrés à la fabrication de l'eau-de-vie, faisaient sa principale richesse avant la propagation du phylloxéra.

Le chef-lieu est **Angoulême** (32 500 hab.), sur la Charente, siège d'un évêché, et renommé par ses papeteries : les quatre sous-préfectures sont *Barbezieux*, centre du commerce des truffes de l'Angoumois; *Cognac*, sur la Charente, entrepôt des eaux-de-vie des deux Charentes; *Confolens*, sur la Vienne, et *Ruffec*.

Non loin d'Angoulême est située la fonderie de canons de *Ruelle*.

SAINTONGE ET AUNIS

Vallée de la Charente. Département de la Charente-Inférieure (466 400 hab.). — La vallée inférieure de la Charente est une vaste plaine sillonnée de quelques coteaux, limitée au nord par la *Sèvre*, qui la sépare de la Vendée, au sud, par la *Gironde*, que longent les collines de *Saintonge*. Les marais salants du littoral, les prairies qui occupent l'emplacement de marécages desséchés et surtout les vignes, sont les principales ressources du département de la CHARENTE-INFÉRIEURE.

Les îles de *Ré* et d'*Oléron* en dépendent.

Le chef-lieu est **la Rochelle** (22 500 hab.), siège d'un évêché, ancienne capitale de l'Aunis, port autrefois rival de Nantes et de Bordeaux, mais réduit de nos jours au commerce des eaux-de-vie et aux armements pour la pêche de la morue, de la sardine et du hareng. La Rochelle fut pendant les guerres de religion la principale place forte des protestants. Richelieu s'en empara en 1628. Les cinq sous-préfectures sont : *Jonzac*, *Marennes*, renommé pour ses huîtres et ses marais salants, *Rochefort*, sur la Charente (28 000 hab.), port de guerre et de commerce, siège de la 4º préfecture maritime, et l'un de nos premiers chantiers de construction ; *Saintes* (*Mediolanum Santonum*) sur la Charente, ancienne capitale de la Saintonge, patrie de Bernard Palissy (seizième siècle), et *Saint-Jean d'Angély*, l'un des centres du commerce des eaux-de-vie.

Le petit port de *Royan*, à l'embouchure de la Gironde, dépend de la Charente-Inférieure.

Voir le résumé, les exercices et les lectures pages 205 et suiv.

CHAPITRE VII

Bassin du golfe de Gascogne

Aspect général du bassin. — Le bassin du golfe de Gascogne se divise en quatre régions naturelles.

Au sud, le long des Pyrénées dont le versant français est moins escarpé que le versant espagnol, s'ouvrent de nombreuses vallées, encaissées entre des contreforts qui s'appuient à la grande chaîne, arrosées par des torrents et des sources thermales, et couronnées de forêts d'ifs et de sapins. Au nord et à l'est, s'élèvent en amphithéâtre jusqu'au sommet des monts du Limousin, des monts d'Auvergne et des Cévennes méridionales, des plateaux arides et pierreux, derniers gradins du plateau central, pays de landes et de pâturages, sillonné de ravins et de vallons qui seuls se prêtent à la culture. Au centre, se déploie une large et fertile vallée, celle de la Garonne, couverte de moissons, d'arbres fruitiers et d'admirables vignobles aujourd'hui dévastés par le phylloxéra. A l'ouest, enfin, sur le littoral de l'Atlantique, bordé de marécages et de dunes blanches que couronnent des forêts de pins, s'étend une plaine sablonneuse, véritable steppe avec ses bruyères incultes, ses fondrières, ses troupeaux de chevaux et de moutons à demi sauvages, et sa population de bergers et de résiniers.

Climat. — Le bassin presque entier du golfe de Gascogne appartient au *climat girondin*.

Divisions anciennes et contemporaines. — Le bassin du golfe de Gascogne (région du sud-ouest et du midi), comprend le territoire de trois de nos anciens gouvernements de province : la *Guienne* et la *Gascogne*, le *Béarn* et le *comté de Foix*, et une partie de trois autres : le *Limousin*, l'*Auvergne* et le *Languedoc*.

Il renferme seize départements qui représentent un quart de la superficie de la France. La Garonne traverse les départements de Haute-Garonne, du Tarn-et-Garonne, du Lot-et-Garonne et de la Gironde.

Vallée de la Garonne

LANGUEDOC ET GASCOGNE

Vallée de la Garonne. Département de Haute-Garonne (*Haut-Languedoc, Lauraguais, Comminges*, 478 000 hab.). — La *Garonne* en sortant du *Val d'Aran*, où elle prend sa source, franchit la frontière française et pénètre par une gorge étroite dans le département de HAUTE-GARONNE. Dominé par les cimes neigeuses des Pyrénées qui le séparent de l'Espagne, et dont les contre-forts y dessinent de profondes et pittoresques vallées, ce département offre tous les contrastes de la montagne et de la plaine, de la nature sauvage et de la nature cultivée : au sud, les forêts de sapins, les torrents, les précipices, les pâturages arides, au nord, deux fertiles vallées, celle de l'*Ariège* et celle de la *Garonne*, avec leurs vignobles, leurs champs de blé et de lin.

Les richesses minérales sont représentées par les sources thermales de *Bagnères-de-Luchon* et les marbres blancs de *Saint-Béat*.

Le chef-lieu est **Toulouse** (*Tolosa*, 140 300 hab.), sur la Garonne et sur le canal du Midi, qui unit la Garonne à la Méditerranée, au pied de coteaux escarpés sur lesquels se livra la dernière bataille de la campagne de 1814. Siège d'un archevêché, d'une académie, d'une cour d'appel, quartier général du 17e corps d'armée, ancienne capitale du Languedoc, Toulouse joint à un commerce des plus actifs, des industries assez importantes, une fonderie de canons, des minoteries, etc...

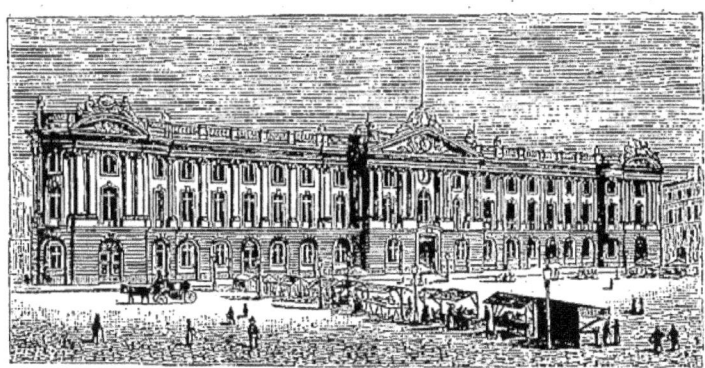

Fig. 55. — Toulouse. Place du Capitole.

Les trois sous-préfectures sont : *Muret*, sur la Garonne (bataille de 1213), *Saint-Gaudens* (Comminges), sur un plateau qui domine la Garonne, connu par ses manufactures de faïence et de porcelaine, et *Villefranche-de-Lauraguais*, près du canal du Midi.

GUIENNE, LANGUEDOC ET GASCOGNE

RÉSUMÉ HISTORIQUE. — La Guienne, dont le nom dérive probablement de celui d'Aquitaine, fit partie, après la chute de l'empire romain, du royaume des Wisigoths, puis de l'empire des Francs. Elle forma en 877 un duché dont la dernière héritière, Eléonore d'Aquitaine, épousa le roi de France Louis VII, puis le roi d'Angleterre Henri II. Le duché de Guienne ne fut enlevé aux rois d'Angleterre que par Charles VII en 1453. Il comprenait les provinces de Bordelais, Agénois, Périgord, Quercy et Rouergue.

La Gascogne (pays des *Basques* ou *Vascons*), comprenait l'Armagnac, le Bigorre, le Comminges, la Chalosse, les Landes, etc. Elle forma au moyen âge un duché dépendant de l'Aquitaine et qui fut conquis à la même époque par Charles VII. Auch était regardé comme la capitale de la Gascogne.

1° Vallées de la Garonne et du Tarn. Département de Tarn-et-Garonne (217 000 hab.). — En sortant du département de la Haute-Garonne le fleuve entre dans celui de TARN-ET-GARONNE, plateau peu élevé que sillonnent les vallées du *Tarn*, de l'*Aveyron* et de la *Garonne*, et qui produit en abondance le vin, les fruits, le blé, les légumes et le chanvre.

Le chef-lieu est **Montauban** (28 300 hab.), sur le Tarn, siège d'un évêché et dont la principale industrie est la filature de la soie et la fabrication des tamis. Les deux sous-préfectures sont *Castelsarrasin* et *Moissac*, cette dernière sur le Tarn.

Le département de Tarn-et-Garonne est la patrie d'*Ingres*, un de nos grands peintres contemporains.

2° Vallées de la Garonne et du Lot. Département de Lot-et-Garonne (*Agénois*) 312 100 hab. — Le département de LOT-ET-GARONNE, coupé en deux par la Garonne qui y reçoit à droite le *Lot*, à gauche le *Gers* et la *Baïse*, est, comme le précédent, un plateau stérile, marécageux et presque désert au nord et au sud, mais couvert dans la vallée de la Garonne de vignobles, de champs de blé, de plantations de tabac et d'arbres fruitiers, en particulier de pruniers qui sont une des richesses de ce département (prunes et pruneaux d'Agen et de Marmande).

Le chef-lieu est **Agen** (*Aginum*, 20 500 hab.), sur la Garonne, siège d'un évêché et d'une cour d'appel; les trois sous-préfectures sont : *Marmande* sur la Garonne, *Nérac*, sur la Baïse, et *Villeneuve-d'Agen* sur le Lot. La petite ville de *Tonneins* possède une manufacture de tabac.

3° Vallées de la Garonne, de la Gironde et de la Dordogne. Département de la Gironde. (*Bordelais, Bazadais, Médoc*, 748700 hab.). — Quand elle entre dans le département de la Gironde, la Garonne est déjà un grand fleuve, mais à partir de son confluent avec la Dordogne, au bec d'Ambez, c'est un bras de mer large de 5 à 8 kilomètres, qui a ses marées et ses tempêtes comme l'Océan. La vallée de la *Garonne*, celle de la *Dordogne* et les bords de la Gironde, avec leurs magnifiques prairies où paissent des bœufs d'excellente race, leurs champs de blé, et leurs coteaux chargés de vignobles dont les produits n'ont pas de rivaux dans le monde entier (*Crus du Médoc :* Margaux, Saint-Julien, Pauillac,

Fig. 56. — Bordeaux. Les Quinconces.

Saint-Estèphe. *Crus des Graves :* Sauternes, Valence, Pessac. *Crus des Côtes :* Saint-Émilion, Fronsac), contrastent avec le littoral de l'Atlantique, pays de sables et de marécages, semé de bouquets de pins et parcouru par de maigres troupeaux de moutons.

Le chef-lieu est **Bordeaux** (*Burdigala*, 221300 hab.),

sur la Garonne, l'une des plus grandes et des plus belles villes de France, siège d'un archevêché, d'une cour d'appel, d'une académie et du 18e corps d'armée, ancienne capitale de la Guienne, notre troisième port de commerce, et le premier marché du monde pour les vins. Son industrie, moins active du reste que son commerce, est représentée par des raffineries de sucre, des fabriques de liqueurs, des chantiers de construction, et des ateliers pour les machines à vapeur. Les cinq sous-préfectures sont : *Blaye*, avec une citadelle sur la rive droite de la Gironde; *Bazas*, *Lesparre*, dans le Médoc ; *Libourne*, port sur la Dordogne, et *La Réole* sur la Garonne. On peut citer en outre *Coutras* (bataille de 1587), *Langon* sur la Garonne, *La Teste* et *Arcachon* sur le bassin d'Arcachon.

Le département de la Gironde a vu naître un des plus grands écrivains du dix-huitième siècle, *Montesquieu*.

Affluents de droite de la Garonne

COMTÉ DE FOIX

Résumé historique. — Le comté de Foix, qui faisait partie à l'époque gauloise du pays des *Volques*, à l'époque romaine de la Narbonnaise, ne devint fief souverain qu'au onzième siècle ; il passa par mariage dans la maison d'Albret, puis dans celle de Bourbon, et fut réuni à la couronne par Henri IV.

Vallée de l'Ariège. Département de l'Ariège (240 600 hab.). — Le premier des grands affluents de droite de la Garonne, l'Ariège donne son nom à un département que dominent au sud les *Pyrénées Centrales*, qui le séparent de l'Espagne ; à l'est, la chaîne des *Corbières Occidentales*. Étroite et couronnée de forêts de sapins dans sa partie supérieure, la vallée de l'Ariège s'élargit au-dessous de Foix : les deux rives se couvrent de vignobles et de céréales, et de belles prairies succèdent aux pâturages des Pyrénées, très favorables du reste à l'éducation du mouton et même du gros bétail. L'Ariège

RÉGIONS DU SUD-OUEST ET DU SUD.

Carte XII.

possède quelques gisements d'ardoises, de sel gemme, et de riches mines de fer qui en ont fait un de nos centres d'industrie métallurgique.

Le chef-lieu est **Foix** (7100 hab.), sur un rocher qui domine le cours de l'Ariège : les deux sous-préfectures sont : *Pamiers*, sur l'Ariège, siège d'un évêché, et *Saint-Girons*, au pied des Pyrénées.

PROVINCE DE LANGUEDOC

1° **Vallées du Tarn et du Lot. Département de la Lozère** (*Gévaudan*), 143 600 hab. — Le second affluent de droite de la Garonne, le *Tarn*, prend sa source dans le département de la Lozère, traverse ceux de l'Aveyron et du Tarn, et finit dans le Tarn-et-Garonne.

Le département de la Lozère, sillonné par les rameaux des *Cévennes* et des monts de la *Margeride*, qui se prolongent par les monts d'Auvergne, creusé par d'étroites et sauvages vallées où roulent le *Tarn*, le *Lot*, la *Truyère* et le *Gard*, couvert de forêts de sapins et d'arides pâturages, enseveli sous la neige pendant quatre mois de l'année, est un des plus pauvres de France : l'éducation du gros bétail et des moutons, l'exploitation des mines de fer et de plomb argentifère (Vialas), ne compensent pas l'insuffisance des cultures alimentaires, et l'absence des cultures industrielles.

Le chef-lieu est **Mende** (7 200 hab.), sur le Lot, siège d'un évêché ; les deux sous-préfectures sont : *Florac*, sur une branche du Tarn, et *Marvejols*. *Châteauneuf-Randon* a vu mourir Duguesclin (1380).

2° **Vallées du Tarn et de l'Aveyron. Département de l'Aveyron** (*Rouergue*), 415 100 hab. — Le département de l'Aveyron est un plateau rocailleux dominé au sud par les pentes boisées des *Cévennes méridionales*, couvert de landes et de bruyères où paissent près de 800 000 moutons, et coupé par trois vallées, où la culture des pommes de terre et des céréales occupe un assez vaste espace : celles du *Tarn*, de l'*Aveyron* et du *Lot*. En revanche, des houillères importantes (*Aubin, Decazeville*) y ont créé de grands établissements métallurgiques, et la fabrication des fameux fromages de *Roquefort* enrichit la partie la plus aride et la plus montagneuse du département.

Le chef-lieu est **Rodez** (*Ruteni,* 15 300 hab.), sur l'Aveyron, siège d'un évêché; les quatre sous-préfectures, *Espalion*, sur le Lot, *Millau*, sur le Tarn (tanneries et mégisseries), *Saint-Affrique*, *Villefranche* sur l'Aveyron (tanneries et forges).

3° **Vallée du Tarn. Département du Tarn** (*Albigeois, Bas-Lauraguais*), 359 200 hab. — Le département du TARN est une région accidentée, sillonnée par des vallées assez profondes qu'y creusent le *Tarn* et l'*Agout*, et couverte, dans sa partie méridionale, des rameaux des *montagnes Noires*. Malgré les forêts et les terres incultes, dont la superficie est encore considérable, la récolte des céréales et des pommes de terre présente un léger excédent sur la consommation, et la vigne couvre 38 000 hectares. Les houillères de *Carmaux* comptent parmi les plus riches du midi.

Le chef-lieu est **Albi** (20 400 hab.), sur le Tarn, siège d'un archevêché, patrie du navigateur la Pérouse (dix-huitième siècle).

Les trois sous-préfectures sont : *Castres*, sur l'Agout, ville industrielle qui partage avec *Mazamet* la fabrication des draps et des flanelles; *Gaillac*, sur le Tarn, et *Lavaur*, sur l'Agout (Lauraguais).

PROVINCE DE GUIENNE

Vallée du Lot. Département du Lot (*Quercy*), 280 300 hab. — Le troisième affluent de droite de la Garonne, le LOT, prend sa source dans la Lozère et traverse l'Aveyron avant de pénétrer dans le département du Lot.

Formé des derniers gradins du plateau central qui

s'abaissent en amphithéâtre vers la plaine de la *Garonne*, et où la *Dordogne* et le *Lot* se sont ouvert de profondes vallées, ce département, couvert dans sa partie la plus élevée de forêts de châtaigniers et de pâturages qui nourrissent de nombreux moutons, cultive sur les terrasses inférieures le tabac, la vigne, les arbres fruitiers et les céréales. On y exploite le fer et la houille.

Le chef-lieu est **Cahors** (*Cadurci*, 15500 hab.), sur le Lot, siège d'un évêché. Les deux sous-préfectures sont : *Figeac* et *Gourdon*.

<small>Ce département a vu naître le poète *Clément Marot* (seizième siècle), *Murat*, beau-frère de Napoléon Ier et roi de Naples, et l'orateur *Gambetta*.</small>

PROVINCE D'AUVERGNE

Vallée de la Dordogne. Département du Cantal (247000 hab. en 1860; 234000 en 1878; 236490 en 1881). — Le quatrième des grands affluents de droite de la Garonne, la *Dordogne*, prend sa source dans le département du Puy-de-Dôme, longe celui du Cantal, et traverse ceux de la Corrèze, du Lot et de la Dordogne avant de se réunir à la Garonne dans celui de la Gironde.

Le département du CANTAL est un vaste massif de montagnes volcaniques, dont les cimes, le *plomb du Cantal* et le *Puy-Violan*, sont couvertes de neige pendant huit mois de l'année, et dont les pentes, ravinées par les torrents, ne portent que des forêts de châtaigniers, de maigres champs de seigle, des pâturages et des prairies où paissent des bœufs (race de *Salers*), et des moutons, seule richesse d'une contrée où la population, emportée par le courant de l'émigration, diminue graduellement depuis près d'un siècle.

Le chef-lieu est **Aurillac** (13700 hab.), les trois sous-préfectures, *Mauriac, Murat* et *Saint-Flour*, siège d'un évêché et célèbre par ses fabriques de chaudronnerie.

PROVINCE DE LIMOUSIN

1° Vallées de la Dordogne, de la Vézère et de la Corrèze. Département de la Corrèze (317 000 hab.). — Le département de la Corrèze arrosé par la *Vienne*, qui y prend sa source, par la *Dordogne*, la *Vézère* et la *Corrèze*, est dominé, au nord, par les monts du *Limousin*, dont les pentes, couvertes de forêts de châtaigniers, de pâturages et de champs de pommes de terre, s'abaissent par degrés jusqu'aux limites des départements du Lot et de la Dordogne, où le terrain plus fertile et le climat plus doux se prêtent à la culture de la vigne et des céréales. On y exploite de riches ardoisières.

Le chef-lieu est **Tulle** (16 200 hab.), sur la Corrèze, siège d'un évêché et d'une importante manufacture d'armes. Les deux sous-préfectures sont : *Brive* sur la Corrèze, et *Ussel*.

GUIENNE

2° Vallées de la Dordogne et de l'Isle. Département de la Dordogne (*Périgord*), 495 000 hab. — Le département de la Dordogne, traversé par les *collines du Périgord* et arrosé par la *Dordogne*, la *Vézère* et l'*Isle*, est un pays accidenté, couvert dans le nord de châtaigniers et de noyers, dans le sud de céréales et de vignobles ; le second département de France pour l'élève du porc, et le premier pour la production des truffes.

Le chef-lieu est **Périgueux** (*Petrocorii*, 26 000 hab.), sur l'Isle, siège d'un évêché et centre du commerce des truffes. L'église byzantine de Saint-Front est un de nos plus beaux monuments religieux. Les quatre sous-préfectures sont : *Bergerac*, sur la Dordogne ; *Nontron*, avec sa coutellerie ; *Ribérac* et *Sarlat*.

Le département de la Dordogne a vu naître *Montaigne* l'un des créateurs de la prose française (seizième siècle), et *Fénelon* (dix-septième siècle).

9.

Affluents de gauche de la Garonne

PROVINCE DE GASCOGNE

1° Vallées du Gers et de la Baïse. Département du Gers (*Armagnac*), 284 500 hab. — Les deux plus importants affluents de gauche de la Garonne, le *Gers* et la *Baïse*, prennent leur source dans les Hautes-Pyrénées, arrosent le département du Gers et finissent dans celui du Lot-et-Garonne.

Le département du GERS traversé par les *collines de l'Armagnac*, est un pays de coteaux et de vallées, riche en froment, en vignobles dont les produits servent à fabriquer les eaux-de-vie de l'Armagnac, en arbres fruitiers et en prairies naturelles qui nourrissent un grand nombre de chevaux, de mulets et de bestiaux.

Le chef-lieu est **Auch** (14 200 hab.), sur le Gers, siège d'un archevêché et centre du commerce des eaux-de-vie. Les quatre sous-préfectures sont : *Condom*, sur la Baïse, où Bossuet fut évêque au dix-septième siècle; *Lectoure*, près du Gers, patrie du maréchal Lannes, un des héros de nos guerres de la Révolution et du premier Empire; *Lombez*, sur la Save et *Mirande*, sur la Baïse. *Eauze* et *l'Isle en Jourdain* ont joué un rôle important au moyen âge.

Bassin secondaire de l'Adour

2° Vallée de l'Adour. Département des Hautes-Pyrénées (*Bigorre*), 236 500 hab. — L'*Adour* prend sa source dans le département des HAUTES-PYRÉNÉES, au pied du pic du *Midi de Bagnères*.

Ce département se compose de cinq vallées, celles de l'*Adour* et du *Gave de Pau*, à l'ouest; celles de la *Neste*, affluent de la Garonne, du *Gers* et de la *Baïse*, à l'est. Entre la vallée de l'Adour et celle de la Neste se dressent les *monts de Bigorre* avec leurs sommets couverts de neige pendant neuf mois de l'année, leurs flancs dépouillés et leurs pâturages où paissent des troupeaux de moutons; au midi du département s'élève la chaîne des Pyrénées, avec ses glaciers et ses cimes neigeuses, le *Vignemale*, le *Taillon*, le *mont Cylindre*, dans le versant français, le *mont Perdu* et le *pic Posets*, dans le versant espagnol. C'est là, au milieu d'un amphithéâtre de rochers sauvages, célèbre sous le nom de Cirque de *Gavarnie*, et dominé par des montagnes semblables à des tours, que se précipite, d'une hauteur de 420 mètres, le *Gave de Pau*, alimenté par les neiges éternelles des Pyrénées. L'élève du mulet, du mouton, du gros bétail et des chevaux est la principale ressource de cette région tourmentée. On y exploite aussi le marbre et l'ardoise; et les eaux minérales de *Bagnères de Bigorre*, de *Barèges*, de *Cauterets*, comptent parmi les plus renommées de France.

Le chef-lieu est **Tarbes** (23 300 hab.), sur l'Adour, siège d'un évêché; les deux sous-préfectures, *Argelès*, près du *Gave de Pau*, et *Bagnères de Bigorre*, sur l'Adour. La ville de *Lourdes* est située dans les Hautes-Pyrénées.

3° **Vallée de l'Adour. Département des Landes** (301 200 hab.). — L'Adour après avoir coupé l'extrémité méridionale du département du Gers, entre dans celui des LANDES, où il reçoit la *Midouze* et le *Gave de Pau*. Il y a peu d'années encore, les Landes étaient un désert perdu au milieu de la civilisation : des dunes stériles, des marécages, des plaines, sablonneuses ou couvertes d'ajoncs, tel était l'aspect de cette terre déshéritée : les semis de pins, les canaux de desséchement, la construction d'un réseau de routes agricoles ont changé la face du pays. Outre le bois et la résine, les Landes produisent aujourd'hui du maïs, des vignes, des chênes-lièges et nourrissent de nombreux moutons. Elles ont des forges importantes à *Labouheyre*.

Le chef-lieu est **Mont-de-Marsan** (10 900 hab.), sur la Midouze; les deux sous-préfectures, *Dax*, sur l'Adour, connu par ses sources thermales, ses fabriques de bouchons et de térébenthine, et *Saint-Sever*, également sur l'Adour. La petite ville d'*Aire* possède un évêché.

PROVINCE DE BÉARN

Résumé historique. — Le Béarn, qui doit son nom à un peuple aquitain, les *Beneharni*, fit partie sous l'empire romain de la Novempopulanie; puis devint au moyen âge un comté héréditaire qui appartenait à la maison d'Albret. Au seizième siècle, Henri IV, héritier de cette maison, le réunit à la couronne.

Vallées de l'Adour et du Gave de Pau. Département des Basses-Pyrénées (434000 hab.).

Fig. 57. — Henri IV.

— Le département des Basses-Pyrénées, baigné à l'ouest, par le golfe de Gascogne, limité au nord, par l'*Adour*, arrosé par le *Gave de Pau* et ses affluents, qui y tracent des vallées profondes, et séparé de l'Espagne par les Pyrénées occidentales et par le torrent de la *Bidassoa*, est un pays de montagnes, de forêts, de pâturages et de prairies, riche en moutons, en bestiaux, en chevaux, en porcs et en volailles, bien cultivé dans les parties basses, où réussissent le maïs, les légumes, la vigne et le lin. On y exploite le sel gemme, le fer, le marbre et de nombreuses sources thermales (Eaux-Bonnes, Eaux-Chaudes, Cambo).

Le chef-lieu est **Pau** (30000 hab.), sur une hauteur que baigne le Gave, siège d'une cour d'appel, patrie du roi Henri IV et du maréchal Bernadotte, chef de la dynastie qui règne en Suède. On y fabrique des toiles.

Les quatre sous-préfectures sont : *Bayonne* (26260 h.), place forte et port sur l'Adour, siège d'un évêché (salaisons et jambons, fabriques de chocolat, de bouchons, de cordages) ; *Mauléon; Oloron*, sur un gave qui porte son nom, et *Orthez*, sur le gave de Pau.

Sur la côte sont situés les petits ports de *Biarritz*, de *Saint-Jean-de-Luz*, d'*Hendaye* à l'embouchure de la Bidassoa ; au pied des Pyrénées (col de *Roncevaux*), la place forte de *Saint-Jean-Pied-de-Port*.

RÉSUMÉ GÉNÉRAL
Divisions en gouvernements de provinces et en départements

Avant 1790, la France se divisait administrativement en 40 gouvernements militaires et 33 généralités ou intendances en y comprenant la Corse ; cette ancienne circonscription fut remplacée, en 1790, par la division en 83 départements ; en 1815, les départements étaient au nombre de 86 : en 1860 ils furent portés à 89 ; en 1871, la perte de l'Alsace et d'une partie de la Lorraine les a réduits à 87, en comprenant l'arrondissement de Belfort qui continue à former une division spéciale.

TABLEAU DES DÉPARTEMENTS SUIVANT L'ORDRE DES BASSINS
ET CONCORDANT AVEC LES ANCIENNES PROVINCES

DÉPARTEMENTS (ANCIENS NOMS DE PAYS.)	CHEFS-LIEUX DE DÉPARTEMENTS ET D'ARRONDISSEMENTS
RÉGION DU NORD-EST (6 gouvernements, 3 généralités).	
BASSINS DU RHIN ET DE LA MEUSE	
ALSACE (province conquise par Louis XIII, arrachée à la France par la Prusse en 1871, sauf BELFORT), capitale STRASBOURG.	
HAUT-RHIN (*Hte-Alsace*).	COLMAR, BELFORT, Mulhouse sur l'*Ill*.
BAS-RHIN (*Basse-Alsace*).	STRASBOURG sur l'*Ill*, Saverne, Schelestadt et Wissembourg : v. pr. Haguenau.
LORRAINE (3 gouvernements), réunie à la France sous Henri II et Louis XV, en partie enlevée par la Prusse en 1871 (4 départements dont un supprimé en 1871), capitale NANCY.	
VOSGES. (*Lorraine.*)	ÉPINAL, sur la *Moselle*, Mirecourt, Neufchâteau sur la *Meuse*, Remiremont, Saint-Dié sur la *Meurthe*.
MEURTHE-ET-MOSELLE (avant 1871 département de la MEURTHE. *Lorraine et Toulois*).	NANCY, sur la *Meurthe*, Briey, Lunéville, Toul sur la *Moselle*. (Arrondissements avant 1871 : *Nancy*, Château-Salins, Lunéville, Sarrebourg et Toul.)
MOSELLE (annexé à l'Allemagne en 1871, sauf Briey)	METZ sur la *Moselle*, Briey, Sarreguemines sur la *Sarre* et Thionville sur la *Moselle*.
MEUSE (*Barrois, Verdunois*).	BAR-LE-DUC, Commercy sur la *Meuse*, Montmédy, Verdun sur la *Meuse*.
BASSINS DE LA MEUSE ET DE LA SEINE	
CHAMPAGNE (2 gouvernements), réunie au domaine royal par Philippe IV (mariage), (4 départements), cap. TROYES.	
ARDENNES (*Principauté de Sedan*).	MÉZIÈRES, sur la *Meuse*, Rethel sur l'*Aisne*, Rocroi, *Sedan* sur la *Meuse* et Vouziers.
MARNE.	CHALONS-S.-MARNE, Epernay sur la *Marne*, *Reims*, Sainte-Menehould sur l'*Aisne*, et Vitry-le-François sur la *Marne*.
Hte-MARNE (*Bassigny*).	CHAUMONT, *Langres* et Vassy; v. pr. St-Dizier.
AUBE.	TROYES, sur la *Seine*, Arcis sur-Aube, Bar-sur-Aube, Bar-sur-Seine et Nogent-sur-Seine.
RÉGION DU NORD (4 gouvernements, 3 généralités).	
BASSIN DE L'ESCAUT	
FLANDRE et HAINAUT enlevés à l'Espagne par Louis XIV (1 département), cap. LILLE.	
NORD (*Flandre, Hainaut, Cambrésis*).	LILLE, Avesnes, *Cambrai* sur l'*Escaut*, *Douai* sur la *Scarpe*, affluent de l'*Escaut*, Hazebrouck, *Dunkerque*, *Valenciennes* sur l'*Escaut*; v. pr. *Roubaix*, *Tourcoing*, Maubeuge.

(1) Les noms des chefs-lieux de départements sont écrits en PETITES MAJUSCULES ; ceux des chefs-lieux d'arrondissements importants ou des grandes villes en *italiques*, ainsi que les noms des cours d'eau.

DÉPARTEMENTS (ANCIENS NOMS DE PAYS).	CHEFS-LIEUX DE DÉPARTEMENTS ET D'ARRONDISSEMENTS.
ARTOIS enlevé à l'Espagne par Louis XIII (1 département), cap. ARRAS.	
PAS-DE-CALAIS (*Ponthieu, Boulonnais* et *Artois*).	ARRAS, sur la *Scarpe*, Béthune, *Boulogne*, Montreuil, Saint-Omer et Saint-Pol; v. pr. *Calais*.

BASSIN DE LA SOMME.

PICARDIE réunie définitivement par Louis XI (1 département), cap. AMIENS.	
SOMME (*Amiennois, Vermandois*).	AMIENS, sur la *Somme*, *Abbeville*, sur la *Somme*, Doullens, Montdidier, *Péronne* sur la *Somme*.

RÉGION DU NORD-OUEST (3 gouvernements (1), 5 généralités).

BASSIN DE LA SEINE.

ILE-DE-FRANCE, domaine des Capétiens (5 départements), cap. PARIS.	
AISNE (*Vermandois*).	LAON, Château-Thierry sur la *Marne*, Saint-Quentin sur la *Somme*, Soissons sur l'*Aisne*, et Vervins.
OISE (*Valois, Beauvaisis*).	BEAUVAIS, Clermont, *Compiègne*, sur l'*Oise*, et Senlis.
SEINE-ET-OISE (*Vexin, Hurepoix*).	VERSAILLES, Corbeil sur la *Seine*, Étampes, Mantes sur la *Seine*, Pontoise sur l'*Oise*, et Rambouillet.
SEINE-ET-MARNE (*Brie*).	MELUN, sur la *Seine*, Coulommiers, *Fontainebleau*, *Meaux* sur la *Marne*, et Provins.
SEINE (*Ville et Vicomté de Paris*).	PARIS, sur la *Seine*, Saint-Denis et Sceaux.

BASSIN DE LA SEINE ET BASSINS CÔTIERS.

NORMANDIE conquise par Philippe II sur les rois d'Angleterre (5 départements), cap. ROUEN.	
EURE (*Vexin*).	EVREUX, Les Andelys, Bernay, *Louviers* sur l'*Eure*, et Pont-Audemer.
SEINE-INFÉRIEURE (*Pays de Caux, Pays de Bray*).	ROUEN, sur la *Seine*, Dieppe, le *Havre*, Neufchâtel et Yvetot; v. pr. *Elbeuf*.
CALVADOS. (*Basse-Normandie, Bessin*).	CAEN, sur l'*Orne*, Bayeux, Falaise, Lisieux, Pont-l'Evêque et Vire; v. pr. Honfleur.
ORNE (*Perche*).	ALENÇON, sur la *Sarthe*, Argentan, sur l'*Orne*, Domfront et Mortagne.
MANCHE (*Cotentin*).	SAINT-LÔ, Avranches, *Cherbourg*, Coutances, Mortain et Valognes; v. pr. Granville.

RÉGION DE L'OUEST (7 gouvernements, 3 généralités).

BASSINS DE LA RANCE, DE LA VILAINE ET DE LA LOIRE.

BRETAGNE réunie au domaine royal par François 1er (mariage et héritage), (5 départements), cap. RENNES.	
COTES-DU-NORD (*Haute-Bretagne*).	SAINT-BRIEUC, Dinan sur la *Rance*, Guingamp, Lannion et Loudéac.

(1) Un de ces gouvernements ne comprenait que la ville du Havre.

DÉPARTEMENTS (ANCIENS NOMS DE PAYS).	CHEFS-LIEUX DE DÉPARTEMENTS ET D'ARRONDISSEMENTS.
BRETAGNE (Suite).	
ILLE-ET-VILAINE (Haute-Bretagne).	RENNES, sur la *Vilaine*, Fougères, Montfort, Redon sur la *Vilaine*, *Saint-Malo* sur la *Rance*, et Vitré.
FINISTÈRE (Basse-Bretagne).	QUIMPER, *Brest*, Châteaulin, *Morlaix* et Quimperlé.
MORBIHAN (*Id.*).	VANNES, *Lorient*, Pontivy et Ploërmel.
LOIRE-INFÉRIEURE (Nantais).	NANTES, sur la *Loire*, Ancenis, sur la *Loire*, Châteaubriant, Paimbœuf et *Saint-Nazaire* sur la *Loire*.
MAINE conquis par Philippe II, réuni définitivement par Louis XI (héritage), (2 départements), cap. LE MANS.	
SARTHE.	LE MANS, sur la *Sarthe*, La Flèche sur le *Loir*, Mamers et Saint-Calais.
MAYENNE.	LAVAL, Château-Gontier et Mayenne, sur la *Mayenne*.
ANJOU conquis par Philippe II, réuni définitivement par Louis XI (héritage) (1 département) cap. ANGERS.	
MAINE-ET-LOIRE (*Anjou et Saumurois*).	ANGERS, sur la *Maine*, Baugé, *Cholet*, Saumur sur la *Loire*, et Segré.
BASSINS DE LA LOIRE ET DE LA CHARENTE.	
POITOU conquis par Philippe-Auguste sur les rois d'Angleterre (3 départements), cap. POITIERS.	
VIENNE (*Haut-Poitou*).	POITIERS, *Châtellerault*, sur la *Vienne*, Civray, sur la *Charente*, Loudun et Montmorillon.
DEUX-SÈVRES (*Haut-Poitou, Gâtine*).	NIORT, sur la *Sèvre*, Bressuire, Melle et Parthenay.
VENDÉE (*Le Marais, Le Bocage*).	LA ROCHE-SUR-YON, Fontenay-le-Comte, sur la *Vendée*, les Sables-d'Olonne; v. pr. Luçon.
BASSIN DE LA CHARENTE.	
ANGOUMOIS(1) conquis par Charles V sur les Anglais (1 département), cap. ANGOULÊME.	
CHARENTE.	ANGOULÊME, sur la *Charente*, Barbezieux, Cognac, sur la *Charente*, Confolens, sur la *Vienne*, et Ruffec.
AUNIS ET SAINTONGE conquis par Charles V sur les Anglais (1 département), cap. LA ROCHELLE et SAINTES.	
CHARENTE-INFÉRIEURE	LA ROCHELLE, Jonzac, Marennes, *Rochefort* et *Saintes* sur la *Charente*, Saint-Jean-d'Angély.

(1) L'Angoumois et la Saintonge ne formaient en 1789 qu'un gouvernement.

DÉPARTEMENTS (ANCIENS NOMS DE PAYS).	CHEFS-LIEUX DE DÉPARTEMENTS ET D'ARRONDISSEMENTS.

RÉGION DU SUD-OUEST (2 gouvernements, 4 généralités).

BASSINS DE LA GARONNE ET DE L'ADOUR.

GUIENNE ET GASCOGNE conquises par Charles VII sur les Anglais (9 départements), cap. BORDEAUX.

GIRONDE (*Bordelais*).	BORDEAUX, sur la *Garonne;* Bazas, Blaye sur la *Gironde*, Lesparre, *Libourne* sur la *Dordogne*, et la *Réole*, sur la *Garonne*.
DORDOGNE (*Périgord*).	PÉRIGUEUX, sur l'*Isle*, Bergerac, sur la *Dordogne*, Nontron, Riberac et Sarlat.
LOT (*Quercy*).	CAHORS, sur le *Lot*, Figeac et Gourdon.
AVEYRON (*Rouergue*).	RODEZ, sur l'*Aveyron*, Espalion, sur le *Lot*, Millau, sur le *Tarn*, Saint-Affrique, Villefranche sur l'*Aveyron*.
TARN-ET-GARONNE.	MONTAUBAN, sur le *Tarn*, Castelsarrasin, Moissac, sur le *Tarn*.
LOT-ET-GARONNE (*Agénois*).	AGEN, sur la *Garonne*, *Marmande*, *Nérac* sur la *Baïse*, et Villeneuve-sur-Lot.
LANDES (*Gascogne, Chalosse*).	MONT-DE-MARSAN, *Dax* et Saint-Sever sur l'*Adour*; v. pr. Aire.
GERS (*Gascogne, Armagnac*).	AUCH, sur le *Gers*, Condom, sur la *Baïse*, Lectoure, Lombez et Mirande.
HAUTES-PYRÉNÉES (*Gascogne, Bigorre*).	TARBES, sur l'*Adour*, Argelès et Bagnères.

BÉARN, domaine personnel du roi Henri IV (1 département), cap. PAU.

BASSES-PYRÉNÉES (*Navarre et Béarn*).	PAU, *Bayonne* sur l'*Adour*, Mauléon, Oloron et Orthez.

RÉGION DU MIDI (3 gouvernements, 3 généralités).

BASSINS DE LA GARONNE, DU RHÔNE ET DE LA LOIRE.

COMTÉ DE FOIX, domaine personnel de Henri IV (1 département), cap. FOIX.

ARIÈGE.	FOIX, sur l'*Ariège*, *Pamiers* et Saint-Girons.

ROUSSILLON conquis par Louis XIII sur les Espagnols (1 département), cap. PERPIGNAN.

PYRÉNÉES-ORIENTALES (*Roussillon et Cerdagne*).	PERPIGNAN, Céret et Prades, v. pr.: *Port-Vendres*.

LANGUEDOC en partie conquis sous Louis VIII, en partie réuni par héritage sous Philippe III (8 départements), cap. TOULOUSE.

HAUTE-GARONNE (*Haut-Languedoc*).	TOULOUSE, Muret et Saint-Gaudens sur la *Garonne*, Villefranche.
AUDE (*Carcassez, Narbonnais*).	CARCASSONNE, sur l'*Aude*, Castelnaudary, Limoux, sur l'*Aude*, et *Narbonne*.

DÉPARTEMENTS (ANCIENS NOMS DE PAYS).	CHEFS-LIEUX DE DÉPARTEMENTS ET D'ARRONDISSEMENTS.
LANGUEDOC (*Suite*).	
TARN (*Albigeois, Haut-Languedoc*).	ALBI, sur le *Tarn*, *Castres*, Gaillac et Lavaur.
HÉRAULT (*Bas-Languedoc*).	MONTPELLIER, *Béziers*, Lodève et Saint-Pons; v. pr. *Cette*.
GARD (*Id.*).	NIMES, *Alais* sur le *Gard*, Uzès et le Vigan; v. pr. *Beaucaire*.
LOZÈRE (*Gévaudan*).	MENDE, sur le *Lot*, Florac et Marvejols.
ARDÈCHE (*Vivarais*).	PRIVAS, Largentière, Tournon, sur le *Rhône*, v. pr. *Annonay* et *Aubenas*.
HAUTE-LOIRE (*Vélay*).	LE PUY, Brioude sur l'*Allier*, et Yssingeaux.
RÉGION DU SUD-EST (3 gouvernements, 3 généralités : 2 provinces annexées après 1790).	
BASSIN DU RHÔNE.	
CORSE conquise sous Louis XV (1 département), cap. BASTIA.	
CORSE.	AJACCIO, *Bastia*, Calvi, Corté et Sartène.
COMTÉ DE NICE réuni en 1860 (1 département), cap. NICE.	
ALPES-MARITIMES.	NICE, *Grasse* et Puget-Théniers; v. pr. Antibes et Cannes.
PROVENCE réunie par Louis XI (héritage), (3 départements), cap. AIX.	
BASSES-ALPES.	DIGNE, Barcelonnette, Castellane, Forcalquier, Sisteron sur la *Durance*.
VAR.	DRAGUIGNAN, Brignoles et *Toulon*; v. pr. Fréjus, Hyères.
BOUCHES-DU-RHONE.	MARSEILLE, *Aix*, Arles sur le *Rhône*; v. pr. Tarascon.
COMTAT VENAISSIN et AVIGNON enlevés aux papes en 1791 (1 département), cap. AVIGNON.	
VAUCLUSE.	AVIGNON, sur le *Rhône*, Apt, Carpentras et Orange.
DAUPHINÉ acheté par Philippe VI (3 départements), cap. GRENOBLE.	
ISÈRE (*Grésivaudan, Viennois*).	GRENOBLE, sur l'*Isère*, La Tour-du-Pin, Saint-Marcellin, *Vienne* sur le *Rhône*.
H^{tes}-ALPES (*Gapençois*).	GAP, Briançon et Embrun sur la *Durance*.
DROME (*Valentinois, Vercors*).	VALENCE, sur le *Rhône*, Die, sur la *Drôme*, Montélimar et Nyons.
RÉGION DE L'EST (3 gouvernements, 3 généralités : 1 province annexée après 1790.)	
BASSINS DU RHÔNE, DE LA LOIRE ET DE LA SEINE.	
SAVOIE réunie en 1860 (2 départements), cap. CHAMBÉRY.	
HAUTE-SAVOIE.	ANNECY, Bonneville, Saint-Julien et Thonon.
SAVOIE (*Maurienne, Tarentaise*).	CHAMBÉRY, Albertville, Moutiers, sur l'*Isère*, et Saint-Jean-de-Maurienne; v. pr. *Aix-les-Bains*.

DÉPARTEMENTS (ANCIENS NOMS DE PAYS).	CHEFS-LIEUX DE DÉPARTEMENTS ET D'ARRONDISSEMENTS.
LYONNAIS réuni au domaine royal sous Philippe IV (2 départements), cap. LYON.	
LOIRE (*Forez*).	SAINT-ETIENNE, Montbrison, Roanne sur la *Loire*; v. pr. *Rive-de-Gier*.
RHONE (*Lyonnais, Beaujolais*).	LYON, sur le *Rhône*, Villefranche; v. pr. *Tarare*.
BOURGOGNE conquise en partie par Louis XI, en partie par Henri IV (4 départements), cap. DIJON.	
YONNE (*Basse-Bourgogne*).	AUXERRE, sur l'*Yonne*, Avallon, Joigny et Sens sur l'*Yonne*, Tonnerre.
COTE-D'OR (*Haute-Bourgogne*).	DIJON, Beaune, Châtillon-sur-Seine et Semur.
SAONE-ET-LOIRE (*Mâconnais, Charolais*).	MACON, sur la *Saône*, Autun, Châlon-sur-Saône, Charolles et Louhans : V. pr. *Le Creusot*.
AIN (*Bresse, Bugey, Dombes*).	BOURG, Belley, Gex, Nantua, Trévoux sur la *Saône*.
FRANCHE-COMTÉ conquise sur les Espagnols par Louis XIV (3 départements), cap. BESANÇON.	
HAUTE-SAONE.	VESOUL, Gray, sur la *Saône*, et Lure.
DOUBS.	BESANÇON, sur le *Doubs*, Baume-les-Dames (*id.*), Montbéliard, Pontarlier sur le *Doubs*.
JURA.	LONS-LE-SAUNIER, *Dôle* sur le *Doubs*, Poligny et Saint-Claude.

RÉGION DU CENTRE (8 gouvernements, 6 généralités).

BASSINS DE LA LOIRE ET DE LA SEINE.

NIVERNAIS réuni en 1789 (1 département), cap. NEVERS.	
NIÈVRE (*Morvan*).	NEVERS, sur la *Loire*, Château-Chinon, Clamecy sur l'*Yonne*, Cosne, sur la *Loire*.
BOURBONNAIS confisqué par François Ier (1 département), cap. MOULINS.	
ALLIER.	MOULINS, sur l'*Allier*, Gannat, La Palisse, Montluçon sur le *Cher*; v. pr. *Vichy*.
BERRY acheté par Philippe Ier (2 départements), cap. BOURGES.	
INDRE (*Bas-Berry, Brenne*).	CHATEAUROUX, sur l'*Indre*, Le Blanc, sur la *Creuse*, La Châtre, sur l'*Indre*, et Issoudun.
CHER (*Haut-Berry, Sancerrois*).	BOURGES, Sancerre, Saint-Amand sur le *Cher*.
ORLÉANAIS, domaine de Hugues Capet (3 départements) cap. ORLÉANS.	
LOIR-ET-CHER (*Sologne, Blaisois, Vendômois*).	BLOIS, sur la *Loire*, Romorantin, Vendôme sur le *Loir*.

DÉPARTEMENTS (ANCIENS NOMS DE PAYS.)	CHEFS-LIEUX DE DÉPARTEMENTS ET D'ARRONDISSEMENTS
ORLÉANAIS (Suite.)	
LOIRET (*Orléanais, Sologne, Gâtinais*).	ORLÉANS, sur la *Loire*, Gien, sur la *Loire*, Montargis et Pithiviers; v. pr. Briare.
EURE-ET-LOIR (*Beauce et Perche*).	CHARTRES, sur l'*Eure*, Châteaudun, sur le *Loir*, Dreux et Nogent-le-Rotrou.
TOURAINE enlevée par Philippe-Auguste aux rois d'Angleterre (1 département) cap. TOURS.	
INDRE-ET-LOIRE (*Touraine et Brenne*).	TOURS, sur la *Loire*, Chinon, sur la *Vienne*, Loches, sur l'*Indre*; v. pr. Amboise.
MARCHE confisquée par François Ier (1 département).	
CREUSE.	GUÉRET, *Aubusson*, Bourganeuf et Boussac.
BASSINS DE LA CHARENTE, DE LA LOIRE ET DE LA GARONNE.	
LIMOUSIN réuni à l'avènement de Henri IV (2 départements), cap. LIMOGES.	
CORRÈZE.	TULLE, sur la *Corrèze*, Brive, sur la *Corrèze*, et Ussel.
HAUTE-VIENNE.	LIMOGES, sur la *Vienne*, Bellac, Rochechouart et Saint-Yrieix.
AUVERGNE confisquée par François Ier (2 départements) cap. CLERMONT.	
CANTAL (*Hte-Auvergne*).	AURILLAC, Mauriac, Murat et Saint-Flour.
PUY-DE-DOME (*Limagne*).	CLERMONT, Ambert, Issoire, Riom et *Thiers*.

Exercices

Cartes comparées des anciens gouvernements militaires, des généralités et intendances et des départements.

Indiquer sur une carte physique de la France la situation des chefs-lieux de départements et des grandes villes.

Ecrire sur une carte muette politique les noms des départements, des chefs-lieux et des principales villes.

Lecture des signes de la géographie politique sur la carte de l'état-major.

Lectures

E. RECLUS. *La France.*
MALTE-BRUN ET LAVALLÉE. *Géographie de la France.*
JOANNE. *Géographies des 89 départements.*
A. DE LAVERGNE. *Les châteaux et les ruines historiques de France.*
GUILBERT. *L'Histoire des villes de France.*

CHAPITRE VIII

La population. Notions de géographie administrative.

I

POPULATION

Population de la France. — La population de la France, qui dépassait en 1870, 38 millions d'habitants, a été réduite, par les traités de 1871, à 36 100 000 ; elle est aujourd'hui de 37 672 000, ce qui suppose une densité moyenne de 74 habitants par kilomètre carré ; mais tandis que dans la région du nord et du nord-ouest et dans une partie de celle du nord-est, c'est-à-dire dans les pays les plus riches, les mieux cultivés et les plus industrieux, sauf la Bretagne, la population dépasse la moyenne : elle est au-dessous dans tout le reste de la France, excepté quelques départements qui, comme les Bouches-du-Rhône, l'Isère, la Loire, le Rhône, le Gard, la Haute-Garonne, doivent à leurs grandes villes une moyenne plus élevée. Les régions les moins peuplées sont les pays de montagnes arides et déboisées, ou d'étangs et de plaines sablonneuses, les départements des Hautes et Basses-Alpes, la Lozère, la Corse et les Landes.

La France ne possède que dix villes où la population dépasse 100 000 âmes : Paris (2 270 000) ; Lyon (376 000) ; Marseille (360 000) ; Bordeaux (221 000) ; Lille (178 000) ; Toulouse (140 000) ; Nantes (124 000) ; Saint-Etienne (124 000) ; Rouen (106 000) et le Havre (106 000) ; quarante-huit villes ont plus de 30 000 habitants.

La France qui occupe le cinquième rang en Europe par la superficie ne vient qu'au sixième par la densité de sa population. L'accroissement est plus lent que dans la

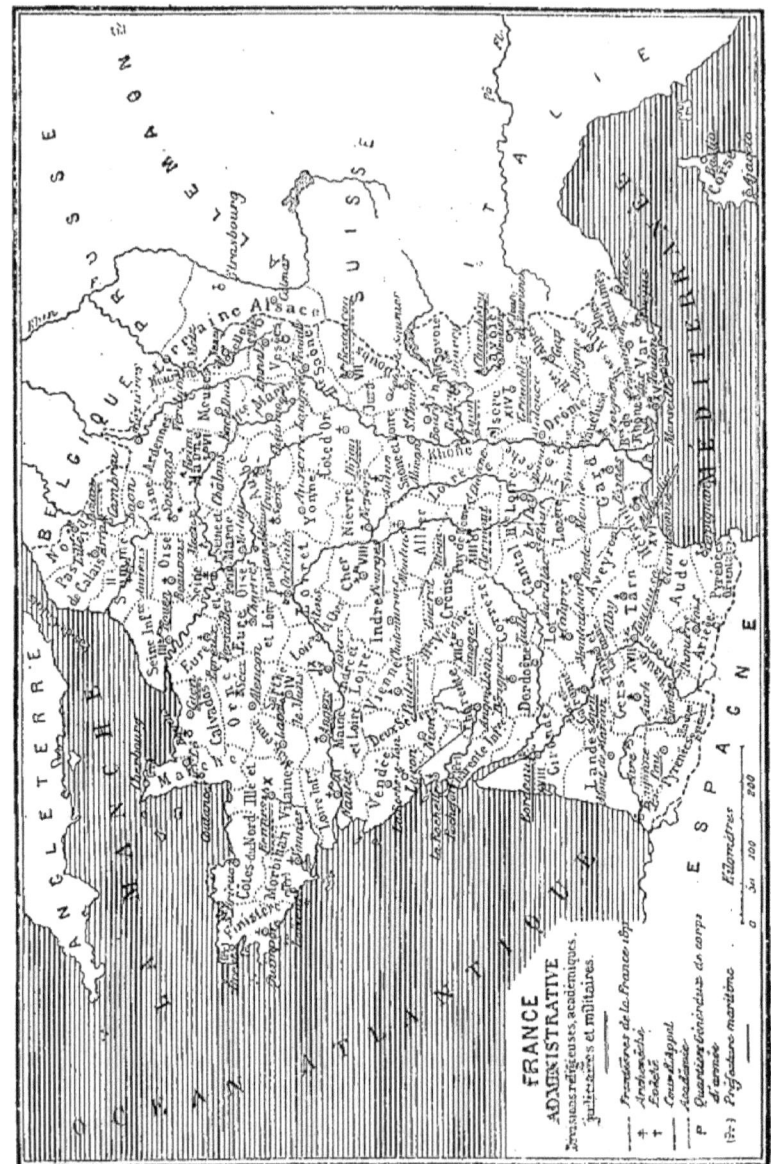

Carte XIII.

plupart des autres pays européens. Tandis que, d'après les recensements des trente dernières années, il ne faudrait à la Russie, à la Suède, à la Norvège, à l'Ecosse, à l'Angleterre, à la Prusse que cinquante à cinquante-cinq ans pour doubler leur population, il faudrait plus de cent quatre-vingts ans à la France. En 1700, Vauban lui attribuait un peu moins de 20 millions d'habitants : elle n'en a pas le double aujourd'hui.

Sur moins de 38 millions d'habitants, les villes de plus de 2000 âmes en comptent près de 12 millions, les campagnes environ 26, dont plus de 18 millions sont des cultivateurs. Les populations rurales tendent à émigrer vers les villes où les attire l'espoir d'un travail moins pénible et d'un salaire plus élevé : et cette émigration se produit non seulement dans les pays pauvres, comme le Cantal, la Lozère, la Creuse, les Hautes et Basses-Alpes, mais dans les régions les plus riches, comme la Normandie. En revanche l'émigration à l'extérieur est insignifiante. La moyenne en temps normal flotte entre 3000 et 6000, et ce sont les populations basques des Basses-Pyrénées qui fournissent le plus fort contingent. Les étrangers sont au contraire très nombreux en France : on en compte plus de 800000, dont 375000 Belges, 160000 Italiens, plus de 60000 Espagnols et à peu près autant d'Allemands.

II

LA LANGUE ET LA NATIONALITÉ FRANÇAISES

La langue est un des éléments qui concourent à former et à maintenir une nationalité ; mais elle ne la constitue pas seule. La communauté de traditions, d'institutions, d'intérêts et de sentiments ont une importance plus grande encore que la communauté d'idiome. Les Alsaciens à qui malheureusement on avait négligé d'apprendre notre langue, étaient depuis deux siècles et sont restés français par le cœur, quoi qu'ils fussent allemands par le langage. Sans compter l'Alsace et la Lorraine dite allemande, bien qu'elle parle en grande partie français, il existe, même dans la France telle que l'ont faite les traités de 1871, plusieurs langues qui ont traversé les siècles et survécu aux révolutions politiques.

Les Basques de la Navarre française parlent encore l'*euscarien* qu'on regarde comme un débris de l'ancienne langue des Ibères; les paysans du Morbihan, du Finistère et d'une partie des Côtes-du-Nord ont conservé la langue nationale de la Bretagne, un dialecte celtique parent de ceux qui se parlent dans les hautes terres d'Ecosse, dans le pays de Galles et en Irlande. L'italien s'est maintenu en Corse et dans quelques parties du comté de Nice; le flamand dans cette région du département du Nord qu'on appelait avant la révolution Flandre flamingante; le catalan dans une partie du Roussillon et dans toute la Cerdagne.

La vieille division de la France en langue d'*oc* et langue d'*oïl* a laissé des traces profondes. Dans le midi, en Provence, en Languedoc, en Gascogne, dans une partie du Roussillon, l'ancien idiome national a survécu non seulement comme langage populaire, mais comme langue littéraire et poétique. Les dialectes provinciaux ne se sont pas montrés moins vivaces que les langues distinctes dont le domaine a bien peu changé depuis des siècles. Le langage populaire en conserve les ineffaçables vestiges; le picard, le lorrain, le champenois, le bourguignon, le poitevin, le gallot (français de la Haute-Bretagne) et dans les pays de langue d'*oc*, l'auvergnat, le lyonnais, le dauphinois, le provençal, le languedocien, le gascon, le périgourdin, le limousin n'ont pas disparu avec la nationalité de nos vieilles provinces, ils vivent encore comme patois, sinon comme langues écrites et se subdivisent eux-mêmes en patois locaux dont le nombre dépasse quatre-vingts.

L'instruction primaire gratuite et obligatoire et plus encore la facilité des relations entre les diverses parties de la France effaceront sans doute avec le temps ces restes de l'ancienne société française. Souhaitons que l'unité de la langue, quand elle sera devenue complète, ne soit que le signe extérieur de l'unité des idées et des sentiments!

III

GOUVERNEMENT. ORGANISATION DÉPARTEMENTALE

Une géographie n'est pas plus un manuel d'administration, qu'un traité de géologie : aussi nous nous contenterons de donner sur l'administration de la France des notions sommaires et telles que les comporte l'enseignement des lycées ou des collèges.

Gouvernement. — Le gouvernement est une république régie par la constitution de 1875. Le pouvoir exécutif appartient à un *président* irresponsable, sauf le cas de haute trahison, nommé pour sept ans par les deux Assemblées, et à des *ministres* responsables de leurs actes devant les Chambres et choisis par le Président. Les ministères actuels dont les noms suffisent à indiquer les attributions, sont : ceux des *Affaires étrangères*, de la *Justice* et des *Cultes*, de l'*Intérieur*, des *Finances*, de la *Guerre*, de la *Marine*, de l'*Instruction publique* et des *Beaux-Arts*, des *Travaux publics*, de l'*Agriculture*, du *Commerce* et des *Colonies*, des *Postes* et *Télégraphes*.

Le pouvoir législatif est partagé entre une *Chambre des députés* nommée pour quatre ans par le suffrage universel des citoyens âgés de plus de vingt et un ans, et un *Sénat* de 300 membres élus par les départements et les colonies. Les lois peuvent être présentées par les ministres ou par l'initiative individuelle des sénateurs et des députés.

Un *Conseil d'État* est chargé de préparer les lois proposées par le ministère et de juger en appel les questions de contentieux administratif.

Intérieur. Organisation départementale. — Sous l'ancien régime, existaient parallèlement deux ordres de divisions territoriales distinctes et dont les circonscriptions ne coïncidaient pas : les *gouvernements militaires*, au nombre de 40, et les *géné-*

ralités au nombre de 33. Les gouvernements, qui à l'origine réunissaient les attributions administratives aux pouvoirs militaires, étaient toujours confiés à des princes du sang royal ou à des personnages de haute noblesse qui vivaient à la cour et exerçaient leurs fonctions par l'intermédiaire de *lieutenants-généraux* résidant dans les provinces ; ils avaient perdu en 1789, presque toute importance politique : c'était une dignité plutôt qu'une fonction. Les gouvernements en 1789 étaient la ville et la vicomté de Paris, l'Ile-de-France, la Picardie, la Flandre et le Hainaut, la Champagne, le pays Messin et le Verdunois, la Lorraine et le Barrois, l'Alsace, la Franche-Comté, la Bourgogne, le Lyonnais Forez et Beaujolais, le Dauphiné, la Provence, le Languedoc, le Roussillon, le Béarn, la Guienne-et-Gascogne, la Bretagne, la Normandie, la ville du Havre, le Boulonnais, l'Artois, la principauté de Sedan, le Toulois, le Nivernais, le Bourbonnais, le Berry, l'Auvergne, le Comté de Foix, le Limousin, La Marche, l'Angoumois et la Saintonge, l'Aunis, le Poitou, le Saumurois, l'Anjou, la Touraine, le Maine et le Perche, l'Orléanais, et la Corse.

Les attributions administratives, financières, judiciaires appartenaient aux intendants de justice, police et finances qui à partir du ministère de Richelieu avaient de plus en plus éclipsé les gouverneurs. Les intendances ou généralités étaient au nombre de 33 : Paris, Amiens, Soissons, Orléans, Bourges, Lyon, La Rochelle, Moulins, Riom, Poitiers, Limoges, Bordeaux, Tours, Auch, Montauban, Châlons-sur-Marne, Rouen, Caen, Alençon, Grenoble, Perpignan, Rennes, Aix, Toulouse et Montpellier, Pau, Dijon, Besançon, Metz, Strasbourg, Lille, Valenciennes, Nancy, et la Corse. Les vingt premières se subdivisaient en *élections* administrées par des subdélégués, les autres en *vigueries, diocèses, bailliages, prévôtés, juridictions*, suivant les régions.

Quand l'Assemblée constituante décréta (22 déc. 1789) la division de la France en 83 départements subdivisés en *districts, cantons* et *communes*, elle établit dans chaque département une assemblée de 36 membres élus par les citoyens et nommée *Administration départementale* qui choisissait, dans son sein, quatre *directeurs* du département : c'était une sorte de ministère départemental. L'organisation actuelle date du Consulat (28 pluviôse an VIII).

La France est divisée en 87 départements en y comprenant le territoire de Belfort, 362 arrondissements, 2868 cantons, et 36 097 communes.

Chaque département est administré par un **préfet;** chaque arrondissement par un **sous-préfet;** chaque commune par un **maire,** assisté d'un ou plusieurs adjoints. Les préfets et les sous-préfets sont nommés par le chef du *pouvoir exécutif*, les maires des communes sont élus par le Conseil municipal.

A côté du préfet, siège un **Conseil de préfecture,** sorte de Conseil d'État départemental, investi, comme le Conseil d'État, d'attributions judiciaires pour les questions qui touchent aux travaux publics, à la répartition de l'impôt, etc...

Le *pouvoir délibérant* est représenté dans le département par le **Conseil général,** dans l'arrondissement par le **Conseil d'arrondissement,** dans la commune par le **Conseil municipal,** issus du suffrage universel, et chargés de la répartition des contributions directes et de la discussion des intérêts locaux. Le Conseil général peut émettre des vœux sur les besoins du département, voter des centimes additionnels à affecter aux dépenses départementales, et certaines mesures qui intéressent le département (1), et dont la décision était confiée autrefois aux préfets ou à l'autorité centrale.

IV

ORGANISATION ET DIVISIONS FINANCIÈRES

L'impôt qui existe sous une forme ou sous une autre dans toute société régulière, est la part que prend chaque

(1) Telles que le classement des chemins de grande communication, les acquisitions, l'aliénation, l'échange des propriétés départementales, etc.

citoyen, dans la mesure de sa fortune, aux dépenses qu'exige le maintien et la prospérité de la société tout entière, et sans lesquelles elle ne saurait subsister. L'impôt est donc nécessaire et légitime.

Budget. — On donne le nom de **budget** à l'ensemble des recettes et des dépenses publiques. Le budget de la France flotte aujourd'hui entre 3 400 et 3 500 millions et ne cesse pas de s'accroître : il n'était que de 2 milliards avant la guerre avec l'Allemagne.

Chaque année, le budget de l'année suivante, préparé par le gouvernement, est discuté et voté par la Chambre des députés et par le Sénat.

Les recettes sont fournies par les contributions directes, les contributions indirectes et le produit des *domaines* de l'État et surtout des *forêts* (55 millions en tout, dont 35 pour les forêts).

Contributions directes. — On comprend sous le nom de **Contributions directes**, l'*impôt foncier* qui pèse sur les propriétés, la *cote personnelle* et *mobilière*, proportionnée au chiffre du loyer, l'*impôt des portes et fenêtres*, et celui des *patentes* payées par tout individu qui exerce un commerce ou une industrie. Chaque département est imposé proportionnellement à son étendue, à sa population et à sa richesse.

Le préfet, assisté du Conseil général, répartit entre les arrondissements la somme à laquelle le département est imposé. Le Conseil d'arrondissement, sous la direction du sous-préfet, se livre au même travail pour les communes, et dans chaque commune le maire, assisté de commissaires répartiteurs, fixe la part de chaque habitant.

Un *percepteur* par canton ou groupe de communes, un *receveur* par arrondissement, et un *trésorier-payeur général* par département, sont chargés par l'État de percevoir les contributions directes, que le trésorier-payeur général verse dans la caisse du Trésor (ministère des finances). Dans chaque département un *directeur des contributions directes*, assisté par des *inspecteurs* (un par arrondissement) et par des *contrôleurs,* est chargé de dresser les rôles d'impositions et de veiller à l'établissement du cadastre.

Contributions indirectes. — Les **contributions indirectes** comprennent les droits sur les boissons, le sucre indigène, le tabac, le sel, les poudres, les allumettes, les huiles, le papier : ce sont des *impôts de consommation ;* les taxes sur les marchandises à leur entrée en France (droits de *douanes) ;* les impôts sur les factures, les actes de vente, qui doivent être enregistrés, les successions, le papier timbré, les valeurs mobilières, etc.

Ces impôts sont perçus par des administrations spéciales, celle du *timbre,* de *l'enregistrement* et des *domaines* (un directeur par département, assisté par des vérificateurs de l'enregistrement, des conservateurs des hypothèques et des receveurs), celle des *contributions indirectes* (un directeur par département), et celle des *douanes*. Les *douanes*, les *tabacs*, les *poudres* relèvent du ministère des finances.

Dépenses de l'État. — Les dépenses comprennent l'entretien de toutes les grandes administrations publiques, armée, marine, finances, justice, instruction publique, etc., les travaux d'intérêt général et le service de la dette de l'État.

Dépenses des départements et des communes. — Outre les impôts que les citoyens paient à l'État, ils acquittent pour les dépenses spéciales des départements et des communes, soit un supplément de contributions directes, soit des droits d'*octroi* sur certaines denrées à l'entrée des villes, soit des taxes municipales qui varient suivant les communes. Ces impôts locaux s'élèvent au moins à 500 millions.

Dette publique. — La dette publique se décompose en *dette flottante* et en *dette inscrite*.

La *dette flottante* comprend les diverses créances dont le remboursement est exigible, et les bons émis par le Trésor, et remboursables dans un délai déterminé comme un effet de commerce ou un bon de caisse ordinaire.

La *dette inscrite* se subdivise en *dette viagère* qui s'éteint avec la vie du créancier, *pensions de retraite* payées aux fonctionnaires, *intérêts des cautionnements* versés par les comptables de l'État et *annuités* diverses pour emprunts publics ou autres objets;

Et *dette perpétuelle* ou consolidée provenant des emprunts faits par l'État, et dont il ne s'engage pas à rembourser le capital, mais à servir la rente au porteur du titre. Ces rentes inscrites sur le grand-livre de l'État, sont de 3, 4, 4 1/2 et 5 %. L'intérêt est invariable, mais le prix du titre varie, et ce cours est réglé par la cote officielle de la Bourse, le grand marché de toutes les valeurs mobilières, où les agents de change autorisés par l'État servent d'intermédiaires entre l'acheteur et le vendeur.

Les intérêts de la dette consolidée dépassent 740 millions, ceux de la dette viagère 190 millions, les intérêts et l'amortissement des capitaux remboursables, 390 millions.

Cour des comptes. — La cour des comptes est chargée de contrôler la comptabilité publique. Elle se compose de conseillers maîtres et de conseillers référendaires : elle décide en dernier ressort dans toutes les questions de comptabilité.

Caisse d'amortissement. — La *Caisse d'amortissement*, dotée à cet effet d'un budget spécial, est chargée de diminuer le capital de la dette, en rachetant des titres de rente, quand le cours des fonds publics le permet.

V

ORGANISATION JUDICIAIRE

Le principe qui domine la législation française est celui de l'égalité des citoyens devant la loi, et de l'unité de législation pour tout le territoire français.

Avant 1789, le gouvernement monarchique n'avait réussi, malgré de longs efforts, à établir ni l'unité législlative, ni l'unité judiciaire. A côté de la justice royale représentée par les tribunaux inférieurs (prévôtés, bailliages, présidiaux), par les parlements de Paris, de Toulouse, de Grenoble, de Bordeaux, de Dijon, de Rouen, d'Aix, de Rennes, de Pau, de Metz, de Besançon, de Douai, de Nancy, des Dombes (Trévoux), par les conseils souverains d'Alsace et d'Artois, et par un certain nombre de juridictions spéciales (conseil d'État, grand conseil, cour des aides, chambre des comptes, amirautés, maréchaussées, etc.), subsistaient encore les justices seigneuriales et les tribunaux ecclésiastiques. Notre organisation actuelle date de la Révolution et a été complétée par le Consulat.

Justices de paix. — A la base de la juridiction sont placées les **justices de paix.** Il y a un juge de paix par canton. Le rôle de ce magistrat est celui de la conciliation. Le juge de paix, s'il n'a pu réussir à concilier les parties, prononce sans appel jusqu'à la valeur de 100 francs, et à charge d'appel jusqu'à celle de 200 francs, sur toute contestation en matière civile. Il est juge de *simple police* pour les *contraventions* commises dans son ressort. Les juges de paix sont nommés par le chef de l'État et amovibles, c'est-à-dire qu'ils peuvent être révoqués ou déplacés.

Tribunaux de première instance. — Les **tribunaux de première instance,** divisés en chambres civiles et en chambres correctionnelles, et constitués dans chaque arrondissement, jugent les affaires civiles et les délits ou affaires correctionnelles. Ils servent de cours d'appel pour les décisions des justices de paix.

Cours d'assises. — Jury. — Les causes criminelles sont jugées par une **cour d'assises** non permanente et qui se tient à des époques déterminées, ordinairement au chef-lieu du département. La cour d'assises se compose de deux juges du tribunal de première instance ou de deux conseillers de la cour d'appel, présidés par un conseiller que désigne le ministre de la justice. Le magistrat n'est chargé que d'appliquer la loi : le droit de prononcer sur la culpabilité de l'accusé est réservé au **jury,** composé de citoyens désignés par le sort, sur une liste dressée, dans chaque canton, par une commission composée des maires de toutes les communes, sous la présidence du juge de paix.

Cours d'appel. — Au sommet de la hiérarchie, sont placées les 26 **cours d'appel,** qui se divisent en *chambres civiles* et *chambres correctionnelles,* chargées de juger les appels des tribunaux de première instance, et *chambres des mises en accusation,* qui décident du renvoi des accusés devant les assises.

Cour de cassation. — Enfin la **cour de cassation,** qui réside à Paris, sorte de sénat judiciaire chargé de maintenir l'unité de la jurisprudence, peut casser ou annuler tout jugement qui lui est déféré et qui lui semble contraire au vrai sens de la loi.

Les juges des tribunaux de première instance, les conseillers des cours d'appel et de la cour de cassation sont nommés par le chef de l'État et inamovibles.

Les magistrats qui composent le parquet, c'est-à-dire les *procureurs* de la *république* (tribunaux de première instance), les *procureurs généraux* (cours d'appel) et leurs *substituts* sont amovibles.

Tribunaux de commerce. — Les affaires commerciales sont jugées, dans un grand nombre de villes, par des *tribunaux de commerce,* composés de négociants élus et qui décident en dernier ressort dans toute contestation commerciale jusqu'à 1 500 francs.

Des *conseils de prudhommes* règlent les différends entre patrons et ouvriers avec appel au tribunal de commerce.

Tribunaux administratifs. — Les réclamations en matière d'impôts, et en général toutes les questions de droit administratif sont jugées, en première instance, par les *conseils de préfecture,* et en appel, par le *conseil d'État.* Un tribunal spécial, le tribunal des *conflits,* décide dans les conflits de compétence entre l'administration et les corps judiciaires.

TABLEAU DES VINGT-SIX COURS D'APPEL

COURS	DÉPARTEMENTS DE LEUR RESSORT
Agen.	Gers, Lot, Lot-et-Garonne.
Aix.	Alpes-Maritimes, Basses-Alpes, Bouches-du-Rhône, Var.
Amiens.	Aisne, Oise, Somme.
Angers.	Maine-et-Loire, Mayenne, Sarthe.
Bastia.	Corse.
Besançon.	Doubs, Jura, Haute-Saône, Belfort.
Bordeaux.	Charente, Dordogne, Gironde.
Bourges.	Cher, Indre, Nièvre.
Caen.	Calvados, Manche, Orne.
Chambéry.	Savoie, Haute-Savoie.
Dijon.	Côte-d'Or, Haute-Marne, Saône-et-Loire.
Douai.	Nord, Pas-de-Calais.
Grenoble.	Hautes-Alpes, Drôme, Isère.
Limoges.	Corrèze, Creuse, Haute-Vienne.
Lyon.	Ain, Loire, Rhône.
Montpellier.	Aude, Aveyron, Hérault, Pyrénées-Orientales.
Nancy.	Ardennes, Meurthe-et-Moselle, Meuse, Vosges.
Nîmes.	Ardèche, Gard, Lozère, Vaucluse.
Orléans.	Indre-et-Loire, Loir-et-Cher, Loiret.
Paris.	Aube, Eure-et-Loir, Marne, Seine, Seine-et-Marne, Seine-et-Oise, Yonne.
Pau.	Landes, Basses et Hautes-Pyrénées.
Poitiers.	Charente-Inférieure, Deux-Sèvres, Vendée, Vienne.
Rennes.	Côtes-du-Nord, Finistère, Ille-et-Vilaine, Loire-Inférieure, Morbihan.
Riom.	Allier, Cantal, Haute-Loire, Puy-de-Dôme.
Rouen.	Eure, Seine-Inférieure.
Toulouse.	Ariège, Haute-Garonne, Tarn, Tarn-et-Garonne.

DIVISIONS RELIGIEUSES

Tous les cultes peuvent être librement exercés en France, à moins qu'ils ne soient contraires à la morale publique. Le *catholicisme* (37 000 000), le *luthéranisme* (85 000), le *calvinisme* et autres églises protestantes (500 000), et la religion *israélite* (50 000), sont formellement reconnus, et leurs ministres rétribués par l'État.

La France catholique est divisée en 84 diocèses, dont 17 archevêchés et 67 évêchés. Les sièges des 17 archevêchés sont les villes d'Aix, d'Albi, d'Auch, d'Avignon, de Besançon, de Bordeaux, de Bourges, de Cambrai, de Chambéry, de Lyon, de Paris, de Reims, de Rennes, de Rouen, de Sens, de Toulouse et de Tours.

Les rapports entre l'église catholique et l'Etat sont régis par le Concordat de 1801.

VI

INSTRUCTION PUBLIQUE

Administration supérieure. — **L'Instruction publique** est dirigée par le ministre, assisté d'un **conseil supérieur de l'instruction publique,** en partie élu par les membres des différents ordres d'enseignement.

Les *inspecteurs généraux* surveillent l'exécution des règlements et l'application des programmes.

Académies. — La France est divisée en **16 académies,** administrées par un *recteur,* qu'assiste un *conseil académique.* La Corse a un vice-recteur résidant à Bastia.

Dans chaque chef-lieu de département réside un *inspecteur d'académie.* L'instruction primaire a ses inspecteurs particuliers.

L'enseignement comprend trois degrés :

Enseignement primaire. — 1° L'enseignement **primaire,** a été largement développé par les mesures qui se succèdent depuis quelques années, et surtout par la loi qui l'a déclaré obligatoire et gratuit. Au 1er octobre 1883, on comptait en France 63 000 écoles primaires publiques, dirigées par plus de 100 000 instituteurs ou institutrices laïques ou membres de congrégations religieuses autorisées. — Elles étaient fréquentées par 4 430 000 enfants. — L'enseignement primaire libre était représenté par 13 000 écoles, recevant ensemble près d'un million d'élèves. Le nombre des enfants inscrits sur les registres scolaires représente environ 95 °/₀ des enfants ayant l'âge scolaire (6 à 13 ans révolus). Les enfants au-dessous de 6 ans, qui fréquentent les asiles ou écoles maternelles

(5000 écoles environ), ne sont pas compris dans cette statistique de l'enseignement primaire.

Des écoles normales primaires (une par département) sont destinées à former les instituteurs et les institutrices des écoles publiques.

Enfin, grâce au dévouement du corps enseignant, 30500 cours d'adultes, qui comptent 900000 auditeurs, complètent ou remplacent l'enseignement de l'école. Des bibliothèques populaires s'organisent de toutes parts (5000 bibliothèques populaires et 29300 bibliothèques scolaires en 1884), et nous devons espérer que, dans un avenir peu éloigné, la France n'aura plus à rougir de son infériorité en face de la Suède ou de l'Allemagne. Le nombre des illettrés parmi les jeunes gens de vingt ans est de 18 p. 100 : les départements où l'instruction primaire est le plus répandue sont ceux du nord et de l'est, ceux où elle est le moins développée sont les départements de l'ouest et du centre.

Enseignement secondaire. — L'enseignement secondaire est donné aux jeunes gens dans les lycées (92 en France et en Algérie), qui sont à la charge de l'État, et qui comptent environ 49000 élèves ; dans les collèges (252 en France et en Algérie), qui sont à la charge des communes et qui en comptent 42000, et dans de nombreux établissements libres, fondés par des particuliers (496 institutions, 31900 élèves) ou des congrégations religieuses (77000 élèves y compris ceux des petits séminaires), et qui comptent un nombre d'élèves supérieur à la population scolaire des établissements publics.

L'organisation d'un enseignement spécial destiné aux élèves qui se préparent aux professions commerciales et industrielles a comblé une lacune et donné une satisfaction légitime à l'esprit pratique de notre époque.

La loi du 21 décembre 1880 a décidé la création de lycées et de collèges pour l'enseignement des jeunes filles; il existe aujourd'hui 18 lycées et 21 collèges avec environ 4000 élèves.

Enseignement supérieur. — L'enseignement

supérieur est donné, en France, par 7 facultés de théologie, dont 2 protestantes ; 12 facultés de droit ; 5 facultés de médecine ; 4 écoles supérieures de pharmacie ; 15 facultés des sciences et 15 facultés des lettres, qui représentent l'enseignement de l'État. — L'enseignement libre, autorisé par la loi de 1875, compte un certain nombre de facultés : à Paris, à Lyon, à Lille, à Angers.

A côté des facultés, il faut placer des établissements indépendants comme le Muséum d'histoire naturelle et le Collège de France ; et les écoles spéciales telles que l'École normale supérieure, les Écoles d'archéologie de Rome et d'Athènes, l'École des hautes-études, l'École des Chartes, l'École des langues orientales, l'École des Beaux-Arts, le Conservatoire de musique et de déclamation, l'École polytechnique, qui dépend du ministère de la guerre, bien qu'elle fournisse des ingénieurs aux services civils, les Écoles des mines et des ponts et chaussées (ministère des travaux publics), l'École centrale des arts et manufactures, le Conservatoire des arts et métiers, qui représentent dans toutes les branches du savoir humain l'enseignement supérieur.

Enfin, parmi les institutions littéraires et scientifiques dotées par l'État, on ne doit pas oublier l'*Institut*, avec ses cinq classes qui correspondent aux anciennes académies (Académie française, Académies des inscriptions et belles-lettres, des sciences morales et politiques, des sciences, et des beaux-arts), l'*Académie de médecine*, les *Observatoires*, etc.

Les *bibliothèques*, les *archives* nationales, les *musées*, dont les richesses lentement accumulées sont un des titres d'honneur de notre pays, les *théâtres* subventionnés par l'État, sont placés sous la surveillance du ministère de l'instruction publique et des beaux-arts.

TABLEAU DES SEIZE ACADÉMIES

CHEFS-LIEUX DES ACADÉMIES	DÉPARTEMENTS COMPRIS DANS LEUR RESSORT
1. Aix.	Alpes-Maritimes, Basses-Alpes, Bouches-du-Rhône, Corse, Var, Vaucluse.
2. Besançon.	Doubs, Jura, Haute-Saône, Belfort.
3. Bordeaux.	Dordogne, Gironde, Landes, Lot-et-Garonne, Basses-Pyrénées.
4. Caen.	Calvados, Eure, Manche, Orne, Sarthe, Seine-Inférieure.
5. Chambéry.	Savoie, Haute-Savoie.
6. Clermont.	Allier, Cantal, Corrèze, Creuse, Haute-Loire, Puy-de-Dôme.
7. Dijon.	Aube, Côte-d'Or, Haute-Marne, Nièvre, Yonne.
8. Douai.	Aisne, Ardennes, Nord, Pas-de-Calais, Somme.
9. Grenoble.	Hautes-Alpes, Ardèche, Drôme, Isère.
10. Lyon.	Ain, Loire, Rhône, Saône-et-Loire.
11. Montpellier.	Aude, Gard, Hérault, Lozère, Pyrénées-Orientales.
12. Nancy.	Meuse, Meurthe-et-Moselle, Vosges.
13. Paris.	Cher, Eure-et-Loir, Loir-et-Cher, Loiret, Marne, Oise, Seine, Seine-et-Marne, Seine-et-Oise.
14. Poitiers.	Charente, Charente-Inférieure, Indre, Indre-et-Loire, Deux-Sèvres, Vendée, Vienne, Haute-Vienne.
15. Rennes.	Côtes-du-Nord, Finistère, Ille-et-Vilaine, Loire-Inférieure, Maine-et-Loire, Mayenne, Morbihan.
16. Toulouse.	Ariège, Aveyron, Haute-Garonne, Gers, Lot, Hautes-Pyrénées, Tarn, Tarn-et-Garonne.

VII

ORGANISATION MILITAIRE ET MARITIME

Grands commandements. — Au point de vue militaire, la France est divisée en 18 circonscriptions de corps d'armée dont chacune comprend deux divisions et quatre subdivisions. Les chefs-lieux de commandements de corps d'armée sont : Lille, Amiens, Rouen, le Mans, Orléans, Châlons, Besançon, Bourges, Tours, Rennes, Nantes, Limoges, Clermont-Ferrand, Lyon, Marseille, Montpellier, Toulouse, Bordeaux. Paris est le siège d'un gouvernement militaire spécial. L'Algérie forme une dix-neuvième circonscription de corps d'armée.

Armée. — Le service personnel et obligatoire est la base de notre nouvelle organisation militaire. En principe tout citoyen français, âgé de plus de vingt ans, fait partie de l'armée active pendant 5 ans, de la réserve pendant 4 ans, de l'armée territoriale pendant 5 ans, et de la réserve de l'armée territoriale pendant 6 ans. Les conscrits, qui ont amené au tirage au sort les numéros les plus élevés, ne sont appelés que pendant un an. Les jeunes gens, qui présentent des garanties d'instruction constatées par des titres universitaires ou un examen spécial, sont autorisés à ne passer qu'un an sous les drapeaux, à condition de verser une somme de 1 500 francs qui représente les frais d'équipement, d'entretien, de nourriture. Si une loi récemment discutée était adoptée définitivement, ces diverses catégories seraient supprimées et tout le monde serait astreint, sans distinction, à trois ans de service effectif. Nos forces actives comptent environ 1 200 000 hommes sur le pied de guerre, y compris l'armée d'Algérie et les compagnies de dépôt. L'armée territoriale, sans la réserve, compterait 600 000 hommes.

L'infanterie de l'armée active se compose de 144 régiments de ligne à 4 bataillons et 2 compagnies de dépôt; 30 bataillons de chasseurs à pied, 4 régiments de zouaves, 4 régiments de tirailleurs algériens, 1 légion étrangère, 3 bataillons d'infanterie légère d'Afrique, 5 compagnies de discipline; la cavalerie comprend 12 régiments de cuirassiers, 26 de dragons, 32 de cavalerie légère, 4 régiments de chasseurs d'Afrique, 3 de spahis, et 27 escadrons d'éclaireurs et de cavalerie de remonte, en tout : 308 escadrons; l'artillerie, 533 batteries, dont 96 d'artillerie à pied, et 2 régiments de pontonniers; le génie, 4 régiments de sapeurs, et le train, 20 escadrons. La gendarmerie se compose de 32 légions. Les douaniers, les forestiers et les employés de chemins de fer fournissent, en temps de guerre, un contingent spécial. Les officiers se recrutent, en partie, parmi les sous-officiers, en partie parmi les élèves de *Saint-Cyr* et de l'*École polytechnique* (génie et artillerie). Ces derniers vont compléter leur éducation militaire à l'école d'application de *Fontainebleau*.

Préfectures maritimes. — Le littoral est divisé, au point de vue maritime, en cinq *arrondissements* gouvernés par un préfet maritime. Les chefs-lieux de préfectures sont : Cherbourg, Brest, Lorient, Rochefort et Toulon, nos cinq grands ports militaires.

Inscription maritime. — La marine se recrute par engagements volontaires, par le tirage au sort et par l'*inscription maritime*, qui astreint au service sur les navires de l'État tout pêcheur ou matelot de 18 à 50 ans. En fait, le marin inscrit est appelé à 20 ans révolus : il doit 5 ans de service actif, 4 ans dans la réserve, et, après cette seconde période, il passe immédiatement dans la réserve de l'armée territoriale.

Effectif maritime. — Le personnel embarqué compte environ 20 à 26000 hommes, sans y comprendre les troupes d'infanterie et d'artillerie de marine (24000 hommes).

L'effectif de la flotte de guerre, en 1884, était de 355 bâtiments dont 20 cuirassés de premier rang, 12 de second rang, 16 gardes-côtes cuirassés, 22 grandes canonnières et 26 chaloupes, 57 croiseurs, 39 avisos, 61 grands transports, 32 torpilleurs et 60 bâtiments à voiles.

VIII

AFFAIRES ÉTRANGÈRES, TRAVAUX PUBLICS, COMMERCE ET COLONIES, AGRICULTURE, POSTES ET TÉLÉGRAPHES

Affaires étrangères. — Le ministère des affaires étrangères, avec ses deux grandes directions des *affaires politiques* et des *affaires commerciales*, a sous ses ordres tout le personnel diplomatique français à l'étranger : ambassadeurs, ministres plénipotentiaires, chargés d'affaires, consuls, agents consulaires, etc.

Travaux publics. — Le ministère des travaux

publics a pour auxiliaires deux corps dont la constitution remonte au dix-huitième siècle, les *Ponts et chaussées* et les *Mines*, qui se recrutent dans les écoles des *Ponts et chaussées* et des *Mines*, et fournissent les ingénieurs chargés de diriger ces deux services. Le territoire est divisé en 16 inspections générales des *Ponts et chaussées* et 5 inspections des *Mines*. Le ministre est assisté d'un *Conseil général des ponts et chaussées*, d'un *Conseil général des mines*, d'un *Conseil général des bâtiments civils*, d'une *Commission centrale des chemins de fer*, d'une *Commission des phares*, d'une *Commission des machines à vapeur*.

Agriculture. — Le ministre de l'agriculture, assisté par un *Conseil supérieur* et des *Inspecteurs généraux*, a dans ses attributions les *Comices agricoles*, les *Sociétés* et les *Chambres consultatives d'agriculture*, les Écoles d'agriculture et les *Écoles vétérinaires*, la direction des *eaux et forêts*, dont les agents se recrutent par l'École forestière de Nancy, et la direction des *haras*.

Commerce. — Le ministre du commerce, assisté par un *Conseil supérieur du commerce et de l'industrie*, un *Comité consultatif des arts et manufactures* et diverses autres commissions, a la haute direction des *Écoles d'arts et métiers*, du *Conservatoire des arts et métiers*, de l'*École centrale*, des *Chambres de commerce*, des *Chambres consultatives des arts et manufactures*, et du service de la *Statistique générale*. L'administration des *colonies* doit être rattachée à ce ministère.

Enfin, les **Postes** et **Télégraphes** forment un ministère distinct.

RÉSUMÉ

I. La *population* est de 37,672,000 habitants; 71 par kilomètre carré. Dix villes seulement ont plus de 100,000 habitants.

La région du nord, celle du nord-ouest et celle du nord-est sont les plus peuplées. Les départements les moins peuplés sont la Lozère, les Hautes et Basses-Alpes, les Landes et la Corse.

II. Les langues parlées en France sont, outre le français qui est celle de l'immense majorité, l'italien en Corse et à Nice, le basque dans les Basses-Pyrénées, le breton dans la Basse-Bretagne, le flamand dans la Flandre maritime.

Les anciens dialectes des diverses provinces de la langue d'oil et de la langue d'oc se sont maintenus dans le langage populaire.

III. *Gouvernement.* — La forme du gouvernement est une république ; le pouvoir exécutif appartient à un *président* nommé pour sept ans et à des *ministres* responsables, et le pouvoir législatif à un *Sénat* et à une *Assemblée* nommée par le suffrage universel.

Divisions administratives. — La France, qui se divisait avant 1789 en 40 gouvernements militaires et 33 généralités ou intendances, est divisée depuis 1789 en *départements* administrés par des *préfets* et par des *Conseils généraux* élus : le département se subdivise en *arrondissements* administrés par des *sous-préfets* et des *conseils d'arrondissement*, l'arrondissement en *cantons*, le canton en *communes* administrées par des *maires* et des *conseils municipaux*.

IV. *Divisions financières.* — Les impôts directs sont perçus par des *trésoriers-payeurs généraux* (1 par département), des *receveurs particuliers* (1 par arrondissement), et des *percepteurs* : les impôts indirects par des administrations spéciales (douanes, enregistrement, timbre, etc.) et par le service des contributions indirectes. Le budget des recettes et celui des dépenses dépassent 3 400 000 000 francs ; la dette publique représente un capital de plus de 25 milliards.

V. *Divisions judiciaires*, — Il existe une *justice de paix* par canton, un *tribunal de première instance* par arrondissement, 26 *cours d'appel*, et une *cour de cassation* qui siège à Paris.

Divisions religieuses. — La majorité de la population est catholique. La France catholique est divisée en 17 archevêchés et 67 évêchés. L'administration des cultes dépend du ministère de la justice.

VI. *Instruction publique.* — La France est divisée, au point de vue de l'instruction publique, en 16 académies : on distingue l'*instruction primaire*, donnée dans les écoles (5,400,000 élèves) ; l'*instruction secondaire*, donnée dans les lycées, collèges, etc. (200,000 élèves) ; et l'*instruction supérieure*, donnée dans les facultés, et les écoles spéciales. L'administration des Beaux-Arts dépend du ministère de l'instruction publique.

VII. *Divisions militaires.* — Il y a aujourd'hui 18 régions militaires correspondant aux 18 corps d'armée.

Le service militaire est personnel et obligatoire ; l'armée se compose de l'armée active (1,200,000 hommes sur le pied de guerre avec la réserve), de la réserve et de l'armée territoriale.

Divisions maritimes. — Le littoral est divisé en 5 préfectures maritimes, Cherbourg, Brest, Lorient, Rochefort et Toulon.

La marine se recrute surtout par l'*inscription maritime*. La flotte compte 295 bâtiments à vapeur dont 48 cuirassés.

VIII. Les services des *affaires étrangères* (ambassades, légations, consulats), des *travaux publics* (ponts et chaussées, chemins de fer, mines); de l'*agriculture* (comices agricoles, eaux et forêts, haras); du *commerce* (chambres de commerce, écoles commerciales et industrielles, statistique) et des *colonies*; des *postes et télégraphes* forment des ministères distincts.

Exercices

Indiquer sur une carte de la France par départements les chefs-lieux de circonscriptions militaires et d'académies, les sièges de cours d'appel, les archevêchés.

Carte comparée des anciennes divisions en généralités et gouvernements militaires avec les divisions administratives et militaires contemporaines.

Lectures

Statistiques publiées par les différents ministères.
M. BLOCK. *Annuaire de la statistique*.
M. BLOCK. *Entretiens familiers sur l'organisation de notre pays*, 3 vol. in-16.

LIVRE III

GÉOGRAPHIE ÉCONOMIQUE

CHAPITRE PREMIER

Géographie agricole.

I

INTRODUCTION

La géographie économique se propose d'étudier la production sous ses diverses formes et le commerce.

Qui dit *commerce*, dit échange d'une marchandise contre une autre marchandise, contre une monnaie, ou contre une valeur quelconque qui représente le prix de l'objet échangé.

La première chose à considérer dans ce trafic, c'est la *matière même de l'échange;* les opérations du commerçant supposent le travail du producteur, qui les précède et qui les appelle.

La Géographie économique doit donc, en suivant l'ordre tracé par la nature, indiquer les objets qui sont ou qui peuvent devenir matière à échange. L'agriculture, le travail des mines, l'industrie sous toutes ses formes, telles sont les trois grandes sources qui alimentent le commerce. Leurs produits se divisent en *denrées alimentaires* ou *objets de consommation naturels, matières premières* nécessaires à l'industrie, et *objets manufacturés.*

Là où finit le rôle de l'agriculteur, du mineur et du fabricant, commence celui du commerçant, qui consiste à acheter pour revendre, et à servir d'intermédiaire entre celui qui produit et celui qui consomme.

Le commerce se fait partout. Il est cependant certains lieux que leur position, leur accès facile, l'importance de leur population désignent comme des centres de transactions commerciales ; ces *lieux d'échange*, ce sont les marchés, qui vont s'élargissant depuis l'humble marché du chef-lieu de canton, où le paysan des villages voisins apporte ses fruits, ses légumes ou ses volailles, jusqu'aux gigantesques entrepôts de Paris ou de Londres, où viennent s'entasser les produits du monde entier.

L'existence d'un marché, petit ou grand, suppose des *voies de communication* et des moyens de transport ; et, plus les unes sont nombreuses et faciles, les autres sûrs et rapides, plus les relations se multiplient, plus le commerce et la prospérité publique se développent.

La Géographie économique doit donc étudier les marchés, les routes, les chemins de fer, les lignes télégraphiques, les voies de navigation intérieure, fleuves et canaux, les ports et les grandes lignes de navigation maritime qui viennent y aboutir.

Quant le commerçant connaît la nature des marchandises que lui offre tel ou tel marché, et la route qui l'y conduit, il lui reste à savoir avec qui il aura à traiter, quel est le mode d'échange, quelles sont les conditions du trafic, conditions qui varient profondément avec le caractère, les usages commerciaux, la civilisation des différents peuples, avec le régime financier, les conventions internationales d'après lesquelles s'opèrent les échanges, l'organisation du crédit, etc.

La Géographie économique devra donc donner, sur ces différents points, des renseignements généraux qui permettent au commerçant de ne pas borner ses opérations et ses connaissances pratiques au cercle étroit de sa ville, de son département ou de son pays.

De l'ensemble des circonstances qui précèdent, production naturelle et industrielle, situation géographique, voies de communication, état de la civilisation, législation commerciale, dépendent le mouvement et la nature des échanges qui se divisent en *commerce intérieur* et *commerce extérieur*. Dans le mouvement général des marchandises qui sortent du territoire ou qui y entrent, on doit distinguer celles qui proviennent du sol et de l'industrie nationale, ou qui sont destinées à la consommation intérieure et qui constituent le *commerce spécial*, et celles qui, destinées à la réexportation, et de provenance étrangère, ne font que passer, ou séjournent dans les entrepôts spécialement affectés à cet usage : ce sont celles qui constituent le *commerce de transit* et de *réexportation*.

Il est inutile d'insister sur l'importance pratique d'une pareille étude. « A une époque où le commerce n'était
» guère distinct des deux sources qui l'alimentent, le
» petit fabricant débitait lui-même, et l'on pouvait passer
» sa vie à acheter ou à vendre certains objets déterminés
» dans un lieu donné. Aujourd'hui, les inventions, les
» perfectionnements et les moyens rapides de transport
» ont changé les conditions d'existence des marchés
» publics. Les anciennes denrées ont été transformées,
» d'autres ont été créées ; chaque jour des cultures nou-

» velles s'établissent et les fabriques s'ouvrent des débou-
» chés qui donnent lieu à des combinaisons que l'ancien
» commerce ne connaissait pas et qui assurent plus que
» jamais l'avantage au mieux renseigné et au plus ins-
» truit (1). » La popularité des études de géographie
économique en Angleterre, aux États-Unis, en Allemagne, suffirait à en démontrer l'utilité, par le prix
qu'y attachent les peuples les plus commerçants du
monde.

II

CLIMAT. — NATURE DU SOL. — ZONES DE CULTURE

La première des trois sources qui alimentent le commerce, la production agricole, est subordonnée à une
double action physique que le travail de l'homme peut
modifier, mais dont il ne triomphe jamais complètement :
le climat et la nature du sol.

Climat de la France (2). — La France, située tout
entière dans la zone tempérée, ne connaît ni les froids
excessifs qui engourdissent la végétation, ni les chaleurs
brûlantes qui la dessèchent : l'écart entre la température
moyenne de l'hiver et celle de l'été ne dépasse pas 10 ou
12 degrés centigrades. Cependant, grâce à l'étendue du
territoire et aux expositions diverses, rien n'est moins
uniforme que le climat de la France, qui réunit et résume
pour ainsi dire tous les climats européens. Au nord et au
nord-ouest les brumes, mais aussi l'humidité féconde de
la Hollande et de l'Angleterre (*climat séquanien*). Au
centre, dans la vallée de la Loire, la tiède température
de la Touraine, qui rappelle celle de la Lombardie ; sur
les plateaux du Limousin et de l'Auvergne, les orages, les
pluies, les longs hivers et les neiges des pays de montagnes. A l'ouest et au sud-ouest l'égalité des climats
maritimes (*climat girondin*). Au sud, le soleil d'Espagne
et d'Italie (*climat méditerranéen*). Au sud-est, dans la

(1) Extrait du *Bulletin administratif*, n° 184 (Méthodes d'enseignement).
(2) Voir le livre Ier, chapitre IV.

vallée du Rhône, des pluies et des orages fréquents, et une température moyenne de 10 à 12 degrés centigrades (*climat rhodanien*). Enfin au nord-est des hivers rigoureux et des étés chauds, mais courts (*climat vosgien*).

Zones de culture. — Grâce à cette variété de climats, la France réunit aux cultures des pays du nord, celles des contrées méridionales.

1° *La zone des céréales*, qui réussissent en Europe jusqu'au 65° degré de latitude nord, embrasse toute la superficie de la France.

2° *La zone de la vigne* part de l'embouchure de la Loire, passe au nord de Paris, et finit à l'endroit où la Meuse sort du territoire français. La vigne peut supporter des froids assez intenses, mais à condition que la chaleur de l'été compense les rigueurs de l'hiver; aussi ne réussit-elle pas dans les climats humides et brumeux, comme ceux de la Flandre, de la Normandie et de la Bretagne, tandis qu'elle mûrit, malgré les neiges et les glaces, sous le soleil plus chaud et le ciel plus sec de l'Alsace et de la Lorraine.

3° *La zone du maïs* remonte obliquement des bouches de la Garonne jusqu'au confluent de la Lauter et du Rhin; bien qu'il préfère les températures élevées et les riches terrains du Midi, le maïs réussit dans les vallées de la région du centre et résiste aux vents glacés du Limousin et aux gelées de l'Alsace.

4° *La zone de l'olivier* s'étend du littoral de la Méditerranée aux Cévennes méridionales, et remonte dans la vallée du Rhône jusqu'à la hauteur de Valence.

5° Enfin, l'*orange* mûrit sur les bords de la Méditerranée, en Corse et dans quelques cantons de la Provence et du comté de Nice, abrités par les montagnes contre les vents du Nord.

Influence de l'altitude, de l'exposition, etc. — Le climat n'est pas la seule cause qui agisse sur la distribution des cultures; la température varie dans une même zone suivant l'*altitude* ou élévation au-dessus du niveau de la mer, suivant l'*exposition*, suivant la nature de la

GÉOGRAPHIE AGRICOLE.

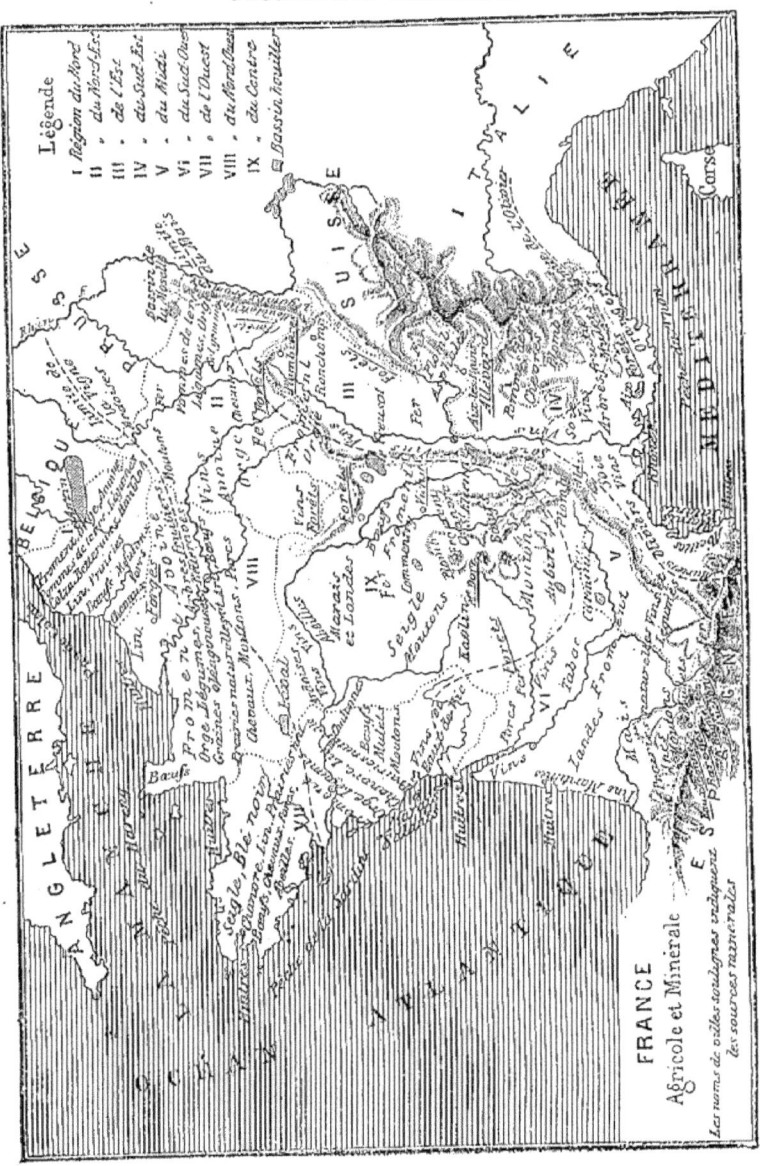

Carte XIV.

végétation. Dans les pays boisés, les froids sont plus vifs; la vigne qui couvre les coteaux de la Côte-d'Or s'arrête au pied des Cévennes et des monts du Morvan; et telle vallée de l'Isère exposée au midi produit le mûrier et la vigne, tandis que la vallée voisine, ouverte aux vents du nord, ne saurait cultiver même le froment.

L'économie et la facilité des transports, le voisinage des grandes villes, exercent également une puissante influence; mais après le climat, la condition la plus importante, c'est la nature du sol.

Nature du sol. — La variété du climat de la France se retrouve dans sa constitution géologique.

1° Au *nord* et au *nord-ouest*, dans la région privilégiée des céréales et des cultures industrielles, la **Flandre**, l'**Artois** et la **Picardie** sont des pays de plaines de formation tertiaire, en partie couvertes de riches terrains d'alluvion.

La **Normandie**, avec ses collines crayeuses et ses fraîches vallées, couvertes d'une couche épaisse de terre végétale, le *Perche* accidenté et fertile, le *Cotentin* avec ses roches granitiques et ses terrains de transition, se prêtent à la création des prairies et à l'élève du bétail.

La **Bretagne**, terre de schiste et de granit, rongée par les vagues et enveloppée de brouillards, transforme lentement en terres arables et en prairies, ses bruyères et ses pâturages.

L'**Ile-de-France** et le nord de l'**Orléanais** (Beauce), vastes plaines calcaires (terrains tertiaires), au sol peu profond, au sous-sol argileux, joignent à la culture des céréales toutes les variétés de productions agricoles.

2° *Dans la zone de la vigne et du maïs* s'étendent, des côtes de l'Océan aux Vosges et aux Alpes :

Le **Béarn**, sillonné par les rameaux des Basses-Pyrénées; la **Gascogne** avec ses terrains argilo-calcaires et ses landes sablonneuses semées de pins et de chênes-lièges; la **Guienne** (formation tertiaire), avec son riche terreau, ses coteaux pierreux et ses marécages transformés en prairies :

Le **Poitou** et l'**Angoumois**, au sol granitique ou calcaire (formation jurassique), entrecoupé de quelques bancs d'argile:

L'**Anjou** et le **Maine** où dominent les terrains schisteux et granitiques:

La **Touraine** à qui son doux climat a valu le surnom de jardin de la France, malgré les marais de la *Brenne* (terrains tertiaires):

Le **Berry**, plaine argileuse, coupée d'étangs et de marécages, de même que la *Sologne* (Loir-et-Cher, Loiret), au sol sablonneux, au sous-sol argileux et imperméable que transforment aujourd'hui le drainage, les canaux et le reboisement:

Le **Limousin** et l'**Auvergne** avec leurs plateaux granitiques, leurs volcans éteints, et le bassin de la *Limagne*, ce grand lac desséché dont la fertilité n'a pas d'égale en Europe:

La **Bourgogne,** argileuse et marécageuse, sur la rive gauche de la Saône (les *Dombes*), pierreuse et formée en partie de terrains jurassiques sur la rive droite:

La **Franche-Comté,** couverte par les rameaux du Jura, la **Savoie** et le **Dauphiné** que les Alpes entourent d'une ceinture de granit, de glaciers et de neiges éternelles:

La **Lorraine** avec ses plateaux calcaires (formation jurassique) que sillonnent les fertiles vallées de la Moselle et de la Meuse:

La **Champagne** crayeuse, avec ses bruyères et ses coteaux pierreux couverts de vignes.

3° Enfin dans la *région de l'olivier:*

La **Provence** avec son soleil italien et ses vents glacés, ses déserts de pierre et ses riches alluvions, ses montagnes stériles et ses vallées où s'abritent l'olivier et l'oranger.

Le **Languedoc** et le **Roussillon** sillonnés par les rameaux des Cévennes (plateaux jurassiques des *Causses*) et des Corbières, et dominés par les cimes neigeuses des Pyrénées.

La **Corse**, couverte de montagnes, appartient en grande partie aux formations primitives.

C'est par l'analogie du climat, des terrains et des productions que s'explique la permanence des anciens noms de *Provinces* et de *Pays*, que nous venons de citer dans ce tableau, et qui, dépourvus aujourd'hui de toute signification politique, servent encore à désigner certaines régions géologiques et agricoles nettement déterminées par la diversité du sol et des cultures.

Division du terrain agricole. — Sur 49 millions d'hectares qui représentent la superficie du territoire, en déduisant l'espace occupé par les cours d'eau et les terrains bâtis, les terres improductives ne comptent que pour 4 ou 5 millions : ce domaine de la stérilité, trop vaste encore, se réduit chaque jour, grâce au reboisement de nos montagnes, aux canaux d'irrigation, au drainage, à l'emploi de la marne et de la chaux qui transforment les marais de la Brenne (Indre), des Dombes (Ain), et de la Sologne (Cher, Loiret, Loir-et-Cher), ou les plaines basses et inondées de la Corse.

Ces 49 millions d'hectares se divisent :
1° En *terres arables* ou *labourables*.
2° *Prairies naturelles*.
3° *Pâturages secs*.
4° *Vignes, jardins et vergers, arbres fruitiers*.
5° *Bois et forêts*.

III

TERRES ARABLES ; CULTURES ALIMENTAIRES

Les terres labourables comprennent environ 26 millions d'hectares, répandus sur toute la surface de la France.

Le mode d'exploitation varie suivant la nature des terrains, l'étendue des propriétés, et les traditions du cultivateur. Ce qui constitue le système de culture ou les *assolements*, c'est l'ordre dans lequel se succèdent les diverses cultures auxquelles se prête un sol déterminé.

La culture est dite *nomade* dans les pays où la vaste étendue des terres incultes permet au laboureur de ne demander à un champ qu'une seule récolte, et de le laisser ensuite en friche pendant plusieurs années. Ce système est à peu près inconnu en France.

L'assolement est dit *biennal, triennal,* etc..., lorsqu'il comprend deux ou trois années successives de cultures diverses.

L'assolement *biennal*, presque seul employé par les anciens, est encore usité dans certains départements de l'ouest et du midi, qui font succéder à une céréale, une année de jachère *morte* (sans culture), ou de jachère *verte* consacrée à la culture de plantes fourragères qu'on enfouit comme engrais, ou qu'on récolte pour la nourriture des animaux.

L'assolement *triennal*, qui comprend d'ordinaire une année consacrée à la jachère, est encore très répandu dans nos provinces du centre et du midi.

L'assolement *quatriennal alterne*, a pour principe de faire alterner les cultures dites améliorantes (trèfle, luzerne, et autres légumineuses...), avec les cultures épuisantes (céréales, betteraves, etc.). Il est usité dans nos provinces du nord, en Normandie, dans l'est et dans quelques départements du Languedoc.

Il existe un très grand nombre d'autres systèmes d'assolements de cinq, six et même dix ans, mais ils sont beaucoup moins répandus que les précédents.

Les cultures *maraîchères* (légumes, etc.), qui donnent des bénéfices considérables, mais qui exigent des engrais abondants, ne sont possibles que dans les provinces riches en bétail, et où la culture est très avancée : les environs des grandes villes, la région parisienne, les départements du nord et du nord-est sont les principaux centres de ce mode d'exploitation agricole.

On appelle culture *extensive,* celle qui s'exerce sur un terrain étendu par rapport au capital employé : culture *intensive*, celle qui applique à un terrain d'une étendue médiocre un capital relativement considérable.

Les prairies naturelles sont une culture *extensive*.

La culture maraîchère est une culture *intensive*.

Céréales. — La culture la plus répandue et la plus importante est celle des céréales, qui occupe 15 millions d'hectares et dont la production moyenne est évaluée à 250 millions d'hectolitres, chiffre supérieur aux besoins de la consommation.

Le tableau suivant fera connaître la distribution des différentes cultures et le rapport de la production à la consommation moyenne.

CÉRÉALES

	SUPERFICIE CULTIVÉE	PRODUCTION MOYENNE	CONSOMMATION ET SEMENCE
	hectares.	hectolitres.	hectolitres.
Froment......	6 950 000	104 à 110 000 000	94 à 96 000 000
Seigle, Méteil.	2 400 000	34 000 000	34 000 000
Orge, Sarrasin.	1 700 000	31 000 000	30 000 000
Maïs, Millet...	650 000	10 000 000	10 000 000
Avoines.......	3 200 000	71 000 000	71 000 000
Légumes secs.	330 000	4 800 000	3 500 000

Le nombre d'hectares ensemencés en froment s'est accru de 50 %, de 1820 à 1882; la production a plus que doublé, et le rendement moyen par hectare s'est élevé de 9 hectolitres à 15.

Les départements qui produisent le plus de froment, sont :

Dans la région du nord, le Nord, le Pas-de-Calais, l'Aisne, l'Oise, la Somme.

Dans la région du nord-ouest et du centre, l'Eure-et-Loir, l'Eure, une partie des départements de Seine-et-Oise et du Loiret, immense plaine calcaire, connue encore aujourd'hui sous son vieux nom de Beauce, et dont la ville de Chartres est le principal marché; le département de Seine-et-Marne, avec les riches vallons de la Brie; la Seine-Inférieure, le Puy-de-Dôme, avec la merveilleuse vallée de la Limagne.

Dans la région de l'ouest, le Maine-et-Loire, la Vendée, la Mayenne, la Vienne, la Loire-Inférieure.

Dans la région du sud-ouest et du *midi*, la Haute-Garonne, le Gers, le Lot-et-Garonne, le Tarn-et-Garonne.

Dans la région de l'est et du *sud-est*, les départements de Saône-et-Loire et de l'Isère (Grésivaudan).

Le seigle, qui autrefois le disputait au froment, n'est plus cultivé pour la nourriture des habitants que dans nos départements du centre, en Bretagne et en Champagne (Marne), le maïs, dans la région des Pyrénées et des Cévennes. L'orge a presque disparu de l'alimentation publique, sauf en Bretagne et en Corse; la Champagne, la Bourgogne (Côte-d'Or), le Cotentin, le Maine, ne le cultivent plus que pour la distillation, la fabrication de la bière et la nourriture des bestiaux et de la volaille.

Fig. 58. — Maïs (la longueur de la tige est de 0^m,60 à 2 mètres; celle de l'épi de 0^m,10 à 0^m,20).

Quant aux avoines, que la France exporte rarement, et qui sont absorbées par la consommation intérieure, la Beauce, la Brie, la Champagne, la Picardie, la Flandre, la Bretagne, sont les grands centres de culture.

Les départements où la récolte des céréales est insuffisante, sont les régions montagneuses des Vosges, du

Doubs, du Jura, des Basses-Alpes, des Hautes-Alpes, de la Lozère, les trois départements les moins peuplés de la France, par rapport à leur superficie, des Alpes-Maritimes, du Cantal, de l'Ardèche, de l'Aveyron, de la Creuse, des Hautes-Pyrénées; les Landes avec leurs sables, l'Ille-et-Vilaine et le Morbihan, avec leurs bruyères, et leurs genêts; la Corse avec ses forêts et ses plaines marécageuses; le Rhône et la Seine, avec leur superficie peu considérable, et leur immense population.

La culture des céréales en France et en particulier celle du froment est menacée par la concurrence des blés de Russie, de Hongrie, et surtout de l'Amérique du Nord, qui rendus en Europe se vendent dans les années moyennes à un prix égal ou inférieur à celui des blés français. Le prix élevé du sol et de la main-d'œuvre, la division de la propriété et les ressources insuffisantes des petits cultivateurs rendent difficile une lutte qui exigerait l'emploi de procédés perfectionnés et des avances de fonds hors de proportion avec la fortune et le crédit de la plupart des propriétaires ruraux.

Fig. 59. — Chanvre. (La tige dont on ne voit ici qu'une partie, est longue de 1^m,50 à 2^m,50.)

Pommes de terre. — La culture de la pomme de terre est pour ainsi dire le complément de celle des céréales : elle occupe près de 1 200 000 hectares et produit plus de 130 millions d'hectolitres : c'est une ressource précieuse pour les pays de montagnes, pour les terrains maigres ou sablonneux, où les céréales réussissent difficilement. Aussi, les départements où cette culture a le plus d'extension sont-ils les Vosges, la Meurthe-et-Moselle, la Haute-Saône, la Saône-et-Loire, l'Isère, le Puy-de-Dôme, l'Ardèche, le Rhône, la Loire, la Côte-d'Or, la Haute-Marne, au sol accidenté et sillonné par les rameaux des Vosges, des Cévennes, des Alpes, des monts d'Auvergne et du Limousin ; la région du Nord avec ses terrains sablonneux (Pas-de-Calais, Somme, Aisne, Nord); le Maine-et-Loire, la Sarthe, les Ardennes, l'Allier, aux terres sèches et schisteuses. La moyenne des terrains consacrés, dans ces départements, à la culture de la pomme de terre, varie entre 22 000 et 30000 hectares.

Les prairies artificielles qui alternent dans les mêmes terrains avec les céréales, la pomme de terre, etc., appartiennent aussi aux terres arables et rentrent dans la catégorie des cultures alimentaires dont les produits sont indispensables à l'élevage du bétail.

IV

CULTURES INDUSTRIELLES

Betteraves. — Une culture autrefois dédaignée, la *betterave*, est devenue, depuis que l'industrie sait en tirer l'alcool et le sucre, une de nos principales cultures industrielles, précieuse en même temps pour la nourriture du bétail. Elle occupe plus de 260000 hectares et fournit à la distillation et à la raffinerie 85 à 100 millions de quintaux métriques. Nos départements du nord, l'Oise, l'Aisne, la Somme, le Pas-de-Calais, le Nord, sont les principaux centres de production comme de fabrication ; mais cette culture, comme celle des céréales traverse une crise dangereuse. Notre industrie sucrière, compromise par un mauvais système d'impôts, lutte avec peine contre celle de l'Allemagne et de l'Autriche et ses souffrances rejaillissent sur l'agriculture.

Le *houblon*, l'un des éléments de la fabrication de la

bière, est cultivé en Flandre, en Lorraine, en Bourgogne, et fournit annuellement de 45 à 53 000 quintaux métriques.

Plantes oléagineuses. — Les *plantes oléagineuses:* *colza, œillette, navette, cameline, chènevis, lin* (4 200 000 hectolitres de graines), cultivées surtout dans la Normandie, la Flandre, la Bourgogne, l'Artois, le Toulousain et l'Agénois, se répandent dans tout le reste de la France, à mesure que les besoins de l'industrie grandissent et que se développe l'intelligence de nos vrais intérêts agricoles.

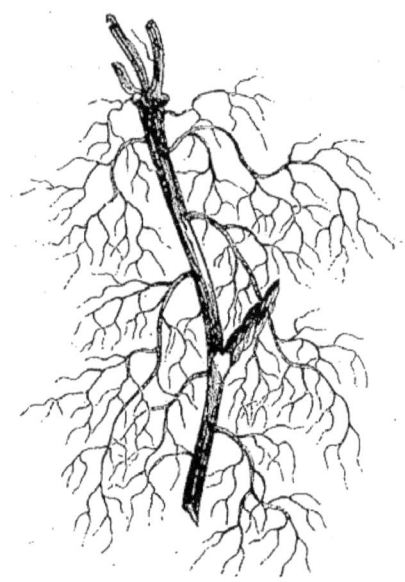

Fig. 60. — Le lin. (Hauteur de la tige 0ᵐ,50.)

Fig. 61. — Racine de garance. (La racine est de la grosseur d'un tuyau de plume.)

Plantes textiles. — Les *plantes textiles*, le *lin* et le *chanvre* (200 000 hectares), qui fournissent à la fois des filaments et des graines oléagineuses, produisent plus d'un million de quintaux. Les chanvres les plus estimés sont ceux d'Anjou, du Maine, du Cotentin, du Poitou, de Bretagne, de Bourgogne, d'Auvergne, et de Touraine; les meilleurs lins proviennent de l'Artois, de la Picardie, de la Flandre, de la Normandie, de la Bretagne, du Maine, de l'Anjou, et de la Gascogne.

Plantes tinctoriales. — *Parmi les plantes tinctoriales*, la *garance* (département de Vaucluse), était autrefois la plus cultivée, mais les découvertes de la chimie en substituant aux extraits de garance des produits de la houille ont complètement ruiné cette culture. Le *safran* se cultive dans les départements d'Eure-et-Loir, du Loiret, de Vaucluse ; la *gaude*, dans la Seine-Inférieure, le *pastel* en Normandie et en Languedoc.

Tabac. — Toutes ces cultures jouissent de la plus complète liberté ; il n'en est pas de même de celle du tabac, qui est soumise au contrôle de l'Etat, et qui n'est autorisée que dans 18 départements : le Nord, le Pas-de-Calais, la Meurthe-et-Moselle, la Haute-Saône, l'Ille-et-Vilaine, le Puy-de-Dôme, le Lot, le Lot-et-Garonne, la Dordogne, la Gironde, les Landes ; les Hautes-Pyrénées, les Bouches-du-Rhône, le Var, les Alpes-Maritimes, la Savoie, la Haute-Savoie et la Corse. Elle occupe environ 15 000 hectares et produit annuellement 19 à 20 millions de kilogrammes.

Fig. 62. — Le tabac ordinaire. (Hauteur de la tige 2 mètres environ.)

V

PRAIRIES ET PATURAGES

Les *Prairies* occupent une étendue de plus de 7 millions d'hectares. Elles se divisent en *prairies naturelles* et *prairies artificielles*.

Prairies naturelles. — Les *prairies naturelles* exigent un sol humide et frais et un climat tempéré; les prairies basses, situées sur le bord des cours d'eau, fournissent des foins plus abondants; celles qui sont placées sur le penchant des collines, ou dans les hautes vallées, produisent des fourrages plus substantiels.

Nos principaux pays d'herbages sont : sur le littoral de la Manche, la Normandie (vallée d'Auge, Cotentin, Perche); sur le littoral de l'Océan, la Bretagne, la Vendée, l'Aunis, le département de la Gironde; sur celui de la Méditerranée, le delta de la Camargue (Bouches-du-Rhône) : dans le centre de la France, le Berry, la Marche, le Rouergue, l'Auvergne et le Limousin; dans l'est, les fraîches vallées de la Lorraine, de la Franche-Comté et de la Bourgogne (Charolais).

Irrigation. — L'irrigation, pratiquée avec tant de succès en Lombardie et en Espagne, donne une immense supériorité aux prairies où l'on peut conduire les eaux : le climat et la nature du sol la rendent moins nécessaire dans la plupart de nos herbages de l'ouest et du centre : dans le midi, les canaux d'arrosage sont une des premières conditions de la richesse agricole, et les régions les plus fertiles, le Roussillon, le département de la Haute-Garonne (canal de Toulouse à Saint-Martory), celui de Vaucluse (canal de la Durance), celui du Var (canaux de dérivation de l'Argens), sont en même temps les mieux irriguées.

Prairies artificielles. — Les *prairies artificielles* occupent plus de 3 millions d'hectares, principalement dans l'Eure-et-Loir, l'Eure, la Marne, l'Aisne, l'Oise, la

Somme, la Seine-Inférieure, l'Orne, la Sarthe, la Mayenne, le Cher, la Manche, le Loiret, le Pas-de-Calais, les Ardennes et la région de Paris.

Elles se répandent dans le midi.

Le trèfle, la luzerne, le sainfoin, le lupin, le ray-grass et plus de 300 variétés de plantes fourragères permettent au cultivateur de varier à l'infini, suivant la nature du sol, les produits des prairies artificielles. En activant la production du bétail, en remplaçant la jachère par des cultures améliorantes, qui laissent reposer le sol épuisé, les prairies artificielles sont appelées à rendre d'immenses services à l'agriculture et surtout aux régions de céréales dont elles peuvent doubler la production.

Pâturages secs. — Les *pâturages secs*, landes, pâtis, etc., occupent encore plus de 3 millions d'hectares, dans les pays de montagnes, tels que la France centrale, les régions des Alpes et des Pyrénées, dans les plaines arides de la Provence et de la Gascogne, ou dans les terres à bruyères du Poitou et de la Bretagne. Ils ne sont vraiment utiles que là où la culture est impossible et le reboisement difficile, sur les pentes escarpées des montagnes, où le gazonnement peut fixer les terres, prévenir les inondations et le dépouillement des sommets. Partout ailleurs, leur produit est insignifiant et ne saurait être comparé à celui des cultures même les moins avantageuses.

VI

VIGNES ET ARBRES FRUITIERS

Les vignes et les vins. — Après les céréales, le plus riche produit de notre agriculture, et celui qui joue le rôle le plus important dans le commerce intérieur et extérieur de la France, c'est la vigne, qui occupe 2 millions d'hectares, et qui produit, suivant l'abondance de la récolte, 32 à 60 millions d'hectolitres de vin; mais les ravages du phylloxéra ont porté un coup terrible sinon mortel à notre industrie vinicole. Avant l'invasion du phylloxéra les vignes couvraient 2500000 hectares, et produisaient 50 à 80 millions d'hectolitres.

Sur nos 87 départements, onze seulement ne cultivent pas la vigne. Ce sont ceux du Nord, Pas-de-Calais, Somme, Seine-Inférieure, Calvados, Manche, Côtes-du-Nord, Finistère, Morbihan, Ille-et-Vilaine et la Creuse, dont le climat froid et humide, et le soleil sans chaleur, ne laisseraient pas arriver le raisin à maturité.

La France peut se diviser, au point de vue de la production vinicole, en six grandes régions.

1° *Celle du sud* comprend la Corse, les Pyrénées-Orientales, l'Aude, l'Hérault, avec ses crus célèbres de Frontignan et de Lunel; le Gard, les Bouches-du-Rhône, le Var, les Basses-Alpes et les Alpes-Maritimes. Les vins de liqueur (*muscats, rancios, grenaches*), et d'autres plus communs, mais recherchés à cause de leur couleur et de leur vinosité pour le coupage ou pour la fabrication des eaux-de-vie et connus sous le nom de vins du Roussillon, de Narbonne, de Montpellier, dominent dans la production de la région méridionale. C'est celle qui, jusqu'ici, a le plus souffert du *phylloxéra*.

2° *Celle du sud-est* comprend les départements du Rhône, de l'Ardèche, de Vaucluse, dont les vignobles, célèbres sous le nom de *Côtes du Rhône*, renferment des crus qui jouissent d'une réputation européenne : Saint-Péray, Côte-Rôtie, Châteauneuf-du-Pape; la Drôme, avec ses fameux vins de l'Ermitage, la Loire (vins de *Renaison*), les Hautes-Alpes, l'Isère (vins de la *Côte-Saint-André*), la Savoie et la Haute-Savoie.

3° *Celle de l'est* comprend les départements de l'Ain, du Jura, avec les crus d'Arbois et de Poligny; du Doubs, de la Meuse et de la Meurthe-et-Moselle, avec leurs plants communs, mais abondants; de la Marne, dont les vins blancs et mousseux, si connus sous le nom de Champagne, proviennent surtout des districts de Sillery, d'Aï, d'Épernay, de Reims, d'Avize, etc..., qui livrent chaque année au commerce 7 à 8 millions de bouteilles. La Haute-

Marne et l'Aube produisent des vins rouges estimés. L'Yonne, avec ses vignobles de Tonnerre, de Joigny, d'Auxerre, de Chablis, d'Epineuil; la Côte d'Or, avec ses crus sans rivaux (Romanée Conti, Clos-Vougeot, Chambertin, Nuits, Pomard, Volnay, Beaune pour les vins rouges, Meursault et Montrachet pour les vins blancs); la Saône-et-Loire et le nord du département du Rhône, avec leurs vins du Beaujolais et du Mâconnais (Romanèche, Thorins, Fleury), forment cette région de la Bourgogne qui n'a qu'une rivale en France, celle du Bordelais, et qui n'a pas d'égale dans le reste du monde.

4° La *région du centre,* plus importante pour la quantité que pour la qualité, et dont les produits sont en partie destinés à la fabrication du vinaigre, comprend les départements du Loiret, du Loir-et-Cher, de l'Indre, du Cher, de la Nièvre, de l'Allier et du Puy-de-Dôme.

5° *Celle de l'ouest* a pour centre la Charente et la Charente-Inférieure, qui produisaient, avant l'invasion du phylloxéra, plus de 5 millions d'hectolitres en majeure partie destinés à la fabrication des eaux-de-vie, si renommées sous le nom de Cognac, de Jarnac, d'Angoulême, de Saintes, de la Rochelle. L'Indre-et-Loire a ses vins rouges ou blancs de Vouvray, d'Amboise, etc.; le Maine-et-Loire, ses vins blancs et mousseux de Saumur et de Parnay.

6° La *région du sud-ouest* a pour centre Bordeaux et la Gironde, avec ses vignobles si riches et si variés, les coteaux du Médoc (Saint-Julien, Margaux, Pauillac), les terrains de gravier où mûrissent les fameux vins de Graves (Sauternes, Pessac); les terres d'alluvion dont les produits sont désignés sous le nom de vins de Palus; les côtes pierreuses de Saint-Emilion et de Fronsac; les plaines ondulées qui séparent la Dordogne de la Garonne, et dont les vins, appelés d'Entre-deux-Mers, le disputent aux vins de Graves.

La Dordogne avec ses vins de Bergerac; les Landes, les Basses et les Hautes-Pyrénées, le Gers, qui emploie une partie de sa récolte à la fabrication des eaux-de-vie d'Armagnac, la Haute-Garonne (Toulouse, Muret); le Lot, avec ses vins noirs de Cahors; le Lot-et-Garonne, le Tarn, le Tarn-et-Garonne, fournissent des produits estimés, bien qu'inférieurs à ceux du Bordelais.

Certaines régions cultivent la vigne en treilles et fournissent les raisins de table, désignés sous le nom de *chasselas* et de *muscats*. Les chasselas les plus connus sont ceux de *Thomery* (Seine-et-Marne) dits de *Fontainebleau*, et de *Valence* (Drôme).

En un demi-siècle, l'espace occupé par la vigne avait augmenté d'un tiers, la production avait doublé, mais le progrès a reculé devant le fléau qui menace cette précieuse culture, et dont, jusqu'à présent, les efforts de la science n'ont pas réussi à triompher, malgré l'introduction des cépages américains, la submersion des vignobles, l'emploi du sulfure de carbone et d'autres procédés restés pour la plupart impuissants.

Autres boissons. — Les régions à qui leur climat ou la nature de leur sol a refusé la vigne, remplacent le vin par d'autres boissons fermentées, le *cidre de pommes*, en Normandie, en Bretagne, en Picardie, en Artois, et dans quelques départements du centre et du midi (12 à 13 millions d'hectolitres), le *poiré* dans la Normandie et la Picardie (1 million d'hectolitres); la *bière* en Flandre et en Lorraine (10 millions 1/2 d'hectolitres).

Jardins, vergers, arbres fruitiers. — Le climat tempéré de la France lui assure une importance exceptionnelle pour la production des fleurs, des fruits, des légumes, qui ne supportent ni les grands froids, ni les chaleurs excessives. Aussi ses jardins (culture maraîchère, jardins potagers, 500 000 hectares), et ses vergers, qui couvrent 1 million 1/2 d'hectares, en comptant les châtaigneraies, sont-ils une de ses richesses, et la seule exportation des fruits comestibles représente-t-elle une valeur de plus de 40 millions.

Chaque région a ses productions spéciales : la Normandie, la Bretagne, la Picardie, leurs *poiriers* et leurs *pommiers*, qui leur fournissent le cidre et qui remplacent la vigne; le Limousin, l'Auvergne, le Périgord, le Vivarais (*marrons* dits de *Lyon*), la Provence, leurs *châtaigniers*, qui couvrent les pentes abruptes des montagnes (500000 hectares), et qui suppléent dans l'alimentation de ces régions déshéritées aux céréales et à la pomme de terre; nos départements du Midi, Pyrénées-Orientales, Aude, Hérault, Bouches-du-Rhône, Vaucluse, Basses-Alpes, Var, Alpes-Maritimes, Corse, ont leurs *oliviers* (140000 hectares), qui produisent annuellement plus de 5 millions d'hectolitres de fruits et 222,000 hectolitres d'huiles. Les *abricots* du Rhône, du Puy-de-Dôme, du Cantal, de l'Allier; les *cerises* de la Normandie, qui s'exportent en Angleterre; les *prunes* du Lot-et-Garonne (Agen), du Tarn, de l'Indre-et-Loire (Tours), de la Vienne; les *pêches* du Midi, et des environs de Paris; les *amandes*, les *figues*, les *pistaches*, les *avelines* du Languedoc, du Roussillon et de la Provence; les *oranges* et les *citrons* de Nice et de la Corse; les *noix* du Périgord et de l'Auvergne fournissent à la consommation intérieure et au commerce avec l'étranger d'abondantes ressources.

Enfin, parmi les produits naturels du sol, il en est un qui fait la richesse de plusieurs de nos départements, mais que jusqu'ici on n'a pas réussi à propager par des moyens artificiels, la *truffe*, dont les variétés les plus recherchées sont celles du Périgord, de l'Angoumois et de Cahors.

VII

BOIS ET FORÊTS

Distribution géographique. — Les deux principaux groupes d'essences forestières européennes, les arbres à feuilles caduques, et les arbres à feuilles persistantes (bois résineux), sont largement représentés dans nos forêts françaises, qui couvrent près de 8 millions 1/2 d'hectares, dont 50000 de hautes-futaies.

Les arbres de nos forêts, non plus que les plantes de

nos campagnes, ne sauraient réussir sous tous les climats et dans tous les terrains.

Le *chêne*, qui fournit à la fois le bois de charpente, le bois à brûler, l'écorce à tan, et qui peuple à lui seul la moitié des forêts françaises, s'accommode de tous les climats, mais ne réussit pas dans les terrains marécageux ou dans les sables trop secs : il domine dans la région centrale et septentrionale de la France et sur les premières pentes des Vosges, du Jura et des Cévennes septentrionales.

L'*orme* et le *hêtre*, recherchés par la menuiserie et la carrosserie, mais impropres à la charpente, préfèrent les climats tempérés, et les terrains calcaires ou granitiques ; on les trouve dans presque toute la France.

Le *charme*, l'un des meilleurs bois de chauffage, le *frêne*, l'*érable* et le *sycomore*, employés par la menuiserie et l'ébénisterie, réussissent dans les sols frais et divisés.

Le *châtaignier* abonde dans nos provinces du Centre, sur les pentes des plateaux du Limousin et de l'Auvergne ; il redoute les terrains calcaires, mais supporte assez facilement les hivers rigoureux.

Le *tremble* et le *peuplier* fournissent des bois blancs d'un usage général dans l'industrie ; ils se plaisent dans les terrains bas et humides et se rencontrent dans toutes les contrées de la France.

Le *sapin*, l'arbre des montagnes, qui prospère dans les Alpes et les Pyrénées jusqu'à 1500 et même 2000 mètres d'élévation, réussit cependant dans les plaines quand le sol est frais et le climat tempéré.

Le *pin*, qui ne craint ni les froids, ni les vents, ni les terrains pauvres et sablonneux, et que son bois et ses résines rendent doublement précieux, se rencontre dans presque toutes nos forêts ; mais il couvre surtout d'immenses espaces dans les landes de la Sologne et de la Brenne, dont il régénère peu à peu les terres ingrates, et sur les dunes de la Gascogne, dont il arrête la marche destructive et dont il fixe les sables mouvants.

FORÊTS.

Le *chêne-liège*, avec sa précieuse écorce, et l'*yeuse*, ne réussissent que dans les terrains secs et dans les climats tempérés : on ne les rencontre guère en France au nord

Fig. 63. — Récolte du liège.

de la zone du mûrier ; la Gascogne et la Provence possèdent les forêts les plus abondantes.

Quant au *tilleul*, à l'*acacia*, au *marronnier*, etc., bien que leur bois ou leurs fruits se prêtent à des usages industriels, ce sont plutôt des arbres d'agrément que des essences forestières.

Reboisement. — Le reboisement de nos montagnes, et les semis de pins de nos dunes, en arrêtant les inondations, en fixant les sables, en réduisant le domaine de la stérilité, multiplieront les richesses forestières et grossiront une source de revenus trop longtemps compromise par les défrichements mal entendus.

Produits des forêts. — Les principaux produits des forêts sont :

1° Les *bois d'œuvre* (constructions maritimes, charpentes, ébénisterie), dont les coupes annuelles, fournies par 200 000 hectares, représentent une valeur de 100 millions.

La Bourgogne, l'Ile-de-France, la Franche-Comté (forêt de Chaux, dans le Jura), la Lorraine (forêts de Dabo, dans la Meurthe-et-Moselle, d'Hérival, dans les Vosges), la Corse, les Pyrénées, les Alpes (Grande-Chartreuse), sont les grands centres de production.

2° Les *bois à brûler* donnent annuellement près de 22 millions de stères de bois de chauffage, dont 4 millions convertis en charbon.

Le Morvan (Nièvre et Yonne), l'Orléanais (forêt d'Orléans, 37 600 hectares, la plus grande de France), la Champagne (Meuse, Ardennes, Haute-Marne), la Franche-Comté, l'Ile-de-France (forêts de Fontainebleau, de Compiègne, de Villers-Cotterets, de Chantilly, de Sénart, de Rambouillet), le Bourbonnais (forêt de Tronçais, dans l'Allier), la région des Pyrénées, sont les centres de production.

3° Les *écorces de liège* se récoltent dans les Landes, dans le Lot-et-Garonne, dans le Var; les écorces à tan sont fournies par nos vastes forêts de chênes.

4° Les *résines* s'exploitent surtout dans les Landes, la Gironde et les Vosges.

VIII

RACES DOMESTIQUES

Pays d'élevage. — Pays de production. — Du nombre des bestiaux dépend la richesse de l'agriculture;

car le bétail fournit au cultivateur deux éléments indispensables à toute amélioration de la terre : l'argent et l'engrais.

Il est facile de comprendre que l'altitude, la configuration du sol, la nature des terrains, exercent sur la production animale comme sur la végétation une puissante influence.

Les prairies basses, les vallées fraîches et humides produisent des races chez qui le lait et la viande se développent aux dépens des qualités qui font les races de travail ; les pays de montagnes, les plateaux, les terres sèches, donnent naissance à des animaux plus agiles, plus vigoureux, plus aptes au travail, aux toisons plus fines et plus riches.

Aussi le pays d'élevage est-il souvent distinct du pays de production.

Les chevaux qui naissent dans les prairies de la *Normandie* et de la *Vendée*, dans les pâturages du *Poitou* et de la *Bretagne*, dans les herbages de la *Franche-Comté*, plus favorables à la multiplication, émigrent après l'allaitement sur les plateaux du *Perche*, de la *Beauce*, du *Berry*, de la *Bourgogne* et de la *Champagne*, où l'air plus vif et les fourrages plus substantiels développent la force musculaire.

Les bœufs produits dans la région occidentale de la France vont s'engraisser dans les riches herbages de la *Normandie*, ceux du nord dans les prairies de la *Flandre*, ceux du centre dans les prairies du *Charolais*.

Les moutons émigrent également de la région du midi dans les pâturages de la *Limagne* ou de la *basse Provence*, de la région du centre dans le *Charolais*, de la région de l'ouest et du nord dans la *Normandie* et dans l'*Ile-de-France*, où ils acquièrent les qualités qui distinguent l'animal de boucherie, tandis que les plateaux de la *Champagne*, de la *Beauce*, de la *Bourgogne*, sont les centres d'élevage pour la production de la laine.

Races bovines. — La France possède environ 12 millions de têtes de gros bétail (1) : c'est une moyenne

---

(1) Ce chiffre comprend les veaux âgés de plus de trois mois (environ 1 300 000 têtes).

de près de 23 animaux de race bovine par kilomètre carré de superficie, et de plus de 300 têtes de bétail pour 1000 habitants.

Les *races de travail* dominent dans les départements situés au sud de la Loire (Auvergne, Gascogne, Languedoc) :

Les *races laitières* dans le nord et dans l'ouest (Flandre, Normandie, Bretagne).

La consommation de la viande, qui, en cinquante ans, de 1815 à 1865, s'est élevée en France de 18 kilogrammes à 30 par tête d'habitant et qui depuis 1865 a augmenté d'un cinquième, a donné aux *races de boucherie* une importance qui s'accroît avec le bien-être et la richesse publique.

Les races normandes du Calvados et de la Manche; les races angevines de Maine-et-Loire, de la Mayenne, de la Sarthe, qui proviennent du croisement de nos espèces indigènes avec les races anglaises; la race charolaise, dans les départements de Saône-et-Loire, de la Nièvre, de la Côte-d'Or, de l'Allier, les bestiaux de la Vendée et du Poitou occupent le premier rang parmi les animaux destinés à la boucherie, et entrent pour la plus large part dans la consommation de Paris.

Moutons. — Production de la laine. — La France nourrit environ 22 à 23 millions de moutons dont la viande et la laine constituent un des principaux produits de nos industries agricoles. Quatre millions de têtes appartiennent à des races perfectionnées et surtout aux races de mérinos pures. Le reste est de race croisée ou de race indigène commune. Le poids total de la *laine* s'élève à environ 40 millions de kilogrammes, que le lavage réduit d'un tiers.

Les *laines* les plus estimées sont celles de l'Ile-de-France, de la Champagne, de la Normandie, de la Bourgogne et de la Provence.

Les meilleures *races de boucherie* sont celles de Beauce, et de Normandie (Prés salés), du Charolais et de l'Auvergne. La dépréciation de la laine et la difficulté de lutter contre l'importation d'Australie et d'Amérique, a développé en France et surtout dans la région du nord, la production des races de grande taille, à laine commune et à viande abondante (type de *Dishley*).

Les laines françaises ont trouvé en effet dans les laines australiennes et dans celles de l'Amérique du Sud une concurrence redoutable qui explique la diminution progressive des races ovines et la transformation du système d'élevage qui s'attache à produire la viande au lieu de la laine.

Chevaux, ânes et mulets. — La production du cheval, si importante au point de vue de l'agriculture, des moyens de transport et de l'organisation militaire, et si longtemps négligée en France, y est redevenue l'objet de soins intelligents qui l'ont doublée en peu d'années, tout en améliorant nos races indigènes; les encouragements donnés par l'État, la réforme des haras, les efforts de l'industrie privée, nous ont presque affranchis du tribut que nous payions à l'étranger, et ont élevé la production au niveau des besoins de la consommation française. Le nombre des chevaux est aujourd'hui de 2850000 environ : la Flandre, l'Artois, la Picardie, la Normandie, le Poitou, la Franche-Comté, la Champagne, produisent les chevaux de *roulage* et de *labour;* l'Eure-et-Loir, l'Eure, la Sarthe, le Loir-et-Cher, l'Orne, le Cher, élèvent ces admirables chevaux d'*attelage*, si connus sous le nom de Percherons, enfin la Normandie, la Lorraine, l'Auvergne, la Navarre, le Limousin, fournissent des chevaux de selle qui aujourd'hui suffisent à peu près à la remonte de l'armée.

Les **mulets** du Poitou, de la Saintonge, de la Gascogne, destinés au roulage, au labour et au service de l'armée, sont une des richesses de nos départements de l'ouest. On les évalue à 275 000 environ. Les **ânes** qui sont au nombre de 400000, rendent, comme bêtes de somme, de nombreux services à la petite culture.

Chèvres. — Les *chèvres*, dont le nombre ne dépasse guère 1 500 000, sont élevées surtout dans les départements montagneux : la Corse, l'Ardèche, la Loire, la Drôme, l'Isère, etc. Elles détruisent les pâturages, et les services qu'elles rendent dans les pays pauvres ne compensent pas les dégâts qu'elles y produisent.

Porcs. — Les *porcs*, dont la viande et la graisse jouent dans l'alimentation publique un rôle de plus en plus important, sont au nombre de plus de 5 560 000. La Dordogne, le Pas-de-Calais, la Saône-et-Loire, l'Ille-et-Vilaine, les Côtes-du-Nord, la Sarthe, la Meuse, le Maine-et-Loire, occupent le premier rang pour la qualité comme pour la quantité des produits.

Volailles. — L'éducation de la volaille tient dans notre économie rurale une place considérable. Si l'on évalue la consommation totale de la France d'après celle de Paris qui en représente environ le quinzième, le nombre des œufs annuellement consommés, sans tenir compte de l'exportation, dépasserait 4 milliards. Cette énorme production suppose au moins 45 millions de poules adultes, et si l'on y ajoute les autres races domestiques, oies, dindons, canards, sans même compter les pigeons, le total approchera de 70 millions.

Les départements qui se livrent avec le plus d'activité et de succès à cette branche d'industrie sont la Sarthe, la Mayenne, le Maine-et-Loire, célèbres par leurs chapons et leurs poulardes; la Normandie tout entière, la Somme, l'Oise, l'Aisne, Seine-et-Marne, Seine-et-Oise, Indre-et-Loire, et quelques régions du sud et de l'est, le Périgord, le Languedoc (canards), la Bresse, etc.

Abeilles. — L'éducation des abeilles est pratiquée dans toute la France, et la cire de Normandie, de Bourgogne, de Bretagne, le miel de Narbonne et du Gâtinais représentent une valeur annuelle de plus de 14 millions de francs.

Vers à soie. — L'éducation du ver à soie est liée à la culture du mûrier qui ne réussit bien que dans nos départements du Midi. Nos principales magnaneries sont situées dans le Gard, l'Hérault, l'Ardèche, la Drôme, l'Isère, Vaucluse, Basses-Alpes et Bouches-du-Rhône. En

1851, avant la maladie, qui sévit encore dans nos districts producteurs de soie, le poids des cocons recueillis s'élevait à 25 millions de kilogrammes, celui de la soie à 2 millions de kilogrammes, représentant une valeur de

Fig. 64. — Ver à soie. (Grandeur naturelle.)

140 millions de francs : la valeur de la soie récoltée en 1882 ne dépassait pas 50 millions.

IX

LA CHASSE ET LA PÊCHE

La chasse. — Les races sauvages apportent aussi leur contingent à la consommation et au commerce ; et si l'on en juge par les statistiques officielles, la vente du gibier, sangliers, chevreuils, lièvres, perdrix, etc., représenterait en France une somme de 70 millions.

Pêche fluviale. — Malgré le dépeuplement de nos cours d'eau et de nos étangs, la pêche fluviale présente encore une grande importance ; les carpes et les brochets des étangs des Dombes et de la Sologne, les truites du lac de Genève, de l'Auvergne et des Pyrénées, l'alose de la Loire, l'anguille de la Vienne et de la Saône, le saumon de la Loire, de la Moselle, de la Garonne, les écrevisses de la Meuse, de l'Yonne, de la Nièvre, sont particulièrement renommés.

Pêche maritime. — La pêche côtière occupe près de 10000 barques et de 46000 matelots.

Les pêches les plus importantes sont celles du *thon* et de l'*anchois* dans la Méditerranée, du *maquereau*, de la *sardine*, du *homard* et de la *langouste* (côtes de Bretagne), dans l'Atlantique, du *hareng*, de la *sole*, du *turbot*, de la *raie*, de la *crevette* dans la Manche.

Les *huîtres* abondent sur les côtes françaises : les bancs les plus renommés sont ceux de Dunkerque, des îles Chausey, de Cancale, du Morbihan, de l'île de Ré et de Marennes.

Acclimatation. — L'acclimatation d'espèces nouvelles, et le croisement des races étrangères avec nos espèces indigènes, améliore chaque jour nos races domestiques et multiplie le nombre des animaux utiles.

Nos moutons mérinos sont originaires d'Espagne; nos magnifiques bestiaux de Normandie descendent de la race anglaise de Durham ; nos haras ont régénéré l'espèce chevaline par l'introduction des étalons anglais et arabes; les chèvres de Cachemire et d'Angora sont acclimatées dans nos départements du midi. La Chine, la Cochinchine, le Japon, les deux Amériques ont fourni à nos basses-cours d'innombrables espèces de volailles, de porcs, etc. L'introduction des vers à soie du Japon et de la Perse, destinée à relever notre production nationale, celle des yacks de la Chine aux toisons longues et soyeuses, du lama et de l'alpaga du Chili fournissent à l'agriculture et à l'industrie des ressources précieuses.

Pisciculture. — La pisciculture ou reproduction artificielle des espèces qui peuplent nos rivières, nos lacs et nos étangs, a renouvelé nos pêcheries indigènes, et permis d'acclimater en France des espèces étrangères. Les établissements de *Coulommiers* (Seine-et-Marne), du *Mans*, de *Paris*, de la Creuse, de la Savoie, du Puy-de-Dôme, pour les poissons d'eau douce, les parcs de *Dieppe*, de *Fécamp*, de *Granville* (Cancale), de *Marennes*, de l'île de *Ré*, du bassin d'*Arcachon*, pour les huîtres, jouissent d'une réputation universelle.

X

Régions agricoles

RÉSUMÉ DE LA PRODUCTION AGRICOLE

On peut, d'après les indications qui précèdent, diviser la France en neuf grandes régions agricoles :

1° Celle du *nord* (Flandre, Artois, Picardie, département de l'Aisne), plaine fertile et admirablement cultivée au climat humide et brumeux, où la vigne ne mûrit pas, mais qui produit en abondance les céréales, la betterave, les plantes oléagineuses, les plantes fourragères ;

2° Celle du *nord-ouest* (Ile-de-France, Normandie), région plus accidentée, au climat plus doux, plus boisée que la précédente, moins riche en cultures industrielles, mais qui possède sur le littoral de la Manche les plus beaux herbages de France ;

3° Celle de l'*ouest* (Maine, Anjou, Bretagne, Poitou, Aunis et Saintonge, Angoumois), en grande partie formée de terrains granitiques, au climat humide sur le littoral, plus sec et plus chaud dans l'intérieur, moins bien cultivée que les précédentes, riche cependant en herbages, et renfermant une de nos principales régions vinicoles (Angoumois, Aunis et Saintonge) ;

4° Celle du *sud-ouest* (Guienne et Gascogne, Béarn), dominée au nord et au nord-est par le massif central, au sud par les Pyrénées, au climat doux et humide sur le littoral, inégal dans l'intérieur, cultivant peu les plantes industrielles, mais riche en vins et en froment, et renfermant de véritables steppes, les landes qui ont été transformées par les plantations de pins maritimes ;

5° Celle du *midi* (Languedoc et Roussillon), sillonnée par les rameaux des Pyrénées et des Cévennes, fertile dans la plaine et sur le littoral ; âpre et stérile sur les hauts plateaux, cultivant peu les céréales, mais enrichie par la culture de la vigne et du mûrier (vers à soie) ;

6° Celle du *sud-est* (Provence, Nice, Comtat-Venaissin,

Dauphiné), sillonnée par les contreforts des Alpes, au climat sec et chaud dans les parties basses, pauvre en céréales et en prairies, mais produisant en abondance la vigne, l'olivier, le mûrier, les arbres fruitiers, surtout dans la zone méridionale;

7° Celle de l'*est* (Savoie, Lyonnais, Bourgogne, Franche-Comté), couverte par les rameaux des Alpes, du Jura et des Cévennes, boisée dans les parties élevées, cultivant le froment dans les vallées, la vigne sur le penchant des coteaux;

8° Celle du *nord-est* (Champagne et Lorraine), dominée à l'est par les pentes boisées des Vosges, en partie formée de plateaux au sol crayeux, assez pauvre en céréales, sauf l'avoine, mais riche en vignes et en forêts;

9° Celle du *centre* (Touraine, Orléanais, Berry, Nivernais, Bourbonnais, Auvergne, Marche, Limousin), dominée par le plateau central dont les flancs sont couverts de forêts de châtaigniers; au sol volcanique ou granitique sur le plateau, marécageux dans les plaines de la Sologne et de la Brenne, fertile dans la vallée de la Loire, et sur les plateaux peu élevés qui longent la rive droite du fleuve;

La Corse, qui produit peu de céréales, mais beaucoup de fruits et de bois, forme une région distincte.

Tel est, dans ses principaux traits, le tableau de nos richesses agricoles, tableau flatteur pour notre amour-propre national, si nous ne considérons que l'importance de notre revenu, évalué à plus de 15 milliards (revenu brut), et les progrès accomplis depuis un demi-siècle. Nous en avons déjà signalé quelques-uns : assainissement et mise en culture des marais de la Sologne et de la Brenne; développement de la culture du froment et des cultures industrielles, plantation des dunes, reboisement des montagnes, accroissement et amélioration de nos races domestiques. La création de nombreuses fermes-modèles, d'écoles d'agriculture, de comices et de sociétés agricoles, qui sont aujourd'hui au nombre de plus de 800, l'établissement des concours régionaux et des expositions agricoles ont vulgarisé les bonnes méthodes, et répandu chez nos cultivateurs le désir du progrès. Toutefois, si nous jetons les regards autour de nous, et si nous comparons les progrès de notre agriculture à ceux qu'ont accomplis des contrées moins favorisées de la nature, le patriotisme ne doit pas nous aveugler sur une infériorité dont nous n'avons le droit d'accuser ni le sol, ni le climat de la France. L'Angleterre, avec un sol moins fertile et une population agricole inférieure de plus de moitié à la nôtre, par rapport à la population totale, récolte 30 à 40 hectolitres de blé par hectare, tandis que nous n'en recueillons que 14 à 15; la Belgique et l'Angleterre comptent 40 à 45 têtes de gros bétail par 100 hectares, nous n'en avons que 23 dans des conditions presque aussi favorables.

La routine, que nos cultivateurs prennent trop souvent pour l'expérience, la cherté croissante de la main-d'œuvre que notre agriculture ne se décide que lentement à remplacer par l'usage des machines, l'insuffisance des fourrages, et par conséquent du bétail, de l'engrais et des capitaux, peut-être aussi le morcellement de la propriété rurale (l'étendue moyenne des exploitations n'est pas de 9 hectares); telles sont les causes principales qui expliquent notre infériorité.

Sur 3200000 charrues, 862000 seulement sont des instruments perfectionnés; les machines si répandues en Angleterre et en Amérique, faucheuses, moissonneuses, sont à peine au nombre de 6000; les machines à battre mues par la vapeur ne dépassant pas 7000, et nous n'avons pas encore d'institutions de crédit agricole sérieusement organisées. Le travail seul, et nulle part il n'est aussi opiniâtre qu'en France, ne suffit malheureusement pas à triompher de la science et de l'argent que possèdent nos rivaux.

Cependant la seule énumération de nos produits agricoles prouve que la France, dans les années moyennes, suffit à nourrir sa population, et peut même livrer au commerce étranger un excédent considérable de vins, de fruits, de beurre, etc..... Elle nous apprend aussi qu'elle sera forcée d'aller chercher au dehors certaines denrées alimentaires, et un grand nombre de matières premières que son climat lui refuse, ou qu'elle produit en quantité insuffisante pour les besoins de la consommation. C'est ainsi que l'étude de la production se lie d'une manière étroite à celle du commerce dont elle indique d'avance la nature et les principaux objets.

RÉSUMÉ

I et II

Climat. Zones. — La France est située tout entière dans la zone tempérée : cependant le climat offre des diversités qui s'expliquent soit par la latitude, soit par l'altitude, et dont il est facile de se rendre compte par la distribution des lignes isothermes.

Ces lignes déterminent en France cinq grandes zones, celles de l'oranger. — de l'olivier et du mûrier, — du maïs, — de la vigne, — des céréales. Cette dernière s'étend presque jusqu'aux extrémités septentrionales de l'Europe.

Régions agricoles. Au point de vue de la nature du sol, on pourrait diviser le territoire français en neuf régions agricoles.

1° Celle du *nord* (Flandre, Artois, Picardie, département de l'Aisne), plaine fertile, en partie recouverte de terrains d'alluvion, au climat humide et brumeux ;

2° Celle du *nord-ouest* (Ile-de-France, Normandie), région plus accidentée, au climat plus doux ; dont les terrains appartiennent en partie à la période primaire, en partie à l'âge de la craie.

3° Celle de l'*ouest* (Maine, Anjou, Bretagne, Poitou, Aunis et Saintonge, Angoumois), en grande partie formée de terrains granitiques ou primaires, au climat humide sur le littoral, plus sec et plus chaud dans l'intérieur, moins bien cultivée que les précédentes ;

4° Celle du *sud-ouest* (Guienne et Gascogne, Béarn), dominée au nord et au nord-est par le massif central, au sud par les Pyrénées, au climat doux et humide sur le littoral, inégal dans l'intérieur ;

5° Celle du *midi* (Languedoc et Roussillon), sillonnée par les rameaux des Pyrénées et des Cévennes, fertile dans la plaine et sur le littoral, âpre et stérile sur les hauts plateaux ;

6° Celle du *sud-est* (Provence, Nice, Comtat-Venaissin, Dauphiné), sillonnée par les contre-forts des Alpes, au climat sec et chaud dans les parties basses ;

7° Celle de l'*est* (Savoie, Lyonnais, Bourgogne, Franche-Comté), couverte par les rameaux des Alpes, du Jura, et des Cévennes ;

8° Celle du *nord-est* (Champagne et Lorraine), dominée à l'est par les pentes boisées des Vosges, en partie formée de plateaux au sol crayeux ;

9° Celle du *centre* (Touraine, Orléanais, Berry, Nivernais, Bourbonnais, Auvergne, Marche, Limousin), dominée par le massif central, au sol volcanique ou granitique sur le plateau, marécageux dans les plaines de la Sologne et de la Brenne, fertile dans la vallée de la Loire, et sur les plateaux peu élevés qui longent la rive droite du fleuve.

III et IV

Les productions du sol se divisent en deux grandes classes : les produits cultivés et les produits naturels. Les produits cultivés sont ceux que l'on sème et que l'on récolte dans les terres labourées, et les arbres et arbustes qui, sans les soins de l'homme, ne produiraient rien, ou ne donneraient que des fruits sauvages. Les produits naturels sont les arbres des forêts et les herbes qui poussent sans culture dans les pâturages et dans les prairies. Enfin, on doit considérer comme un produit de l'agriculture les animaux domestiques élevés dans nos campagnes, et qui ne sont pas la moindre richesse de notre pays.

Terres arables (26 millions d'hectares). — Parmi les produits des terres labourées on distingue :

1° Les *cultures alimentaires* qui servent à la nourriture de l'homme et des animaux : le froment (104 à 110 millions d'hectolitres), qui abonde surtout dans la région du nord et dans celle du nord-ouest ; les autres céréales, telles que le seigle dont la production dépasse celle du froment sur les plateaux du centre ; le sarrasin, ou blé noir, en Bretagne ; le maïs dans la région du sud-ouest ; l'orge, l'avoine (71 millions d'hectolitres), dans la région du nord, dans celle du nord-est et dans les plaines de l'Ile-de-France et de l'Orléanais ; les pommes de terre (130 millions d'hectolitres), dans les terrains sablonneux de la région du nord, dans les pays de montagnes du nord-est, de l'est et du centre : les légumes verts ou secs ; enfin les prairies artificielles (trèfle, luzerne, sainfoin), dont les fourrages servent à la nourriture des animaux, répandues surtout dans la région du nord-ouest et dans celle du nord.

2° Les *cultures industrielles* fournissent à l'industrie les matières premières qu'elle met en œuvre. Les principales sont celles de la *betterave,* destinée à la fabrication du sucre et de l'alcool, et récoltée surtout dans la région du nord; du *houblon*, destiné à la fabrication de la bière, et cultivé dans le nord-est et dans le nord; des *plantes textiles*, destinées à la fabrication des tissus, telles que le lin, dans la région du nord, dans celles du nord-ouest et de l'ouest; le chanvre, en Touraine, en Bretagne, en Poitou, en Picardie et en Bourgogne; des *plantes oléagineuses*, d'où l'on extrait les huiles pour les besoins de l'industrie, telles que le colza, l'œillette ou pavot noir, etc., cultivées surtout dans la région septentrionale de la France; des *plantes tinctoriales*, qui servent à la teinture et dont la plus importante était autrefois la garance (Vaucluse); enfin du *tabac*, dont la culture n'est autorisée que dans dix-huit départements.

V

Prairies et pâturages. — Les *prairies artificielles* (3 millions d'hectares), peuvent être créées même dans les régions sèches, elles rentrent dans les cultures des terres *arables*. Les *prairies naturelles* (plus de 4 millions d'hectares), exigent un sol humide et frais et un climat tempéré; nos principaux pays d'herbages sont situés sur les plateaux du centre, sur le littoral de la Manche (Normandie), de l'Atlantique (Bretagne et Vendée), et dans les vallées de la Lorraine, de la Franche-Comté et de la Bourgogne.

Les *pâturages secs* sont situés dans les pays de montagnes tels que la Corse, la France centrale, la région des Alpes et des Pyrénées, les plaines arides de la Gascogne et de la basse Provence, les terres à bruyères du Poitou et de la Bretagne.

VI

Vignes. — Parmi les arbres et arbustes cultivés, le premier rang appartient à la *vigne*, qui réussit dans toute la France, excepté la région du nord, une partie du nord-ouest et de l'ouest, et les plateaux les plus élevés du centre. Elle produit annuellement 30 à 60 millions d'hectolitres de vin; les crûs les plus abondants sont ceux du Midi; les plus estimés ceux du Bordelais, de la Bourgogne, de la vallée du Rhône, de la Champagne.

La culture de la vigne est aujourd'hui menacée par les ravages du phylloxéra.

Les régions à qui leur climat a refusé la vigne remplacent le vin par d'autres boissons fermentées: l'Artois, la Picardie, la Normandie, la Bretagne, la Marche et le Limousin cultivent le pommier, dont les fruits leur donnent le cidre; l'orge et le houblon, qui servent à la fabrication de la bière, suppléent à l'absence ou à l'insuffisance de la vigne dans la Flandre et dans la Lorraine.

Arbres fruitiers. — Après la vigne se placent le *mûrier*, dont les feuilles servent à nourrir les vers à soie, et dont la zone serait limitée par une ligne qui partirait des Pyrénées, suivrait le cours de la Garonne jusqu'à Toulouse, longerait la base du plateau central et s'arrêterait à Mâcon, dans le bassin du Rhône ;

L'*olivier*, dont la zone s'étend du littoral de la Méditerranée aux Cévennes méridionales et remonte dans la vallée du Rhône un peu au delà d'Avignon ;

Le *châtaignier* (Limousin, Auvergne, Périgord, Dauphiné) ;

Enfin les *arbres fruitiers* proprement dits, dont la culture est répandue dans presque toute la France mais qui, suivant les espèces, réussissent les uns dans le nord (pommiers, poiriers, cerisiers, noyers, etc.), les autres dans le midi (figues, pistaches, amandes, prunes).

VII

Les *forêts*, dont les essences dominantes sont le chêne, le châtaignier, le hêtre, l'orme, le pin et le sapin, couvrent plus de 8 millions et demi d'hectares dans les Landes (pins maritimes), en Corse, dans la région du sud-est (Alpes), dans celle de l'est (Jura, Côte-d'Or et Morvan), et dans celle du nord-est (Vosges).

Les forêts les plus vastes de France sont celles d'Orléans (Loiret), de Chaux (Jura), de Fontainebleau (Seine-et-Marne), de Compiègne (Oise), de Rambouillet (Seine-et-Oise), etc.

VIII

Races domestiques. — Du nombre des bestiaux dépend la richesse de l'agriculture, car le bétail donne au cultivateur deux éléments indispensables à toute amélioration de la terre, l'engrais et l'argent.

Les principales races domestiques sont :

Les *races bovines* (bœufs et vaches, 12 millions de têtes), qui fournissent le lait et la viande, et qu'on emploie en même temps aux travaux de l'agriculture. Les races de travail dominent dans les pays situés au sud de la Loire : les meilleures races laitières sont celles de Bretagne, de Flandre et de Normandie : les meilleures races de boucherie sont celles qu'on élève dans les gras herbages de la Normandie et de l'Anjou (race normande), en Bourgogne (race charolaise), et dans la région du nord (race flamande).

Les *chevaux* de roulage et de labour viennent surtout de la région du nord et de celle du nord-est : les chevaux d'attelage (race percheronne), de la région du nord-ouest : les chevaux de selle, de Normandie et de Gascogne (2 850 000 têtes).

Les *mulets* les plus estimés sont ceux du Poitou.

Les *moutons* à laines fines sont surtout élevés en Champagne, en Normandie, dans l'Ile-de-France, en Provence et en Bourgogne ; tandis que les animaux qui sont destinés à la boucherie proviennent en partie des mêmes régions, en partie de l'Auvergne, de la Bretagne et du Berry (22 à 23 millions de têtes).

Les *chèvres* sont peu nombreuses et élevées dans les départements de montagnes. L'éducation du *porc* (plus de 5 millions et demi de têtes), est surtout répandue dans la région de l'ouest, en Artois et en Bourgogne : celle de la *volaille* dans le Maine, en Normandie, en Bourgogne et dans le nord ; celle des *abeilles* dans la région du midi et dans celle du sud-ouest ; celle des *vers à soie* dans le midi et dans le sud-est.

IX

La chasse et la pêche ajoutent aux ressources que nous procurent les animaux domestiques, celles que nous tirons des animaux sauvages. On évalue à 70 millions la valeur annuelle du gibier.

La pêche fluviale est moins importante que la pêche maritime ; les principales pêches maritimes sont celles du hareng, de la sardine, des crustacés dans la Manche et l'Atlantique, du thon dans la Méditerranée. Les huîtres sont surtout abondantes dans la Manche et l'Atlantique. La pisciculture et l'acclimatation d'espèces étrangères fournissent chaque jour de nouvelles richesses à la consommation.

Exercices

Carte agricole de la France divisée en neuf régions. — Carte de la culture de la vigne. Indiquer par des teintes plus ou moins foncées l'importance de la production du vin dans les départements qui cultivent la vigne. — Carte de la production du froment. Indiquer par des teintes l'importance de la production dans les neuf grandes régions agricoles. — Carte des forêts de la France. — Répartition du bétail (bœufs, moutons, chevaux), dans les neuf régions agricoles.

Lectures.

A. MONTEIL. *Histoire agricole de la France*, 1 vol. in-8°.
DE LAVERGNE. *Economie rurale de la France depuis 1789*, 1 vol. in-12.
BAINIER. *Géographie appliquée au commerce, à l'agriculture et à l'industrie. — Géographie générale. France*, 1 vol. gr. in-8°, Belin, éditeur.
HEUZÉ. *La France agricole*, 3 vol. in-12.
A. RENDU. *Les animaux de la France*, 1 vol. in-8°.

CHAPITRE II

L'Industrie

I

CLASSIFICATION DES INDUSTRIES

Le travail de l'agriculture ne touche qu'à la surface du sol ; c'est le rôle de l'industrie de pénétrer jusque dans les profondeurs de la terre pour en tirer tous les trésors qu'elle recèle, et de mettre en œuvre les matières premières fournies par l'agriculture et par l'extraction des minéraux.

De là, la division de l'industrie en **industries extractives,** qui s'appliquent à l'exploitation des carrières, des mines, des salines :

Et **industries manufacturières,** qui s'appliquent à la mise en œuvre des matières premières.

Les produits bruts de l'agriculture et des mines ne peuvent entrer, pour la plupart, dans la consommation sans subir des transformations diverses, et sans que le travail de l'industrie vienne compléter l'œuvre du mineur et de l'agriculteur. Avant de devenir soc de charrue, le fer traverse la fonderie, la forge et l'atelier de taillanderie ; avant d'arriver, sous forme de pain, du producteur au consommateur, le grain passe de la grange au moulin, du moulin au four du boulanger, et cette double transformation industrielle donne lieu à une double transaction commerciale entre le boulanger et le meunier, entre le meunier et le cultivateur.

Chez les peuples primitifs, chacun est à la fois agriculteur et industriel : les hommes construisent la cabane qui abritera la famille, cultivent la terre, conduisent les troupeaux, fabriquent les armes et les instruments de labour ; les femmes tissent les vêtements et façonnent les grossiers ustensiles de ménage, qui suffisent aux besoins d'une civilisation naissante. Mais, à mesure que les mœurs deviennent moins grossières, que les besoins augmentent, que les villes se fondent, les professions se séparent et la petite industrie apparaît. Tandis que l'homme de la campagne reste voué à la culture et à l'éducation des bestiaux, l'habitant de la ville se fait tisserand, potier, forgeron; bientôt même le travail isolé devient insuffisant : les groupes industriels se forment, les ateliers s'organisent. Enfin, quand les moyens de transport se multiplient, quand les relations s'étendent, quand les progrès du commerce viennent stimuler le génie industriel, ouvrir de nouveaux débouchés, agrandir les ressources, à l'atelier succède la manufacture. La filature, avec ses métiers mécaniques et ses centaines d'ouvriers, remplace le rouet de la paysanne; le martinet à vapeur se substitue au marteau du forgeron; le travail de la machine centuple la puissance de production, et la grande industrie prend naissance.

A cette triple période de la vie des sociétés correspond une triple division de l'industrie : la petite, la moyenne, la grande ; mais si les deux dernières ne se développent qu'avec la civilisation, la première est de tous les temps, car elle répond à des besoins locaux que la civilisation multiplie au lieu de les amoindrir, et comprend un grand nombre de fabrications qui ne se prêtent pas à la concentration qu'exigent les usines et les manufactures.

On évalue en France à près de 2000000 le nombre des travailleurs, ouvriers et patrons qui vivent de la petite industrie, et dont beaucoup sont à la fois fabricants et débitants.

Quant à la moyenne et à la grande industrie, elle est représentée en France par environ 150000 établissements qui occupent un peu moins de 2000000 de personnes, et qui en font subsister plus du double. Le nombre total des personnes qui vivent de l'industrie est de 9330000. La production industrielle de la France est estimée à plus de 13 milliards, dont 8 milliards pour la valeur des matières premières, et plus de 5 milliards pour la plus-value donnée par le travail. La production de la petite et de la grande industrie représentent, dans ce total, une valeur à peu près égale. La production aurait décuplé depuis le commencement du siècle, et doublé depuis quarante ans.

Cet immense accroissement est dû surtout au progrès de la grande et de la moyenne industrie, dont la puissance peut se mesurer au nombre et à la force des machines. En 1850, la France ne comptait que 6832 machines à vapeur; en 1863, elle en comptait 23 419 d'une force de 642 242 chevaux-vapeur, équivalente au travail de plus de 13 millions d'hommes de peine; en 1868, 31 155 d'une force totale de 830 570 chevaux-vapeur; en 1876, 40 000 machines et 1 100 000 chevaux-vapeur, et en 1882, 59 000 machines et plus de 4 millions de chevaux-vapeur, dont plus de 3 millions pour les chemins de fer, 410 000 pour les bateaux et 612 000 pour l'industrie proprement dite (1). Puissance gigantesque à laquelle il faut ajouter les forces motrices de toute espèce, les machines à gaz, les moteurs électriques, les machines hydrauliques (300 000 chevaux), le travail des animaux, les bras de l'ouvrier, et qui cependant est encore bien inférieure à celle de l'Angleterre, où les machines à vapeur représentent seules une force de 9 millions de chevaux-vapeur !

Toutefois, l'insuffisance de certaines voies de communication, celle de l'extraction des combustibles minéraux, la rareté des métaux, l'imperfection de l'outillage, la difficulté d'organiser l'apprentissage sur des bases nouvelles, la cherté de la main-d'œuvre, l'élévation des impôts, constituent pour nous autant de causes d'infériorité dans les industries où la masse et le bon marché des produits sont les principales garanties du succès. Même dans celles où le goût, le sentiment de l'art, la

---

(1) L'augmentation survenue depuis 1876 est en partie réelle et en partie factice : elle tient en grande partie à une modification dans la façon de calculer la force des locomotives et des machines des bateaux. La base des calculs n'ayant pas changé pour les machines industrielles, c'est d'après la force de ces dernières qu'il faut juger le véritable progrès. De 1876 à 1882 il a été de 186 000 chevaux-vapeur et de 12 880 machines.

perfection du travail jouent le rôle le plus important, nos progrès n'ont pas été toujours aussi rapides que ceux de quelques-uns de nos concurrents.

LES INDUSTRIES EXTRACTIVES

II

MINES ET CARRIÈRES

Granit, schistes, roches volcaniques (*terrains cristallisés et primaires*). — Les *granits* des Alpes, du Cotentin, des îles Chausey, de la Bretagne et de la Vendée, l'*amiante* (silicate de chaux et de magnésie) du Dauphiné et des Pyrénées, avec lequel on a essayé de fabriquer des toiles incombustibles; le *mica*, que l'industrie parisienne emploie dans la fabrication des papiers peints, des éventails, des verres de lampe; le *kaolin* (silicate de chaux, de magnésie et d'alumine), de Saint-Yrieix (Haute-Vienne), de Bayonne, de Vierzon et de la Manche, matière première de l'industrie de la porcelaine; les *sables siliceux* de la Lorraine; les *ardoisières* (schistes) d'Angers, de la Corrèze, des Ardennes (Fumay), du Dauphiné et de Bretagne; les *bitumes* solides ou *asphaltes* de Seyssel (Ain), des Landes et de l'Auvergne; les *laves* et les *basaltes* de l'Auvergne, si connus sous le nom de pierre de Volvic; la *pouzzolane* des volcans éteints de la France centrale; les *porphyres* de la Corse et des Vosges; les *grès durs* de la Bretagne et des Ardennes; les *marbres blancs* de Saint-Béat (Haute-Garonne), les *marbres de couleur* de la vallée de Campan (Hautes-Pyrénées), de Caunes (Aude), de la Corse, de la région des Alpes, des Vosges, de la Bourgogne, de l'Anjou, du Boulonnais, sont exploités dans les terrains cristallisés, dans les terrains azoïques (premiers terrains sédimentaires qui ne contiennent aucune trace de vie animale), dans les terrains primaires (silurien, dévonien et carbo-

MINES ET CARRIÈRES.   277

nifère), et dans les terrains volcaniques (laves, porphyres, basaltes).

Calcaires. — La *pierre à chaux* ordinaire de l'Eure-et-Loir, du Puy-de-Dôme, de l'Allier, de la Loire, de l'Aisne, les *ciments naturels* de Vassy (Yonne), de Nevers, de Grenoble :

Les *phosphates de chaux* naturels des Ardennes et du Boulonnais, faussement nommés *coprolithes*, et employés comme engrais :

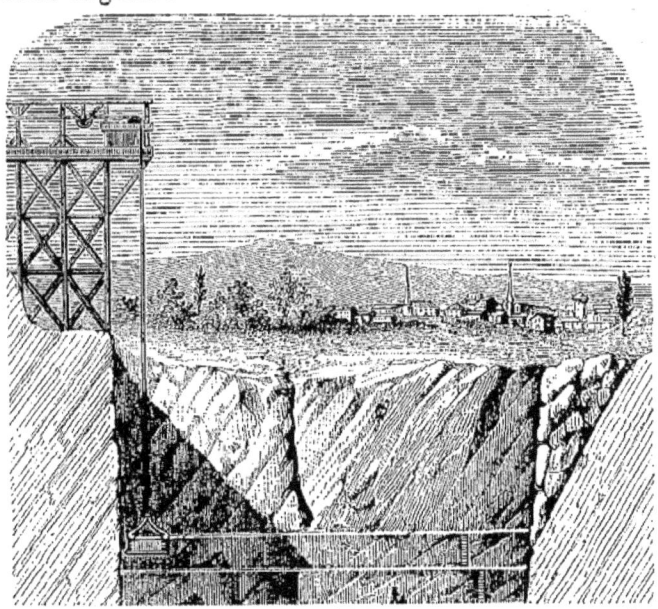

Fig. 65. — Les ardoisières d'Angers.

La *pierre de taille* abondante dans tout le centre de la France, plus rare dans le nord et dans le midi, où le bois et la brique dominent dans les constructions (*pierre dure* de Tonnerre, de Caen, de Commercy, tuffeau de la Touraine, pierre tendre d'Argentan) :

La *pierre lithographique* de l'Ardèche, du Vigan (Gard), et de Dijon (Côte-d'Or) :

La *craie* de la Champagne, de la Normandie et de Meudon, près Paris :

Les *grès bigarrés* des Vosges, le *gypse* (pierre à plâtre) de la Lorraine, les *argiles* communes de la Bourgogne, de la Provence, etc..., les *argiles réfractaires* de Montereau, de Dreux, de Gournay, appartiennent aux diverses formations de la période *secondaire*.

Dans les *terrains tertiaires* on exploite le *calcaire grossier* de Paris, de Creil et de Bordeaux, le *gypse* de la région parisienne, les *argiles figulines* (terre glaise) de Vanves et de Meudon, les *marnes argileuses* d'Argenteuil, qui entraient dans la fabrication des premières porcelaines françaises (porcelaines de pâte tendre), le *grès* de Fontainebleau; les *phosphates de chaux* du Lot et du Tarn-et-Garonne :

La *pierre meulière* de la Ferté-sous-Jouarre (Seine-et-Marne), de la Bourgogne, du Poitou, de Bergerac (Dordogne) :

La *molasse* (*pierre tendre*) de Bordeaux, de Mont-de-Marsan, de Montpellier, les *marnes* du bassin parisien et du bassin du sud-ouest, et les *faluns* ou sables coquilliers de la Touraine, de l'Anjou, des Landes, employés comme amendements; la *terre à briques*, de la Flandre et de l'Artois.

MÉTAUX AUTRES QUE LE FER

Pour les métaux autres que le fer, la France est forcée d'emprunter à l'étranger les produits que le sol français fournit en quantité insuffisante.

Plomb. — Bien que les gisements de plomb soient nombreux, le petit nombre de mines en activité ne produit que 135 000 quintaux environ de minerais propres à la fonte. Les plus riches, qui sont toutes des mines de galènes argentifères, sont celles de *Pontgibaud*, dans le Puy-de-Dôme, de *Vialas*, dans la Lozère, d'*Argentella*, en Corse, et de la *Besse* sur Durance dans les Hautes-Alpes. Celles du Finistère sont abandonnées depuis vingt ans. Le poids d'argent fin, extrait de ces minerais, ne dépasse pas 3 000 kilogrammes.

Autres métaux. — La production du **cuivre** est peu importante. Les mines de Chessy et de Saint-Bel, dans le Rhône, sont épuisées, et les filons exploités dans le Var, l'Aude, la Savoie et les Pyrénées, n'ont donné, en 1882, que 72 000 quintaux de minerai.

Les quelques mines d'**étain**, autrefois exploitées dans la Haute-Vienne et la Loire-Inférieure, sont également épuisées, sauf celles de *Vaulry* (Haute-Vienne), et les gisements du Morbihan n'ont pas réalisé les espérances qu'ils avaient fait concevoir.

Parmi les gisements de **zinc**, assez nombreux dans le Languedoc, les plus riches sont ceux du département de l'Hérault et du Gard (Robiac). La production totale est de 93 720 quintaux (1882).

La Dordogne, le Cher, les Hautes-Pyrénées, la Saône-et-Loire (Romanèche), possèdent des gisements de **manganèse** assez abondants (75 000 à 135 000 quintaux de minerai), mais qui sont loin de suffire à la consommation française; on trouve l'**antimoine** dans la Haute-Loire, en Dauphiné et dans le Gard (11 000 quintaux en 1881).

Quant aux autres substances métalliques, sauf le fer, dont nous parlerons plus loin, elles ne donnent lieu à aucune exploitation.

SEL ET SOURCES MINÉRALES

Dans la classe des produits minéraux rentrent le sel, les sources minérales et une partie des matières variées extraites de la mer.

Le *sel*, dont l'exploitation n'a lieu qu'en vertu d'autorisations du gouvernement, est indispensable à l'industrie en même temps qu'à l'alimentation humaine et à celle du bétail. On évalue à 570 millions de kilogrammes la consommation intérieure de la France, qui augmente rapidement, et qui depuis la réduction de l'impôt sur le sel, en 1848, s'est accrue de 55 pour 100.

La production moyenne (1867-1870) était, avant la perte de nos salines de l'est (Lorraine), d'environ 800 millions de kilogrammes, dont 590 millions de kilogrammes de sel marin; les *marais salants* du Var, des Bouches-du-Rhône, de l'Hérault, de l'Aude, des Pyrénées-Orientales, fournissent aujourd'hui de 280 à 350 millions de kilogrammes; ceux de l'ouest, dans la Vendée, la Charente-Inférieure, la Loire-Inférieure, le Morbihan, 50 à 120 millions de kilogrammes. Les *salines* de la Meurthe-et-Moselle (Varangeville), du Jura, des Pyrénées produisent encore plus de 280 millions de kilogrammes.

Le sel n'est pas le seul produit que la mer fournisse à l'industrie; les *varechs* et les *algues* produisent par leur combustion les soudes naturelles, dont les plus connues sont celles de Normandie, de Narbonne et d'Aigues-Mortes.

Les *sources minérales* abondent dans toutes les parties de la France, et donnent lieu à un commerce important par la consommation sur place, l'extraction des sels qu'elles renferment, et la vente des eaux en France ou à l'étranger. Les départements les plus riches en sources minérales, sont, dans la **région du midi** : les Landes (Dax), les Basses-Pyrénées (Eaux-Bonnes, Eaux-Chaudes, etc.), les Hautes-Pyrénées (Bagnères-de-Bigorre, Cauterets, Barèges); la Haute-Garonne (Bagnères-de-Luchon); les Pyrénées-Orientales (Amélie-les-Bains); les Bouches-du-Rhône (Aix); l'Hérault (Balaruc); l'Aveyron (Cransac); l'Ardèche (Vals).

Dans la région du centre : Le Puy-de-Dôme (Royat et Mont-Dore); la Loire (Saint-Galmier), l'Allier (Néris, Bourbon-l'Archambault, Vichy); la Nièvre (Pougues).

Dans la région de l'est : L'Isère (Allevard et Uriage); la Savoie (Aix-les-Bains); la Haute-Savoie (Évian); le Jura (Salins); les Vosges (Plombières, Contrexéville); la Haute-Saône (Luxeuil); la Haute-Marne (Bourbonne-les-Bains).

Dans la région du nord et de l'ouest : L'Orne (Bagnolles); Seine-et-Oise (Enghien et Forges); Seine-Inférieure (Forges); Nord (Saint-Amand).

III

LA HOUILLE ET LE FER

A mesure que le rôle de l'industrie grandit, l'importance de la production minérale augmente; les découvertes modernes ont fait de la houille et du fer les deux grands agents de la civilisation et du progrès.

La nature s'est montrée moins prodigue envers la France des trésors minéraux, que des richesses agricoles, et leur exploitation, retardée par la situation même des principaux gisements, par la difficulté des transports, par les frais d'extraction, est loin d'avoir atteint tout son développement. Cependant le revenu minéral de la France a plus que doublé en un quart de siècle : en 1858 le nombre des exploitations de mines de toute espèce n'était que 404, dont 277 de charbon; en 1864 il s'élevait à 476 dont 327 mines de charbons et 85 de fer et le nombre des ouvriers employés à l'extraction, qui n'était que de 58000 en 1853, dépassait 148000 en 1876 : depuis cette époque, le nombre des mines exploitées a diminué et celui des ouvriers est resté à peu près stationnaire; mais la production n'a pas cessé de s'accroître.

Houille. — L'anthracite, la houille, le lignite et la tourbe, appartiennent à la même classe de combustibles, et représentent les diverses périodes d'une décomposition subie par les matières végétales, sous l'influence prolongée de puissants agents chimiques et physiques.

L'anthracite et la houille se rencontrent dans les couches les plus anciennes, le lignite dans les terrains de formation plus récente, la tourbe à la surface du sol, dans les vastes marécages de la Flandre, de l'Artois et de la France centrale.

Nos mines de houille, en 1852, ne produisaient que 49 millions de quintaux, d'une valeur de 47 millions de francs; en 1868, elles fournissaient 132 millions de quintaux, d'une valeur de 154540000 francs, qui représentaient les trois cinquièmes de la consommation française : en 1878, plus de 169 millions de quintaux, en 1883 plus de 300 millions et demi de quintaux valant 380 millions.

Cette production est peu considérable, si on la compare à celle de la Grande-Bretagne, à qui ses admirables houillères du Lancashire, du pays de Galles, de l'Yorkshire, donnent 140 millions de tonnes par an; des Etats-Unis, qui tirent de la Pensylvanie plus de 45 millions de tonnes; de la Belgique, à qui les seuls bassins du Hainaut (Mons et Charleroi), fournissent annuellement près de 18 millions de tonnes, ou même de la Prusse qui extrait des gisements de la Westphalie, des provinces du Rhin et de la Silésie 500 millions de quintaux, près du double de la production française.

Bassins houillers. — Les bassins houillers sont au nombre de soixante-deux, inégalement répartis sur toute la surface du territoire. Les principaux sont : au pied du massif central, autour duquel sont groupés les masses les plus importantes de terrains houillers :

1° Le bassin de la *Loire* (Saint-Étienne, Rive-de-Gier, Saint-Chamond), le plus vaste et le plus riche de nos bassins français, qui approvisionne, dans la région du centre et du midi, cinquante départements.

2° Le bassin de *Saône-et-Loire* (le Creusot, Blanzy, Épinac), dont le rayon d'approvisionnement embrasse vingt départements dans la région de l'est et du centre.

3° Le bassin du *Gard* (Alais, Bessèges, La Grand'Combe, Le Vigan) qui fournit à la consommation de la région du midi et de quelques départements du centre.

4° Le bassin de l'*Allier* (Commentry), et de la *Creuse* (Ahun).

5° Le bassin de la *Nièvre* (Decize) avec ses mines de la *Machine*.

6° Le bassin de l'*Aveyron*, qui a pour centre les mines d'Aubin.

7° Le bassin du *Tarn*, avec sa grande exploitation de Carmaux.

8° Le bassin de l'*Hérault* (Graissessac), au pied des Cévennes.

Sur le revers occidental du plateau des Ardennes s'étendent :

9° Le riche bassin du *Nord* (Anzin, Aniches, Denain), qui concourt avec les houillères de Liège et du Hainaut à l'approvisionnement de Paris et de la région du nord (seize départements).

10° Le bassin du *Pas-de-Calais*, prolongation du précédent (Lens, Béthune), qui a pris depuis 1862 une grande extension.

11° Sur la pente méridionale des Vosges, les traités qui nous ont enlevé les houillères de la Sarre, nous ont laissé les petits bassins de Ronchamp et de Gouhenans dans la *Haute-Saône*.

12° Au pied des Alpes, l'*Isère* (Bourg-d'Oisans) et la *Savoie* (Saint-Michel et Saint-Martin-de-Belleville), exploitent des gisements d'anthracite, les *Hautes-Alpes* (Briançon) et le *Var* (Fréjus) des couches d'anthracite et de lignite, les *Basses-Alpes* (Dauphin et Manosque), et les *Bouches-du-Rhône* (Aix) des dépôts de houille et de lignite dont les produits sont absorbés par l'industrie de Marseille et de Toulon.

13° Enfin, sur la lisière des plateaux granitiques de la Bretagne, de la Vendée et du Cotentin, s'étendent les houillères de la *Basse-Loire* (Nort dans la Loire-Inférieure et Chalonnes, dans le Maine-et-Loire), et de la *Vendée* (Vouvant et Chantonnay); les dépôts d'anthracite de la *Mayenne* et de la *Sarthe*, et le petit bassin de *Littry* dans le Calvados.

Fers. — Pour la production du *fer*, la France occupe le second rang en Europe, et vient après l'Angleterre.

De nombreuses minières exploitées à ciel ouvert, et qui appartiennent aux propriétaires du sol, et plus de 80 mines exploitées par des travaux souterrains et concédées par le gouvernement, produisent environ 34 millions de quintaux métriques de minerais bruts, et 23 millions de quintaux de minerais propres à la fusion. Près de

10000 ouvriers sont employés à l'extraction du minerai (1882).

Le fer se rencontre en veines plus ou moins puissantes dans la plupart de nos départements, et surtout dans les pays de montagnes. Parmi les plus riches, il faut citer, dans la **région de l'est,** et du **nord-est,** la Meurthe-et-Moselle (Frouard), la Meuse, la Haute-Saône (arrondissement de Gray), le Jura, la Côte-d'Or (Châtillon), la Haute-Marne (Saint-Dizier et Langres), la Haute-Savoie, la Savoie, l'Isère, avec ses vastes dépôts d'Allevard; dans la **région du sud,** l'Ariège, l'Hérault, les Pyrénées-Orientales, avec leurs mines, dont les plus célèbres sont celles de Vicdessos et de Rancié (Ariège), l'Aveyron, le Gard, l'Ardèche, etc.; dans la **région du centre,** la Haute-Vienne, la Corrèze, la Nièvre, et surtout le Cher avec ses minières inépuisables, les plus importantes de la France entière: dans la **région du nord,** le Pas-de-Calais; dans **celles de l'ouest** et du **sud-ouest,** les Landes, la Dordogne, et presque tous les départements de la Bretagne. Plus de 200 forges ou hauts-fourneaux s'occupent de transformer le minerai en fer malléable ou en fonte propre aux usages industriels.

La production du fer s'élève à 1 073 000 tonnes, celle de la fonte à 2 millions de tonnes valant ensemble plus de 432 millions. Elle a presque triplé depuis 1852, en même temps que la houille a remplacé le charbon de bois dans la plupart de nos grandes exploitations métallurgiques.

Les principaux centres sont :

Nos départements du **nord-est** et de l'**est,** avec les fonderies de la Meuse (*Tusey*), les grandes usines de *Frouard* et de *Pont-à-Mousson* (Meurthe-et-Moselle), où a émigré en partie l'industrie de la Moselle qui fuit la domination allemande, les forges de la Haute-Marne (*Saint-Dizier, Donjeux*), de la Franche-Comté (*Bains* dans les Vosges, *Audincourt* dans le Doubs, *Fraisans* et *Champagnole* dans le Jura, *Aillevillers* dans la Haute-Saône), et les établissements de la Côte-d'Or (*Châtillon, Cussey, Arnay-le-Duc*) où le coke s'est presque entièrement substitué au bois;

Ceux du **nord** (*Charleville, Mossempré, Nouzon,* dans les Ardennes; *Lille, Anzin, Denain, Maubeuge,* dans le Nord; *Montataire,* dans l'Oise), qui n'emploient que la houille;

Ceux du **centre,** avec les hauts-fourneaux et les forges de *Rive-de-Gier,* de *Saint-Étienne,* de *Givors,* de *Firminy* (Loire), du *Creusot* (Saône-et-Loire), le plus puissant de nos établissements français, de *Fourchambault* (Nièvre), de *Commentry* (Allier), de *Mareuil,* de *Bourges,* de *Vierzon* (Cher), de *Mondon* et de *Larivière* (Haute-Vienne);

Ceux du **sud-est,** avec les hauts-fourneaux de l'Ardèche (*la Voulte*), les forges et les aciéries de l'Isère (*Voiron, Allevard,* etc.);

Ceux du **sud,** avec les établissements de

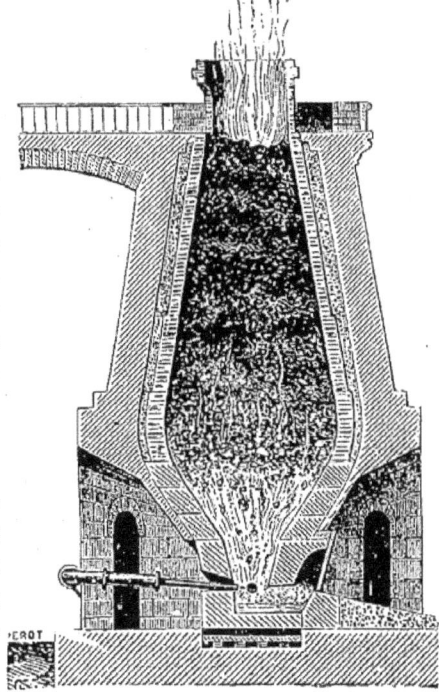

Fig. 60. — Un haut fourneau.

Decazeville (Aveyron), de *Labouheyre* (Landes), les forges catalanes de l'Ariège, des Pyrénées-Orientales, et les vastes usines d'*Alais* et de *Marseille.*

La fabrication de l'acier est jointe à celle du fer dans la plupart des groupes métallurgiques que nous venons de citer : les aciers de Rive-de-Gier, ceux du Creusot, de l'Isère et de la Nièvre, sont les plus connus, et peuvent le disputer à ceux de l'Angleterre et de la Suède.

On estime à 4 330 000 quintaux la production française

286 GÉOGRAPHIE ÉCONOMIQUE.

de l'acier fondu par le procédé Bessemer, et à 252 000

Fig. 67. — Un des marteaux à vapeur du Creusot.

celle de l'acier de forge, ou fondu au creuset. La valeur totale dépasse 128 millions.

INDUSTRIES MANUFACTURIÈRES

IV

1er GROUPE. — INDUSTRIES MÉCANIQUES ET INDUSTRIES DU TRANSPORT (1)

Le premier groupe des industries manufacturières est le groupe des industries mécaniques, c'est-à-dire de celles qui ont pour but la fabrication des instruments et des machines qui servent à toutes les autres industries, et du matériel des transports. Ses principales subdivisions sont :

1° La **quincaillerie,** avec ses applications si variées :

---

(1) Cette classification est à peu près celle des deux expositions universelles de 1867 et de 1878.

Taillanderie (faux, bêches, haches, et autres outils grossiers) de Saint-Étienne, de Givonne, (Ardennes), de Saut-du-Tarn, de Touille (Haute-Garonne).

Outils de Paris, de Saint-Étienne, de Pont-de-Roide dans le Doubs :

Clouterie et boulonnerie de Vieux-Condé, de Valenciennes et de Maubeuge (Nord), de Charleville (Ardennes), de Rugles (Eure) :

Tréfilerie (fabrication du fil de fer, de laiton, etc.), de Paris, de Laigle (Orne), de Rugles, de Romilly (Eure), de Toulouse, de Bourges, de Manois (Haute-Marne), d'Angoulême.

2° La **fabrication des armes** à Saint-Étienne, à Châtellerault (Vienne), pour les armes à feu et les armes blanches, à Tulle et à Paris pour les canons de fusil.

Les *fonderies de canons* de Bourges et de Ruelle près d'Angoulême.

3° La **fabrication des machines à vapeur** fixes ou mobiles au Creusot, à Oullins (Rhône); à la Chapelle et à Grenelle (Paris); à Indret, près de Nantes; à Fives-Lille, à Marseille, au Havre, etc.

4° Celle des *machines et mécaniques des ateliers industriels* dans presque tous les grands centres de nos industries textiles, à Paris, à Lyon, à Lille, à Rouen ; à Saint-Hippolyte dans le Gard, pour la filature de la soie.

Celle des *machines-outils*, à Paris, à Rouen, à Saint-Étienne, à Rive-de-Gier, à Maubeuge ; des *machines agricoles*, à Paris, à Saint-Denis, à Toulouse, à Abilly (Indre-et-Loire), à Nancy, à Vierzon, à Liancourt (Oise).

5° La **carrosserie** de Paris, de Toulouse, de Lyon, de Caen, de Bordeaux, de Boulogne, réunit la solidité à l'élégance et n'a guère de rivales à l'étranger qu'à Londres et à Vienne. Les ateliers spéciaux des grandes compagnies de chemins de fer fabriquent chaque année plusieurs milliers de wagons.

6° Les **constructions navales** doivent au développement du commerce, à la création de nos grandes lignes de navigation maritime, une activité qui, sans égaler celle de la Grande-Bretagne et des États-Unis, laisse encore à la France un des premiers rangs dans le monde. Des chantiers de l'État, établis dans nos ports militaires, à Brest, à Cherbourg, à Lorient, à Rochefort, à Toulon, sortent ces gigantesques navires cuirassés qui font l'admiration de l'Angleterre elle-même. Dans presque tous nos ports de commerce, l'industrie privée possède des chantiers, dont quelques-uns occupent jusqu'à 1600 et 2000 ouvriers.

Les plus actifs sont ceux de Nantes, de Saint-Nazaire, de Bordeaux, du Havre, de Marseille, de la Ciotat (Bouches-du-Rhône), de la Seyne près de Toulon.

Bien que la France soit obligée d'emprunter à l'étranger la plupart des métaux autres que le fer, elle les travaille cependant avec un succès et une activité que les découvertes nouvelles développent chaque jour.

Rouen, le Havre, Marseille, Coueron (Loire-Inférieure), Pontgibaud, Saint-Vaast près d'Arras, ont des *fonderies de plomb* importantes (production 81 560 quintaux de métal) :

Givet, dans les Ardennes; Romilly, dans l'Eure; Vienne, dans l'Isère; Bousquet-d'Orb, dans l'Hérault, des *lamineries de zinc,* qui le cèdent, il est vrai, à celles de la Belgique et de l'Allemagne (production 185 000 quintaux) :

Romilly, Saint-Vaast, Toulouse, Avignon, Saint-Denis (Seine), Imphy, dans la Nièvre, Septimes, dans les Bouches-du-Rhône, des *fonderies de cuivre,* qui ne sont inférieures qu'à celles de l'Angleterre (production 41 000 quintaux).

Les produits de nos fonderies de cuivre sont mis en œuvre par la *chaudronnerie* de Paris, de Lille, de Lyon, et d'Aurillac, dans le Cantal; par les *tréfileries* et les *fabriques d'épingles* de Laigle et de Rugles; par la *quincaillerie* parisienne, etc...

2ᵉ GROUPE. — INDUSTRIES CHIMIQUES

Un deuxième groupe est formé par les industries qui ont pour but de transformer les substances auxquelles

elles s'appliquent, par des combinaisons ou des réactions chimiques.

Les **distilleries** du Nord, de la Somme, du Pas-de-Calais, extraient l'alcool du grain, de la betterave, de la pomme de terre, et produisent plus d'un million d'hectolitres, quand la récolte de vin est insuffisante. Elles ont à lutter contre la concurrence de l'Allemagne, des Etats-Unis et de l'Angleterre.

Les **huileries** du Nord, de la Lorraine, du Calvados (Caen), de Bordeaux, de Marseille, fabriquent annuellement plus de 60 millions de kilogrammes d'huiles de lin, de colza, de navette, d'arachides, etc…, sans compter les huiles d'olives extraites dans nos départements du midi, et destinées en partie à des usages industriels.

Les **savonneries** de Marseille produisent à elles seules 60 millions de kilogrammes d'une valeur de 85 millions de francs. Rouen, Nantes, Lyon et Paris, possèdent des fabriques considérables (valeur totale de la production 100 à 108 millions).

Les **fonderies de suif** de Paris, les plus importantes de France, fournissent plus de six millions de kilogrammes.

Les **fabriques de bougies** de Paris, de Marseille, de Lyon, de Montpellier, de Nîmes, de Lille, suffisent à la consommation intérieure et à une exportation annuelle de plusieurs millions de kilogrammes (180 fabriques, 70 millions de produits).

Les **matières résineuses** servent à la préparation des vernis, dont Paris est le centre; à celle de la poix et de la térébenthine, dans les Landes, les départements pyrénéens, la Gironde, les Vosges; du goudron, dont la fabrication est concentrée dans le département des Landes. Les fabriques de Paris et de Clermont-Ferrand ont fait de la préparation du *caoutchouc*, qu'elles plient aux usages les plus variés, une des branches florissantes de notre industrie.

La **tannerie** et la **corroierie** de Paris, de Rouen, de Tours, d'Angers, de Château-Renault (Indre-et-Loire), de Givet; la **chamoiserie** de Gisors (Eure), de Niort; la **mégisserie** de Grenoble, de Niort, de Millau (Aveyron), d'Annonay (Ardèche); la **maroquinerie** de Paris, transforment et assouplissent les peaux et les cuirs avant de les livrer aux industries de seconde main qui leur donnent la forme définitive. L'Allemagne seule peut rivaliser avec la France.

Les **matières tinctoriales,** qui jouent dans notre économie industrielle un rôle si important, ont pour principaux centres de production Paris, Rouen et Lyon pour les *extraits colorants*, dont les bases sont les bois de teinture, l'indigo, la cochenille, et surtout les produits de la houille; Lyon, Lille, Paris et ses environs (Ivry, Saint-Ouen, Clichy) pour les *couleurs minérales;* Paris pour les *couleurs artistiques,* dont la supériorité ne saurait être contestée, même par l'Angleterre et l'Allemagne.

Les **produits chimiques** proprement dits, acides, alcalis, sels, phosphores, constituent une subdivision dont l'importance grandit tous les jours avec les progrès de la science appliquée à l'industrie. Les usines les plus actives sont celles de Chauny, dans l'Aisne (soudes, etc.), qui consomment annuellement plus de 65 millions de kilogrammes de matières premières et livrent au commerce 55 millions de kilogrammes de produits fabriqués; de Lille, de Lyon, de Paris, pour les produits de toute espèce; de Montpellier, pour les acétates de cuivre et la crème de tartre; de Marseille, pour les acides gras; de Bordeaux, pour les salpêtres; de Rouen, pour les acides; de Cherbourg et du Conquet (Finistère), pour la préparation de l'iode, des soudes de varech; de Noisiel (Seine-et-Marne) pour les produits pharmaceutiques. L'Angleterre et surtout l'Allemagne ont conquis sur nous dans cette branche d'industrie une supériorité malheureusement décisive.

La fabrication des **allumettes chimiques,** est aujourd'hui monopolisée entre les mains d'une compagnie; les **poudreries** et les **raffineries de salpêtre,** les fabriques de **dynamite** sont également des industries soumises à une réglementation particulière ou monopolisées entre les mains de l'État. La vente de 5 millions de kilogrammes de poudre produisait, en 1882, un bénéfice net de 10652000 francs.

La fabrication des **engrais** artificiels a ses principaux centres dans les environs de Paris, à Nantes, à Lyon, à Lille, à la Motte-Beuvron (Loir-et-Cher).

Enfin l'*extraction du gaz* pour le chauffage et l'éclairage est devenue une de nos grandes industries, représentée à Paris et dans toutes les villes de quelque importance par des compagnies et des usines florissantes (545 usines et 132 millions de produits en 1876).

On peut rattacher au groupe des industries chimiques les manufactures nationales de *tabac* (Paris, Bordeaux, Châteauroux, Dieppe, Dijon, le Havre, Lille, Lyon, le Mans, Marseille, Morlaix, Nancy, Nantes, Nice, Riom, Tonneins, Toulouse), qui mettent en œuvre 40 millions de kilogrammes de tabac, et dont le bénéfice net est de 297 millions (1882).

3ᵉ GROUPE. — INDUSTRIES ALIMENTAIRES

Répandues sur toute la surface du territoire, depuis le plus humble hameau jusqu'à la plus grande ville, elles échappent en partie, par leur diffusion même, à toute indication précise. Cependant, quelques-unes de ces industries, exercées sur une grande échelle et dépassant les besoins de la consommation locale, ont créé de véritables centres de production, où viennent s'approvisionner le commerce intérieur et même le commerce étranger.

Telles sont la *préparation des beurres salés* de Normandie et de Bretagne, à *Isigny* (Calvados), à *Gournay* (Seine-Inférieure), à *Morlaix* (Finistère);

La *fabrication des fromages* dans les départements de Seine-et-Oise et de Seine-et-Marne, qui formaient l'ancienne province de *Brie;* dans le Jura, l'Ain et le Doubs, qui imitent avec succès les fromages suisses de Gruyère; dans l'Aveyron, à *Roquefort;* dans les Vosges, à Gérardmer (Géromé); dans la Seine-Inférieure, à Neufchâtel; dans le Calvados, à Livarot; dans l'Orne, à Camembert; en Auvergne, à Saint-Nectaire (Puy-de-Dôme) et à Salers (Cantal); dans le Nord, à Marolles;

L'*extraction des huiles d'olives* dans nos départements du midi : Corse, Alpes-Maritimes, Var, Vaucluse, Bouches-du-Rhône, Gard;

La *fabrication des eaux-de-vie de vin* dans les deux Charentes (Cognac, Angoulême, Saintes); dans l'Hérault (Cette, Montpellier, Béziers); dans le Gers et le Lot-et-Garonne (eaux-de-vie d'Armagnac et de Marmande).

A côté de ces industries essentiellement agricoles, disséminées dans les villages et sur les lieux mêmes qui fournissent la matière première, la moyenne et la grande industrie sont représentées :

A Paris, à Clermont, à Marseille, à Nancy, par les usines où se fabriquent les *pâtes alimentaires*, rivales de celles que nous envoie l'Italie; à Reims, à Paris, à Dijon, à Nancy par les fabriques de biscuits, de pains d'épices et de macarons;

A Nantes, à Bordeaux, à Paris, au Mans, à Toulouse, à Nérac, à Ruffec, à Pithiviers, par les *conserves alimentaires;* à Paris, à Rouen, à Bar-le-Duc, à Clermont-Ferrand, à Montélimar, à Dijon, à Orléans, à Verdun, par les produits si variés de la *confiserie;* à Bayonne, à Nîmes, à Lyon, à Paris, à Rouen, par les fabriques de *chocolat;*

A Lyon, à Arles, à Bayonne, à Troyes, à Maurs, dans le Cantal, par les vastes ateliers où se préparent les *viandes salées* et la charcuterie, qui joue un si grand rôle dans l'alimentation publique; à Nantes, à Douarnenez, à Concarneau, à Cette, par les établissements qui s'occupent de sécher, de saler et de préparer le poisson, et en particulier la morue, la sardine, l'anchois, le hareng.

Les puissantes *minoteries* de Lille, de Corbeil (Seine-et-Oise), de Meaux (Seine-et-Marne), de Rouen, de Nérac (Lot-et-Garonne), de Toulouse, de Marseille, de Dijon, de Lyon, de Gray (Haute-Saône), avec leur meules mues par la vapeur ou leurs appareils hydrauliques, ont remplacé le modeste moulin à vent, et expédient des farines sur tous les marchés de la France et de l'étranger.

Les *brasseries* de la Lorraine, de la Flandre, de Paris, de Châlons, de Lyon, livrent à la consommation plus de 130 millions de produits.

Les *vinaigreries* de Dijon, d'Orléans, de la Haute-Saône et des Charentes fabriquent avec le vin les vinaigres alimentaires, trop souvent falsifiés par l'addition d'un produit qui devrait être réservé aux usages industriels : le vinaigre de bois.

Les *fabriques de liqueurs,* dont la production représente une valeur de plus de 45 millions, sont dispersées dans toute la France : Bordeaux a ses anisettes, Marseille ses absinthes, Grenoble ses ratafias et sa liqueur de la Grande-Chartreuse, Dijon ses cassis, Paris et Lyon toutes les fabrications réunies.

Enfin, les *raffineries de sucres* exotiques de Paris, de Marseille, de Lille, de Nantes, du Havre, de Bordeaux, consomment près de 3 millions de quintaux métriques de sucres de cannes bruts, et les *fabriques de sucres* indigènes au nombre de 530, presque toutes concentrées dans le Nord, le Pas-de-Calais, la Somme, l'Aisne et l'Oise produisaient, dans les six premiers mois de 1865, 145 875 226 kilogrammes de sucres bruts de betterave, tandis qu'elles en fournissaient à peine 100 millions en 1862, pendant la même période. En 1875, la production de l'année a atteint 470 millions de kilogrammes de sucres bruts, mais pour retomber aussitôt à 528 millions en 1876, à 345 en 1879, enfin à 334 en 1880, à 358 en 1881, et à 416 en 1882. L'Allemagne

Fig. 68.
Une raffinerie de sucre à Nantes

nous est aujourd'hui supérieure pour les quantités fabriquées ; la production de la Russie et de l'Autriche-Hongrie grandit aussi rapidement.

V

4ᵉ GROUPE.— INDUSTRIES DU VÊTEMENT ET DE LA TOILETTE

Le quatrième groupe comprend les industries si variées du vêtement et de la toilette, parmi lesquelles le premier rang appartient aux industries textiles.

1° **Laine.** — La plus ancienne et la plus importante de ces industries est celle de *la laine*. Sa consommation dépasse 150 millions de kilogrammes ; sa production représente une valeur de près de 1 200 millions, dont 800 millions destinés à la consommation intérieure. Le nombre des broches à filer est de plus de 3 millions, celui des métiers mécaniques de 44 000, et celui des métiers à bras de 37 000. Le nombre des ouvriers employés par les établissements mécaniques dépasse 111 000.

Parmi les principales filatures de laine comptaient celles de *Mulhouse* (Haut-Rhin), la métropole industrielle de l'Alsace, avec sa population de 60 000 âmes, qui avait presque quadruplé depuis 1830.

La France, à qui les traités de 1871 ont enlevé tout le groupe alsacien, conserve encore les établissements : de *Lille* et de ses deux puissants satellites *Roubaix* et *Tourcoing*;

De *Reims*, et de *Rethel*, chefs-lieux d'une région industrielle qui compte plus de 30 000 ouvriers ; d'*Amiens*, de *Saint-Quentin*, enfin de *Paris* et de *Saint-Denis*, ce faubourg de la grande ville.

Pour *la fabrication des tissus foulés et de la draperie* proprement dite, les quatre grands centres sont : Sedan (Ardennes), Elbeuf (Seine-Inférieure), Louviers (Eure) et Abbeville (Somme), dont les draps fins n'ont pas de rivaux en Europe, et dont la production réunie dépasse 400 millions.

Les qualités inférieures, où l'Angleterre et l'Allemagne l'emportent sur nous, sont produites dans le midi par Carcassonne, Castres et Mazamet, dans le Tarn ; Sommières et Nîmes, dans le Gard ; Lodève, Bédarieux et Saint-Pons, dans l'Hérault, qui ont la spécialité des draps grossiers et solides destinés à l'habillement des troupes ; dans le sud-est, par Vienne ; dans l'est, par Nancy ; dans le centre, par Châteauroux et Limoges ; dans l'ouest par Caen, Vire, Saint-Lô et Lisieux.

Les tissus ras ou mélangés, qui comptent pour près de moitié dans la production française, se fabriquent dans toute la France. Reims a ses mérinos et ses flanelles si recherchées, même en Angleterre ; Amiens et Roubaix, leurs velours de laine et leurs tissus d'alpagas et de poils de chèvres ; Paris, Lyon, Nîmes, leurs châles et leurs cachemires ; Roubaix et Tourcoing, leurs étoffes mélangées.

2° **Filature et tissage du coton.** — *La filature et le tissage du coton* ne datent en France que du dix-huitième siècle. En 1830, la consommation de nos manufactures ne dépassait pas 30 millions de kilogrammes ; en 1860, elle s'élevait à 81 millions de kilogrammes ; en 1882, à 110 millions. Le nombre des broches était, en 1862, de 6250000 ; celui des métiers mécaniques de 75000, et des métiers à bras de 198000 ; le personnel employé était de 200000 ouvriers ; la valeur des tissus fabriqués de plus de 800 millions ; et cependant ce chiffre prodigieux était loin de représenter la moitié de la production de l'Angleterre. En 1882, on comptait en France 5 millions de broches, 48000 métiers à bras en activité, 61000 métiers mécaniques ; le nombre des ouvriers était de 100000 environ, mais la valeur de la production était restée à peu près la même qu'en 1862, malgré la perte de l'Alsace.

L'industrie cotonnière est aujourd'hui répandue dans toute la France. Les centres principaux sont :

1. Le *groupe du nord-est*, qui, avant la perte de l'Alsace, possédait à lui seul le cinquième des broches et la moitié

des métiers mécaniques, et qui réunissait à la filature, les blanchisseries, la fabrication des calicots, des indiennes, et l'impression sur étoffes, l'une des industries où nous le disputons à la Grande-Bretagne. La métropole de ce groupe était Mulhouse, la reine de l'industrie alsacienne, avec sa ceinture de villes vassales : Colmar, Wesserling, Vieux-Thann, Sainte-Marie-aux-Mines, Guebwiller dans le Haut-Rhin, Haguenau et Bischwiller dans le Bas-Rhin. Les arrondissements de Belfort, d'Épinal, de Saint-Dié et de Remiremont dans les Vosges, ceux de Nancy et de Troyes semblent appelés à recueillir une partie de cet héritage.

Fig. 69. — Une filature de lin à Lille.

2. Le *groupe du nord* a pour métropoles Lille et Roubaix, dont les filatures rivalisent avec celles de Mulhouse, Amiens et Saint-Quentin (Aisne), dont les mousselines, les percales, les velours de coton soutiennent la concurrence de l'Angleterre et de la Suisse.

3. Le *groupe du nord-ouest* a pour centre Rouen (Seine-Inférieure), l'une de nos capitales industrielles, qui à elle seule file chaque année 35 millions de kilogrammes de coton, et dont la bonneterie, les toiles de coton, et les mille articles divers connus sous le nom de rouenneries,

figurent sur tous les marchés de France et de l'étranger.

Condé-sur-Noireau, dans le Calvados, Flers et la Ferté dans l'Orne, Évreux et Gisors dans l'Eure, sont les principales colonies de l'industrie rouennaise.

4. Le *groupe du centre et de l'ouest*, moins important et plus disséminé, est représenté par Villefranche et Tarare (Rhône) avec leurs mousselines et leurs molletons, Roanne (Loire) avec ses indiennes, Laval (Mayenne) et Cholet (Maine-et-Loire) avec leurs toiles de coton.

Un moment paralysée par des événements qui tarissaient la principale source de production d'une matière première que le climat de l'Europe lui refuse, l'industrie des cotons avait repris sa marche progressive, bien qu'elle fût encore loin de pouvoir lutter avec l'Angleterre; mais la crise industrielle et commerciale dont la France souffre depuis huit ans a de nouveau arrêté ce progrès.

3º **Tissus de chanvre et de lin.** — Les *tissus de chanvre et de lin* ont toujours occupé une place importante dans l'industrie française : une invention nationale, mais dont la France n'a pas su profiter la première, celle de la filature mécanique du lin, due à Philippe de Girard, a bouleversé toutes les conditions de cette industrie, et lui a donné un essor inattendu. Aujourd'hui le rouet du paysan a cédé la place au métier de l'ouvrier, et la France possède plus de 740 000 broches qui fonctionnent dans les filatures de Lille, de Roubaix, d'Armentières (Nord), d'Amiens, et dans celles de la Lorraine et de l'Anjou. Le nombre des métiers mécaniques est de 18 à 19 000, celui des métiers à bras de plus de 29 000.

Quant au tissage des toiles de chanvre et de lin, qui représentent une valeur de plus de 550 millions, c'est une industrie toute rurale et dispersée sur la surface entière de la France; cependant on peut distinguer cinq groupes principaux :

1. *Celui du nord*, sans rival pour la fabrication de la batiste et du linge ouvré, dont les régions les plus actives sont celles de Saint-Quentin, d'Amiens, de Boulogne, de

Cambrai, de Valenciennes, de Lille, de Bapaume, d'Armentières qui compte à elle seule plus de 30000 ouvriers répandus dans les villages ou groupés dans la ville même;

2. *Celui de la Normandie,* où les districts de Lisieux (Calvados), de Bernay (Eure), de Vimoutiers (Orne), fabriquent ces toiles si connues sous le nom de cretonnes;

3. *Celui de la Bretagne, du Maine et de l'Anjou,* où l'on remarque Saint-Brieuc, Lannion, Guingamp (Côtes-du-Nord), Landerneau (Finistère), Laval, Le Mans et surtout Cholet (Maine-et-Loire), centre d'une région industrielle qui embrasse plus de 120 communes et qui occupe 10000 ouvriers.

4. *Celui du Béarn*, qui fabrique exclusivement le linge de table.

5. *Celui de l'Isère*, où Voiron fabrique des toiles d'excellente qualité.

La toile à voiles et les cordages se fabriquent sur presque tout le littoral, mais surtout à Dunkerque, au Havre et à Angers.

4° **Soieries.** — La plus complètement française de nos industries de luxe est celle des *soieries*, dont la production, supérieure à celle de toutes les nations européennes réunies, avait quintuplé en un demi-siècle, et dépasse encore, malgré un abaissement sensible, 760 millions.

La métropole de l'industrie des soieries est *Lyon*, la seconde ville de France, qui occupe 43000 métiers et 40000 ouvriers. Paris, Saint-Etienne, Amiens, Roubaix et Vienne disputent cependant à Lyon le monopole des tissus mélangés et de la passementerie de soie; Nîmes celui des tissus légers et de la bonneterie de soie.

La rubanerie de soie et de velours est concentrée dans le département de la Loire où elle occupe encore, malgré sa décadence, 12000 ouvriers. *Saint-Chamond* et *Saint-Etienne,* un de nos grands centres manufacturiers, bourgade de 6000 âmes en 1776, ville de 124000 habitants un siècle plus tard, doivent à cette industrie une partie de leur développement.

L'industrie des soieries souffre, comme la plupart de nos fabrications françaises, d'une crise provoquée en partie par la transformation de l'outillage et la faveur acquise sur le marché aux étoffes de qualité inférieure, en partie par la concurrence de l'Allemagne, de l'Angleterre, de la Suisse, de l'Italie et des Etats-Unis.

5° **Dentelles**. — La fabrication des dentelles est, comme celle des soieries, une de nos industries nationales, où l'étranger a pu nous imiter, mais sans nous surpasser : elle fournit du travail à plus de 250 000 ouvrières dispersées dans les villes et dans les campagnes; la fabrique du *Puy* en occupe seule plus de 130 000 dans le Cantal, Le Puy-de-Dôme (Arlanc), la Loire, la Haute-Loire; *Bayeux* et *Caen* (Calvados) en emploient près de 50 000; *Alençon*, *Chantilly* (Oise), avec ses guipures et ses dentelles de soie, *Mirecourt* (Vosges), avec ses applications, *Lille*, *Bailleul* et *Arras*, avec leurs valenciennes et leurs dentelles à fonds clairs; *Calais*, avec ses tulles de coton, *Lyon*, avec ses tulles de soie, *Saint-Quentin*, avec ses tulles brochés,

Fig. 70. — Un atelier de canut à Lyon.

Nancy, avec ses broderies, défient la concurrence de la Belgique et de l'Allemagne.

Aux industries textiles peuvent se rattacher les industries si variées du vêtement, la *lingerie* de Paris, de Rouen, de Bordeaux, la *confection des habillements d'hommes*, qui, à Paris seulement, représente une valeur de 150 millions; la *bonneterie* de Rouen, de Troyes, d'Amiens, de Saint-Denis; la *chapellerie de soie* de Paris, de Lyon, de Bordeaux, de Nîmes, d'Aix (Bouches-du-Rhône), les *modes parisiennes*, cette industrie mobile et capricieuse comme la mode même, dont elle porte le nom; les mille accessoires de la toilette qu'embrasse le nom d'*articles de Paris* ou de *mercerie;* enfin, la *teinturerie*, dont la science moderne a fait presque un art, et qui s'exerce sur une grande échelle à Lille, à Saint-Quentin, à Rouen, à Lyon, à Paris.

La **cordonnerie**, dont les produits, à Paris seulement, sont évalués à plus de 100 millions, est répandue jusque dans les moindres centres de population; mais dans certaines villes, à Marseille, à Nantes, à Angers, à Blois, à Romans, à Toulouse, à Bordeaux, à Limoges, à Nantua (Ain), existent des fabriques qui travaillent pour l'exportation et qui emploient jusqu'à 1500 ouvriers.

La **ganterie** de peau produit en France pour une valeur de près de 90 millions de marchandises, dont la moitié appartient à l'industrie parisienne, 20 millions à celle de Grenoble, et le reste est réparti entre Millau, Niort, Chaumont et Lunéville (Meurthe-et-Moselle).

La **bijouterie** parisienne, suivie de loin par Marseille, Lyon, Toulouse, Bordeaux, produit pour plus de 50 millions par an, et réunit au travail de l'or et de l'argent, à la taille des pierres précieuses, dont Paris a le monopole, les mille variétés de l'imitation, à laquelle les découvertes modernes, et surtout la galvanoplastie, ont fourni de si précieuses ressources.

Enfin la **parfumerie** de Paris, de Grasse (Alpes-Maritimes), de Lyon, tient parmi nos industries de luxe un rang important.

VI

5ᵉ GROUPE. — INDUSTRIES RELATIVES A L'HABITATION

Le cinquième groupe comprend les industries relatives à l'habitation, avec leurs innombrables subdivisions. Les plus importantes sont :

1° Les **industries du bâtiment** (menuiserie, charpente, maçonnerie, etc.) qui, à Paris seulement, figurent dans le revenu industriel pour 310 millions.

2° L'**ébénisterie**, dont le quartier général est le faubourg Saint-Antoine, à Paris, mais qui possède à Lyon, à Bordeaux, à Moulins, d'importantes fabriques.

3° La **serrurerie** et la ferronnerie de Paris, de Saint-Étienne, de Beaucourt (près Belfort), de Nouzon (Ardennes), d'Escarbotin (Somme).

3° Les **tapis et tapisseries** de Tourcoing, d'Aubusson (Creuse), de Bordeaux, de Nîmes, de Beauvais, de Paris, où la manufacture des Gobelins sert de modèle à l'industrie française, mais ne livre pas au commerce ses merveilleux produits.

4° La **fabrication des papiers peints**, dont le principal centre est Paris.

5° Les **industries céramiques**, comprennent la *fabrication des tuiles, des briques, des tuyaux*, dont le principal centre est la Bourgogne, (Montchanin, etc...) :

La **poterie** et la **faïence**, à Paris, Choisy (Seine), Beauvais, Creil, Nevers, Vierzon, Gien, etc.

La **porcelaine** (production évaluée à 45 millions), est une de ces industries de luxe où la France a su garder ses traditions séculaires de perfection dans le travail et de bon goût dans le dessin, conservées avec un soin si jaloux par un établissement qui n'a pas de rival en Europe, la manufacture nationale de Sèvres.

Limoges, chef-lieu de la Haute-Vienne, dont la production s'élève à plus de 15 millions, a conquis dans l'industrie de la porcelaine ordinaire une supériorité que lui disputent les manufactures de Vierzon et de Mehun-sur-Yèvre, dans le Cher; de Champroux, dans l'Allier; de Decize, dans la Nièvre; de Bayeux, dans le Calvados. La porcelaine opaque se fabrique à Lunéville, à Bordeaux, à Creil (Oise), à Montereau (Seine-et-Marne), à Gien (Loiret), à Fourmies (Nord).

6° La **verrerie** produit pour plus de 120 millions. Aniches et Maubeuge, dans le Nord; Folembray, dans l'Aisne; Epinac, dans la Saône-et-Loire; Givors, dans le Rhône; Rive-de-Gier, dans la Loire; Pont-à-Mousson, Bordeaux, Alais et Paris, avec leurs fabriques de bouteilles, de gobeleterie et de verres à vitres, sont les centres les plus actifs de la fabrication commune, tandis que la verrerie de luxe est représentée par les manufactures de **glaces** (valeur des produits 25 à 27 millions) de Saint-Gobain et de Chauny (Aisne), de Cirey (Meurthe-et-Moselle), de Montluçon (Allier), et par les **cristalleries** de Sèvres, de Clichy, de Fourmies (Nord), de Baccarat, dans la Meurthe-et-Moselle.

7° Les **bronzes** et l'**orfèvrerie** sortent surtout des ateliers parisiens, sans rivaux pour la perfection artistique, comme pour la variété des procédés industriels, l'élégance et le bon marché des articles d'imitation.

Fig. 71. — Vannerie et boissellerie.

8° L'**horlogerie** de Paris, de Montbéliard et de Besançon (Doubs), de Morey dans le Jura, de Beaucourt près de Belfort, rivalise avec celle de la Suisse, et presque toutes les communes du Faucigny, cette région à demi helvétique de la Savoie, fabriquent des montres que l'on confondrait facilement avec celles de Genève.

9° La **tabletterie** et la **bimbeloterie** se fabriquent à

Dieppe, à Beauvais, à Saint-Claude (Jura), mais Paris est à la fois le principal marché et le grand centre de fabrication.

10° La **coutellerie** a pour centres *Thiers*, Châtellerault, Paris, Nogent-le-Roi près de Langres, et Nontron.

11° Les **articles de ménage,** batterie de cuisine, etc., se fabriquent à Beaucourt, à Fumay dans les Ardennes; les appareils de chauffage, à Paris, à Guise (Aisne), à Villedieu (Manche).

12° La **vannerie** et la **brosserie** à Paris et dans le département de l'Aisne.

13° La **boissellerie** (mesures de capacité et ustensiles de ménage en bois), à Troyes, dans l'Aisne et dans le Nord.

14° La **tonnellerie** dans les régions où on cultive la vigne et particulièrement en Bourgogne et en Languedoc.

6° GROUPE. — INDUSTRIES RELATIVES AUX BESOINS INTELLECTUELS

La **papeterie** possède en France plus de 500 établissements, qui produisent environ 160 000 tonnes de papier (valeur du papier et du carton, 115 millions). Les papeteries d'Angoulême, celles d'Annonay, qui occupent près de 2000 ouvriers, celles de Rives, dans l'Isère, d'Essonne (Seine-et-Oise), celles des Vosges (la Souche), etc., peuvent soutenir la concurrence avec les puissantes fabriques de l'Angleterre et des Etats-Unis. Besançon, Nancy, Saint-Omer, Amiens, le département de l'Eure, ceux de Seine-et-Marne, du Calvados, de la Meuse, du Nord, de la Sarthe, possèdent également des usines aussi importantes pour la qualité que pour la masse de leurs produits.

Autour de la papeterie, qui leur fournit la matière première, se groupent des industries diverses, dont quelques-unes s'élèvent jusqu'à des régions où l'industrie se confond avec l'art.

304 GÉOGRAPHIE ÉCONOMIQUE.

Telles sont la **gravure** et la **lithographie**, sous leurs formes si variées, depuis l'imagerie commune de Metz et d'Epinal, depuis les vignettes, les cartes et les plans que produit par milliers l'industrie parisienne, jusqu'à ces créations artistiques qui sortent du domaine de l'industrie et où elle n'intervient que pour les répandre et les multiplier.

L'**imprimerie** est à la fois une industrie et un art. Auxiliaire indispensable de la pensée, mêlée à toutes les grandes questions politiques et sociales, son activité peut servir de mesure à l'activité même de la vie intellectuelle, ses progrès à ceux de la civilisation. Les ressources qui alimentent l'imprimerie sont immenses, imprimés commerciaux, journaux et publications périodiques de toute espèce, livres de toute valeur et de toute nature : aussi

Fig. 72. — Machine à fabriquer le papier.

est-il peu de villes qui n'aient leur imprimerie, et quelques-unes telles que Lyon, Rouen, Limoges, Tours, Rennes, Lille, Toulouse, Avignon, sont le siège d'établissements qui travaillent pour la France entière et même pour le commerce étranger; mais Paris, le centre des idées, est aussi celui de l'imprimerie française. Dans le revenu industriel de Paris, les imprimeurs typographes figurent pour près de 40 millions, et ce chiffre ne comprend pas la production de Corbeil (Seine-et-Oise), de Coulommiers, de Provins (Seine-et-Marne), véritables succursales de l'imprimerie parisienne.

La **librairie** française a profité du progrès de l'instruction, et de l'extension chaque jour plus considérable de la publicité. Paris est le centre de la librairie, mais Lyon, Tours, Lille, Avignon, Toulouse, Limoges, Rouen, Rennes possèdent des établissements importants. La moyenne annuelle des publications de 1862 à 1882 est d'environ 14500 ouvrages, dont 5700 seulement peuvent être regardés comme de véritables livres.

La valeur de nos exportations s'élevait en 1858 à 12 millions, mais les conventions qui protègent la propriété littéraire, et les progrès de l'instruction avaient porté ce chiffre à 20 millions et demi dès 1866, à 28 en 1881, et 24 et demi en 1882.

La **reliure**, qui n'est en général qu'une industrie médiocrement artistique, produit cependant à Paris de véritables chefs-d'œuvre que les amateurs se disputent à prix d'or.

La **photographie**, qui touche à la fois, comme l'imprimerie, au domaine de l'art et à celui de l'industrie, compte de nombreux ateliers dans toutes les grandes villes et surtout à Paris.

Les **instruments de précision** (mathématiques, astronomie, physique) se fabriquent presque exclusivement à Paris, dont les constructeurs peuvent le disputer à ceux de Londres, de Berlin et de Munich.

La fabrication des **instruments de musique** est plus répandue. Paris a ses manufactures sans rivales d'orgues et de pianos, ses fabriques d'instruments à anches et d'instruments de cuivre; Mirecourt (Vosges), sa lutherie si renommée; Château-Thierry, Bordeaux, Toulouse et Lyon possèdent quelques ateliers moins importants.

VII

BEAUX-ARTS

Bien qu'ils ne puissent être confondus avec l'industrie, les beaux-arts doivent trouver leur place dans l'énumération des richesses de la France, car ils sont à la fois pour notre pays un honneur et un profit. Sans parler des industries qui fournissent à l'architecte, au peintre, au sculpteur, la matière première mise en œuvre par leur génie, sans parler des bras occupés à la construction ou à l'entretien des édifices publics et privés, et de la valeur vénale des œuvres artistiques, ce sont nos musées, nos monuments, nos bibliothèques, qui ont fait de la France le rendez-vous du monde entier, le centre de la civilisation, et qui attirent des millions d'étrangers, nos admirateurs et nos émules.

Architecture. — Monuments. — Toutes les sociétés qui ont passé sur le sol de la France y ont laissé des monuments qui gardent les traces de leur caractère et de leur vie morale et intellectuelle : la civilisation gallo-romaine, ses voies pavées de granit, ses amphithéâtres, ses temples, ses palais, ses aqueducs; la Maison carrée et les arènes de Nîmes, les arcs de triomphe de Saintes, d'Orange et d'Autun, les arènes d'Arles, les thermes de Julien à Paris, le pont du Gard, les nombreux débris des monuments de Lyon, l'antique capitale des Gaules.

Le moyen âge nous a légué ses ruines féodales, la vieille cité de Carcassonne, le château des papes à Avignon, les châteaux de la Roche-Guyon (Seine-et-Oise), de Coucy (Aisne), la forteresse de Pierrefonds (Oise), etc., et surtout ses admirables églises byzantines, romanes et gothiques, Saint-Front de Périgueux; les cathédrales d'Angoulême, du Puy, d'Avignon, Notre-Dame du Port à Clermont, Saint-Étienne de Caen, Notre-Dame de Poitiers, Saint-Sernin de Toulouse, Saint-Germain-des-Prés à

BEAUX-ARTS. 307

Paris; les cathédrales de Reims, de Beauvais, d'Amiens, de Chartres, de Rouen, de Bourges, de Tours, d'Albi, de Sens, de Bayeux, de Coutances, de Lyon, de Clermont; Notre-Dame et la Sainte-Chapelle à Paris; les abbayes de Saint-Denis, de Vézelay, de la Couronne (Charente), du Mont-Saint-Michel, de Jumièges, etc.

La Renaissance nous a laissé ses châteaux à l'architecture élégante et capricieuse : Amboise, Blois, Cham-

Fig. 73. — Le château de Versailles

bord, Chaumont, Fontainebleau, Compiègne, le Louvre :

Le dix-septième et le dix-huitième siècle, leurs résidences royales, Versailles, Trianon, le Luxembourg, la colonnade du Louvre; les églises du Val-de-Grâce, de Saint-Sulpice et du Panthéon, à Paris; les Invalides, etc.

Enfin, notre siècle pourra montrer à la postérité, l'Arc-de-triomphe de Paris, le Louvre achevé après trois siècles, le Palais-de-Justice restauré et agrandi, l'Opéra, les églises de la Madeleine, de Sainte-Clotilde, de Saint-Ambroise, de Saint-Augustin, de Saint-Vincent-de-Paul; Paris, Lyon, Marseille, Lille, Bordeaux, toutes les grandes villes de France transformées, assainies, enrichies de monuments nouveaux, ouvrant à l'air et à la lumière leurs larges boulevards et leurs splendides promenades; mais notre plus beau titre, ce seront ces immenses travaux d'utilité publique : ponts, aqueducs, viaducs et tunnels de chemins de fer, qui laissent bien loin derrière eux les travaux si vantés des Romains; les gares de Paris, de Lyon, de Bordeaux, les Halles centrales, le Palais de l'Industrie, celui du Trocadéro, où le fer a remplacé le bois, et qui sont l'architecture vraiment originale et nouvelle du dix-neuvième siècle.

Peinture et sculpture. — Musées. — La peinture, la sculpture, la science ont leurs palais comme le commerce et l'industrie. Le Musée du Louvre, le plus riche et le plus varié du monde, la Bibliothèque nationale et les autres bibliothèques publiques de Paris, avec leurs millions de volumes et de manuscrits, réunissent tous les chefs-d'œuvre de l'art et de la littérature; les collections du Muséum d'histoire naturelle offrent pour l'étude de la nature vivante ou inanimée des ressources inépuisables; le Musée d'artillerie permet de suivre pas à pas les progrès de l'art militaire; Versailles a son musée historique de peinture et de sculpture;

Fig. 74. — Une salle d'étude à la bibliothèque nationale.

Saint-Germain son musée d'antiquités gallo-romaines; Paris son musée ethnographique, pédagogique et industriel (Conservatoire des arts et métiers), en attendant son musée commercial; les musées et les bibliothèques de Lyon, de Bordeaux, de Toulouse, de Lille, de Rouen, de Nancy, de Dijon, de Rennes, de Limoges, d'Orléans, de Tours, de Mont-pellier, etc., renferment de précieuses collections qui peuvent figurer avec honneur à côté des trésors de Paris.

VIII

RÉSUMÉ DE LA PRODUCTION INDUSTRIELLE

Régions industrielles. — Si nous embrassons d'un coup d'œil le tableau que nous venons d'esquisser à grands traits, et si nous cherchons à nous rendre compte de la distribution de nos industries sur la surface du territoire français, nous serons frappés des agglomérations puissantes qui se présentent sur certains points et de la nudité de quelques autres.

Dans la région du nord et du nord-ouest (Flandre, Artois, Picardie, Champagne septentrionale, Ile-de-France, Normandie), notre zone agricole la plus riche et la plus variée, toutes les branches de l'industrie semblent s'être donné rendez-vous : filatures, tissus, raffineries, fabrication des machines, métallurgie, verrerie, produits chimiques, etc.; c'est là que se pressent les métropoles industrielles de la France : Lille et Roubaix, Sedan, Reims, Saint-Quentin, Amiens et Abbeville, Rouen, Elbeuf, Louviers, Caen; enfin Paris, le centre de notre industrie comme de notre commerce.

Dans la région du nord-est et de l'est (Champagne, Lorraine, Franche-Comté, Bourgogne, Lyonnais), les groupes industriels ne sont pas moins puissants, mais ils sont plus disséminés et moins variés dans leurs produits. Lyon, avec ses soieries ; Saint-Étienne, avec ses rubans et ses armes; le Creusot, Rive-de-Gier, Saint-Dizier, avec leurs industries métallurgiques, ne le cèdent en rien aux centres les plus actifs du groupe septentrional ; mais plusieurs départements de cette région, la Haute-Saône, le Jura, l'Ain, les deux Savoies, hérissés de montagnes, moins richement pourvus de voies de communication, n'ont pu s'élever jusqu'à la grande industrie, et se bornent à des fabrications d'intérêt local et d'importance secondaire.

La *région du centre* (Orléanais, Touraine, Berry, Auvergne, Limousin), sans être déshéritée, est loin d'égaler les deux précédentes : la grande industrie n'y est guère représentée que par les forges du Berry et du Nivernais, et par les manufactures de porcelaines du Limousin : Limoges est la seule ville manufacturière qui puisse lutter avec celles du nord et de l'est.

La *région de l'ouest* et *du sud-ouest* (Bretagne, Anjou, Poitou, Angoumois, Périgord, Guienne et Gascogne) a peu de centres manufacturiers; ses principales industries, les toiles de Bretagne, les eaux-de-vie de l'Angoumois, sont intimement liées à la production agricole, et n'ont pu créer ces vastes agglomérations si communes dans le nord.

La *région du midi* (Roussillon, Languedoc, Provence et Corse) est la plus arriérée de la France, si on la considère dans son ensemble.

Le Tarn-et-Garonne, les Hautes-Alpes et les Basses-Alpes, et surtout la Lozère et la Corse, se bornent aux industries de première nécessité et suffisent à peine à la consommation locale; mais à côté de ces régions que la difficulté des communications, la pauvreté du sol, la préoccupation exclusive des intérêts agricoles maintiennent dans une regrettable infériorité, Carcassonne, Castres et Bédarieux avec leurs draps, Montpellier et Cette avec leurs eaux-de-vie, Alais avec ses forges et ses filatures de soie, Toulouse avec ses minoteries, enfin Marseille, la métropole industrielle du midi, comme elle en est la métropole commerciale, représentent largement l'industrie méridionale, et fournissent un riche contingent au commerce intérieur et extérieur de la France.

Rapports de l'industrie avec l'agriculture et les mines. — Cette répartition n'est pas l'œuvre du hasard, elle tient en grande partie à la nature même du sol et à la situation géographique. Dans la région du *nord* et du *nord-ouest*, ce sont les mines de houille qui ont créé la métallurgie et la verrerie; la culture du lin qui a donné naissance aux filatures, à la fabrication des toiles et des dentelles; celle de la betterave aux raffineries et aux distilleries. L'industrie des draps doit en partie son origine à l'élevage du mouton, mais c'est surtout un héritage du moyen âge, de l'époque où les laines anglaises étaient les plus renommées de l'Europe et s'exportaient surtout en Flandre et en Normandie. Quant à celle des cotons, c'est le voisinage et l'exemple de l'Angleterre qui lui a donné, à la fin du dix-huitième siècle, la première impulsion.

Dans la région du *nord-est* et de l'*est*, Lyon doit, à ses relations avec l'Italie et à l'introduction des mûriers dans la France méridionale, le puissant essor qu'y a pris l'industrie des soieries. L'horlogerie de Besançon est une importation de Genève; mais la verrerie et la métallurgie sont filles du sol : les minières et les mines de fer, les mines de houille, les grandes forêts du Jura, des Vosges et de la Côte-d'Or, les sables de la Champagne et de la Lorraine leur fournissaient tout à la fois la matière première et le combustible.

Les mêmes raisons ont créé dans la région du *centre* les forges du Berry et du Nivernais; et Limoges doit sa fabrique de porcelaine aux kaolins de Saint-Yrieix.

Les rares industries de l'*ouest* et du *sud-ouest* : les toiles de Bretagne et de l'Anjou, les conserves alimentaires de Nantes, les eaux-de-vie de l'Angoumois, de la Saintonge et de l'Armagnac, les raffineries de Bordeaux, doivent leur existence, comme nous l'avons fait remarquer plus haut, soit à la prédominance de certaines cultures, soit à la situation maritime des villes où elles se sont fixées.

Enfin, dans le *midi*, l'élevage du mouton sur les plateaux des Causses, et l'importation des laines africaines ont créé l'industrie des draps; les vignobles du Languedoc, celle des eaux-de-vie; le commerce de Marseille avec l'Afrique et le Levant, celles des savonneries et des minoteries : enfin les houillères et les mines de fer des Cévennes méridionales, celle de la métallurgie qui n'a pris cependant qu'une extension assez modeste.

Rôle industriel de la France. — La France,

qui dans la plupart des produits de grande consommation est inférieure à l'Angleterre, parfois même à la Belgique, à l'Allemagne, aux États-Unis, sinon par la qualité, du moins par le bon marché, a conservé jusqu'ici sa supériorité dans les produits de luxe; mais nous ne devons pas nous faire d'illusions. L'élite de consommateurs auxquels s'adressent ces produits n'augmente guère et, même sur ce terrain, nous avons des concurrents : l'Angleterre, pour l'ébénisterie et la cristallerie; l'Allemagne, pour les porcelaines, les glaces, les cristaux, les bronzes, la tabletterie, les instruments de musique, les draps; l'Autriche, pour la verrerie, la maroquinerie et la gaînerie fines; la Suisse, pour la bijouterie; l'Italie, pour la parfumerie et les soieries; la Belgique, pour les dentelles et la lingerie; les États-Unis, pour les pianos et les fleurs artificielles.

Quant à ces produits de faux luxe, tout autrement répandus, parce qu'ils s'adressent à la vanité du grand nombre, et que la qualité importe peu, si le prix est modéré et l'apparence séduisante, l'élévation de nos prix, la prétention que nous avons trop volontiers d'imposer notre goût et nos habitudes à l'acheteur étranger, l'imperfection de notre outillage, la répugnance qu'éprouvent nos industriels à se déplacer pour étudier par eux-mêmes les procédés ou les marchés nouveaux, donnent beau jeu à la concurrence étrangère. Le patron veut faire fortune trop vite et avec trop peu de peine; l'ouvrier veut trop gagner, parce qu'il dépense trop; ce qu'il faudrait réformer, ce ne seraient pas seulement la routine et l'outillage industriels, ce seraient les mœurs!

RÉSUMÉ

I

Classification des industries. — On appelle *industries extractives* celles qui ont pour objet l'exploitation des minéraux extraits des carrières, des mines, des salines; *industries manufacturières* celles qui ont pour but la mise en œuvre et la transformation des matières premières fournies par l'agriculture et par les industries extractives.

On distingue encore l'industrie, suivant l'importance de ses débouchés et des établissements où elle s'exerce, en *petite*, *moyenne* et *grande industrie*.

Le revenu industriel de la France est évalué à 13 milliards en comprenant le prix de la matière première.

Le nombre des machines à vapeur employées en France est de de 59 000 d'une force totale de 4 000 000 chevaux-vapeur, parmi lesquelles les machines industrielles proprement dites figurent pour 612 000 chevaux-vapeur.

II

INDUSTRIES EXTRACTIVES

Carrières. — Les principaux produits des carrières sont :
1° Dans les terrains *primitifs*, dans les terrains de *transition* (schistes) et dans les terrains *volcaniques*, les *granits* (Bretagne, Normandie, Vosges), les *basaltes* (Auvergne), le *kaolin* ou terre à porcelaine (Saint-Yrieix, Manche), les *ardoises* (Angers), les *bitumes* solides de Seyssel (Ain) et de l'Auvergne, les *sables siliceux*;

2° Dans les terrains *secondaires*, les *marbres* (Pyrénées, Alpes, Vosges); la *pierre de taille* (régions du nord-ouest, du nord-est, de l'est et du centre), la *pierre à chaux*, la *pierre lithographique* (Ardèche, Savoie), la *craie* (Champagne, Normandie), certaines variétés de *gypse*, de *grès*, de *marnes*, d'*argiles*, de *sables*, etc.;

3° Dans les terrains *tertiaires*, le *moellon*, la *pierre meulière* (la Ferté-sous-Jouarre), le *grès* (Fontainebleau), les *marnes*, les *argiles*,

Mines (Métaux). — Les plus exploités en France après le fer sont le *plomb* (Auvergne, Dauphiné), le *cuivre* (Var, Savoie), le *zinc* (Gard), le *manganèse* (Saône-et-Loire).

Salines et sources minérales. — Les marais salants de l'ouest, et du midi, les salines des Pyrénées et de l'est (Meurthe-et-Moselle), produisent environ 680 millions de kilogrammes de sel.

Les sources minérales les plus importantes sont celles de la région des Pyrénées (Eaux-Bonnes, Barèges, Bagnères-de-Bigorre, Luchon, Amélie-les-Bains), de la région du massif central (Vichy, Mont-Dore); de la région des Alpes (Aix-les-Bains, Allevard); de la région du Jura et des Vosges (Salins, Plombières); enfin de la région du nord (Saint-Amand); et du nord-ouest (Enghien et Forges).

III

LA HOUILLE ET LE FER

La *houille*. Nos principales houillères, qui produisent environ 30 millions de tonnes métriques insuffisantes à la consommation, sont dans la région du nord (terrains carbonifères de la Flandre et de l'Artois) : celles d'*Anzin* (Nord), de *Béthune* (Pas-de-Calais); dans la région du centre et du midi: celles de *Saint-Etienne* (Loire), du *Creusot* (Saône-et-Loire), de *Decize* (Nièvre), de *Commentry* (Allier), d'*Ahun* (Creuse), d'*Aubin* (Lot), de *Carmaux* (Tarn), d'*Alais* (Gard), groupées autour du massif central; dans la région du sud-est les bassins du Var et des Basses-Alpes (anthracites et lignites); dans celle de l'ouest les bassins de la Mayenne, de la Loire-Inférieure et de la Vendée (anthracites).

Le *fer*. — La production du minerai de fer est évaluée à 34 millions de quintaux de minerais bruts exploités dans presque toute la France. Les régions les plus riches sont le Berry, la Champagne, la Franche-Comté, la Bourgogne, la Lorraine, le Dauphiné, le Périgord et la Normandie.

La production de la fonte dépasse 2 millions de tonnes, celle du fer un million, celle de l'acier 460,000 tonnes. Les grands centres de production sont dans le groupe du *sud-est*, *Allevard* (Isère) et *la Voulte* (Ardèche); dans le groupe de l'*est*, *Frouard* (Meurthe-et-Moselle), *Saint-Dizier* (Haute-Marne), *Audincourt* (Doubs), *Fraisans* (Jura); dans le groupe du *nord*, *Anzin*, *Denain*, *Lille*, dans le département du Nord; dans le groupe du *centre*, *le Creusot* (Saône-et-Loire), *Fourchambault* (Nièvre), *Commentry* (Allier), *Rive-de-Gier* et *Saint-Etienne* (Loire); dans le groupe du *sud*, *Alais* (Gard) et *Decazeville* (Aveyron).

IV

INDUSTRIES MANUFACTURIÈRES

1° Les *industries mécaniques* et les *industries du transport*, ont pour objet la fabrication des machines, des outils et des appareils de toute sorte employés par le commerce, l'industrie ou l'agriculture. A cette classe appartiennent les *usines* du Creusot (Saône-et-Loire), de Paris, de Lyon, de Lille (machines à vapeur); celles de Vierzon, d'Abilly (Indre-et-Loire), pour les machines agricoles; les fabriques d'*outils* et la *quincaillerie* de Paris, de Laigle, de Saint-Etienne; la *clouterie* de Charleville (Ardennes); les *fabriques d'armes* de Saint-Etienne et de Châtellerault; la *carrosserie* de Paris, les *constructions maritimes* dans les grands ports.

2° Les *industries chimiques* les plus importantes sont les fabriques de *produits chimiques* proprement dits de Paris, de Lille, de Lyon, de Chauny (Aisne); les *usines à gaz* de Paris et de presque toutes les grandes villes; les *fabriques d'engrais* de Nantes, de Lyon, des environs de Paris; les *teintureries* de Lyon, de Rouen, de Lille et de Paris; les *fonderies de suif* de Paris; les fabriques de *bougies* de Lyon, de Paris, de Lille, de Marseille; les *savonneries* de Marseille, de Rouen et de Nantes; les *distilleries d'alcool* de betteraves, de grains, de fécules, et les *huileries* de nos départements du nord; les *tanneries* de Paris, de Château-Renault (Indre-et-Loire), de Givet; les *mégisseries* d'Annonay et de Millau; les fabriques d'*allumettes chimiques*, de *poudre*, les *raffineries de salpêtre* monopolisées par l'Etat, ainsi que les manufactures de *tabac*.

3° Les grandes *industries alimentaires*, sont les *minoteries* (moulins à eau ou à vapeur pour la préparation des farines) de Marseille, de Lille, de Toulouse, de Paris, de Corbeil, de Meaux; la fabrication des *fromages* à Roquefort (Aveyron), dans la Brie, en Normandie, en Auvergne, en Franche-Comté; la préparation des *beurres salés* en Normandie et en Bretagne; les *raffineries* de sucre de cannes de Rouen, de Bordeaux, de Nantes et de sucre de betterave des départements du Nord, du Pas-de-Calais, de la Somme, de l'Aisne et de l'Oise; la *confiserie* de Paris, de Rouen, de Verdun, de Clermont-Ferrand, de Dijon; les *brasseries* de Paris et de la Flandre; les *vinaigreries* de Dijon et d'Orléans; la fabrication de l'*eau-de-vie* dans le Bordelais, dans le Languedoc (Béziers) et dans la Charente (Cognac); l'*extraction des huiles d'olive*, dans la région du sud-est et du midi; la *charcuterie* et les *salaisons* de Lyon, d'Arles, de Bayonne; les *conserves alimentaires* de Nantes, de Paris, de Toulouse, de Bordeaux, de Chartres.

V

4° Les *industries du vêtement* et de la *toilette* sont le plus important de nos groupes manufacturiers. — Les manufactures de Rouen, de Saint-Quentin, d'Amiens, de Troyes, de Roubaix (Nord), de Tarare (Rhône), filent ou tissent le *coton* (nombre des broches de filatures 5 millions); celles de Reims, de Roubaix, de Tourcoing, de Lille, d'Amiens, de Sedan (Ardennes), de Louviers (Eure), d'Elbeuf (Seine-Inférieure), de Vienne (Isère), de Limoges, de Mazamet (Tarn) et de Paris, filent, cardent et tissent la *laine* (valeur des produits 1,200 millions). Viennent ensuite les fabriques de *soieries* de Lyon, les *rubaneries* de Saint-Étienne, les filatures de *lin* et de *chanvre*, de Lille, d'Armentières (Nord), d'Angers (740,000 broches), et les fabriques de *toiles* de la Normandie, de la Flandre, de la Bretagne et de la Picardie; la fabrication des *dentelles* à Alençon, à Caen, au Puy, à Chantilly (Oise), les *broderies* de Nancy, la *ganterie*, la *chapellerie*, les *modes*, la *parfumerie*, la *bijouterie* de Paris, la *cordonnerie* de Paris, de Lyon, de Marseille, de Bordeaux.

VI

5° Les grandes *industries de l'habitation* et du *mobilier*, sont les *industries du bâtiment, menuiserie, charpente, maçonnerie* à Paris et dans les grands centres; la *serrurerie*, et la *ferronnerie* à Paris, à Saint-Etienne et dans la Somme; l'*ébénisterie* parisienne, la *verrerie* (Saint-Etienne, Anzin, Epinac), la *cristallerie* (Sèvres et Clichy près de Paris, Baccarat, dans la Meurthe-et-Moselle), les manufactures de *glaces* (Saint-Gobain, dans l'Aisne), celles de *porcelaines* et de *faïences* (Limoges, Paris, Creil, dans l'Oise, manufacture nationale de *Sèvres*), les *tapisseries* des Gobelins, de Beauvais, d'Aubusson (Creuse), les *bronzes* et les *papiers peints* de Paris, l'*horlogerie* de Paris et de Besançon, l'*orfèvrerie* de Paris, la *coutellerie* de Thiers (Puy-de-Dôme) et de Châtellerault.

6° Les principales *industries relatives aux besoins intellectuels* sont : la *papeterie* (Angoulême, Annonay, Rives dans l'Isère, Essonne, près de Corbeil, et le département des Vosges); la *librairie* et l'*imprimerie* (Paris, Lyon, Rouen, Lille, Limoges), la *fabrication des instruments de musique* et de *précision* (Paris), la *gravure*, la *lithographie* (Paris, Epinal), la *photographie* (Paris).

VII

Les *beaux-arts* (monuments, musées, peinture, sculpture), la *littérature* (théâtres, bibliothèques, enseignement public), sans qu'on puisse les confondre avec l'industrie contribuent dans une large mesure à la prospérité de la France, et jouent un rôle important dans nos relations avec les peuples étrangers.

VIII

On voit d'après ce tableau de nos industries que les *grandes régions industrielles* sont celles du nord, du nord-ouest, de l'est et du nord est; l'ouest, le sud-ouest, le midi, le sud-est et le centre ne comptent qu'un petit nombre de métropoles industrielles comparables à celles des quatre autres régions. On remarquera également le développement de nos industries de luxe qui ont su conserver malgré une vive concurrence, leur supériorité sur celles de l'étranger.

Exercices

Carte des bassins houillers de la France. — Carte de la production des métaux et des industries métallurgiques. — Carte des industries textiles. — Régions industrielles. — Indiquer les grands centres d'industrie en soulignant les noms de couleurs différentes suivant les différents groupes industriels.

Lectures

A. Monteil. *Histoire de l'industrie française et des gens de métiers*, 1 vol. in-8°.
Levasseur. *Histoire des classes ouvrières en France*, 4 vol. in-8°.
Bainier. *Géographie générale*. — *La France*, 1 vol. gr. in-8°. Belin, éditeur.
Poiré. *La France industrielle*, 1 vol. gr. in-8°.
Turgan. *Les grandes usines de France*, 10 vol. in-4°.
Maigne. *Histoire de l'industrie*, 1 vol. in-8°. Belin, éditeur.
Maigne. *Arts et manufactures*, 3 vol. in-12. Belin, éditeur.

CHAPITRE III

Commerce intérieur de la France.

I

NOTIONS GÉNÉRALES SUR LES DIVISIONS DU COMMERCE, LES MARCHÉS ET LES VOIES DE COMMUNICATION

Jusqu'ici nous avons considéré en elles-mêmes les deux grandes sources qui alimentent le commerce, la production naturelle et la production industrielle, mais sans nous préoccuper du mouvement des échanges auxquels donnent lieu les objets de consommation, les matières premières et les produits fabriqués, mouvement qui constitue le commerce. Nous avons étudié nos principales zones agricoles, nos grands centres d'exploitation minérale et industrielle, mais envisagés comme lieux de production et non comme lieux d'échange. Nous avons vu défiler sous nos yeux l'agriculteur, le mineur et l'ouvrier ; mais nous avons passé sans nous arrêter devant le commerçant, cet intermédiaire dont la place est marquée dans toutes les branches de la production entre celui qui produit et celui qui consomme.

Il est vrai que l'intermédiaire est parfois supprimé, et que le producteur se confond souvent avec le commerçant. L'agriculteur se fait commerçant, quand il vient lui-même au marché voisin vendre les volailles qu'il a élevées ou les légumes qu'il a cultivés. Le petit fabricant fait acte de commerce quand il offre au public, dans sa boutique, qui est en même temps son atelier, les produits de son travail; mais cette confusion n'existe que dans les branches d'industrie qui répondent à des besoins purement locaux, et dont les opérations ne s'étendent pas au delà d'un certain rayon. Partout ailleurs le rôle du commerçant est distinct, et nous devons ajouter qu'il est indispensable à l'étendue et à la facilité des échanges.

Entre le fermier qui produit la laine et le filateur qui la met en œuvre, se place le négociant qui l'achète à l'un pour la revendre à l'autre, et qui épargne à tous deux les frais de déplacement et les préoccupations du transport; entre le fabricant de draps ou de cotonnades et la ménagère, le magasin de nouveautés; entre l'imprimeur et le lecteur, la librairie.

Considéré par rapport à l'importance de ses opérations et à la classe de consommateurs à laquelle il s'adresse, le commerce se divise en *commerce de gros* et *commerce de détail*. Le premier sert d'intermédiaire entre le cultivateur, l'éleveur, le chasseur, le pêcheur, le bûcheron ou le mineur, qui fournit la matière première, et le fabricant qui la met en œuvre, ou entre ce même fabricant et le commerçant de détail; le second livre directement à la masse du public soit les denrées alimentaires, soit les objets de consommation universelle et quotidienne, qui souvent sont fabriqués par le marchand lui-même, à la fois industriel et commerçant.

Considéré dans ses rapports avec la géographie politique, le commerce se divise en *commerce intérieur* et *commerce extérieur*; mais cette division n'a rien d'absolu, car, à l'exception des marchandises qui ne franchissent la frontière que pour en sortir sans subir de modifications, tout ce qui vient du dehors entre dans le commerce intérieur, et les produits du sol et de l'industrie nationale qui figurent sur le tableau de nos exportations n'arrivent que par une série d'échanges à l'étranger qui les achète, ou au négociant français qui les exporte.

De même que l'agriculture a ses zones privilégiées, l'industrie ses centres manufacturiers, le commerce a aussi son domaine particulier, ses centres d'échanges, ses *marchés*.

« L'institution des marchés, dans le sens restreint du
» mot, est contemporaine de toute agglomération d'hom-
» mes, alors même que le travail en est encore à ses pre-
» miers rudiments. Dès que le besoin des échanges se fait
» sentir, il y a rassemblement de producteurs qui troquent
» entre eux les objets qu'ils ont de trop contre ceux qui
» leur manquent, et il ne faut pas que la civilisation soit
» bien avancée pour que vendeurs et acheteurs compren-
» nent qu'ils auront tout avantage à fixer un jour et un
» endroit où ils pourront se rencontrer. » (LEYMARIE, *Dictionnaire du Commerce*.)

A mesure que les relations se multiplient, à ces marchés primitifs, et d'un rayon peu étendu, succèdent les foires, grands marchés périodiques ouverts aux acheteurs et aux vendeurs de tous les pays, presque toujours liés, dans l'origine, à la célébration de quelque fête religieuse, qui, par le concours qu'elle attire, appelle le marchand en même temps que le pèlerin. Telles furent, au moyen âge, presque toutes les grandes foires de l'Europe, telles sont aujourd'hui celles de l'Orient. Les foires ont encore le privilège d'attirer la foule, de multiplier les transactions, mais leur rôle s'est amoindri; les facilités nouvelles de communications, de transports, de correspondance, ont transformé tous les grands marchés, indistinctement, en foires permanentes, tandis que les anciennes foires périodiques ont perdu leur caractère international, et n'ont conservé d'importance qu'au point de vue du commerce intérieur. Les marchés permanents ou périodiques peuvent se diviser en trois classes :

1° *Marchés locaux*, dont le nombre est infini et l'importance restreinte, et qui, par leur multiplicité même, échappent à toute tentative d'énumération ;

2° *Marchés régionaux*, dont le cercle de vente et d'approvisionnement s'étend sur un espace plus ou moins considérable, et qui sont les métropoles du commerce intérieur ;

3° *Marchés internationaux*, dont les relations embrassent à la fois le pays tout entier et les contrées voisines, ou rayonnent jusqu'aux extrémités du monde, et qui ont leur siège dans les grands ports maritimes, dans les villes importantes de la frontière, ou dans ces centres de population, de consommation et d'industrie, qui, tels que Paris et Lyon, résument en eux toutes les puissances du commerce et toutes les forces vives du pays.

C'est à ces deux dernières classes que se bornera nécessairement notre étude des principaux marchés français.

L'étude des marchés est inséparable de celle des communications, car ce sont elles qui en déterminent la position et l'existence ; et leur progrès est étroitement lié au progrès et à la vie même du commerce.

Dans leur acception la plus large, les voies de communication se divisent en :

1° Voies de navigation intérieure, naturelles et artificielles, fleuves, rivières et canaux ;

2° Routes de terre ;

3° Chemins de fer ;

4° Lignes de navigation maritime ;

5° Lignes télégraphiques.

II

VOIES DE NAVIGATION INTÉRIEURE

I. — Fleuves et rivières.

La France possède 8000 kilomètres de cours d'eau navigables et 2500 kilomètres de cours d'eau flottables :

quatre grands fleuves, dont trois tributaires de l'Atlantique, et un seul de la Méditerranée, lui appartiennent dans toute l'étendue navigable de leur cours.

La **Seine**, navigable sur une étendue de 560 kilomètres, depuis le confluent de l'Aube, jusqu'au Havre et flottable au dessous de Méry, descend du plateau de la Côte-d'Or, et coulant du sud-est au nord-ouest, traverse les départements de la Côte-d'Or, de l'Aube, de Seine-et-Marne, de la Seine, de Seine-et-Oise, de l'Eure et de la Seine-Inférieure. Les principaux ports fluviaux sont ceux de Montereau, de Melun (Seine-et-Marne), de Corbeil (Seine-et-Oise), les ports de Paris (Bercy, gare de l'Arsenal, Bassin du Pont-Neuf, port du Louvre), le port de Saint-Ouen (département de la Seine), Mantes (Seine-et-Oise), Pont-de-l'Arche (Eure), Elbeuf, Rouen, Caudebec, Quillebeuf (Seine-Inférieure), et Honfleur (Calvados), en face du Havre. La navigation maritime commence à Rouen. Le canal latéral à la haute Seine, de Troyes au confluent de l'Aube, les nombreux barrages construits sur le cours de la rivière, les travaux de canalisation ont fait de la Seine une des meilleures voies de navigation intérieure et celle dont le mouvement est le plus actif.

Cinq de ses affluents sont navigables :

Sur la rive droite, l'*Aube* (106 kilomètres navigables); la *Marne* (179 kilomètres navigables et 140 canalisés, depuis Donjeux, dans la Haute-Marne) qui arrose les départements de la Haute-Marne (Saint-Dizier), de la Marne (Châlons, Epernay), de l'Aisne (Château-Thierry), de Seine-et-Marne (Meaux), de Seine-et-Oise et de la Seine (Charenton);

L'*Oise* (160 kilom. nav.), qui traverse l'Aisne (Chauny), l'Oise (Compiègne et Creil), et la Seine-et-Oise (Pontoise), et dont le principal affluent, l'*Aisne* (60 kilom. navigables), arrose la Marne, les Ardennes, l'Aisne (Soissons) et l'Oise.

Sur la rive gauche l'*Yonne* (114 kilom. nav. depuis Auxerre), qui baigne la Nièvre (Clamecy), l'Yonne

(Auxerre, la Roche, Joigny, Sens), et la Seine-et-Marne (Montereau); et l'*Eure* (14 kilom.) qui traverse l'Eure-et-Loir et l'Eure (Louviers).

La **Loire**, longue de 1130 kilomètres depuis le mont Gerbier-des-Joncs (Ardèche) jusqu'à l'Océan, n'est navigable que sur une étendue de 743 kilomètres. Elle traverse l'Ardèche, la Haute-Loire, la Loire, où elle devient navigable à Roanne, la Saône-et-Loire et l'Allier, le Cher et la Nièvre, le Loiret, le Loir-et-Cher, l'Indre-et-Loire le Maine-et-Loire et la Loire-Inférieure. Les principaux ports de la *Loire* sont Roanne (Loire), Digoin (Saône-et-Loire), Nevers (Nièvre), Briare, Gien et Orléans (Loiret), Blois (Loir-et-Cher), Tours (Indre-et-Loire), Saumur et Ponts-de-Cé (Maine-et-Loire), Ancenis, Nantes, où commence la navigation maritime, Paimbœuf et Saint-Nazaire (Loire-Inférieure).

Les bancs de sable, le régime irrégulier du fleuve desséché en été et presque torrentiel en hiver, les changements perpétuels que subit le chenal, rendent le parcours difficile et parfois dangereux, et jusqu'ici les travaux exécutés sur la Loire ont eu pour but l'endiguement de son lit, plutôt que l'amélioration du régime de la navigation.

La Loire a quatre affluents navigables :

Sur la rive droite, la *Maine* (Angers), formée par la réunion du *Loir* (115 kilom. nav. Eure-et-Loir, Loir-et-Cher, Sarthe, Maine-et-Loire), de la *Sarthe* (132 kilom. navigables depuis le Mans, Sarthe, Maine-et-Loire), et de la *Mayenne* (Mayenne, Maine-et-Loire 135 kilom. nav. depuis Mayenne). Laval est le principal port de la Mayenne.

Sur la rive gauche, l'*Allier* (Lozère, Haute-Loire, Puy-de-Dôme, Allier (Moulins), Nièvre), navigable depuis Fontanes (Haute-Loire) (246 kilom.);

Le *Cher* (Creuse, Allier, où il passe à Montluçon, Cher, où il arrose Vierzon, Loir-et-Cher, Indre-et-Loire), canalisé de Noyers (Loir-et-Cher) à Tours (62 kilom.);

La *Vienne* (50 kilom. nav. depuis son confluent avec

la Creuse), traverse la Haute-Vienne, la Charente, la Vienne (Châtellerault) et l'Indre-et-Loire (Chinon).

La **Garonne**, longue de 585 kilomètres et navigable sur une étendue de 420 kilomètres depuis Portet près de Toulouse jusqu'à la mer, prend sa source au val d'Aran, traverse la Haute-Garonne, le Tarn-et-Garonne, le Lot-et-Garonne et la Gironde, et prend dans sa partie maritime, du Bec-d'Ambez à la tour de Cordouan (102 kilomètres), le nom de Gironde. Ses principaux ports sont Toulouse (Haute-Garonne), Agen, Tonneins et Marmande (Lot-et-Garonne), La Réole, Langon, Bordeaux, Blaye et le Verdon (Gironde), Royan (Charente-Inférieure.) La navigation n'y est active que dans la partie inférieure, depuis Castets (Gironde), où se termine le canal latéral.

Trois de ses affluents sont navigables.

Sur la rive droite, le *Tarn* (147 kilom. nav. depuis Saut-de-Sabo, Tarn), arrose la Lozère, l'Aveyron, le Tarn (Albi, Gaillac), et le Tarn-et-Garonne (Montauban, Moissac);

Le *Lot*, traverse la Lozère, l'Aveyron, le Lot (Cahors), et le Lot-et-Garonne (Villeneuve-d'Agen), 257 kilom. nav. depuis Bouquiès (Aveyron);

La *Dordogne* (414 kilom. nav. depuis Bort dans la Corrèze), baigne le Puy-de-Dôme, le Cantal, la Corrèze, le Lot, la Dordogne (Bergerac), et la Gironde (Libourne).

Au bassin de la Seine se rattachent les bassins secondaires de la *Somme* (Amiens, Abbeville), et de l'*Orne* (Caen), qui ne sont devenues navigables que par des travaux de canalisation :

A celui de la Loire, la *Vilaine* (145 kilom. nav. depuis Cesson, Ille-et-Vilaine), avec les ports de Rennes et de Redon, et la *Charente* (143 kilomètres navigables depuis Angoulême, Charente), avec les ports d'Angoulême, de Cognac, de Saintes, de Tonnay-Charente et de Rochefort :

A celui de la Garonne, l'*Adour* navigable sur une longueur de 130 kilomètres, depuis Saint-Sever. La navigation maritime commence à Bayonne.

Le **Rhône**, le seul de nos grands fleuves qui appartienne au versant de la Méditerranée, prend sa source en Suisse au mont Saint-Gothard, traverse le lac de Genève, longe, en France, les départements de Haute-Savoie et de Savoie qu'il sépare de l'Ain; celui de l'Ain qu'il sépare de l'Isère, traverse le département du Rhône, et forme la limite entre la Loire, l'Ardèche et le Gard sur la rive droite, l'Isère, la Drôme, Vaucluse et Bouches-du-Rhône sur la rive gauche. C'est un fleuve encaissé et rapide, navigable sur une longueur de 497 kilomètres, depuis Fort-l'Ecluse (Ain), et prolongé sur une étendue de 345 kilomètres par son principal affluent, la *Saône*, qui traverse les Vosges, la Haute-Saône, la Côte-d'Or, la Saône-et-Loire, l'Ain et le Rhône, du nord au sud. Les principaux ports du Rhône sont Lyon et Givors (Rhône), Vienne (Isère), Tournon (Ardèche), Valence (Drôme), Pont-Saint-Esprit (Gard), Avignon (Vaucluse), Tarascon (Bouches-du-Rhône), Beaucaire (Gard), et Arles (Bouches-du-Rhône). Ceux de la Saône sont Port-sur-Saône et Gray (Haute-Saône), Auxonne et Saint-Jean-de-Losne (Côte d'Or), Châlon, Tournus et Mâcon (Saône-et-Loire), et Trévoux (Ain). La navigation maritime du Rhône commence à Arles. Le Rhône n'a du reste, outre la Saône, que deux affluents navigables : l'*Ain* (92 kilom. nav.), sur la rive droite, et l'*Isère* (192 kilom. depuis Albertville (Savoie), sur la rive gauche (ports de Grenoble (Isère), et Romans (Drôme).

La navigation du Rhône, difficile à la remonte grâce à la rapidité de son cours, lutte encore à la descente contre la concurrence des chemins de fer.

La région septentrionale de la France est arrosée par plusieurs fleuves tributaires de la mer du Nord, mais qui ne sont français que dans une partie de leur cours.

La Moselle, affluent du Rhin, qui traverse les départements des Vosges et de Meurthe-et-Moselle, est navigable en France à partir de Frouard (Meurthe-et-Moselle). Son affluent, la *Meurthe* (Lunéville, Nancy), est navigable sur une étendue de 130 kilomètres.

La **Meuse**, baigne les départements de la Haute-Marne, des Vosges, de la Meuse (Verdun) et des (Ardennes (Sedan, Mézières, Givet). Elle est canalisée dans tout son cours depuis le canal de la Marne au Rhin (274 kilom.).

Enfin l'*Escaut* (Cambrai, Valenciennes, 63 kilom. nav.) et ses affluents, la *Lys* (72 kilom. nav. Aire, Armentières), et la *Scarpe* (Arras, Douai), (66 kilom.), traversent les départements du Pas-de-Calais et du Nord, et la navigation y est importante, même en France.

II. — Canaux.

Canaux. — Cet ensemble de cours d'eau navigables est complété par la navigation artificielle, dont le rôle n'est pas moins considérable. Les fleuves, tels que la nature les a créés, sont des impasses; le travail de l'homme

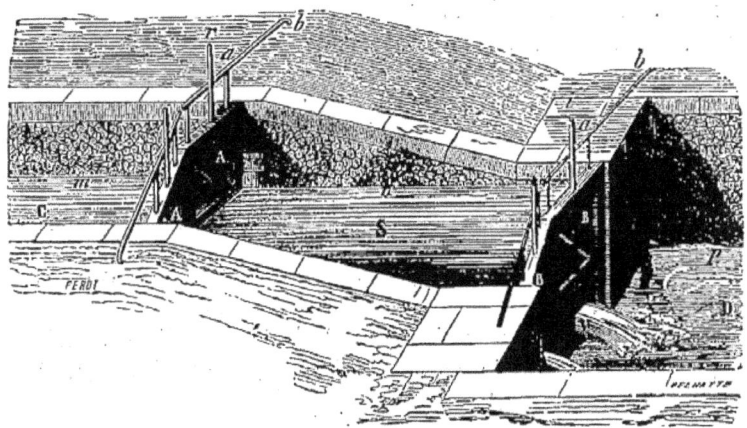

Fig. 75. — Une écluse.

leur a ouvert une issue en creusant les canaux qui réunissent les versants ou les bassins différents, et qui sont comme les liens de ces faisceaux épars que forment les grands fleuves et leurs affluents.

Ces canaux destinés à réunir deux cours d'eau ou à créer des voies navigables là où il n'en existe pas naturellement se nomment canaux de *navigation*. L'existence de la navigation artificielle remonte à une haute antiquité, mais les canaux des anciens n'étaient que des tranchées plus ou moins larges, de véritables rivières faites de main d'homme, dont l'eau s'écoulait comme celle des rivières naturelles et qui ne pouvaient franchir que des obstacles insignifiants. L'invention des écluses à sas au quinzième siècle a permis aux canaux de s'élever et de redescendre sur des pentes trop élevées pour être franchies à ciel ouvert et trop longues pour être percées par un tunnel, en même temps qu'elles emmagasinent l'eau et n'en laissent écouler qu'une faible partie. Au lieu de présenter comme le lit des rivières, un plan incliné qui détermine le courant, le canal à écluses offre une succession de *biefs* ou d'étages horizontaux qui se terminent brusquement, comme les marches d'un escalier. L'écluse sert à mettre en communication deux biefs, l'un supérieur, l'autre inférieur.

Il est facile de se rendre compte de l'économie que procure au commerce la navigation artificielle. Tandis que la moyenne des frais de transport est de $0^{fr},16$ à $0^{fr},20$ par tonne de 1 000 kilogrammes et par kilomètre parcouru sur les routes de terre, de $0^{fr},06$ sur les chemins de fer, elle ne dépasse pas $0^{fr},03$ sur les canaux où l'absence de courant force cependant la batellerie à recourir au halage par chevaux ou même à bras d'hommes.

Les canaux non navigables et destinés soit au desséchement des marais, soit à l'irrigation des terres portent le nom de canaux de *dérivation*.

Canaux de jonction entre les deux versants. — Le développement des canaux navigables est en France d'environ 5 000 kilomètres; il n'était que de 1 067 kilomètres en 1789. On les divise en canaux de *jonction* qui réunissent deux versants, deux bassins différents, ou deux cours d'eau appartenant au même bassin, et canaux *latéraux* qui suivent le cours d'un fleuve ou d'une rivière et qui suppléent à l'insuffisance de la navigation naturelle.

Cinq canaux franchissent la ligne de partage des eaux et mettent en communication le versant de l'Atlantique et celui de la Méditerranée.

1° Le canal du **Midi** ou du **Languedoc** (240 kilomètres), construit par Riquet, et ouvert sous Louis XIV en 1681, part de *Toulouse*, franchit le col de Naurouse à 189 mètres d'altitude, redescend dans le bassin de l'Aude, passe à Carcassonne et à Béziers et vient déboucher à *Cette* après avoir traversé l'Hérault. Il se prolonge jusqu'à Castets (Gironde) par le canal *latéral à la Garonne* (204 kilomètres), et jusqu'à Beaucaire sur le Rhône par le canal des *Etangs* et le canal de *Beaucaire* (102 kilomètres). Le principal réservoir est situé dans la montagne Noire dont les eaux retenues par un barrage gigantesque alimentent le bassin supérieur de Naurouse. Ce

Fig. 76. — Réservoir d'eau pour le canal du midi.

canal avec ses cent écluses, ses immenses réservoirs, sa profondeur constante de deux mètres est un des plus beaux ouvrages du génie moderne. On a songé récemment à transformer le canal du Midi en canal maritime et à épargner ainsi aux navires le détour qu'ils sont obligés de faire pour franchir le détroit de Gibraltar; mais les avantages de ce projet ne seraient pas en rapport avec les frais et on peut le considérer comme abandonné.

2° Le canal du **Centre** part de *Digoin* sur la Loire (Saône-et-Loire), longe le cours de la *Bourbince*, petite rivière qui descend des Cévennes, franchit les Cévennes près de Montchanin-les-Mines, à 301 mètres d'altitude, et débouche dans la Saône à *Châlon* après un parcours de 116 kilomètres. Projeté sous François Ier il ne fut achevé qu'en 1793.

Fig. 77. — Pont tournant sur le canal du Midi à Cette.

3° Le canal de **Bourgogne** part de la *Roche sur-Yonne* (département de l'Yonne), longe le cours de l'Armançon, franchit la Côte d'Or par un souterrain de plus de 3 kilomètres, passe à Dijon et débouche dans la Saône à *Saint-Jean-de-Losne*, après un parcours de 242 kilomètres. Commencé en 1773 il ne fut achevé qu'en 1833.

4° Le canal du *Rhône au Rhin*, part du confluent de la Saône et de la Tille près de Saint-Jean-de-Losne, longe la vallée du Doubs (Dôle, Besançon), franchit la ligne de partage des eaux au col de Valdieu à 360 mètres d'altitude, redescend la vallée de l'Ill, passe à Mulhouse d'où se détache un embranchement vers Huningue et se confond avec l'Ill, affluent du Rhin, à Strasbourg. Son parcours est de 350 kilomètres, dont 190 kilomètres en France; il n'a été terminé qu'en 1834.

5° Un canal depuis longtemps projeté mais dont l'exécution n'a été décidée qu'après la perte de l'Alsace (1874), réunit sous le nom de canal de l'**Est** la *Moselle* à la *Saône*. Il part de Port-sur-Saône (Haute-Saône), suit la vallée du *Coney*, affluent de la Saône, traverse les monts Faucilles par un gigantesque escalier hydraulique qui descend dans la vallée de la Moselle par 15 écluses d'une hauteur totale de 45 mètres, longe cette vallée jusqu'au canal de la Marne au Rhin, qu'il rejoint à Toul après avoir détaché des embranchements sur Epinal et Nancy, et se confond avec ce canal jusqu'à Troussey (Meuse). A partir de ce point, il suit la Meuse jusqu'à la frontière belge (487 kilomètres de Givet à Port-sur-Saône).

Canaux de jonction entre les bassins. — Il n'existe pas de canal de jonction entre le bassin de la Garonne et celui de la Loire.

Le bassin de la **Manche** et celui de l'**Atlantique** communiquent par trois canaux : 1° Celui d'**Ille et Rance** (84 kilomètres) qui part de Rennes et se prolonge par le cours de l'Ille et celui de la Rance jusqu'à Saint-Malo. 2° Le canal du **Loing** (50 kilomètres) qui part du confluent du Loing avec la Seine, remonte cette petite rivière jusqu'à Montargis et se divise en deux branches dont l'une aboutit à **Orléans** (74 kilomètres), l'autre à **Briare** sur la Loire (59 kilomètres). Le canal de Briare est le premier qui ait été ouvert en France. Il fut commencé sous Henri IV, par les soins du grand ministre Sully et achevé sous Louis XIII. 3° Le canal du **Nivernais** (174 kilomètres), qui part d'Auxerre, remonte la vallée de l'Yonne, et débouche dans la Loire près de Decize (Nièvre).

Le bassin de la Loire et celui de la Vilaine communiquent par le canal de **Nantes à Brest** qui remonte la vallée de l'Erdre, franchit la Vilaine à Redon (Ille-et-Vilaine), suit le cours de l'Oust, un de ses affluents, puis celui du Blavet et débouche dans l'Aulne, près de Châteaulin, après un parcours de 360 kilomètres.

Le bassin de la Loire n'a qu'un canal intérieur de jonction : celui du **Berry** (261 kilomètres), qui part de la Loire au-dessous de Nevers, détache un embranchement jusqu'à Saint-Amand sur le Cher (département du Cher), suit le cours de l'Auron jusqu'à Bourges, puis celui du Cher à partir de Vierzon et se confond avec cette rivière près de Saint-Aignan (Loir-et-Cher).

Le bassin de la **Seine** communique avec celui du Rhin, par le canal de la **Marne au Rhin** (318 kilomètres). Ce canal commence à Vitry-le-François sur la Marne, arrose Bar-le-Duc, franchit l'Argonne par un souterrain de 4 kilomètres, passe par un second tunnel du bassin de la Meuse dans celui de la Moselle qu'il traverse à Liverdun, au sortir d'un troisième souterrain long de 550 mètres. De *Nancy* à *Sarrebourg*, le canal qui cesse d'appartenir à la France est creusé sur des plateaux marécageux, il franchit les Vosges à Hommarting par un souterrain creusé au-dessous du tunnel du chemin de fer et redescend dans la vallée de la Zorn pour venir se terminer dans l'Ill à Strasbourg.

La communication entre le bassin de la **Seine** et celui de la **Meuse** est établie par le canal de la *Marne* à l'*Aisne* qui passe à Reims (58 kilomètres), le canal latéral à l'Aisne et le canal des **Ardennes** (100 kilomètres de Vouziers sur l'Aisne à Pont-de-Bar sur la Meuse) ; et par une seconde ligne plus occidentale, le canal de la **Sambre à l'Oise** (67 kilomètres) qui va de *Landrecies* sur la Sambre à la *Fère* sur l'Oise.

Le bassin de la **Seine** communique avec ceux de la **Somme** et de l'**Escaut** par le canal de *Crozat* (1) qui part de l'Oise à la Fère, rejoint la Somme près de Ham (Somme), et se prolonge jusqu'à Saint-Quentin. Le **canal de Saint-**

---

(1) Crozat était un financier qui se chargea de l'entreprise du canal (1738).

Quentin qui continue le canal de Crozat franchit la ligne de faîte entre la Somme et l'Escaut par deux souterrains dont un de 5600 mètres, et vient finir à Cambrai sur l'Escaut. Commencé en 1769, il ne fut ouvert à la navigation qu'en 1810. Le bassin de l'**Escaut** est sillonné par un grand nombre de canaux : les plus importants sont : ceux de la *Sensée* entre l'Escaut et la Scarpe, de la *Haute-Deule*, de *Bauvin* à *Aire*, de *Neuffossé* (d'Aire à Saint-Omer sur l'Aa) qui forment une ligne de navigation de près de 120 kilomètres prolongée jusqu'à la mer par le cours canalisé de l'Aa et par les canaux de Calais, de Dunkerque, etc.; 2° ceux qui communiquent avec les voies navigables de Belgique (canal de *Dunkerque à Furnes*, canal de la *Colme*, canal de la *Basse-Deule* de Bauvin à Armentières sur la Lys par *Lille*, canal de *Roubaix*, canal de *Condé* à *Mons*, etc.).

Ce système doit être complété par le canal du *Nord*, destiné à mettre Paris en communication par une ligne directe avec les houillères du Nord et les ports de la France septentrionale.

Canaux latéraux. — Beaucoup de rivières sont canalisées dans une partie de leur cours, où longées par des canaux latéraux, parmi lesquels ou doit citer dans le **bassin du Rhône**, le canal d'*Arles à Bouc*, latéral au Grand-Rhône, le canal de *Givors*, latéral au *Gier*, de Rive-de-Gier à Givors : dans le **bassin de la Garonne**, le canal *latéral à la Garonne* (204 kilomètres) de Toulouse à Castets. — Le Tarn, le Lot, la Dordogne, l'Isle, la Baïse sont en partie canalisés : — Dans le **bassin de la Loire**, le canal de *Roanne à Digoin*, et le canal *latéral à la Loire* (206 kilomètres), qui longent le cours de la Loire jusqu'à Briare; la Sarthe et la Mayenne en partie canalisées : — Dans le **bassin de la Seine**, le canal de la *Haute Seine*, les canaux *latéraux à la Marne* (63 kilomètres) et à la *Haute-Marne* destinés à se prolonger jusqu'à la Saône par Langres; les canaux latéraux à l'*Oise*, à l'*Aisne*, et plusieurs branches creusées pour éviter les détours de la Seine et de la Marne, enfin le canal de l'*Ourcq* qui emprunte ses eaux à un petit affluent de la Marne, l'Ourcq, passe à Meaux et aboutit à la Villette (Paris). Il se prolonge jusqu'à la Seine, sous le nom de canal *Saint-Denis* et de canal *Saint-Martin*.

La *Somme*, l'*Aa*, l'*Escaut*, la *Scarpe*, la *Lys* sont canalisés dans presque tout leur cours, sur le territoire français.

La *Haute-Meuse* est canalisée et forme un des embranchements du canal de l'est.

Canaux de dérivation. — Les pays marécageux, tels que les Dombes, la Sologne, la Brenne, les Landes, le littoral de la Flandre sont sillonnés de canaux qui servent à dessécher les marais et les étangs.

Fig. 78. — Aqueduc de Roquefavour près de Marseille.

Les canaux d'irrigation nécessaires surtout dans le midi, fertilisent les parties stériles du bassin du Rhône (canal de *Craponne* entre le Rhône et la Durance, canal des *Alpines*, canal de *Marseille*, de la Durance à Marseille, qui passe sur le fameux aqueduc de Roquefavour); de la Garonne (canal de *Saint-Martory* dans le département de la Haute-Garonne), de l'Hérault, de la Têt, etc.

Mouvement de la navigation intérieure. — Les fleuves ont été les premières routes du commerce, et malgré la concurrence des moyens de communication plus rapides, la navigation conservera toujours son importance par l'économie qu'elle présente et par les facilités qu'elle offre pour le transport des marchandises encombrantes, telles que les charbons de terre, les matériaux de construction, les engrais, les bois, pour l'exploitation desquels le flottage à bûches perdues permet d'utiliser les cours d'eau non navigables.

La plupart des canaux, sauf le canal du Midi et quelques-uns des canaux du Nord, appartiennent à l'État, ainsi que les fleuves et les rivières. Une loi de 1880 a prononcé la suppression des droits de navigation perçus au profit du Trésor. On évalue à 180000 tonnes environ par kilomètre le tonnage moyen des marchandises transportées par nos voies navigables; ce qui fait monter l'ensemble du tonnage de nos 12000 kilomètres de rivières ou de canaux à plus de 2 milliards de tonnes, portées à un kilomètre, sans compter 115500000 stères de bois flottés.

Fig. 79. — Le flottage des bois.

III

CHEMINS DE FER. — ROUTES DE TERRE. — LIGNES TÉLÉGRAPHIQUES

I. — Chemins de fer.

Les chemins de fer à locomotives, inconnus en France avant 1833, ne comptaient, en 1839, que 572 kilomètres; en 1856, que 6195 ; aujourd'hui (1884), le nombre des kilomètres exploités s'élève à 30267 ; celui des kilomètres

334 GÉOGRAPHIE ÉCONOMIQUE.

concédés à plus de 4000, et le chiffre des uns et des autres

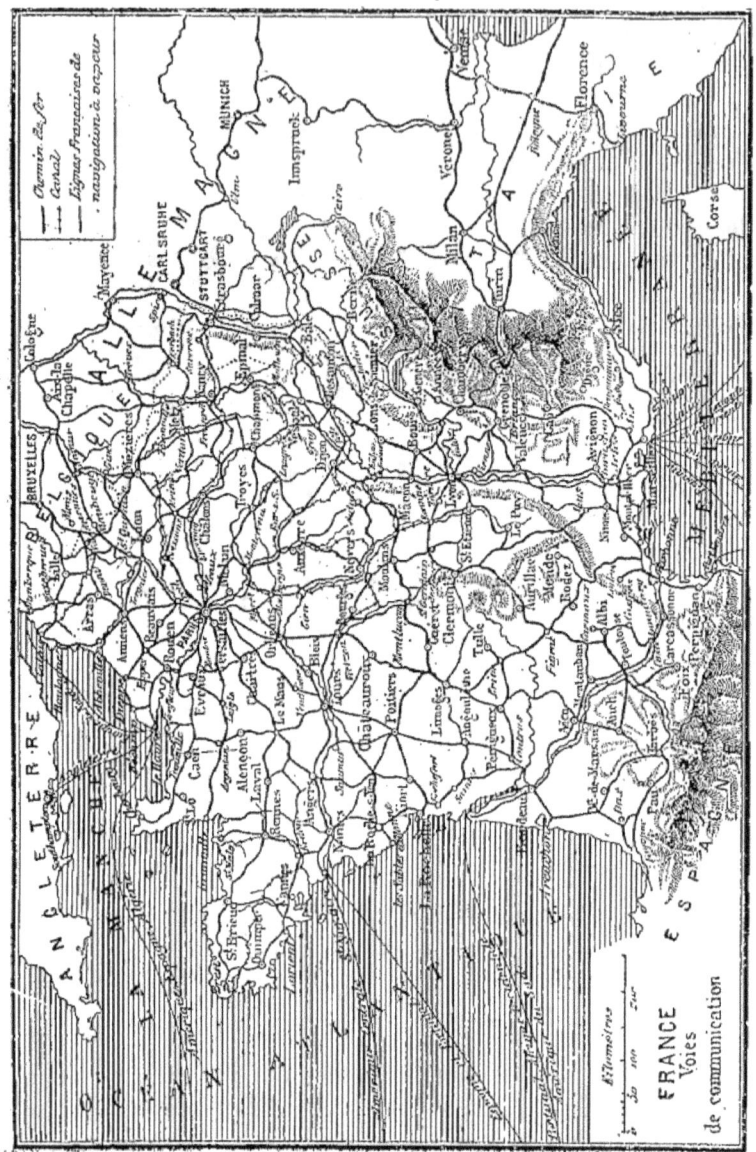

Carte XV.

grandit chaque année. La moyenne des frais de construction s'élève, en France, à 435 000 francs par kilomètre ; celle de la recette kilométrique brute à 43 000 francs ; celle de la recette nette à 22 000 francs.

En 1877, les chemins de fer français (réseau de 21 000 kilomètres, sans y comprendre les chemins de fer d'intérêt local), avaient transporté 139 millions de voyageurs, et près de 62 millions de tonnes, contre 30 millions de voyageurs et 12 millions de tonnes en 1856. En 1882, pour un réseau de 26 212 kilomètres, le nombre des voyageurs transportés a été de 195 millions, le tonnage des marchandises de 88 731 105 tonnes. Enfin, les frais de transport pour les marchandises se sont abaissés de 16 centimes par tonne et par kilomètre en 1846, à moins de 6 centimes en 1884.

Les chiffres ont parfois leur éloquence, et ceux que nous venons de citer prouvent à la fois le merveilleux développement des chemins de fer, l'immensité du capital et du revenu qu'ils représentent, et par-dessus tout le rôle qu'ils jouent dans la circulation, et les avantages qu'ils offrent au commerce par l'économie, par la sécurité et par la vitesse des transports. Le trajet de Paris à Marseille exigeait, par le roulage, deux à trois mois, par les messageries, six jours ; tandis que les marchandises (petite vitesse) franchissent aujourd'hui le même espace en sept jours, et les trains rapides en 17 heures.

La plupart des chemins de fer ne sont pas, comme les canaux, directement exploités par l'État, mais concédés pour une durée qui ne dépasse pas 99 ans, à des compagnies qui prennent à leur charge les frais d'exploitation et au moins une partie des dépenses de construction, et dont les tarifs sont soumis à l'approbation de l'État.

Cependant l'État s'est réservé l'exploitation d'un réseau de 2000 kilomètres, composé de divers tronçons en partie construits à ses frais, en partie rachetés à des compagnies qui ont disparu.

Les grandes lignes du réseau français se divisent en six

réseaux partiels, exploités par les six grandes compagnies. Le réseau de l'État forme une septième division.

1° RÉSEAU DU NORD

LIGNES PRINCIPALES (1) :

1° De *Paris à Lille et à Valenciennes*, par Creil (Oise), Saint-Just, Amiens, Arras et Douai ;
2° De *Paris au Tréport*, par Creil ou par Beaumont et Beauvais ;
3° De *Paris à Boulogne et Calais*, par Amiens et Montreuil ;
4° De *Paris à Dunkerque* par Arras et Hazebrouck (Nord) ;
5° De *Lille à Calais*, par Saint-Omer ;
6° De *Paris à Maubeuge*, par Creil, Compiègne, Tergnier, Saint-Quentin, Busigny, Aulnoye ;
7° De *Paris à la frontière belge* (Marienbourg), par Soissons, Laon, Vervins et Hirson ;
8° De *Paris à la frontière belge* (Dinant), par Crespy, Soissons, Reims, Mézières et Givet ;
9° D'*Amiens à Rouen*, par Serqueux ;
10° De *Reims* à Amiens, par Laon et Tergnier.

LIGNES SECONDAIRES (2) :

D'*Amiens* à Saint-Valery-sur-Somme et au Tréport, par Abbeville ;
d'*Arras* à Saint-Pol et Etaples ;
d'*Arras* au Tréport, par Doullens ;
d'*Arras* à Calais, par Saint-Pol ;
de *Lille* à Béthune et Saint-Pol ;
de *Lille* à Gravelines, par Saint-Omer ;
de *Lille* à Maubeuge, par Valenciennes ;
de *Calais* à Dunkerque, par Gravelines ;
de *Busigny* à Cambrai, Somain et Valenciennes ;
de *Cambrai* à Saint-Just, par Péronne et Montdidier ;
de *Soissons* à Compiègne et Beauvais ;
de *Crespy* à Amiens, par Montdidier et à Beauvais par Senlis.

2° RÉSEAU DE L'EST

LIGNES PRINCIPALES :

1° De *Paris à Strasbourg*, par Meaux (Seine-et-Marne), Epernay, Châlons, Blesmes, Commercy, Toul, Nancy et Avricourt ;
2° D'*Epernay* à Reims, Mézières et Givet (ligne des Ardennes) ;

LIGNES SECONDAIRES :

De *Châlons* à Verdun et à Metz ;
de *Commercy* à Mézières, par Verdun et Sedan ; à Langres et à Chaumont, par Neufchâteau ;
de *Toul* et *Nancy* à Langres et à Dijon, par Mirecourt ;

---

(1) Nous désignons ainsi les lignes sur lesquelles circulent des trains rapides, au moins sur la plus grande partie du parcours.
(2) Nous n'indiquons que les plus importantes.

CHEMINS DE FER.

LIGNES PRINCIPALES

3° De *Valenciennes à Pagny sur Moselle*, par Aulnoye, Hirson, Mézières, Montmédy, Longuyon et Briey;

4° De *Paris à Mulhouse*, par Romilly, Troyes, Chaumont, Langres, Vesoul et Belfort;

5° De *Paris à la frontière luxembourgeoise*, par Toul, Frouard, Pagny-sur-Moselle, Metz et Thionville.

LIGNES SECONDAIRES

de *Longuyon* à Longwy et à Arlon (Belgique), — et à Thionville;

d'*Amagne* (Ardennes) à Revigny (Meuse), par Vouziers et Sainte-Menehould;

d'*Epernay* à Romilly (Aube);

de *Troyes* à Dijon, par Châtillon-sur-Seine, — à Sens — et à Châlons;

de *Chaumont* à Blesmes, par Saint-Dizier, et de *Chaumont* à Nuits;

de *Saint-Dizier* à Bar-sur-Aube;

de *Vesoul* à Nancy, par Epinal — et à Dijon, par Gray;

d'*Epinal* à Lunéville, par Saint-Dié; — et à Saint-Maurice, par Remiremont.

3° RÉSEAU DU SUD-EST (Paris-Lyon-Méditerranée).

LIGNES PRINCIPALES :

1° De *Paris à Nice*, par Melun, Montereau, Sens, Nuits-sous-Ravières, les Laumes, Dijon, Chagny, Châlon-sur-Saône, Mâcon, Lyon, Vienne, Valence, Avignon, Arles, Tarascon, Marseille, Toulon et Cannes;

2° De *Paris à Turin*, par Mâcon, Culoz, Chambéry et Modane ;

3° De *Paris à Genève*, par Mâcon, Bourg et Culoz :

4° De *Paris à Neuchâtel et Lausanne*, par Dijon, Dôle et Pontarlier ;

5° De *Paris à Belfort et à Mulhouse*, par Dijon, Dôle et Besançon ;

6° De *Paris à Marseille*, par Nevers, Moulins, Saint-Germain-des-Fossés, Gannat, Clermont-Ferrand, Brioude, Alais, Nimes et Tarascon ;

7° De *Paris à Lyon* (ligne du Bourbonnais), par Montargis, Nevers, Moulins, Saint-Germain-des-

LIGNES SECONDAIRES :

De *Sens* à Montargis ;

de *la Roche* (Yonne) à Nevers — aux Laumes — à Cercy-la-Tour ;

de *Dijon* à Langres ;

de *Besançon* à Vesoul — à Gray — à Pontarlier — à Morteau ;

de *Châlon* à Bourg, à Lons-le-Saunier et à Dôle ;

de *Bourg* à Evian (lac de Genève);

de *Chagny* à Nevers, par Autun, et à Roanne, par Paray-le-Monial ;

de *Mâcon* à Moulins, par Paray-le-Monial ;

de *Lyon* à Besançon et à Dijon, par Bourg;

de *Lyon* à Roanne, par Tarare ;

d'*Aix-les-Bains* à Annecy ;

de *Saint-Rambert* (Isère) et de *Valence* sur Grenoble et Chambéry (lignes du Dauphiné) ;

de *Grenoble* à Marseille par Veynes (embranchement sur Gap et Briançon), Sisteron, Saint-Auban (embranchement sur Digne) et Aix.

d'*Avignon* sur Aix et Apt;

des *Arcs* à Draguignan;

LIGNES PRINCIPALES :

Fossés (Allier), Roanne, St-Etienne et Givors ;
8° De *Lyon à Nîmes*, par la rive droite du Rhône ;
9° De *Tarascon à Cette*, par Beaucaire, Nîmes, Montpellier ;
10° De *Lyon à Grenoble*, par Rives.

LIGNES SECONDAIRES :

de *Saint-Etienne* à Brioude, par le Puy.
de *Livron* à Privas ;
du *Teil* à Alais ;
de *Saint-Germain-des-Fossés* à Montbrison et Saint-Etienne, par Vichy et Thiers ;
de *Montbrison* à Saint-Germain-du-Mont-d'Or ;

4° RÉSEAU DU CENTRE ET DU SUD-OUEST (Orléans)

LIGNES PRINCIPALES :

1° De *Paris à Toulouse*, par Orléans, Vierzon (Cher), Châteauroux, Limoges, Saint-Yrieix, Brive, Capdenac et Lexos ;

2° De *Paris à Agen*, par Limoges, Périgueux et Libos ;

3° De *Paris à Bordeaux*, par Orléans, Tours, Poitiers, Angoulême et Coutras (Gironde) ;
4° De *Paris à Saint-Nazaire* et au Croisic, par Brétigny, Châteaudun, Vendôme, Tours, Angers et Nantes ;
5° De *Paris à Nevers* — et *à Gannat*, par Vierzon, Bourges, Montluçon ;
7° De *Bordeaux à Clermont-Ferrand et Montluçon*, par Coutras, Périgueux, Brive, Tulle, Ussel — et par Limoges, Saint-Sulpice-Laurière et Guéret ;
8° De *Tours à Nevers*, par Vierzon, Bourges, Saincaize ;
9° De *Nantes à Brest*, par Savenay, Redon, Questembert, Vannes, Auray, Lorient et Quimper.

LIGNES SECONDAIRES :

D'*Orléans* à Gien ;
d'*Orléans* à Montargis ;
d'*Orléans* à Moret — et à Juvisy, par Malesherbes ;
de *Saint-Sulpice-Laurière* (Haute-Vienne), à Poitiers, à Bourganeuf et à Felletin, par Guéret ;
de *Montluçon* à Moulins ;
d'*Angoulême* à Nontron ;
de *Limoges* à Ussel ;
de *Limoges* à Angoulême ;
de *Lexos* à Montauban ;
de *Capdenac* à Rodez ;
de *Figeac* (Lot) à Arvant et Brioude (Haute-Loire), par Aurillac ;
de *Libos* à Montauban par Cahors ;
de *Bordeaux* à Bergerac et Sarlat — au Verdon (Médoc) ;
de *Vendôme* à Romorantin, par Blois — et à Sablé, par la Flèche ;
de *Tours* au Mans ;
de *Tours* à la Châtre, par Loches et Châteauroux ;
de *Nantes* à Vitré, par Châteaubriant ;
de *Questembert* à Montfort, par Ploermel ;
d'*Auray* à Pontivy et à Quiberon ;
de *Quimper* à Pont-l'Abbé et à Douarnenez.

5° RÉSEAU DE L'OUEST

LIGNES PRINCIPALES :

1° De *Paris à Brest*, par Chartres, Condé, Connerré, le Mans, Laval, Vitré, Rennes, Lamballe, Saint-Brieuc et Morlaix (Finistère) ;
2° De *Paris à Angers*, par le Mans et Sablé ;

3° De *Paris à Granville*, par Versailles, Dreux, Laigle, Argentan et Flers ;

4° De *Paris à Trouville*, *à Honfleur et à Cherbourg*, par Mantes, Évreux, Serquigny, Lisieux, Caen, Lison, Valognes (Manche) ;
5° De *Paris au Havre*, *Fécamp*, *Saint-Valery-en-Caux et Dieppe*, par Mantes et Rouen ;
6° de *Paris à Dieppe et au Tréport*, par Pontoise, Serqueux et Neufchâtel.

LIGNES SECONDAIRES :

De *Condé-sur-Huisne* à Alençon et Mézidon ;
du *Mans* à Alençon et Caen ;
d'*Alençon* à Domfront — et à Fougères ;
de *Connerré* à Mamers et à Laigle — à Vendôme, par Saint-Calais ;
de *Sablé* à Laval — et à Redon, par Châteaubriant ;
de *Laval* à Caen, par Mayenne et Flers ; à Sablé — à Segré ;
de *Vitré* à Fougères et Pontorson ;
de *Rennes* à Saint-Malo — à Châteaubriant — et à Redon ;
de *Saint-Brieuc* à Auray, par Pontivy ;
de *Lamballe* à Pontorson ;
de *Pontorson* à Cherbourg, par Coutances ;.
de *Lison* à Saint-Lô, Coutances et Pontorson ;
de *Rouen* à Caudebec ; — à Serquigny, par Elbeuf ; — à Pont-Audemer — à Gisors et Pontoise, par Pont-de-l'Arche.

6° RÉSEAU DU MIDI

LIGNES PRINCIPALES :

1° De *Bordeaux à Bayonne*, par Morcenx et Dax ;

2° De *Bordeaux à Cette*, par Agen, Montauban, Toulouse, Carcassonne, Narbonne, Béziers ;
3° De *Bayonne à Toulouse*, par Orthez, Pau, Lourdes, Tarbes, Montréjeau, Muret ;

4° De *Narbonne à la frontière espagnole*, par Perpignan.

LIGNES SECONDAIRES :

De *Bordeaux* à Arcachon ;
de *Morcenx* à Bagnères-de-Bigorre et Pierrefitte, par Mont-de-Marsan et Tarbes ;
de *Dax* à Orthez ;
d'*Agen* à Tarbes, par Auch ;
de *Toulouse* à Foix et Tarascon de l'Ariège, par Pamiers ;
de *Toulouse* sur Albi (voir réseau d'Orléans) ;
de *Toulouse* à Auch ;
de *Castelnaudary* à Castres, Albi, Carmaux.
de *Perpignan* à Prades ;
de *Béziers* à Rodez, par Millau.

7° RÉSEAU DE L'ÉTAT

LIGNES PRINCIPALES :

1° De *Tours à la Rochelle*, Rochefort et *Saintes*, par Loudun, Thouars et Niort ;

2° De *Tours aux Sables-d'Olonne*, par Loudun, Thouars et la Roche-sur-Yon ;

3° D'*Angers à Saintes*, par Montreuil-Bellay, Thouars et Niort ;

4° De *Nantes à Bordeaux*, par Clisson, la Roche-sur-Yon, Saintes, Pons et Coutras ;

5° De *Rouen à Orléans*, par Elbeuf, Dreux et Chartres.

LIGNES SECONDAIRES :

De *Poitiers* à Niort (double voie) ;
d'*Angers* à Poitiers, par Loudun ;
de *Saumur* à Montreuil-Bellay ;
d'*Angers* à Niort, par la Possonnière et Cholet ;

de *Poitiers* à Parthenay ;

de *Saintes* à Angoulême, par Cognac ;

de *Pons* à Royan et Marennes ;
de *Nantes* à Cholet, par Clisson ;
de *Nantes* à Pornic ;
de *Nantes* à la Roche-sur-Yon, par Challans ;
de *Nantes* à Paimbœuf ;
de *Château-du-Loir* à Saint-Calais.

A côté de ces grandes lignes, qui sont comme les artères commerciales de la France, se crée peu à peu un nouveau réseau, dont le nom suffit à désigner le but et l'utilité : celui des chemins de fer d'intérêt local, plus modestes, mais qui ne serviront pas avec moins d'efficacité les intérêts de notre agriculture, de notre industrie, de notre commerce intérieur, à condition qu'ils restent dans leur rôle, et que par l'économie de la construction et de l'exploitation ils deviennent ce qu'ils doivent être, des chemins de grande communication, rapides et à bon marché.

Les chemins de fer français, grâce à la nature accidentée de notre pays, ont rencontré des difficultés de construction qui expliquent la moyenne élevée des frais de première installation.

I. Le réseau du **Nord,** qui communique avec la mer du Nord, le pas de Calais, la Manche, la Belgique et le nord

CHEMINS DE FER. 341

de l'Europe, est presque entièrement en plaine ; c'est celui qui a exigé le moins d'ouvrages d'art.

II. Le réseau de l'**Est**, qui se prolonge de Paris à la frontière d'Allemagne et de Suisse, a eu à vaincre des obstacles plus sérieux ; aussi les ouvrages d'art y sont-ils assez nombreux. Les plus importants sont les tunnels de Rilly (Épernay à Reims), et de Hommarting qui franchit les Vosges et qui n'appartient plus à la France. Les via-

Fig. 80. — Entrée du tunnel de la Nerthe près de Marseille.

ducs de Nogent-sur-Marne et de Chaumont (ligne de Mulhouse), celui de la vallée de la Voulzie près de Provins comptent parmi les plus longs et les plus élevés de France.

III. Le réseau du **Sud-Est** (Compagnie de Paris-Lyon-Méditerranée) fait communiquer Paris avec la Méditerranée et la frontière de Suisse et d'Italie. Le tunnel de Blaisy (Côte-d'Or), long de 4100 mètres ; celui du mont Tarare, long de 2926 mètres ; celui de la Nerthe, long de 4638 mètres ; le tunnel dit du mont Cenis, long de 13 kilomètres ; les viaducs de la Durance, du Rhône, à Tarascon ; les travaux exécutés pour la traversée des Cévennes, pour la construction des lignes du Dauphiné, de la Savoie, de la Provence, du Haut-Languedoc, de la Franche-Comté, font de ce réseau l'un des plus coûteux, mais des plus remarquables de l'Europe.

IV. Les grandes lignes du **Centre**, qui appartiennent en partie à la Compagnie d'Orléans, en partie à celle de Lyon, ont eu également à vaincre de nombreuses difficultés; mais, construites avec plus d'économie, ces lignes ont surtout cherché à triompher des accidents du sol par la hardiesse des pentes et des courbes.

V. Le réseau du **Sud-Ouest** (Compagnie d'Orléans) a pour ligne principale celle de Paris à Bordeaux. Le viaduc de l'Indre, les tunnels de Ruffec et de Charmant, qui traversent les collines de l'Angoumois, sont les ouvrages d'art les plus considérables.

VI. Le réseau du **Midi** suit en général les vallées et ne traverse les Pyrénées qu'à leurs deux extrémités. Il n'a pas de grands tunnels, mais de nombreux ponts dont le plus long est celui de Bordeaux.

VII. Le réseau de l'**Ouest**, bien qu'il n'ait pas à traverser de pays de montagnes, a dû multiplier les travaux d'art sur les lignes de Normandie et de Bretagne : tunnels de Rolleboise (2046 mètres), de Rouen, de Notre-Dame-des-Champs (2200 mètres), viaduc de Barentin, sur la ligne de Paris au Havre, tunnel de la Motte près de Lisieux (3000 mètres), sur la ligne de Paris à Cherbourg, viaduc de Morlaix, etc.

II. — Routes de terre.

Les chemins de fer se sont substitués aux routes de terre comme grandes voies commerciales; mais la circulation a regagné sur les routes transversales ce qu'elle a perdu sur les anciennes lignes parallèles aux chemins de fer. Près de 1800 routes nationales et départementales rattachent entre elles toutes nos villes de quelque importance, et mesurent 86000 kilomètres : 600000 kilomètres de chemins vicinaux (*chemins de grande communication, chemins d'intérêt commun* et *chemins vicinaux ordinaires*) rayonnent sur tous les points du territoire, et rendent accessibles jusqu'à nos plus humbles communes. Grâce à cette facilité des communications, le prix moyen des transports ne s'élève pas au-dessus de 0^{fr},18 à 0^{fr},20 par tonne et par kilomètre.

Le service de la navigation intérieure, celui des routes, et celui des chemins de fer dépendent du ministère des travaux publics, et sont dirigés, comme nous l'avons vu plus haut, par les ingénieurs des ponts et chaussées.

Le service des **Postes**, directement exploité par l'État et qui confie le transport des dépêches soit aux chemins de fer, soit à des entreprises particulières et subventionnées, a transporté, en 1882, 600 millions de lettres, ce qui suppose une moyenne de plus de 16 lettres par habitant, et 728 millions de cartes postales, journaux, imprimés et échantillons. La poste se charge, en outre, du recouvrement des effets de commerce à l'intérieur. Ce service forme, comme nous l'avons déjà indiqué, avec celui des télégraphes, un ministère spécial.

III. — Lignes télégraphiques.

Ce système de communications est complété par le réseau télégraphique le plus développé de l'Europe (31 000 kilom. de fils en 1882). Paris est rattaché à tous les points du territoire français par les 5 500 bureaux qui fonctionnaient au 1er janvier 1883; à l'Angleterre par les lignes sous-marines qui aboutissent à Calais, à Boulogne, à Dieppe et à Cherbourg; à toutes les capitales de l'Europe par les lignes continentales; à l'Afrique par le câble d'Algérie et celui d'Alexandrie à Malte; à l'Asie par le télégraphe de l'Inde, du Caucase et de la Sibérie; à l'Amérique par les câbles transatlantiques. L'abaissement des tarifs et leur uniformité pour tout le territoire ont multiplié les communications, qui ont centuplé dans une période de moins de six années (19 millions 1/2 de dépêches pour le service intérieur, en 1882, et 1 875 000 pour le service international).

IV. — Lignes de navigation maritime. Cabotage.

La France, si largement pourvue de voies de communication intérieure, et dont le sol se prête si aisément à la construction des routes et des chemins de fer, est moins favorisée, si l'on considère la distribution de ses ports et la configuration de ses côtes.

Nous n'avons point à envisager la situation maritime de la France, ni ses grandes lignes de navigation par rapport à ses relations avec l'étranger; ce sont des questions sur lesquelles nous reviendrons plus tard, et qui se rattachent à l'étude de notre commerce extérieur.

Nous ne considérons ici les mers qui baignent la France que comme une voie de communication entre les divers points du littoral français, et la navigation maritime que comme un des moyens de transports employés par notre commerce intérieur.

Le développement des côtes de la France est de 2780 kilomètres, dont 700 sur la Méditerranée, 1100 sur l'Atlantique et 980 sur la Manche et la mer du Nord.

Cette longue ligne de côtes, éclairée par plus de 250 feux, compte environ 400 ports, dont 86 sur la Manche, 231 sur l'océan Atlantique, et 83 sur la Méditerranée; mais plus de la moitié ne sont que des stations de pêcheurs sans importance commerciale, et 40 à peine présentent un mouvement supérieur à 50000 tonneaux.

La navigation maritime, quand elle se borne aux transports du commerce intérieur, prend le nom de *cabotage*, terme dont l'extension légale est considérable, mais qui, dans la langue ordinaire du commerce et dans les tableaux de l'administration des douanes, ne s'applique qu'aux traversées entre deux points situés sur le littoral français. La navigation entre deux points situés dans le versant de la Manche ou de l'Atlantique constitue le *petit cabotage*; les voyages entre un port du versant de l'Atlantique et un port du versant de la Méditerranée rentrent dans la classe du *grand cabotage*.

Le mouvement du cabotage, qui s'élevait en 1868 à 2 753 000 tonneaux de jauge en ne comptant que l'un des mouvements (entrée ou sortie), atteignait, en 1882, 3 633 000 tonneaux de jauge pour les navires chargés (54 126 navires exclusivement sous pavillon français). Il est vrai que, si le tonnage des navires a augmenté, le nombre de tonnes (1000 kilogrammes) de marchandises effectivement transportées a éprouvé une diminution (moyenne de 2 337 000 tonnes de 1867 à 1876; de 1 950 000 tonnes de 1877 à 1833); mais ce résultat n'a rien d'étonnant, car le cabotage a trouvé une redoutable concurrence dans les chemins de fer, qui compensent par la sécurité et la célérité des transports l'élévation des frais. A distance égale, la voie de mer présente une économie de 60 à 80 %; mais les chances d'avaries, la durée du voyage, les sinuosités des routes maritimes effacent en partie ces avantages ; aussi le grand cabotage est-il en pleine décadence. La distance de Paris à Marseille est de 89 myriamètres par terre, de 280 par mer ; le voyage dure dix semaines par le cabotage (voiliers); il n'est que de huit ou dix jours par le chemin de fer, y compris le temps nécessaire au chargement ; enfin les marchandises transportées par le grand cabotage : les huiles, les vins, les potasses, ont une valeur qui permet de supporter des frais plus considérables, et qui laisse toute liberté à la concurrence des chemins de fer.

Il n'en est pas de même pour le petit cabotage : les trajets sont plus directs, les marchandises qu'il transporte, excepté les vins, sont d'un poids considérable et d'une valeur médiocre, telles que les houilles, les bois communs, les sels, les engrais, etc. Aussi les progrès des chemins de fer n'ont-ils exercé jusqu'ici qu'une médiocre influence sur la petite navigation : des lignes régulières de cabotage à vapeur se sont même organisées entre nos grands ports et desservent aujourd'hui les points les plus importants du littoral français.

Les principales sont :

Grand cabotage

La Compagnie havraise péninsulaire et algérienne du Havre à Marseille par Alger.

Petit cabotage

Manche et Océan Atlantique :
- Services hebdomadaires entre Dunkerque et le le Havre (trajet en 20 heures). Le Havre et Bordeaux (trajet en 3 jours).
- *La Compagnie des Paquebots à vapeur du Finistère*, entre le Havre et Morlaix (trajet en 20 heures).
- *La Compagnie des Paquebots fluviaux et maritimes*, entre le Havre et Brest (trajet en 24 heures), Brest et Nantes.
- *La ligne du Havre à Honfleur, Trouville et Caen.*
- *La ligne de Rouen au Havre.*
- *La ligne de Nantes à Bordeaux.*

Méditerranée :
- *La Compagnie Marseillaise de navigation à vapeur* entre Marseille, Cette et Agde ; Marseille, Cannes et Nice ; Marseille et la Corse.
- *La Compagnie de navigation mixte*, entre Marseille et Cette.
- *La Compagnie Transatlantique* entre Marseille, Cette et Port-Vendres, Marseille et la Corse.

IV

PRINCIPAUX MARCHÉS

I. — Région de Paris.

D'après l'ensemble des voies de communication que nous venons de décrire, on peut diviser la France, au point de vue du commerce intérieur, en sept régions correspondant aux grands réseaux de chemins de fer qui sont aujourd'hui le plus puissant véhicule des échanges et dont le centre est Paris, la métropole commerciale comme la capitale politique de la France.

Considéré seulement au point de vue du commerce intérieur, Paris est, grâce à sa population et à la facilité des transports, le plus grand marché français pour les **denrées alimentaires**, légumes, fruits, poissons, volailles, œufs, beurre, fromage, qui viennent de tous les points du territoire s'entasser dans ses *Halles centrales :*

(Consommation de Paris, en 1881, 327 millions de kilogrammes de pain, 5067000 hectolitres de vins, 146000 hectolitres d'alcools, 175000 millions de kilogrammes de viandes fraîches.)

La halle aux blés pour les *farines*, les vastes entrepôts de Bercy pour les *vins* et les *spiritueux;* le marché aux *chevaux*, le marché aux *bestiaux* de la Villette, exclusivement destinés à l'approvisionnement de Paris, sont des centres de transactions commerciales, dont un seul suffirait à la prospérité d'une ville. Les *cafés*, les *denrées coloniales*, les *sucres indigènes*, les *fourrages*, les graines fourragères tiennent une large place sur le marché parisien.

Parmi les **matières premières,** on doit citer les suifs, les cuirs, les huiles non comestibles; parmi les *combustibles,* le bois et la houille, dont

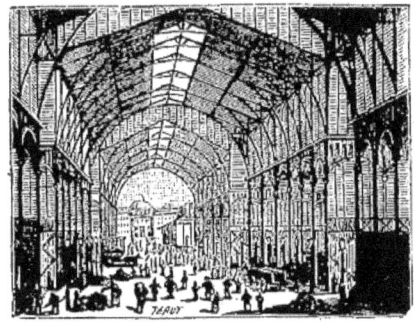

Fig. 81. — Les halles centrales.

la consommation est évaluée dans le département de la Seine à plus de 30 millions de quintaux.

A ce commerce, il faut ajouter l'immense mouvement d'affaires auxquelles donnent lieu les produits si variés de **l'industrie parisienne :** tissus, châles, vêtements confectionnés, lingerie, passementerie, ganterie, chapellerie, cuirs ouvrés, papiers peints, orfèvrerie, bijouterie, bronzes, objets d'ameublement, parfumerie, articles de Paris, modes, librairie, etc., que Paris répand jusqu'aux extrémités de la France. Paris est donc bien la métropole de notre commerce, le centre d'où tout part et où tout revient; et c'est à Paris que nous devons nous placer pour embrasser d'un coup d'œil l'ensemble de nos relations commerciales et nos principaux marchés français si intimement liés au marché parisien.

Le commerce du département de la Seine et des départements limitrophes de Seine-et-Oise et de Seine-et-Marne se rattache si étroitement à celui de Paris, qu'il est impossible de l'en séparer : leurs usines ne travaillent que pour Paris ; leurs marchés ne sont que des succursales du marché parisien; leurs principales villes enlacées dans le vaste réseau des chemins de fer de banlieue sont devenues de simples faubourgs de la capitale ; et tous ceux de leurs produits qui ne sont pas absorbés par la consommation locale sont destinés à l'approvisionnement de Paris. *Melun, Meaux* (Seine-et-Marne), *Corbeil, Etampes, Mantes*, y expédient leurs grains et leurs farines ; *Coulommiers* (Seine-et-Marne), ses fruits et ses fromages; *Fontainebleau*, ses raisins ; *Sceaux, Pontoise, Rambouillet* (Seine-et-Oise), leurs bestiaux et leurs moutons ; *Provins* (Seine-et-Marne) ses laines ; *Versailles*, les produits de ses nombreuses pépinières et de ses jardins maraîchers.

Paris leur fournit en revanche tous les objets de consommation fabriqués, les denrées alimentaires de luxe, sucres, cafés, denrées coloniales, les sels, les matières premières, suifs, huiles, chiffons, cuirs, etc. Paris et ses dépendances forment donc au cœur de la France une région distincte, d'une richesse et d'une activité sans égales, et dont le mouvement représente plus d'un sixième de notre commerce intérieur.

II. — Région de l'ouest.

La *région de l'ouest* comprend les départements de la Seine-Inférieure, de l'Eure, du Calvados, de l'Orne, de la Manche, de l'Ille-et-Vilaine, des Côtes-du-Nord, du Finistère, du Morbihan, de la Loire-Inférieure, du Maine-et-Loire, de la Mayenne, de la Sarthe et la partie septentrionale de l'Eure-et-Loir.

Elle est rattachée à Paris par le cours de la Seine, par le réseau entier des chemins de fer de l'ouest et par la ligne de Paris à Nantes ; à la région du centre par la Loire et les chemins de fer du Centre ; à celle du sud-ouest, par les lignes de Tours, d'Angers et de Nantes à Bordeaux ; à celle du nord par la ligne de Rouen à Amiens.

Riche en produits agricoles de toute espèce, depuis les vins de l'Anjou, jusqu'aux céréales de l'Eure-et-Loir et de l'Eure, nourrissant des races de bestiaux, de moutons, de chevaux qui n'ont pas d'égales en France, possédant quelques mines de houille, de fer et de plomb, des marais salants et d'innombrables carrières, la région de l'ouest joint à la richesse agricole la richesse industrielle, les cotonnades de Rouen, les toiles de l'Anjou et de la Normandie, les draps d'Elbeuf et de Louviers.

Ligne de Paris à Rouen et au Havre. — La plus importante des grandes lignes de l'ouest sert de débouché au commerce de l'Eure et de la Seine-Inférieure, dont *Rouen* est la métropole commerciale.

La situation de **Rouen,** sa nombreuse population, l'activité de son industrie l'ont désigné de tout temps comme une des premières villes de France. Situé à 136 kilomètres de Paris par le chemin de fer, à 120 kilom. de la mer par la Seine; à la fois port fluvial et port maritime, Rouen est rattaché à tous les ports de France par la navigation à voiles, à Bordeaux et à Caen par des bateaux à vapeur, à Paris et au Havre par de nombreux remorqueurs et des bâtiments de toute espèce qui remontent ou qui descendent le cours de la Seine. On évalue à près de 484 000 tonnes effectives le mouvement de son cabotage maritime (entrée et sortie), à 500000 tonnes celui de sa navigation fluviale, et ce chiffre n'a pas diminué, malgré la concurrence des chemins de fer, depuis près de dix ans.

Rouen doit à sa double importance comme débouché maritime et comme grand centre manufacturier, un commerce, dont l'activité ne s'est pas ralentie, malgré le prodigieux accroissement du Havre, qui l'a remplacé comme entrepôt de notre commerce extérieur. Ses foires aux bestiaux et aux chevaux, son marché aux grains, aux laines, aux chanvres et aux lins; ses opérations sur les houilles, les denrées coloniales, les sucres, les bois de construction, et surtout la vente des produits de son industrie : fils de coton et de lin, lainages, calicots, indiennes, rouenneries, machines, produits chimiques, lui assurent une position commerciale qui ne pourra que s'agrandir par les progrès des voies de communication et le développement de l'industrie. Autour de Rouen se groupent un certain nombre de marchés secondaires, qui alimentent le marché rouennais : Yvetot et Bolbec, pour les céréales ; Neufchâtel, pour les fromages et la volaille; Caudebec, pour les fruits et les légumes. *Elbeuf* (Seine-Inférieure) et *Louviers* (Eure) doivent une position indépendante à leur puissante industrie et au commerce des laines nécessaires à leurs manufactures.

Ligne de Paris à Cherbourg. — La ligne de Paris à Cherbourg traverse les départements de l'Eure, du Calvados et de la Manche. *Evreux* et *Bernay*, dans l'Eure, sont les centres du commerce des grains, des bestiaux, des laines et des chevaux. La métropole commerciale du Calvados est *Caen*, chef-lieu du département, sur l'Orne canalisée, à 14 kilomètres de la mer. Rattaché au Havre, à Rouen et à Paris par les services réguliers de bateaux à vapeur affectés aux transports des marchandises, Caen est un des débouchés maritimes les plus actifs de la région de l'ouest ; le mouvement du cabotage y dépasse 55 000 tonnes effectives, et ce chiffre est triplé par le mouvement du chemin de fer. Les principaux objets de son commerce sont les grains, les bois, la houille, les bestiaux, les chevaux et les produits de son industrie, huiles de graines, fils de coton, dentelles, etc. Ses foires sont les plus fréquentées de la Normandie.

A côté de Caen se placent *Lisieux* et *Bayeux*, pour le commerce des bestiaux et des cuirs, et la vente des toiles et des dentelles ; *Isigny*, pour celui du beurre; *Falaise*, dont la foire aux chevaux (foire de *Guibray*), qui existait déjà au onzième siècle, est la plus importante de France.

Dans la Manche, presque tous les centres de population font un commerce actif de bestiaux, de chevaux, de beurre et de volailles. *Saint-Lô* et *Carentan*, sur la Vire ; Valognes, Coutances, Avranches, Mortain, sont les marchés les plus fréquentés.

Ligne de Paris à Granville. — Cette ligne qui se

détache près de Versailles de la grande ligne de Bretagne traverse *Dreux*, un des marchés importants de l'Eure-et-Loir, pour les bestiaux, les laines et les chaussures; *Laigle* (Orne), qui réunit au commerce des produits de son industrie (aiguilles, épingles, agrafes) celui des grains et des bois : *Argentan* (Orne), entrepôt des grains et des volailles de l'arrondissement; *Flers* (Orne), l'un des premiers marchés et la seconde fabrique de la France pour les coutils et les toiles ; *Vire* (Calvados), qui fabrique des draps et du papier, et *Villedieu-les-Poêles* (Manche), avec ses grandes fabriques de chaudronnerie et ses fonderies de cuivre.

Granville, où la ligne aboutit, est un de nos premiers ports de pêche et de cabotage.

Ligne de Paris à Brest. — La *ligne de Paris à Brest* traverse les départements d'Eure-et-Loir, de la Sarthe, de la Mayenne, d'Ille-et-Vilaine, des Côtes-du-Nord et du Finistère.

Chartres, le chef-lieu d'Eure-et-Loir, est en même temps le centre du commerce des grains et des laines de la Beauce.

Le Mans, chef-lieu de la Sarthe, doit à la navigation de la Sarthe et à ses nombreuses voies de communication une importance commerciale de premier ordre : entrepôt des chanvres, des grains et des farines, des bois, des fers, des ardoises que produit le département, l'un des grands marchés de l'ouest pour les toiles, les bestiaux, les moutons, les volailles engraissées, si connues sous le nom de poulardes du Mans, cette ville est rattachée à Angers, à Tours, à *Alençon*, l'un des centres du commerce des toiles et des dentelles, par des voies ferrées qui servent de débouchés à son commerce et qui lui apportent les chevaux, les grains, les bestiaux d'Argentan et de Mortagne dans l'Orne, les fruits et les lins de la Touraine, les vins et les bœufs de l'Anjou.

Laval, situé comme le Mans sur la ligne de Paris à Brest, rattaché à Angers et à la Loire par le cours canalisé de la Mayenne, à Domfront (Orne), le grand marché aux chevaux et aux bestiaux, et à Caen par un chemin de fer, est le centre du commerce de la Mayenne, qui consiste surtout en grains, en bestiaux, en ardoises et en toiles.

Rennes, chef-lieu de l'Ille-et-Vilaine, que sa situation sur la Vilaine et sur le canal d'Ille-et-Rance, sur la ligne de Brest et sur le double embranchement de Saint-Malo et de Redon, semble désigner comme la métropole commerciale de la Bretagne, ne se résigne que lentement à secouer ses habitudes d'immobilité ; son commerce se borne aux produits de l'agriculture : beurre, miel, cire, bestiaux, cuirs, céréales, chanvre, etc... *Vitré* et *Fougères* lui disputent le commerce des toiles à voiles ; *Montfort,* celui des beurres et bestiaux ; *Redon,* celui des grains et des fers.

Le *département des Côtes-du-Nord,* comme la plupart de ceux de l'ancienne Bretagne, où la difficulté des communications multipliait les marchés, mais en réduisait l'importance, possède un assez grand nombre de places secondaires : Saint-Brieuc, Dinan, Guingamp, Lannion, Loudéac, dont les échanges se bornent aux toiles fabriquées dans tous les villages, et aux produits agricoles : beurre, cire, bestiaux, chanvres et céréales.

Il en est de même du *Finistère,* à l'exception des ports dont le cabotage est très actif, et de **Brest,** qui doit à sa nombreuse population, à ses arsenaux, à ses chantiers de construction, un commerce de consommation considérable. *Landerneau,* sur le chemin de fer de Paris à Brest, *Châteaulin,* sur le canal de Nantes à Brest, et *Quimper,* sur le chemin de fer de Brest à Savenay et à Nantes, ont des foires assez importantes pour les grains, les bestiaux, les volailles et les chanvres.

Le *département du Morbihan,* traversé par le chemin de fer de Brest à Savenay, et le canal de Nantes à Brest, présente le même caractère que le précédent ; un commerce actif de grains, de chanvres, de miels, de beurre, de bestiaux, de sels et de fer, favorisé par les nombreuses foires ou *pardons* de Vannes, de Pontivy, d'Auray, et par le cabotage de Vannes et de Lorient qui fait de ces deux ports l'entrepôt des vins, des denrées coloniales, de la houille, des bois et des engrais que le Morbihan demande à l'importation.

Ligne de Paris à Nantes. — La ligne de Tours à Nantes et à Saint-Nazaire traverse deux des départements les plus riches de la région de l'ouest, le Maine-et-Loire et la Loire-Inférieure baignés tous deux par la Loire.

Angers, chef-lieu du département de Maine-et-Loire, doit à sa position sur la Maine, à 4 kilomètres de son confluent avec la Loire, sur la ligne de Nantes et les embranchements du Mans, de Laval, de Rennes, de Niort, de Poitiers, d'être l'entrepôt du département pour les produits des pépinières, les céréales, les chanvres et les lins, les ardoises, les charbons que lui apportent les barques de la Mayenne, ou les remorqueurs de la Loire et de la Sarthe; cependant Angers n'est pas le seul grand marché du département : *Saumur*, sur la Loire et sur la ligne de Nantes, fait un commerce considérable de grains, de vins et d'eau-de-vie; *Cholet*, avec les prairies qui l'entourent, est le marché d'approvisionnement de Paris pour les bestiaux, les moutons, les porcs qu'on expédie à la Villette ou à Saint-Germain, et le centre le plus actif de l'ouest, pour la vente des toiles; son marché hebdomadaire est une véritable foire qui attire des milliers d'étrangers; enfin *Beaugé* mérite une mention pour son commerce de bois.

Tout le mouvement du commerce intérieur est au contraire concentré dans le département de la Loire-Inférieure à **Nantes,** que sa position sur la Loire, à 60 kilomètres de l'Océan, ses communications par bateaux à vapeur avec Angers, et tous les grands ports du littoral français; par chemins de fer avec Paris (427 kilom.), Bordeaux, Brest, Rennes, etc..., ses relations avec l'étranger, sa nombreuse population, son industrie aussi variée que puissante, désignent à la fois comme un de nos grands marchés et de nos plus importants débouchés maritimes. Outre les marchandises qu'elle tire de l'étranger, elle approvisionne une partie de la région de la Loire et presque toute la Bretagne, de sels, de céréales, de vins, de houille, de bois, de sucres raffinés, de poissons, et des produits de ses usines métallurgiques.

Débouchés maritimes. — La région de l'ouest baignée par la Manche et par l'Océan, est celle où le cabotage a conservé le plus d'activité, et qui présente le plus de débouchés maritimes : Dieppe, Saint-Valery-en-Caux, Fécamp, le Havre, Rouen, Quillebeuf dans la *Seine-Inférieure*.

Pont-Audemer, dans l'*Eure*.

Honfleur, Trouville, Caen, Courseulles, Isigny, dans le *Calvados*.

Carentan, Saint-Waast, Cherbourg, Granville, dans la *Manche*.

Saint-Malo, Saint-Servan, dans l'*Ille-et-Vilaine*; Dinan, le Légué, Binic, Portrieux, Paimpol, Tréguier, Lannion, dans les *Côtes-du-Nord*.

Morlaix, Roscof, Brest, Landerneau, Port-Launay, Camaret, Douarnenez, Audierne, Quimper, Concarneau, dans le *Finistère*.

Lorient, Hennebont, le Palais (Belle-Ile), Auray, Vannes dans le *Morbihan*.

Le Croisic, Chantenay, la Basse-Indre, Nantes, Saint-Nazaire, Paimbœuf, dans la *Loire-Inférieure*.

Nous avons déjà indiqué les services de bateaux à vapeur qui mettent en communication avec tous les points du littoral français, le Havre et Nantes, les deux grands débouchés maritimes de la région de l'Ouest.

Les principales marchandises transportées sont les grains, les engrais, les houilles, les bois, les matériaux de constructions, les vins, le sel, le beurre, etc...

III. — Région du nord.

La *région du nord* comprend les départements de l'Oise, de l'Aisne, de la Somme, du Pas-de-Calais et du Nord.

Elle est rattachée à Paris par le réseau entier des chemins de fer du Nord, par le cours de l'Oise et de l'Aisne;

le réseau des canaux du nord, le canal de l'Oise, de Saint-Quentin, de la Somme, et le canal de l'Ourcq, qui vient aboutir aux vastes bassins de la Villette, ce port de Paris dont le mouvement dépasse 600,000 tonneaux.

Il suffit de se reporter au tableau de la production agricole, minérale et industrielle de la France, pour apprécier l'importance commerciale de cette région riche en produits agricoles de toute espèce, sauf les vins : en bestiaux, en laines, en combustibles minéraux, en mines de fer, en carrières, en produits manufacturés, qui témoignent de la prodigieuse activité industrielle de nos départements du nord, et dont quelques-uns, tels que les sucres indigènes, les alcools de fécule, de grains et de betteraves, ne se fabriquent pas dans le reste de la France.

Ligne de Paris à Lille. — Si, en partant de Paris, nous suivons la plus occidentale des grandes lignes du Nord, la première place de commerce que nous rencontrons après avoir traversé le département de l'Oise est *Amiens*, chef-lieu de la Somme. Ville de 74,000 habitants, à deux heures de Paris, par la ligne directe de Paris à Lille, rattaché à la mer par la ligne d'Amiens à Abbeville, Boulogne et à Calais, et par le cours canalisé de la Somme, au système des canaux du nord et de Paris par le canal de Saint-Quentin, Amiens est un des grands marchés de la région du nord, pour les grains, les bestiaux, les laines; mais son principal commerce consiste en matières premières nécessaires à son industrie, en fils de coton, de laine et de lin, en tissus, en sucres ou autres objets fabriqués dans le département de la Somme, dont il est l'entrepôt ; enfin en denrées coloniales, vins, huiles, sels, que lui apportent le canal de la Somme, débouché des ports d'Abbeville et de Saint-Valery, ou le chemin de fer de Boulogne.

Arras, chef-lieu du Pas-de-Calais, tête de ligne des embranchements de Dunkerque et de Calais par Hazebrouck, de Mons par Douai et Valenciennes, doit son importance à son marché de *grains*, où se vendent chaque année plus d'un million d'hectolitres, et au commerce des huiles de graines et des sucres de betterave. *Douai, Cambrai, Valenciennes* ne sont que les succursales du plus puissant marché de la région du nord, d'un des centres les plus actifs de notre commerce intérieur, **Lille**, qui est en même temps l'un des entrepôts les plus considérables de notre commerce extérieur. Lille, avec sa population de 178000 âmes, ses lignes de chemins de fer qui se dirigent vers tous les points cardinaux, ses canaux qui la mettent en communication d'un côté avec Paris, de l'autre avec la mer du Nord, réunit au commerce des céréales, des lins, des huiles de graines, des alcools, des sucres, des houilles, celui des fils de lin, de coton et de laine, que lui expédient les manufactures de Roubaix et de Tourcoing, des toiles, des dentelles, des machines, des produits chimiques. Le cercle de ses opérations s'étend à toute la France, et ses principales maisons de commerce sont représentées sur tous les marchés français.

Ligne de Paris à Maubeuge. — *Sur la ligne de Paris à Maubeuge*, la seule place de commerce qui mérite une mention spéciale est **Saint-Quentin**, chef-lieu d'arrondissement du département de l'Aisne, centre d'une région manufacturière qui emploie 100000 ouvriers, et dont les transactions commerciales s'élèvent à 140 millions, entrepôt des fils et des tissus de laine et de coton, des sucres, des alcools que fabrique le département de l'Aisne.

Ligne de Paris à Laon. — *Sur la ligne de Paris à Laon*, qui traverse les riches plaines du département de l'Aisne, *Soissons* (chef-lieu d'arrondissement, Aisne), sur la rivière de l'Aisne et sur un double embranchement qui conduit à Compiègne et à Reims, est un des marchés les mieux approvisionnés de la région du nord, en laines, céréales, légumes, lins, bois de construction et de chauffage. *Laon* est le centre du commerce des produits agricoles de la partie septentrionale du département.

Débouchés maritimes. — *La région du nord*, baignée par la Manche, le Pas de Calais et la mer du Nord, joint à ses nombreuses voies de communication l'avantage des débouchés maritimes. Les ports les plus fréquentés par le cabotage sont, dans le *département du Nord :* Dunkerque et Gravelines, unis par les canaux et les chemins de fer à tout le réseau septentrional;

Dans le *département du Pas-de-Calais*, Calais, Boulogne et Etaples rattachés par un triple embranchement à Amiens, à Arras et à Lille;

Dans le *département de la Somme*, Saint-Valery et Abbeville, l'un des centres manufacturiers du nord, sur le cours canalisé de la Somme, et sur la ligne d'Amiens à Boulogne.

Dunkerque, Calais, Boulogne, Abbeville, sont en relations régulières avec tous les points du littoral français : Dunkerque communique par bateaux à vapeur avec le Havre en 15 ou 20 heures, avec Bordeaux en 72 ou 80 heures.

Le cabotage de la région du nord apporte de l'Océan les graines oléagineuses, le sel marin, le tabac, les grains, les engrais, les bois exotiques, les résines, etc.; de la Méditerranée, le sel marin, les graines oléagineuses, le plomb, les vins, les huiles. Il expédie la houille, les engrais, les alcools, les grains et les farines, les pommes de terre et les légumes, les bois, les poissons, les huiles de graines.

Un sixième de ces marchandises est destiné aux ports de la Méditerranée.

IV. — Région du nord-est.

La *région du nord-est* comprend la Haute-Saône, l'Aube, la Haute-Marne, la Marne, les Ardennes, la Meuse, les Vosges et la Meurthe-et-Moselle.

Elle est rattachée à Paris par le réseau des chemins de fer de l'Est, par le cours de la Marne et le canal de la Marne au Rhin et par le cours supérieur de la Seine, dont la navigation vient aboutir aux ports de Charenton et de Bercy, les plus actifs de Paris après celui de la Villette. A la région du nord, elle se lie par les embranchements de Soissons et de Laon à Reims et de Valenciennes à Mézières, et par le cours de l'Aisne que prolonge le canal des Ardennes; enfin la navigation de la Meuse et de la Moselle et celle du Canal de l'Est offrent aux transports des ressources importantes que le développement des chemins de fer ne doit pas faire dédaigner.

Riche en vins, en céréales, en bois, en laines, en bestiaux, possédant d'abondantes mines de fer, rivalisant par la variété et la puissance de ses industries avec la France du nord, la région du nord-est le cède à peine en activité commerciale à celle que nous venons de parcourir.

Ligne de Paris à Strasbourg. — Sur le cours de la Marne, et sur la ligne directe de Paris à Strasbourg, s'échelonnent, à partir de Paris, dans le département de Seine-et-Marne, *Meaux*, centre du commerce des fromages de Brie, marché de grains et de bestiaux ; dans l'Aisne, *Château-Thierry* ; dans la Marne, *Epernay*, l'un des entrepôts des vins de Champagne ; *Châlons*, chef-lieu du département, débouché du canal de la Marne au Rhin, enrichi par le commerce des vins et par celui des laines ; mais le plus puissant marché de la Champagne, celui où sont représentées à la fois toutes ses richesses naturelles et ses richesses industrielles, c'est la ville de **Reims,** sur le canal de l'Aisne à la Marne et au point de jonction de cinq voies ferrées qui la rattachent à Paris par Soissons, à la région du nord par Laon et par Mézières, à celle du nord-est par Verdun, à la ligne de Strasbourg par Epernay et par Châlons.

La vente de ses lainages constitue son principal commerce ; mais celui des *laines*, qui représentent une valeur de 100 millions, dont 50 destinés à l'industrie rémoise, des vins de Champagne, de la mercerie, de l'épicerie en gros, portent à plus de 350 millions la valeur des transactions dont Reims est le centre.

De Châlons à Strasbourg, le chemin de fer quitte le cours de la Marne pour suivre le canal de la Marne au Rhin, et les plaines de la Champagne pour les vallées fertiles et les terrains accidentés de la Lorraine.

COMMERCE INTÉRIEUR.

Nancy est la capitale commerciale de cette riche et intelligente province, comme elle en était autrefois la capitale politique, et la perte de l'Alsace, celle d'une partie de la Lorraine, en y attirant les populations et les industries qui cherchent à se soustraire à la domination allemande, a été pour elle une nouvelle cause de progrès. Communiquant avec la Moselle par le cours de la Meurthe, avec tout notre réseau navigable par les canaux de la Marne au Rhin et de la Moselle à la Saône, Nancy est l'entrepôt des bois, des céréales, des houblons de la Lorraine ; le commerce des fleurs ne le cède qu'à celui de Paris. Celui des chiffons pour les papeteries des Vosges, et surtout celui des broderies et des dentelles, s'étend chaque jour avec les progrès de ces industries.

Autour de Nancy se groupent quelques marchés secondaires : *Bar-le-Duc* pour les grains, les bois, les vins, la confiserie, les cotonnades ; *Lunéville* pour les vins, les bois, les broderies, la faïence, la ganterie, etc.

Ligne de Paris à Belfort. — *Sur la ligne de Paris à Belfort et à Mulhouse : Troyes*, chef-lieu du département de l'Aube, situé au point où commence la navigation de la Seine, est pour le midi de la Champagne ce que Reims est pour le nord. Centre du commerce des laines, des céréales, des vins, siège d'une importante industrie dont la production en cotonnades, en fils de laine, en bonneterie est évaluée à plus de 60 millions, Troyes est encore, malgré la décadence de ses foires, qui comptaient au moyen âge parmi les plus fréquentées de la France, un de nos marchés les plus actifs.

Chaumont, chef-lieu de la Haute-Marne, partage avec Langres et Saint-Dizier, situés dans le même département, le commerce des grains, des cuirs, des toiles et surtout des fers et de la coutellerie, la plus grande industrie de cette région, si riche en usines métallurgiques.

Les départements des Vosges et de la Haute-Saône que traversent la ligne de Mulhouse et les embranchements de Vesoul à Nancy par Epinal, à Dôle par Gray, à Besançon, etc., n'ont pas de grand centre commercial, mais un certain nombre de marchés d'une importance locale considérable; *Vesoul* et *Lure* dans la Haute-Saône pour les grains, les bestiaux, les chevaux et les cuirs; *Epinal* dans les Vosges, une des héritières de l'industrie alsacienne, pour l'imagerie, les fils de coton, les papiers peints; *Remiremont* (*id.*), entrepôt des fromages de Gérardmer, des fers, des marbres, des bois qui abondent dans son arrondissement; *Mirecourt*, centre du commerce des broderies, des applications et de la lutherie si renommée des Vosges; *Neufchâteau*, l'un de nos premiers marchés pour les toiles communes.

La région du nord-est n'a pas, comme celle du nord, de débouchés maritimes; mais la ligne de Montmédy à Lille par Mézières, celle de Verdun à Paris par Reims et Soissons, celle de Mulhouse à Paris, celle de Troyes à Nantes par Sens, Montargis, Orléans et Tours, de Belfort à Bordeaux par Dijon, Moulins, Montluçon, Guéret et Périgueux; de Belfort à Marseille par Besançon et Lyon, la rattachent à tous nos grands ports de l'Océan et de la Méditerranée.

V. — Région de l'est et du sud-est.

La *région de l'est et du sud-est* comprend les départements de l'Yonne, de la Côte-d'Or, de Saône-et-Loire, du Doubs, du Jura, de l'Ain, du Rhône, de la Loire, de l'Ardèche, de l'Isère, de la Haute-Savoie, de la Savoie, des Hautes-Alpes, des Basses-Alpes, de la Drôme, de Vaucluse, des Bouches-du-Rhône, du Var et des Alpes-Maritimes.

Elle est rattachée à Paris par les deux lignes principales de Paris à Lyon et à la Méditerranée, et par leurs nombreux embranchements; par le cours de la Seine, de l'Yonne, le canal de Bourgogne, la Saône et le Rhône. Elle est liée à la région du nord-est par les lignes de Besançon à Vesoul et à Mulhouse, et par les canaux de la Saône au Rhin et à la Moselle.

Moins riche que la précédente en céréales et en cultures industrielles, la région de l'est et du sud-est a ses vins, ses huiles, ses bestiaux, ses laines, ses soies, ses mines de houille et de fer, les produits de l'industrie lyonnaise et marseillaise, les aciers et les fers de la Loire et de la Bourgogne, l'horlogerie de la Franche-Comté, les mousselines de Tarare, etc.

Ligne de Paris à Lyon. — De Paris à Dijon, la ligne de Lyon qui longe le cours de la Seine, de l'Yonne, et le canal de Bourgogne, traverse une riche région agricole où s'échelonnent de nombreuses villes commerçantes : *Montereau* (Seine-et-Marne), au confluent de la Seine et de l'Yonne, débouché des grains, des vins, des bestiaux, des bois, des charbons que lui apportent à la fois le chemin de fer et le canal, dont le mouvement dépasse encore 200,000 tonnes : *Sens, Joigny, Tonnerre* (Yonne), qui profitent du même mouvement de transit, et dont le commerce porte sur les mêmes objets. *Auxerre, Avallon* (Yonne), *Semur* (Côte-d'Or), que des embranchements de chemins de fer ou des routes nombreuses rattachent à cette grande voie commerciale, servent d'entrepôts aux bois flottés, aux vins, aux céréales, aux chanvres, aux briques de la Bourgogne septentrionale.

Mais le marché central de cette région, c'est le chef-lieu de la Côte-d'Or, **Dijon**, entrepôt du commerce entre le nord et le midi, rattaché à la région du nord-est par les lignes de Langres, de Vesoul, de Belfort par Besançon; à l'Océan et à la Méditerranée, par le canal de Bourgogne. Sans compter les produits de l'industrie locale, fonderies, raffineries, tanneries, fabriques de moutarde, vinaigreries, liqueurs, etc., on évalue à plus de 90 millions le mouvement des affaires commerciales de Dijon, où les grains entrent seuls pour près de 30 millions, les tissus pour 15 millions, les vins pour 6 à 8 millions, le houblon, les laines, le bétail, l'épicerie, les bois de construction pour un chiffre à peu près égal. Les foires de Dijon, qui sont au nombre de six, comptent parmi les plus importantes de France.

De Dijon à Lyon, le chemin de fer se rapproche de la Saône, et ses principales stations sont en même temps celles de nombreux bateaux-porteurs et de la double ligne de bateaux à vapeur qui sillonnent cette rivière de Châlon à Lyon.

Châlon-sur-Saône (Saône-et-Loire), au débouché du canal du Centre, qui lui apporte les houilles de Blanzy, les bois, les plâtres, les pierres de la région accidentée qu'il traverse; entrepôts des grains, des vins, des chanvres de l'arrondissement dont il est le chef-lieu, doit à sa situation, au voisinage des grandes usines du Creusot, de Blanzy, de Montchanin, une importance que lui disputent cependant *Chagny*, sur le chemin de fer et sur le canal du Centre; *Tournus*, sur la Saône, et *Mâcon*, chef-lieu du département de Saône-et-Loire, l'un des ports les plus animés de la Saône, le point de départ d'un embranchement qui traverse le département de l'Ain, et le centre du commerce des *vins*, des grains et des bestiaux du Mâconnais.

Deux des chefs-lieux d'arrondissement de Saône-et-Loire, *Autun* et *Charolles*, bien que situés à quelque distance de la grande ligne de Lyon, ont conservé une certaine activité commerciale, l'un comme marché des grains, des bois, des huiles de schiste que produit l'arrondissement; l'autre grâce à la vente des bestiaux si renommés du Charolais.

A 512 kilomètres de Paris, à 350 de la Méditerranée, au confluent de la Saône et du Rhône, s'élève une ville que sa situation, sa population, l'activité de son industrie, désignent comme la métropole commerciale de la région de l'est et du sud-est, **Lyon,** le chef-lieu du Rhône, et le second de nos marchés français. Communiquant avec la Méditerranée et le lac de Genève par le Rhône; avec le bassin du Rhin, par le canal de l'Est et celui du Rhône au Rhin; avec celui de la Seine, par le canal de Bourgogne; avec celui de la Loire, par le canal du Centre; rattaché par ses huit lignes de chemins de fer, à Paris, à Marseille, à Saint-Etienne, à Roanne, à Besançon et à Mulhouse, à la

Suisse et à l'Italie, enfin, à Grenoble et à tous nos départements du sud-est, Lyon est tout à la fois un vaste entrepôt commercial et un vaste atelier. Le mouvement de ses ports est de 500 000 tonneaux par la Saône, de 460 000 par le Rhône, qui lui apportent les grains, les bois, les charbons, les matériaux de construction, les bitumes, les vins, les fruits. Celui de ses gares de chemins de fer dépasse 5 millions de tonnes, et son commerce s'applique comme celui de Paris, à toutes les denrées alimentaires, à tous les objets de consommation ; mais certains articles ont, sur le marché lyonnais, une importance spéciale. Au premier rang viennent les produits d'une industrie aussi variée qu'intelligente : les soieries, la passementerie, les machines et mécaniques, les ouvrages en fonte, les bronzes, l'orfèvrerie, les meubles, les cuirs, la chapellerie, les huiles de colza et de noix, les liqueurs, la bière, les pâtes alimentaires, le chocolat, les produits chimiques, etc.

Le commerce des soies alimente, outre les fabriques lyonnaises, celles de la Loire et la plupart des centres manufacturiers français ; celui de l'épicerie et de la droguerie en gros s'étend à tout le bassin du Rhône : la draperie, la toilerie y sont représentées par des maisons de premier ordre.

Lyon est l'entrepôt des charbons de la Loire, des charbons de bois de la Bourgogne, des cotons qu'il tire de Marseille, et qu'il livre aux manufactures de Tarare, de Villefranche et même des Vosges.

Les fromages du Dauphiné, de la Bourgogne, du Lyonnais, de la Franche-Comté, les marrons de l'Ardèche et de la Loire, les vins et les spiritueux y sont également l'objet de transactions importantes.

La Bourse de Lyon ne le cède qu'à celle de Paris, et ses foires, bien qu'elles aient perdu de leur activité, attirent encore des départements voisins une affluence considérable. Lyon absorbe tout le grand commerce de la région qu'il domine, et n'y laisse de place que pour des villes commerçantes de second ordre.

Sur **la ligne de Lyon à Besançon**, *Bourg, Nantua, Belley, Gex*, dans le département de l'Ain, se partagent le commerce des bois, des grains, des fromages, de la volaille, des bestiaux, des cuirs; *Lons-le-Saunier* et *Poligny*, dans le Jura, celui des vins, des bois, des grains, des cuirs, des bestiaux, des porcs et des chevaux de trait. *Dôle* (Jura), sur le canal du Rhône au Rhin, à la jonction du double embranchement de Pontarlier et de Besançon à Dijon, doit à sa situation un commerce actif qui porte sur les grains, les vins, les fromages, les fers, les marbres du Jura, les meules de moulin et les produits de l'industrie locale, qui compte des scieries mécaniques, des forges, des verreries, etc.

Le département du Doubs possède un centre commercial important, **Besançon,** sur le canal du Rhône au Rhin, entrepôt de l'horlogerie, des fers, des bois, des vins que produisent le sol ou l'industrie du département, marché d'approvisionnement, et centre des voies de communication, qui rayonnent au nord vers Belfort par Montbéliard, vers Vesoul par Baume-les-Dames; au nord-ouest, vers Langres, par Gray (Haute-Saône), un de nos marchés les plus actifs pour les grains; à l'ouest vers Dijon, par Dôle.

La ligne de Lyon à la frontière d'Italie traverse une des parties les plus âpres du territoire français, et l'une des moins riches en voies communication, le département de la Savoie. Sauf *Chambéry*, le chef-lieu, *Albertville*, et *Saint-Jean-de-Maurienne*, qui doivent au chemin de fer, à l'industrie des tissus, au commerce des bestiaux et des cuirs, des relations plus étendues, la plupart des marchés n'ont qu'une importance toute locale, et le commerce se borne aux produits du pays. Le département de la Haute-Savoie, moins bien partagé encore, ne possède que deux marchés fréquentés par les acheteurs des départements limitrophes; *Annecy*, le chef-lieu, qu'un chemin de fer rattache à Chambéry, et *Thonon*, que son commerce de bestiaux et de fromages, sa situation sur le lac de Genève, ses fabriques d'horlogerie, désignent comme une place importante, mais en relations plus actives avec la Suisse qu'avec la France.

La **ligne de Lyon à Grenoble** est le principal débouché du commerce de l'Isère, dont **Grenoble** est l'entrepôt. La ganterie, les fromages de Sassenage, la liqueur de la Grande-Chartreuse, les fers, en sont les objets les plus importants, et Grenoble doit à la navigation de l'Isère, au triple embranchement qui la rattache à la ligne de la Méditerranée, aux routes et aux voies ferrées qui la mettent en communication avec Chambéry, et les départements des Hautes et Basses-Alpes, un développement remarquable d'activité commerciale.

Le *double embranchement de* **Lyon à Roanne** *et de* **Lyon à Saint-Étienne et au Puy**, a fait de la métropole du sud-est l'un des débouchés et des entrepôts du commerce de la Loire et de la Haute-Loire. Pauvres en produits agricoles, ces deux départements ne trafiquent guère que des produits de leurs mines et de leur industrie. Les houillères de la Loire ont trois grands entrepôts : *Givors*, marché d'approvisionnement de Lyon ; *Roanne*, où commence le canal latéral à la Loire, et surtout **Saint-Étienne**, la grande cité manufacturière, qui doit à sa population de 124 000 âmes, à ses nombreuses voies de communication, à son industrie, un mouvement commercial en rapport avec son importance. Le commerce des rubans, des fers, des aciers, des armes, de la quincaillerie, de la verrerie, concourt avec celui des houilles au développement de sa prospérité.

Le seul marché considérable de la Haute-Loire est le chef-lieu du département, *le Puy*, centre du commerce des bestiaux, des chevaux, des cuirs, des toiles, des dentelles, et entrepôt des grains, qu'il demande aux départements limitrophes.

Ligne de Lyon à la Méditerranée. — De Lyon à Marseille, le chemin de fer suit le cours du Rhône, et concentre sur les bords du fleuve toute l'activité commerciale de cette région. Sur le Rhône s'élèvent *Vienne* (Isère), avec ses manufactures de draps et ses fonderies ;

Valence (Drôme), avec ses marchés et ses foires, où les départements voisins viennent s'approvisionner de bestiaux, de fruits, d'huiles d'olive, de vins, de cuirs, de soies et de fers; *Montélimar* (Drôme) et *Orange* (Vaucluse), entrepôts des soies et des vins de la Drôme et de Vaucluse; enfin, *Avignon*, chef-lieu du département de Vaucluse et l'un des marchés les plus importants du midi, pour les soies, les huiles, les céréales, les vins, les cuirs, etc..., dont le mouvement annuel dépasse 80 millions.

La partie méridionale du bassin du Rhône, arrosée par ses affluents, dont un seul est navigable, l'Isère, est moins favorisée que l'étroite et riche vallée du fleuve. Sur la rive droite, l'Ardèche ne possède que deux lignes de chemins de fer, celle de Lyon à Nîmes par la vallée du Rhône et celle du Teil à Alais; et, si l'on en excepte *Annonay*, avec ses papeteries, ses mégisseries, ses moulins à farine, ses filatures de soie, qui donnent lieu à un mouvement commercial assez étendu, la plupart des villes commerçantes, *Privas*, *Largentière*, *Aubenas*, n'étendent pas leurs opérations au delà des limites du département, sauf pour la vente des soies, des cuirs, des porcs engraissés et des vins, dont le principal entrepôt est *Tournon*, sur le Rhône.

Sur la rive gauche, la partie orientale des départements de la Drôme et de Vaucluse, les Hautes-Alpes et les Basses-Alpes, le nord des départements du Var et des Alpes-Maritimes, ont peu de voies ferrées, et les routes mêmes qui les traversent, coupées par les inondations ou encombrées par les neiges, ne sont pas toujours praticables.

Aussi le commerce a-t-il un caractère purement local, et les seuls articles qui donnent lieu à des transactions importantes, sont les laines et les bestiaux de *Gap* et de *Briançon* (Hautes-Alpes), le miel, la cire, et les fruits de *Digne* et de *Castellane* (Basses-Alpes).

Au-dessous d'Avignon commence la partie maritime de la région du sud-est, qui comprend les départements des

Bouches-du-Rhône, du Var, des Alpes-Maritimes. Le commerce est presque entièrement concentré dans les villes situées sur le cours du Rhône ou sur le littoral, et l'on ne compte dans l'intérieur que trois centres commerciaux d'une importance inégale ; le plus actif, *Aix*, chef-lieu d'arrondissement des Bouches-du-Rhône, est l'entrepôt des huiles, des amandes, des vins, des laines et des sels de la Provence; sa foire aux chevaux, ses marchés de bestiaux comptent parmi les plus fréquentés du midi, et trouvent dans les Hautes et Basses-Alpes, le Var, le département de Vaucluse, un débouché assuré.

Draguignan, chef-lieu du Var, est un des marchés où viennent s'approvisionner de fruits, de grains, d'huiles, de pommes de terre, la partie sud-est des Basses-Alpes et les grandes villes de Marseille et de Toulon.

Enfin, *Grasse* doit au commerce de la parfumerie et des huiles une prospérité qui la place au second rang parmi les villes du département des Alpes-Maritimes.

Toutefois les villes de l'intérieur ne sauraient le disputer à celles de la côte, qui joignent à l'avantage des communications ordinaires, celui des débouchés maritimes.

Les débouchés maritimes. — Les deux ports où vient aboutir la navigation du Rhône sont Arles, sur la rive gauche, chef-lieu d'arrondissement des Bouches-du-Rhône, à 28 kilomètres de la mer, et, sur la rive droite, Beaucaire, à 32 kilomètres de la mer, qui appartient au département du Gard, mais qui, par ses relations commerciales, se rattache à la région du sud-est plus encore qu'à celle du midi. *Arles* est l'entrepôt des blés, des huiles, des charbons, des laines, que lui apportent le chemin de fer, le Rhône et le canal d'Arles à Bouc.

Beaucaire (9 700 hab.), réuni à la mer par le canal de Beaucaire à Aigues-Mortes, à Lyon par le Rhône, que les bateaux à vapeur descendent en dix heures; à Marseille, par l'embranchement de Tarascon à Cette, a dû sa prospérité à ses foires, autrefois le rendez-vous du Levant, de l'Europe méridionale, de l'Afrique du Nord, et qui sont encore aujourd'hui les plus fréquentées de la France (juillet). Malgré leur décadence, il s'y fait près de 30 millions d'affaires en soies, soieries de Lyon, châles de Nîmes, draps, cotonnades et rouenneries, laines et cuirs, et surtout en vins, eaux-de-vie, huiles d'olive, amandes et fruits du midi. Près de quatre-vingt mille visiteurs, français ou étrangers, y affluent de toutes les parties de la France et des ports de la Méditerranée, mais chaque année apporte une décroissance, et les foires de Beaucaire ne tarderont pas sans doute à perdre, comme toutes les autres, leur caractère de marché international.

Marseille, la reine de la Méditerranée, le plus grand débouché et le plus vaste entrepôt de notre commerce maritime, est en même temps l'un des premiers marchés de notre commerce intérieur. Sa population, qui dépasse aujourd'hui 360 000 âmes, suffirait à lui donner une importance exceptionnelle : aussi tous les marchés du midi concourent-ils à son approvisionnement. Les matières premières nécessaires à son industrie : charbons, huiles de graines, suifs, peaux, écorces à tan, lui viennent en partie de l'intérieur, comme les objets de consommation, et Marseille expédie en retour dans toutes les régions de la France, avec les marchandises qu'elle tire de l'étranger, les produits de ses nombreuses fabriques : savons, sucres raffinés, bougies, peaux préparées, pâtes alimentaires, etc.....

Toulon, notre grand port militaire de la Méditerranée, doit à sa nombreuse population (70500 hab.), à ses arsenaux, à ses chantiers, un commerce de consommation qui porte surtout sur les approvisionnements de la marine. Enfin *Nice*, le chef-lieu des Alpes-Maritimes, joint le commerce des huiles et celui des oranges au commerce de consommation dont l'activité est doublée par la présence des étrangers qu'attirent son doux climat et son heureuse situation.

A ces ports on doit ajouter comme débouchés maritimes de la région du sud-est, Bouc, Cassis, la Ciotat, dans le département des Bouches-du-Rhône ; les Salins d'Hyères, Saint-Tropez, dans le Var ; Cannes, Antibes, Menton, Villefranche, dans les Alpes-Maritimes, et Monaco, qui forme une principauté indépendante, mais complètement assimilée aux ports français.

Marseille communique avec Cannes et Nice par les vapeurs de la Compagnie Marseillaise ; avec Cette et Agde, par ceux de la Compagnie Marseillaise et de la Compagnie de navigation mixte ; avec la Corse par les paquebots de la Compagnie transatlantique et de la Compagnie marseillaise ; avec Le Havre par la Compagnie péninsulaire havraise.

Le mouvement du cabotage (entrée et sortie), dans la région du sud-est, dépasse un million de tonnes effectives (entrée et sortie), où le seul port de Marseille entre pour près des deux tiers (600 000 tonnes). Les principales marchandises transportées sont les grains, les engrais, les houilles, les matériaux de construction, les bois, les sels, les fruits, les vins, les huiles, les minerais, etc...

L'île de Corse, isolée du reste de la France, dépourvue de chemins de fer et de voies navigables, est une dépendance de la région du sud-est, à laquelle elle se rattache par Nice et Marseille. La difficulté des transports s'oppose à la création de grands centres commerciaux ; les besoins de la consommation sont du reste assez restreints, la population clairsemée, l'agriculture et l'industrie peu avancées : aussi le commerce maritime qui exporte les rares produits de la Corse : huiles, citrons, bois, peaux, cire, etc., et qui apporte du continent la plupart des objets de consommation, a-t-il seul quelque importance, et les seules places de commerce sont-elles les villes de la côte, *Bastia*, *Ajaccio*, Saint-Florent, l'Ile-Rousse, Calvi, Bonifacio, Solenzara, etc..., dont les relations avec les ports du sud-est sont assez actives.

VI. — Région du centre.

La *région du centre* comprend le département du Loiret, une partie d'Eure-et-Loir, le Loir-et-Cher, l'Indre-et-Loire, l'Indre, le Cher, la Nièvre, l'Allier, le Puy-de-Dôme, le Cantal, la Lozère, la Corrèze, la Haute-Vienne et la Creuse.

Elle est rattachée à Paris par le réseau du Centre et par la ligne de Paris à Tours, qui appartiennent à la Compagnie d'Orléans, par la ligne du Bourbonnais qui appartient à celle de Lyon; par les canaux du Nivernais, de Briare et d'Orléans, qui font communiquer le système navigable de la Loire avec celui de la Seine; elle touche à la région du sud-est par le canal du Centre, par les embranchements de Dijon à Moulins et à Nevers, de Roanne à Saint-Germain-des-Fossés, du Puy à Brioude.

En partie couverte de montagnes et de marécages, la région du centre a cependant des plaines fertiles, où abondent les céréales, des coteaux où mûrit la vigne, des prairies et des pâturages qui nourrissent de nombreux bestiaux, des chevaux, des moutons aux laines estimées : les forêts couronnent encore les pentes de ses montagnes, le sol renferme des mines de houille, de fer et de plomb : mais l'industrie, à l'exception des usines métallurgiques, est loin de pouvoir rivaliser avec celles du nord, de l'est et du sud-est, et Limoges est le seul centre manufacturier comparable aux nombreuses villes industrielles de ces régions si actives et si florissantes.

Ligne de Paris à Tours. — Le débouché du commerce de la France centrale, le point où viennent converger les lignes du sud-ouest et celles du centre, est **Orléans,** chef-lieu du Loiret, sur la Loire et sur le canal d'Orléans qui l'unit à la Seine par le cours canalisé du Loing. Son admirable situation en avait fait autrefois l'un des plus vastes entrepôts de notre commerce intérieur, l'intermédiaire entre le nord et le midi, entre les provinces de l'ouest et celles de l'est : la construction des chemins de fer, la décadence de la batellerie de la Loire, ce fleuve capricieux et si difficilement navigable, ont réduit à des proportions plus humbles le commerce d'Orléans : mais indépendamment des transactions auxquelles donnent lieu ses manufactures de couvertures et de bonneterie, ses fabriques de vinaigre, ses distilleries, Orléans est resté l'un de nos principaux marchés pour les grains tirés de la Beauce, les laines du Berry, de la Sologne et de l'Orléanais, les vins du Loiret et du Cher, les bois de construction que lui apportent l'Allier et la Loire, les denrées coloniales, les sels, les huiles, etc...

Pithiviers, *Montargis*, à la jonction des canaux d'Orléans et de Briare, et sur la ligne du Bourbonnais, *Gien* sur la Loire, font un commerce actif de grains et de farines, et approvisionnent le marché d'Orléans.

D'*Orléans*, partent deux grandes lignes de chemins de fer : celle de *Tours*, qui se prolonge sur Nantes et sur Bordeaux et qui suit le cours de la Loire, et celle du *Centre* qui se bifurque à Vierzon, pour se diriger sur Périgueux et sur Bourges.

Tours, où vient aboutir la première de ces deux lignes, situé au point de contact entre la région du centre et celle de l'ouest, sur le cours de la Loire, au débouché du canal du Cher, à la jonction de sept voies ferrées, qui l'unissent au Mans, à Nantes par Angers, à Bordeaux par Poitiers, à Bourges par Vierzon, à Orléans par Blois, à Paris par Vendôme et Châteaudun, aux Sables-d'Olonne par la Roche-sur-Yon, n'a pas encore tiré de cette merveilleuse situation et du développement de son industrie tous les avantages que l'avenir semble lui réserver : cependant les grains, les fruits secs, les vins, les soieries, y sont l'objet d'opérations importantes, et tout le département d'Indre-et-Loire vient s'y approvisionner.

Lignes du centre. — Les *lignes du centre* se divisent à partir de Vierzon (Cher). La branche occidentale traverse le département de l'Indre, passe à *Issoudun* et à *Châteauroux*, où le commerce des laines, des draperies, des fers, des grains, des bestiaux a pris un assez vaste développement, franchit la limite de la Haute-Vienne, et aboutit à **Limoges**, la première ville commerçante et industrielle de la région du centre.

Le commerce des bestiaux, des chevaux, des grains, des laines, celui des objets manufacturés, porcelaines, flanelles, cuirs, fils de coton; la vente des livres qui sortent de ses nombreuses imprimeries, représentaient une valeur de 120 millions de francs en 1857; le progrès des communications, le développement de l'industrie, porte aujourd'hui ce chiffre à plus de 200 millions. Limoges est le grand marché d'approvisionnement des départements limitrophes de la Corrèze et de la Creuse, si pauvres en voies de communication, en produits agricoles et en industries, et qui n'ont guère d'autre commerce que celui des tapis et des bestiaux à *Aubusson*, à *Felletin* et à *Guéret* (Creuse), de la houille à *Ahun* (Creuse), et des truffes, des vins, des bestiaux à *Brive* (Corrèze).

La branche orientale des lignes du centre traverse, à partir de Vierzon, le département du Cher, passe à *Bourges*, sur le canal du Berry, au point de jonction des embranchements de Montluçon et de Nevers, centre d'un commerce assez actif de laines, de bestiaux, de bois et de fers, et vient rejoindre à Nevers la ligne du Bourbonnais, qui longe depuis Gien la rive droite de la Loire.

Ligne du Bourbonnais et d'Auvergne. — *Nevers* (Nièvre), sur la Nièvre, la Loire et le canal latéral à la Loire, au centre d'un réseau de chemins de fer qui le mettent en communication avec Châlon par le Creusot, avec Bourges par Saincaize, avec Lyon par Roanne, est l'entrepôt de l'industrie houillère et métallurgique de la Nièvre, des fers de Fourchambault, des houilles de Decize, des bois du Morvan, des bestiaux et des cuirs de la Nièvre et de l'Allier.

De Nevers à Saint-Germain-des-Fossés, la ligne du Bourbonnais traverse le département de l'Allier (*Moulins*), qui, sans avoir de grand centre commercial, trouve dans le trafic des bestiaux, des cuirs, des grains, des glaces de Montluçon, des houilles et des fers de Commentry, les éléments d'un commerce assez étendu.

De Saint-Germain-des-Fossés, à Brioude et à Murat s'étend un embranchement qui se prolonge vers Toulouse par Aurillac, vers Nîmes, par Alais, et qui traverse **Clermont**, le chef-lieu commercial du Puy-de-Dôme, du

Cantal, de la Lozère et d'une partie de la Creuse, de la Haute-Loire et de l'Allier. Situé au centre du riche bassin de la Limagne, marché des céréales, des vins, des chanvres, des fruits, des bestiaux, du beurre et des fromages, des cuirs et des bois que produit la région agricole dont il est la capitale, Clermont est en outre l'entrepôt naturel de la quincaillerie d'Issoire, de la coutellerie de Thiers, de la papeterie d'Ambert, et le siège d'industries qui viennent grossir le chiffre de ses échanges, pâtes alimentaires, confiserie, fabrication des toiles, etc. La Bourse de Clermont est la plus importante de la région du centre.

VII. — Région du sud-ouest.

La *région du sud-ouest* comprend les départements de la Vienne, de la Vendée, des Deux-Sèvres, de la Charente, de la Charente-Inférieure, de la Dordogne, de la Gironde, des Landes et des Basses-Pyrénées.

Elle est rattachée à Paris par la ligne du sud-ouest, qui traverse Orléans, Tours, Bordeaux et aboutit à Bayonne, et par celle du centre, qui traverse Orléans, Châteauroux, Limoges, Périgueux, et aboutit à Bordeaux et à Toulouse.

Si la grande industrie n'y est guère représentée que par les papeteries d'Angoulême et les raffineries de Bordeaux, cette infériorité est compensée par le développement des richesses agricoles, vins du Bordelais, eaux-de-vie des Charentes, bestiaux du Poitou, bois et résines des Landes, etc.

Ligne de Paris à Bordeaux. — La capitale commerciale et le principal débouché de la région du sud-ouest est **Bordeaux,** chef-lieu de la Gironde. Situé sur la Garonne, à 124 kilom. de l'Océan, rattaché à tous les ports de France par un cabotage dont le mouvement dépasse 770 000 tonneaux de jauge et 280,000 tonnes effectives, communiquant par des lignes régulières de bateaux à vapeur avec Dunkerque, le Havre et Nantes, centre de cinq lignes de chemins de fer qui se dirigent vers Paris par Tours ou par Limoges, vers Nantes par la Rochelle, vers Toulouse par Agen, vers la frontière d'Espagne par Bayonne, Bordeaux est à la fois le siège d'un commerce maritime qui s'étend à toutes les parties du monde et d'un commerce de consommation considérable : mais il doit surtout sa richesse au commerce des vins, pour lesquels son marché n'a pas de rival, et qu'il expédie dans toutes les régions de la France par le cabotage et par les voies ferrées.

Autour de Bordeaux sont groupées un certain nombre de places secondaires qui lui servent de marchés d'approvisionnement pour les grains, les bestiaux et les vins, telles que *Libourne*, la Réole, Langon, Bazas et Lesparre (Gironde).

Des cinq lignes qui aboutissent à Bordeaux, la plus importante est celle qui traverse les départements de la Charente et de la Vienne, et qui se dirige vers le nord. Les principales places de commerce, situées sur le parcours, sont, dans la Charente, *Angoulême*, sur la Charente, qui lui apporte annuellement plus de 100000 tonnes de houille, de bois, de sel et de grains ; marché des eaux-de-vie de la Charente dont Cognac est le grand entrepôt, des fers du Périgord, des bois de la Haute-Vienne et des cuirs de la Dordogne ; dans la Vienne, *Poitiers*, à la jonction du double embranchement de la Rochelle et de Limoges, ville sans industrie, mais qui fait un commerce actif de grains et de farines, de graines de trèfle, de peaux de mouton, de bestiaux, de chevaux, de mulets, de vins et de fromages ; enfin *Châtellerault*, sur la Vienne, qui joint au commerce des armes et de la coutellerie, celui des grains, des fruits secs, des chanvres, des toiles et des pierres à bâtir.

La ligne de Bordeaux à Nantes traverse les départements de la Charente-Inférieure et de la Vendée, et se rattache à Angers par un embranchement qui dessert le département des Deux-Sèvres.

Dans la Charente-Inférieure, dont les produits sont analogues à ceux de la Charente, toutes les villes de quelque importance, *la Rochelle*, *Saint-Jean-d'Angely*, *Saintes*, sont des marchés de premier ordre pour les vins et les eaux-de-vie; les ports tels que *Rochefort*, *Tonnay-Charente*, *la Rochelle* et *Marennes*, joignent à ce commerce celui des huîtres et des sardines dont la pêche est si abondante dans le golfe de Gascogne, et celui du sel récolté dans les marais salants qui bordent la côte.

Dans les Deux-Sèvres : *Niort*, *Saint-Maixent*, *Melle*, *Parthenay* ont des foires importantes pour les mulets, les chevaux, les bestiaux, les laines et les bois destinés à la tonnellerie.

Dans la Vendée, *Luçon* et *Fontenay* servent d'entrepôts aux grains, aux chanvres, aux toiles, aux sels, aux bestiaux qui alimentent le commerce encore peu actif de cette contrée.

La ligne de Bordeaux à Périgueux et à Limoges traverse le département de la Dordogne dont le principal centre commercial est *Périgueux*, à la jonction d'un triple embranchement qui se dirige sur Bordeaux par Coutras, sur Agen et sur Brive. Périgueux est l'entrepôt des produits naturels et fabriqués du département : vins, eaux-de-vie, grains, coutellerie de Nontron, etc.; son marché est sans rival en France pour la vente des porcs et pour celle des truffes, le plus connu et le plus important des produits du Périgord.

La ligne de Bordeaux à Bayonne traverse le département des Landes et celui des Basses-Pyrénées. Le commerce des Landes, autrefois entravé par le manque de routes, s'est développé en même temps que l'agriculture; les Landes ont plus de 400 kilomètres de chemins de fer, et le réseau des routes d'exploitation agricole s'agrandit tous les jours. Les deux grands marchés pour les bestiaux, les laines, les bois, les résines, les écorces de liège, les vins et les eaux-de-vie, sont le chef-lieu *Mont-de-Marsan* sur la Midouze, et *Dax* sur l'Adour.

Le département des Basses-Pyrénées doit à ses grains, à ses lins, à ses bois, à ses vins, à la préparation des viandes salées et des jambons dits de Bayonne, à la fabrication des toiles de Béarn, à ses usines métallurgiques, un mouvement commercial assez important dont les principaux centres sont *Pau* et *Orthez* sur la ligne de Bayonne à Tarbes, et le débouché *Bayonne* sur l'Adour, qui entretient d'actives relations avec nos ports de l'Océan et de la Manche.

Débouchés maritimes. — Baignée par l'océan Atlantique (golfe de Gascogne), sur une longueur de près de 800 kilomètres, la région du sud-ouest est l'une de celles où le cabotage s'est maintenu contre la concurrence des chemins de fer. Les ports les plus fréquentés sont : dans les Basses-Pyrénées, *Bayonne* sur l'Adour ; dans la Gironde, Arcachon, *Bordeaux* sur la Garonne, *Libourne* sur la Dordogne, Blaye, le Verdon sur la Gironde.

Dans la Charente-Inférieure, *Royan* sur la Gironde, Marennes, Saint-Pierre dans l'île d'Oléron, *Tonnay-Charente* et Rochefort sur la Charente, *la Rochelle* et Saint-Martin dans l'île de Ré.

Dans la Vendée, Luçon, les *Sables-d'Olonne*, et Noirmoutier dans l'île du même nom.

Le mouvement du cabotage atteint un million de tonnes effectives (entrée et sortie) : les quantités les plus considérables sont représentées par les bois, les résines, les sels, les vins expédiés par les ports de la région du sud-ouest pour la Manche et l'Océan, et par les grains, les engrais, les pommes de terre, les légumes, les matériaux, les poissons qu'ils reçoivent en échange.

VIII. — Région du midi.

La *région du midi*, intermédiaire entre celle du sud-est et celle du sud-ouest, comprend les départements du Lot, du Lot-et-Garonne, du Gers, des Hautes-Pyrénées, de la Haute-Garonne, de l'Ariège, du Tarn-et-Garonne, de l'Aveyron, du Tarn, de l'Aude, des Pyrénées-Orientales, de l'Hérault et du Gard.

Elle est rattachée à Paris par le double réseau d'Orléans et de Lyon-Méditerranée, à la région du sud-ouest par le chemin de fer du Midi et le cours de la Garonne ; à celle du centre par les embranchements de Limoges à Agen, à Montauban et à Toulouse, et de Clermont à Figeac ; à celle du sud-est par la ligne de Tarascon à Cette et par le canal de Beaucaire, des Étangs et du Midi.

Si les âpres plateaux du Lot et de l'Aveyron semblent se refuser à la culture, les riches plaines du Languedoc n'ont rien à envier aux contrées les plus favorisées de l'Europe. L'agriculture apporte au commerce son contingent de céréales, de vins, d'huiles d'olive, de tabacs, de bois, de bestiaux, de laines et de soies ; les exploitations minérales, leurs sels, leurs minerais de fer, leurs houilles, leurs marbres ; l'industrie y joint ses draps, ses soieries, les produits de ses usines métallurgiques.

Ligne de Bordeaux, à Toulouse et à Cette. — **Toulouse** est la capitale commerciale du midi, comme Lyon celle de l'est, et Bordeaux celle du sud-ouest. Située sur la Garonne, à la jonction du canal latéral et du canal du Midi, à 751 kilomètres de Paris par la ligne du Centre, à 257 kilomètres de Bordeaux et à 249 de Cette par celle du Midi, centre des embranchements d'Albi, de Foix, d'Auch, et de Tarbes par Montréjeau, Toulouse est encore l'entrepôt du transit entre l'Océan et la Méditerranée : les canaux lui apportent les vins, les céréales, les bois, les matériaux de construction, les houilles, dont le mouvement s'élève à plus de 300 000 tonnes, malgré la concurrence des chemins de fer. Le marché aux cocons, les foires aux draps et aux laines, aux chevaux, aux bestiaux, dont le rayon s'étend à tous les départements du midi ; le commerce des bois et des marbres des Pyrénées, des huiles, des savons, des denrées coloniales, des fers de l'Ariège et du Lot ; les produits de l'industrie locale, cuirs, carrosserie, instruments aratoires, les grands magasins de nouveautés, d'horlogerie, de bijouterie concentrés à Toulouse, en font la véritable métropole du midi, et compensent la décadence de son commerce avec l'Espagne, que lui a enlevé la construction de la ligne de Bayonne.

Toulouse n'absorbe pas cependant tout le commerce du midi et laisse une véritable importance aux marchés secondaires échelonnés sur les nombreuses voies de communication dont elle est le centre.

Sur la ligne de Toulouse à Bordeaux, *Moissac, Castel-Sarrasin* (Tarn-et-Garonne), se livrent, sur une grande échelle, au commerce des farines, *Montauban* à celui des cuirs, des huiles, des fruits, des mulets. *Agen*, rattaché à Bordeaux par un service de bateaux à vapeur, à Tarbes et à Périgueux par des voies ferrées, est l'entrepôt du commerce du Lot-et-Garonne pour les bestiaux, les vins, les tabacs dits de Tonneins, les chanvres, les fruits secs, les lièges des Landes; mais Agen le cède à *Nérac*, chef-lieu d'arrondissement du même département, pour les marchés aux farines, aux eaux-de-vie et pour la vente des bouchons fabriqués dans ses nombreuses manufactures.

La **ligne de Toulouse à Auch et à Tarbes** traverse les départements du Gers et des Hautes-Pyrénées. *Condom, Auch* et Lectoure, dans le Gers, se partagent le commerce des grains, des vins, et des eaux-de-vie de l'Armagnac; *Tarbes* est l'entrepôt des grains, des bestiaux, des fers des Hautes-Pyrénées, et l'un des grands marchés aux chevaux de la région du midi.

La **ligne de Toulouse à Foix,** par Pamiers, est le débouché des fers, des grains, des bestiaux, des laines et des bois de l'Ariège.

La **ligne de Toulouse à Albi et à Figeac** met la métropole du midi en communication avec une région industrielle et agricole, qui comprend les trois départements du Tarn, du Lot et de l'Aveyron.

Dans le Tarn, *Albi* sert d'entrepôt aux houilles de Carmaux; *Castres* aux draps de Mazamet et aux produits de ses propres manufactures, les plus actives du midi; *Gaillac* aux vins et aux eaux-de-vie du département.

Dans l'Aveyron, *Rodez* fait un commerce considérable de grosses draperies, de toiles, de bestiaux, de mulets, de laines, de fromages de Roquefort: *Espalion* et *Millau* ont des foires pour les laines, les cuirs, les vins, les fromages, les bois de construction et la ganterie : *Villefranche* est le principal dépôt des forges de la région voisine.

Dans le Lot, *Cahors*, rattaché par un embranchement à la ligne d'Agen à Périgueux, est l'entrepôt des vins et des houilles du département, dont il partage le commerce avec Figeac, point de départ des lignes de Rodez, de Brive et d'Aurillac.

La ligne de Toulouse à Cette traverse les départements de l'Aude et de l'Hérault, qui comptent parmi les plus riches et les plus industrieux du midi.

Carcassonne, sur le canal du Midi et sur l'Aude, doit à ses manufactures de lainages et à ses minoteries un commerce important de laines et de grains.

Narbonne (Aude) est l'entrepôt des céréales, des vins, des miels que produit l'arrondissement dont il est le chef-lieu, et le débouché de la ligne de *Perpignan* qui lui apporte les laines fines, les bestiaux, les légumes, les vins, les fers des Pyrénées-Orientales.

Béziers, dans l'Hérault, est le plus grand marché des trois-six, et sa mercuriale règle les principales places : *Pézénas*, pour les vins, les trois-six, les soies, les amandes, *Bédarieux, Saint-Pons* et *Lodève*, pour les laines et les draps, méritent une mention spéciale ; enfin *Cette* doit à sa position maritime, à l'activité de son cabotage (130 000 tonnes effectives, entrée et sortie), à ses vins, à ses sels, à ses pêcheries, à ses chantiers, une importance commerciale qu'a doublée la construction de ses chemins de fer.

De Cette à Beaucaire, la ligne du Midi se prolonge par un embranchement qui rattache la région du sud-est à celle du midi, et qui appartient à la compagnie de Lyon-Méditerranée. Cet embranchement traverse l'Hérault et le Gard ; les deux grandes places de commerce auxquelles il sert de débouché sont *Montpellier*, qui doit à ses fabriques de bougies et de produits chimiques (acétate de cuivre), à la vente des vins et des trois-six une certaine activité, et qui possède une Bourse de commerce ; et surtout

Nîmes, le chef-lieu du Gard, l'une de nos métropoles commerciales, le second marché de la France entière pour les trois-six; la rivale de Lunel et de Béziers pour les vins; l'entrepôt le plus important du midi pour les denrées coloniales, les grains et les farines, les rouenneries et les indiennes, les draps, les houilles de Bessèges et de la Grand'Combe, les produits des usines métallurgiques d'Alais, les soies de Gange, d'Anduze, du Vigan, etc.

Débouchés maritimes. — Baignée par la Méditerranée, la région du midi possède de nombreux ports de cabotage, dont le mouvement total s'élève à plus de 300000 tonnes effectives, Port-Vendres et Collioure dans les Pyrénées-Orientales, la Nouvelle dans l'Aude, Cette et Agde dans l'Hérault et Aigues-Mortes dans le Gard. Les principales marchandises qui alimentent le cabotage sont : les vins, les sels, les eaux-de-vie, les bois, les farines, les houilles, les poissons, etc.

RÉSUMÉ DU COMMERCE INTÉRIEUR

Tel est dans son ensemble le tableau des principaux centres de notre commerce intérieur, des objets de leurs échanges, et des voies de communication qui les rattachent.

Parmi les cours d'eau qualifiés de navigables, beaucoup sont impropres à la navigation. Même nos grands fleuves présentent de nombreux obstacles : la Loire, ses bancs de sable; la Garonne, son niveau variable; la Seine, sa barre et ses bancs de roches; le Rhône, sa rapidité de torrent, et les sables qui s'amoncellent dans la partie inférieure de son cours, et qui en rendent la navigation impossible pour des navires de plus de 500 tonneaux.

Notre système de canaux est encore incomplet et quelques-uns d'entre eux ne sont ni assez profonds, ni assez larges, ni alimentés par un volume d'eau assez abondant pour suffire aux besoins d'une navigation active.

Nos routes et nos chemins de fer, bien qu'au point de vue du développement des voies ferrées par rapport à la superficie, nous n'occupions que le septième rang en

Europe, sont supérieurs à notre système de navigation intérieure, et le poids des marchandises transportées sur nos cours d'eau par la navigation à vapeur représente à peine le dixième de celui des marchandises transportées par les chemins de fer.

Quant à la valeur de ces transactions multiples et insaisissables qui constituent le commerce intérieur, il est difficile de l'exprimer en chiffres qui ne soient pas arbitraires. Des statistiques, qui remontent à 1855, l'évaluaient à 50 milliards; quelque degré de confiance que mérite ce chiffre, on peut du moins affirmer qu'il doit avoir presque doublé depuis 1855. Tous les progrès se tiennent : la production, le commerce, le développement des voies de communication marchent du même pas. Aussi est-il facile de se convaincre par le tableau qui précède, que les départements les plus pauvres en moyens de transports sont en même temps ceux où l'agriculture, l'industrie et le commerce ont fait le moins de progrès, tandis que dans quelques régions, dans le Maine et dans l'Anjou, par exemple, un prodigieux accroissement de prospérité industrielle, agricole et commerciale coïncide avec le perfectionnement des voies de communication.

L'achèvement de notre réseau de chemins de fer, l'amélioration de nos voies navigables, répartiront d'une manière plus égale, sur toute la surface du territoire, la richesse et le mouvement, rapprocheront les centres de production et de consommation, et, en supprimant beaucoup de marchés intermédiaires, ne laisseront d'importance, comme places de commerce, qu'aux villes assez industrieuses pour fixer dans leurs murs le courant des échanges, au lieu de le laisser passer devant leurs portes.

RÉSUMÉ

Commerce intérieur

I et II

VOIES DE NAVIGATION INTÉRIEURE

Les voies de navigation intérieure sont :
1° Les *fleuves* et *rivières* (8,000 kilomètres) : le *Rhône*

(497 kilomètres navigables, Lyon, Vienne, Givors, Valence, Avignon, Tarascon et Beaucaire, Arles); avec ses affluents, l'*Ain* et la *Saône* (Châlon, Mâcon, Trévoux), à droite; l'*Isère* à gauche (Grenoble), dans le versant de la Méditerranée.

L'*Adour* (Dax, Bayonne); — la *Garonne* (460 kilomètres navigables, Toulouse, Agen, la Réole, Bordeaux, Blaye), avec ses affluents de droite, le *Tarn* (Albi, Montauban), le *Lot* (Cahors, Villeneuve), la *Dordogne* (414 kilomètres navigables, Bergerac, Libourne); dans le golfe de Gascogne.

La *Charente* (Angoulême, Cognac, Saintes, Rochefort); — la *Loire* (722 kilomètres navigables, Roanne, Nevers, Briare, Orléans, Blois, Tours, Saumur, Nantes, Paimbœuf, Saint-Nazaire), avec ses affluents navigables, à droite la *Maine* (Angers), formée par la réunion de la *Mayenne* (Laval), de la *Sarthe* (le Mans) et du *Loir* (Vendôme, la Flèche); à gauche l'*Allier* (Moulins), le *Cher*, la *Vienne* (Châtellerault); — la *Vilaine* (Rennes, Redon), dans le bassin de l'Atlantique proprement dit.

La *Seine* (560 kilomètres navigables, Troyes, Montereau, Melun, Corbeil, Paris, Mantes, Rouen, le Havre); avec ses affluents, à droite l'*Aube*, la *Marne* (Saint-Dizier, Châlons, Epernay, Meaux), l'*Oise* (Compiègne, Pontoise); à gauche, l'*Yonne* (Auxerre, Sens), et l'*Eure* (Louviers); dans le bassin de la Manche.

L'*Escaut* (Cambrai, Valenciennes), avec ses affluents la *Lys* et la *Scarpe* (Douai); — la *Meuse* (Verdun, Sedan, Mezières); — la *Moselle*, affluent du *Rhin* (Toul), dans le versant de la Manche et de la mer du Nord.

2° Les *canaux* (5,000 kilomètres). — Les plus importants sont le *canal du Midi*, entre la Garonne et la Méditerranée, le *canal du Centre*, entre la Saône et la Loire, le *canal de Bourgogne*, entre la Saône et l'Yonne, et les *canaux de l'Est* entre la Saône et le Rhin, la Saône et la Moselle, qui font communiquer les deux versants de l'Atlantique et de la Méditerranée: *ceux de Briare et d'Orléans*, entre la Loire et la Seine, de la *Marne au Rhin*, des *Ardennes*, entre l'Aisne et la Meuse, de la *Sambre à l'Oise* et de *Saint-Quentin*, entre l'Oise, la Somme et l'Escaut, qui font communiquer nos grands bassins fluviaux; le système des canaux de *Paris* et des canaux de la *Flandre* française; enfin les *canaux latéraux*, qui longent quelques-uns de nos principaux cours d'eau dans la partie peu navigable de leurs cours et suppléent à l'insuffisance de la navigation.

Le mouvement de la navigation sur les fleuves, rivières et canaux administrés par l'Etat est de plus de 2 millions de tonnes kilométriques.

III

CHEMINS DE FER, ROUTES, TÉLÉGRAPHES, CABOTAGE

1° Les *chemins de fer* exploités comptent 30 500 kilomètres. Les lignes principales sont : 1° celles du *nord*, de Paris à la Manche et au Pas-de-Calais par Amiens, Boulogne et Calais, et de Paris à la frontière de Belgique, par Amiens, Arras, Lille ; par Saint-Quentin et Maubeuge ; ou par Soissons et Laon, débouchés de notre commerce avec l'Angleterre et l'Europe septentrionale.

2° Celles de l'*est*, de Paris à la frontière d'Allemagne et de Suisse, par Châlons et Nancy, ou par Troyes et Belfort.

3° Celles du *sud-est*, de Paris à la Méditerranée, par Lyon, Marseille, Toulon et Nice, avec des embranchements qui aboutissent à la frontière suisse et à la frontière d'Italie (tunnel du mont Cenis).

4° Celles du *centre* : 1° de Paris à Lyon par Nevers et Saint-Etienne ou Roanne ; 2° de Paris à Marseille et à Cette, par Clermont-Ferrand, Nîmes et Arles ou Nîmes et Montpellier, avec des embranchements qui se prolongent jusqu'à Toulouse au sud et jusqu'à Saint-Etienne à l'est ; 3° de Paris à Toulouse par Limoges, avec des embranchements qui sillonnent tout le centre de la France et une partie du Midi.

5° Celles du *sud-ouest* : 1° de Paris à Bordeaux, avec des embranchements qui viennent aboutir aux principaux ports de l'Atlantique ; 2° de Nantes à Bordeaux (réseau de l'Etat), par La Rochelle, et d'Angers à Bordeaux (*id.*), par Niort et Saintes.

6° Celles du *midi* : 1° de Bordeaux à la frontière d'Espagne par Bayonne ; 2° de Bordeaux à la Méditerranée par Toulouse, avec des embranchements de Toulouse à Bayonne, par Pau, et de Narbonne à la frontière d'Espagne, par Perpignan.

Celles de l'*ouest* : 1° de Paris au Havre par Rouen ; 2° de Paris à Cherbourg par Caen ; 3° de Paris à Granville par Dreux ; 4° de Paris à Brest par Rennes.

Ces lignes sont exploitées par six grandes compagnies, celles du nord, de l'est, de l'ouest, de Paris-Lyon-Méditerranée, d'Orléans et du midi, par l'Etat (2 000 kilomètres), et par des compagnies d'intérêt local. Le mouvement des voyageurs était en 1882 de près de 200 millions et celui des marchandises de 89 millions de tonnes.

2° Les *routes de terre* se divisent en routes *nationales* entretenues par l'Etat, routes *départementales* dont l'entretien est à la charge des départements, et *chemins vicinaux*, qui se subdivisent en chemins de *grande communication*, chemins d'*intérêt commun* et chemins ordinaires et qui sont entretenus par les communes.

Les routes nationales et départementales ont un développement d'environ 86 000 kilomètres : celui des chemins vicinaux est de 600 000 kilomètres.

Le *roulage*, c'est-à-dire le transport par les routes de terre est important surtout comme auxiliaire des chemins de fer : le prix moyen des transports par cette voie ne dépasse pas 0 fr. 20 par tonne et par kilomètre.

Le service des *postes* qui intéresse si vivement le commerce est devenu, grâce à la facilité des communications, plus sûr, plus rapide, et moins cher : il transporte aujourd'hui plus de 600 millions de lettres.

3° Les *lignes télégraphiques* mettent en communication tous les points du territoire français et rattachent la France à tout le reste de l'Europe, à l'Amérique (câbles transatlantiques), à l'Afrique et à l'Asie.

4° La France a 2 780 kilomètres de côtes éclairées par plus de 250 phares.

Le *cabotage* de port français à port français représente un mouvement de 3 633 000 tonneaux de jauge et de 2 millions de tonnes de marchandises effectivement transportées, en ne tenant compte que de l'un des mouvements (entrée ou sortie) pour les navires chargés.

IV

PRINCIPAUX MARCHÉS

1° Paris est la métropole commerciale en même temps que la capitale politique de la France, le centre des voies de communication, et le point de départ des grandes lignes qui rayonnent vers toutes nos frontières : 1° réseau de l'Ouest, 2° réseau du Nord, 3° réseau de l'Est, 4° réseau du Sud-Est, 5° réseau du Centre, 6° et 7° réseau du Sud-Ouest rattaché à celui du Midi.

La région parisienne dont Paris est le seul grand marché comprend les départements de la Seine, de Seine-et-Oise et de Seine-et-Marne.

2° RÉSEAU DE L'OUEST. — *Ligne de Paris à Rouen et au Havre.* Cette ligne, qui suit la vallée de la Seine, est le débouché du commerce du Havre, de Dieppe, de Fécamp, de *Rouen*, l'un de nos premiers marchés pour les céréales, les bestiaux, les farines, les laines, les houilles, les bois de construction, et l'un de nos centres manufacturiers les plus actifs.

Ligne de Paris à Cherbourg. — La ligne de Paris à Cherbourg se détache de la précédente à Mantes, traverse Évreux, *Mézidon*, tête de ligne d'un *embranchement* qui dessert *Alençon* et le département de l'Orne, *Caen*, dont les foires aux grains, aux chevaux, aux bestiaux, sont les plus fréquentées de la Normandie, Bayeux, l'un des centres de l'industrie des dentelles, et Valognes dans le département de la Manche.

Ligne de Paris à Granville. — Cette ligne se détache, près de Versailles, de la ligne de Paris à Brest, traverse Dreux, Laigle, Argentan (Orne), Vire (Calvados), et aboutit à *Granville* (Manche), un de nos ports de pêche les plus actifs.

Ligne de Paris à Brest. — La ligne de Paris à Brest passe à Versailles, à *Chartres*, le grand marché des céréales de la Beauce, au *Mans*, tête de ligne d'un triple embranchement qui rayonne vers *Alençon*, vers *Angers* et vers *Tours*, à Laval, à *Rennes*, la métropole commerciale de la Bretagne, à Saint-Brieuc, à Morlaix, et finit à *Brest*, notre grand port militaire de l'Océan.

3° Réseau du Nord. — *Ligne de Paris à Lille.* — La plus occidentale des trois grandes lignes du nord, suit en partant de Paris, la vallée de la Seine, puis celle de l'Oise jusqu'à *Creil*; dessert *Amiens* rattaché à la mer par le cours canalisé de la Somme, *à Boulogne et à Calais, par un embranchement de chemin de fer*; aux canaux du Nord et de Paris par le canal de Saint-Quentin; l'un de nos grands marchés pour les grains, les bestiaux et les laines. La ligne passe ensuite à *Arras*, tête de ligne *de l'embranchement de Calais et de Dunkerque par Hazebrouck*, et aboutit d'un côté à *Valenciennes* en longeant l'Escaut, de l'autre à *Lille*, le plus puissant marché de la région du nord, pour les céréales, les huiles, les alcools, les sucres, le lin, la houille, les fils de laine et de lin, les tissus, les produits de la métallurgie, etc.

Ligne de Paris à Maubeuge. — Cette seconde ligne longe la vallée de l'Oise à partir de Creil, puis le canal de Saint-Quentin, traverse *Saint-Quentin*, le principal entrepôt des alcools, des sucres, des tissus du département, et aboutit sur la frontière belge à *Jeumont*.

Ligne de Paris à Laon. — Cette troisième ligne, prolongée jusqu'à la frontière belge, traverse les riches plaines du Valois, franchit l'Aisne à *Soissons*, tête de ligne d'un *embranchement qui aboutit à Reims*, et dessert la ville de *Laon*, le grand marché des céréales et des bois du département de l'Aisne.

4° Réseau de l'Est (Nord-Est). — *Ligne de Paris à Strasbourg.* — La ligne de Paris à Strasbourg suit jusqu'à Vitry la vallée de la Marne, traverse *Meaux, Château-Thierry, Epernay* (Marne), l'un des entrepôts de vins de Champagne, rattaché par un embranchement à *Reims*, le grand marché des vins et des laines, tête de ligne des *chemins de fer des Ardennes*, qui se prolongent jusqu'à la frontière de Belgique par *Mézières* et *Charleville* (Ardennes), jusqu'à celle du Luxembourg et de la Prusse rhénane, par la ligne stratégique qui longe la frontière *de Mézières à Longwy.*

A partir de *Châlons-sur-Marne*, le chemin de fer quitte le

cours de la Marne pour suivre le canal de la Marne au Rhin. Il dessert *Bar-le-Duc*, *Nancy* sur la Meurthe, l'entrepôt des grains, des bois, des houblons de la Lorraine, des dentelles et des broderies des Vosges; *Frouard*, tête de ligne de *l'embranchement de Metz-Thionville*, le principal débouché de notre commerce avec la Lorraine allemande, la Prusse rhénane et le grand-duché de Luxembourg.

Après avoir quitté le territoire français à Avricourt et franchi les Vosges au col de Saverne, la ligne de l'Est aboutit à *Strasbourg*, le principal marché des produits agricoles et manufacturiers de l'Alsace, le débouché du canal de l'Est et de celui de la Marne au Rhin, la première des grandes étapes de la route de Vienne et de Constantinople, par la vallée du Danube.

Ligne de Paris à Mulhouse et à Bâle. — La ligne de Paris à Mulhouse suit la vallée de la Seine jusqu'à *Troyes*, le marché des laines et des vins de la Champagne méridionale, celle de l'Aube, puis celle de la Marne à partir de *Chaumont*; franchit le plateau de Langres à *Langres*, traverse *Vesoul*, *Belfort*, tête de ligne de *l'embranchement de Besançon*, et aboutit à *Mulhouse*, métropole industrielle de l'Alsace, et à Bâle en Suisse.

5° RÉSEAU DE L'EST ET DU SUD-EST (Lyon-Méditerranée). — *Ligne de Paris à Lyon.* — La ligne de Paris à Lyon suit la vallée de la Seine par *Melun* et *Fontainebleau*, puis celle de l'Yonne, par *Sens* et à *Joigny*, enfin le canal de Bourgogne jusqu'à Montbard. Elle franchit, par une série de viaducs et de tunnels, les montagnes de la Côte d'Or au mont Tasselot, traverse *Dijon* sur le canal de Bourgogne, tête de ligne des *embranchements de Besançon* et de *Langres*, l'un de nos plus importants marchés pour les grains, et suit, à partir de Châlon (Saône-et-Loire), la vallée de la Saône, en traversant *Mâcon*, le centre du commerce des vins de Bourgogne.

Lyon à 512 kilomètres de Paris, à 350 de la Méditerranée, au confluent de la Saône et du Rhône, la seconde ville de France par sa population, l'entrepôt des charbons de la Loire et de la Bourgogne, des vins et des spiritueux de la région du Rhône, le centre du commerce avec la Suisse méridionale et l'Italie, est la tête de ligne des embranchements qui se dirigent *au nord*, vers *Besançon et Belfort*, par la vallée de l'Ain et celle du Doubs; *à l'est vers la Suisse et l'Italie*, par la Savoie; *au sud-est vers Grenoble*, par les vallées du Dauphiné; *au sud*, *vers la Méditerranée*; *à l'ouest et au nord-ouest*, vers *Saint-Étienne*, l'entrepôt des houillères de la Loire, et *vers Roanne*, en franchissant les Cévennes.

Deux de ces lignes ont une importance exceptionnelle :

Celle d'Italie se dirige vers Chambéry par Culoz, d'où part l'embranchement de Genève et de la Suisse méridionale, tourne les monts de Maurienne par la vallée de l'Isère, suit celle de l'Arc, un de ses affluents, et franchit les Alpes entre le mont Cenis et le mont Thabor par un tunnel de 13 kilomètres, rattachant les lignes françaises aux lignes italiennes.

Celle de la Méditerranée suit la vallée du Rhône, traverse Vienne, Valence, *Avignon*, l'un de nos grands marchés pour les soies, les vins, et *Tarascon*, tête de ligne d'un embranchement qui aboutit à Cette par Beaucaire (foires célèbres), *Nimes et Montpellier*, deux de nos premiers marchés pour les vins et les trois-six. La ligne de la Méditerranée finit à *Marseille* et sert de débouché au commerce de la Méditerranée, du Levant et de l'extrême Orient : elle se rattache à l'Italie péninsulaire par un embranchement de *Marseille à Toulouse* et à *Nice*, et de Nice à Gênes.

6° Réseau du Centre. — Le réseau du centre appartient à deux compagnies, celle d'Orléans et celle de Lyon.

Ligne du Bourbonnais (Paris à Lyon, par Roanne ou Saint-Etienne, et à Clermont par Nevers, etc.). — La ligne du Bourbonnais se détache à Moret de celle de Lyon, suit le canal de Briare, puis la vallée de la Loire par *Nevers*, entrepôt des bois, des fers, des houilles de la Nièvre; enfin la vallée de l'Allier par *Moulins, Saint-Germain-des-Fossés*, point de départ de *la ligne de Lyon par Roanne, Clermont*, la métropole de la région agricole et industrielle de l'Auvergne, et *Brioude* (Arvant), d'où partent trois embranchements : celui de *Brioude à Tarascon*, par Bessèges, Alais, et Nîmes ; celui de *Brioude au Puy et à Saint-Etienne*, et celui de *Brioude à Figeac*, par Aurillac, jetés à travers le massif montagneux de la France centrale, et destinés à ouvrir au commerce ces contrées encore privées de grandes voies de communication.

Lignes du centre (Orléans). — Les lignes du centre partent d'Orléans, et se bifurquent à *Vierzon* (Cher).

La *branche orientale* aboutit à Nevers par *Bourges*, marché des laines et des céréales du Berry.

La *branche occidentale* coupe la vallée de l'Indre, celle de la Creuse, traverse Châteauroux, *Limoges*, la métropole commerciale de la région du centre, franchit les monts du Limousin et aboutit à *Périgueux*, d'où se détache un triple embranchement, *celui de Bordeaux*, par Coutras; *celui d'Agen* par Villeneuve-sur-Lot, et *celui de Toulouse* par Brive, Figeac et Gaillac.

7° Réseau du Sud-Ouest (compagnie d'Orléans). — *Ligne de Paris à Bordeaux*. La ligne de Paris à Bordeaux suit la vallée de la Seine jusqu'à Brétigny, d'où se détache *l'embranchement de Paris à Tours* par Vendôme, coupe les plateaux de la Beauce et de l'Orléanais, laisse derrière elle *Orléans*, l'un des grands marchés de France pour les grains, les vins, les bois de charpente que lui apportent la Loire et l'Allier, suit la vallée de la

Loire par Blois et *Tours*, tête de ligne de *l'embranchement de Nantes et de Saint-Nazaire par Angers*, puis s'engage dans celle de la Vienne et du Clain, où elle traverse Châtellerault et Poitiers. Après avoir franchi les collines du Poitou, à Civray, les collines du Périgord au-dessous d'Angoulême, elle aboutit par Coutras et Libourne à *Bordeaux*, l'un de nos grands ports de commerce, et le premier marché du monde pour les vins.

Cette ligne par Bordeaux, par l'embranchement de la Rochelle et de Rochefort à Poitiers, par celui de Nantes à Tours, par la ligne de Nantes à Coutras, sert de débouché à tous nos ports de l'Atlantique et de grande route au commerce avec l'Espagne, qu'elle attire à elle par le réseau du Midi.

8° Réseau du Midi (compagnie du Midi). — Bordeaux est le point de départ des deux grandes lignes du Midi.

Celle de Bordeaux à Bayonne traverse les Landes, et se rattache aux chemins de fer espagnols par Bayonne et Hendaye, où elle franchit la Bidassoa.

Celle de Bordeaux à Cette suit la vallée de la Garonne par *Agen*, le marché des grains, des eaux-de-vie, du liège du Lot-et-Garonne et des Landes; *Montauban* et *Toulouse*, la métropole intellectuelle et commerciale du midi, tête de ligne des embranchements *de Toulouse à Pau* et à Bayonne, par Tarbes, *de Toulouse aux Pyrénées* par Montréjeau, *de Toulouse à Foix* par Pamiers.

A partir de Toulouse le chemin de fer suit le canal du Midi, franchit le col de Naurouse, traverse Carcassonne et Narbonne, tête de ligne de *l'embranchement de Perpignan*, qui se prolonge par le littoral jusqu'à la frontière espagnole et se rattache aux lignes de Catalogne.

Enfin *Béziers*, le grand marché des trois-six, et le port de *Cette* sont les dernières stations des lignes du Midi, unies à Marseille par l'embranchement de Cette à Tarascon.

Exercices

Carte des chemins de fer français.
Carte des canaux et cours d'eau navigables.
Carte des routes nationales.

Lectures

Annuaires statistiques de la France (ministère du commerce).

Aucoc. *Notions sur l'histoire des voies de communication en France.* 1 vol. in-18.

Guillemin. *Les chemins de fer.* 1 vol. in-18.

Collection Joanne. *Itinéraires des chemins de fer français et Guides généraux pour la France.*

CHAPITRE IV

Commerce extérieur de la France

I

Nous avons jusqu'ici étudié la France en elle-même dans sa production, dans son commerce intérieur, mais ce tableau serait incomplet, si nous n'y faisions pas entrer l'un des principaux éléments de la richesse nationale, le commerce extérieur.

Les peuples ne vivent pas isolés, et l'on ne connaîtrait pas plus le commerce de la France, si on le considérait indépendamment de ses relations avec le reste du monde, que l'on ne connaîtrait celui d'un département, si on ne le rattachait au commerce général de la France.

Le commerce des diverses régions de l'Europe et du monde ayant été l'objet d'une étude spéciale, surtout au point de vue de leurs relations avec la France, nous nous bornerons à indiquer ici :

1° La situation commerciale de la France, ses voies de communication extérieures, et ses grands marchés internationaux ;

2° Le tableau de nos échanges, comprenant les lieux de provenance et de destination, la nature et la valeur des matières échangées ;

3° Les conventions internationales qui régissent notre commerce extérieur, et les institutions qui ont pour but de le protéger ou de le développer.

Situation commerciale. — La situation commerciale de la France est sans rivale en Europe et peut le disputer aux contrées les plus favorisées du monde. Baignée par l'Océan et par la Méditerranée, elle n'est séparée de l'Angleterre que par une traversée de quelques heures ; elle touche par la mer du Nord, à la Belgique, à la Hollande, aux grands ports de l'Allemagne et de l'Europe septentrionale; l'Atlantique lui ouvre la route des deux Amériques et de l'Afrique occidentale; par la Méditerranée, elle domine à la fois les routes maritimes de l'Europe méridionale, du nord de l'Afrique, du Levant, et de l'extrême Orient, par l'isthme de Suez.

Par sa frontière de terre, elle touche au nord, à la Belgique et au Zollverein; à l'est, à la Suisse et à l'Italie; au sud, à l'Espagne, dont elle est le seul débouché continental.

Sa position, entre l'Atlantique et la Méditerranée, à l'extrémité occidentale de l'Europe, lui assure une partie du transit entre les deux mers, et si la nature ne lui avait pas refusé ce qu'elle a donné à l'Angleterre, des ports sûrs, profonds et d'un facile accès, elle serait la reine du commerce européen, comme elle est encore, même après ses malheurs, un des foyers les plus actifs de la civilisation.

II

COMMERCE MARITIME. — GRANDES LIGNES DE NAVIGATION

Le commerce extérieur peut se diviser, au point de vue des voies de communication, en commerce maritime et commerce continental.

La part du commerce maritime, dans le mouvement général de l'importation et de l'exportation, est, en moyenne, de 65 à 70 °/₀.

En 1877, le mouvement de la grande navigation s'élevait à 34012 navires, et plus de 9 millions de tonneaux à l'entrée, 35 223 navires et 9 275 000 tonneaux à la sortie. Le total était de 69 235 navires et 18 280 000 tonneaux, contre 55 290 navires, et 8 541 515 tonneaux en 1856. En 1882, le mouvement d'entrée était de 37 966 navires et 12 912 000 tonneaux, celui de sortie de 38 563 navires et 13 282 100 tonneaux (en tout 75 529 navires et 26 194 000 tonneaux). Sur ce nombre total, les navires chargés, c'est-à-dire portant des marchandises ou des passagers, figurent pour 12 443 230 tonneaux à l'entrée et 7 886 600 à la sortie, ayant transporté en tout 20 320 000 tonnes effectives. Le reste représente le tonnage des navires sur lest (5 864 200 tonneaux).

La part du pavillon français, dans la grande navigation, était de 22 598 navires en 1877 (5 993 000 tonneaux, dont 2 841 000 tonneaux chargés à l'entrée et 2 513 691 à la sortie). En 1882, elle était de 21 412 navires et de 8 527 700 tonneaux dont 4 023 000 tonneaux chargés à l'entrée et 3 585 160 à la sortie. La grande pêche de Terre-Neuve et d'Islande entrait dans ce total pour 886 navires armés surtout par Dunkerque, Saint-Malo et Saint-Servan, Granville, Fécamp, et les ports des Côtes-du-Nord.

L'effectif de la marine marchande était en 1882 de 15 200 navires, jaugeant 983 000 tonneaux, dont 832 vapeurs, de la force de 163 350 chevaux-vapeur, jaugeant 416 000 tonneaux, sans y comprendre les bateaux de pêche.

On peut se convaincre, par les chiffres qui précèdent, que le mouvement général de la grande navigation est en progrès : on doit regretter qu'il n'en soit pas de même de la part du pavillon français, qui reste à peu près stationnaire par rapport au mouvement total, et de l'effectif de notre marine marchande qui, malgré l'augmentation réelle de tonnage produite par l'accroissement du nombre des vapeurs, ne suit que de bien loin l'essor si rapide de l'Angleterre et des États-Unis. Cependant, un grand progrès s'est accompli par la création de nombreuses compagnies maritimes qui rattachent nos ports français aux principaux marchés du monde, et qui, sur certains points, disputent à l'Angleterre le monopole des transports.

Nous indiquons dans le tableau suivant les plus importantes de ces lignes et les communications qu'elles entretiennent avec les ports étrangers.

Services à vapeur.

SERVICES DE LA MÉDITERRANÉE

COMPAGNIES.	PORTS D'EMBARQUEMENT.	ITINÉRAIRE ET DESTINATION.	DURÉE DU TRAJET.
Messageries maritimes.	Marseille.	1° *Ligne de Constantinople et Sébastopol* par Syra, Smyrne et les Dardanelles.	9 jours (Sébast.). 7 jours (Const.).
—	—	2° *Ligne de Constantinople et Odessa* par Naples, le Pirée et les Dardanelles.	Id.
—	—	3° *Ligne de Trébizonde*, par Constantinople, Sinope, Samsoun.	3 jours de Constantinople.
—	—	4° *Ligne de Thessalie*, par Constantinople, Gallipoli et Salonique.	3 jours de Constantinople.
—	—	5° *Ligne du Danube*, par Constantinople, Varna, Kustendjé, Soulina, Galatz, Ibraïla.	4 jours de Constantinople.
—	—	6° *Ligne d'Alexandrie*, par Naples.	6 jours de Marseille.
—	—	7° *Ligne de Syrie*, par Palerme, Messine, Syra, Smyrne, Rhodes, Mersina, Alexandrette, Beyrouth, Jaffa, Port-Saïd et Alexandrie.	17 jours.
—	—	8° *Ligne d'Alger*.	40 heures.
—	—	9° *Ligne de la Chine et du Japon*, de Marseille à *Yoko-Hama*, par Naples, Port-Saïd, Suez, Aden, Colombo, Singapour, Saïgon, le Tonkin, Hong-Kong, Chang-Haï.	44 jours.

		Correspondances :	
Messageries maritimes.	Marseille.	1° A Colombo, pour Pondichéry, Madras, Calcutta ;	28 jours de Marseille. — 6 à 7 jours de Ceylan.
—	—	2° A Singapour pour Batavia ;	32 jours de Marseille.
—	—	10° *Ligne de l'Australie et de la Nouvelle-Calédonie*, par Port-Saïd, Suez, Aden, les Seychelles, Saint-Denis (Réunion), Port-Louis (Maurice), Melbourne, Sidney et Nouméa.	47 à 50 jours.
Société générale de transports à vapeur.		*Lignes d'Algérie.*	»
		Lignes du Brésil et de la Plata.	»
Compagnie transatlantique.	Marseille, Cette et Port-Vendres.	1° *Ligne d'Algérie* (Alger, Oran, Philippeville, Bône et la côte) et de la Corse.	»
		2° *Ligne d'Italie et de Tunisie*, par Gênes, Livourne, Naples, Palerme, Tunis et la côte.	»
		3° *Ligne de Tripolitaine*, par Gênes, Livourne, Naples, Messine, Malte, Tripoli.	»
Compagnie Marseillaise.	—	1° *Lignes d'Italie*, par Gênes, Livourne, Civita-Vecchia, Naples.	»
—	—	2° *Lignes de Constantinople et de la mer Noire*, par Naples, le Pirée, Salonique, Constantinople, Galatz, etc...	»
Compagnie Marseillaise.	Marseille.	3° *Ligne de Barcelone.*	»
—	—	4° *Ligne d'Égypte*, par Malte, Alexandrie, Port-Saïd.	»
Compagnie de navigation marocaine.	—	*Ligne de Gibraltar, Tanger, Mogador, Sainte-Croix de Ténériffe.*	13 jours de Marseille.

SERVICES DE LA MÉDITERRANÉE (suite).

COMPAGNIES.	PORTS D'EMBARQUEMENT.	ITINÉRAIRE ET DESTINATION.	DURÉE DU TRAJET.
Compagnie de navigation mixte.	Marseille et Cette.	*Lignes d'Algérie et de Tanger.*	»
Compagnie Havraise péninsulaire.	Marseille.	*Lignes de l'Atlantique*, par Alger, Oran, Gibraltar, Lisbonne.	»
Compagnie Anchor-Line (Compag. Américaine.)	Marseille.	*New-York.*	»

SERVICES DE L'ATLANTIQUE

Messageries maritimes.	Bordeaux.	1° *Ligne du Brésil et de la Plata*, par Lisbonne, Dakar (Sénégal), Pernambuco, Bahia, Rio-Janeiro, Montevideo, Buénos-Ayres.	26 à 27 jours.
—	—	2° *Ligne du Sénégal* (Dakar).	10 jrs de Bordeaux
Compagnie bordelaise.	—	*New-York.*	»
Compagnies anglaises.	—	*Lignes d'Angleterre.*	
		1° Bordeaux à Londres;	»
		2° Bordeaux à Liverpool;	»
		3° Bordeaux à Bristol;	»
		4° Bordeaux à Glasgow, par Dublin.	»
		Ligne de Bordeaux à Hambourg.	»
Compagnie du Pacifique (anglaise).	—	*Ligne de Bordeaux à Valparaiso,* par Rio Janeiro, la Plata, et le détroit de Magellan.	38 à 40 jours.

Compagnie transatlantique.	Saint-Nazaire.	1° *Lignes de l'isthme de Panama,* par Fort-de-France (Martinique) et Savanilla (Colombie) avec correspondance pour les Antilles et les Guyanes et pour l'océan Pacifique.	20 jours.
—	—	2° *Ligne du Mexique* (*Vera-Cruz*), par Santander, Saint-Thomas, le Cap haïtien et la Havane.	24 jours.
Compagnie transatlantique.	Bordeaux et le Havre.	3° *Lignes de l'isthme de Panama,* par Saint-Thomas, Port-au-Prince, Kingston, ou par la Guadeloupe, la Guayra, Savanilla.	»
—	Le Havre.	4° *Ligne de New-York.*	9 jours.
Compagnie maritime du Pacifique (française).	Le Havre.	*Ligne de Valparaiso et Callao,* par Bordeaux, le Brésil et la Plata.	»
Compagnie havraise péninsulaire.	—	*Lignes d'Espagne et d'Algérie,* par Lisbonne, Cadix, Gibraltar, Malaga, Oran, Alger, Marseille.	»
		Ligne de la Baltique, par Revel, St-Pétersbourg.	»
Chargeurs-Réunis.	—	*Lignes du Brésil et de la Plata.* — *Lignes du nord du Brésil* (Para, Maranhao, Ceara,) et *du Parana* (Rosario).	30 jours (Buénos-Ayres.)
Compagnies belge et allemande.	—	*Lignes d'Anvers, Rotterdam, Hambourg.*	»
Compagnies anglaises.	—	*Lignes de Southampton, Londres, Liverpool, Hull.*	»
Compagnie norvégienne.	—	*Lignes de Gothembourg, Stockholm, Christiania.*	4 à 5 jours.
Compagnies américaines.	—	*Lignes des Etats-Unis,* etc...	»
Compagnie des bateaux à vapeur à hélice du Nord (franco-anglaise).	Dunkerque.	1° *Ligne de Londres,* par la Tamise.	48 heures.

SERVICES DE L'ATLANTIQUE (suite).

COMPAGNIES.	PORTS D'EMBARQUEMENT.	ITINÉRAIRE ET DESTINATION.	DURÉE DU TRAJET.
Compagnie des bateaux à vapeur à hélice du Nord (franco-anglaise).	Dunkerque.	2° *Ligne de Leith*, par Hull.	»
—	—	3° *Ligne de Saint-Pétersbourg*, par Copenhague.	6 jours.
—	—	4° *Ligne de Rotterdam*.	»
VOILIERS	Marseille.	Odessa.	18 à 22 jours.
	Marseille.	Alexandrie.	15 à 18 jours.
	Bordeaux.	Dakar (Sénégal).	24 à 30 jours.
	Bordeaux.	Melbourne par le cap de Bonne-Espérance.	86 jours.
	Saint-Nazaire.	Vera-Cruz ou Colon.	35 à 38 jours.
	Saint-Nazaire.	Cayenne.	34 à 36 jours.
	Le Havre.	La Réunion par le cap de Bonne-Espérance.	75 jours.
	Le Havre.	Calcutta ou Bombay.	100 à 110 jours.
	Le Havre.	Canton.	120 à 125 jours.
	Le Havre.	Yokohama.	150 à 160 jours.
	Le Havre.	New-York.	16 à 25 jours.
	Le Havre.	Buenos-Ayres.	50 à 55 jours.
	Le Havre.	Valparaiso par le cap Horn.	85 jours.
	Le Havre.	San-Francisco. (*Id.*)	125 à 130 jours.

Si l'on ajoute à ces lignes les nombreuses compagnies étrangères qui font escale dans nos grands ports, on verra qu'il est peu de marchés maritimes où notre pavillon ne soit représenté par des services réguliers, ou qui n'aient pas avec les nôtres des relations fréquentes et faciles.

Principaux ports de commerce. — Sur la vaste étendue de côtes qu'elle déploie de Dunkerque à Bayonne, et de Port-Vendres à Nice, la France ne possède qu'une dizaine de ports de commerce de premier ordre, qui sont à la fois les débouchés de nos exportations maritimes, les entrepôts et les marchés des denrées ou des matières premières que nous tirons de l'étranger.

Dunkerque, sur la mer du Nord, à 376 kil. de Paris et à 168 de Londres, en face de la Tamise, près des bouches de la Meuse et de l'Escaut, est l'entrepôt naturel de notre commerce avec la mer du Nord et la Baltique, et le débouché de la région industrielle dont Lille est la métropole.

Rattaché à toutes les voies navigables de la France et de la Belgique, par les canaux de Furnes et de Saint-Omer; à tout le réseau des chemins de fer européens par les embranchements des lignes du nord; à Londres, à Hull, à Leith, en Angleterre; à Anvers, en Belgique; à Rotterdam, en Hollande; à Copenhague et à Saint-Pétersbourg; enfin au Havre et à Bordeaux, par des lignes régulières de vapeurs, Dunkerque est un de nos grands marchés pour les lins, les chanvres, les graines oléagineuses, les laines, les céréales, les métaux, les bois du nord; un des débouchés de nos soieries, de nos draps, de nos sucres, de nos spiritueux, un port de pêche de premier ordre, pour les mers d'Islande et de Terre-Neuve. Son mouvement, qui n'était que de 4065 navires et de 405 900 tonneaux en 1855, s'élevait en 1869, à 6 300 navires et 900 000 tonneaux, dont 706 000 pour le commerce avec l'étranger : en 1882 le mouvement de la grande navigation atteignait un million de tonneaux chargés, (1 271 000 tonnes effectives). Le mouvement du commerce (commerce spécial) est de plus de 339 millions.

Calais (Pas-de-Calais), que les paquebots anglais mettent en relations quotidiennes avec Douvres, éloigné seulement de 29 kilomètres, est le principal port de transit entre l'Angleterre et la France pour les voyageurs et pour le numéraire. Le mouvement de l'intercourse avec l'étranger s'élève à un million de tonneaux chargés (341 000 tonnes effectives), et celui du commerce à 120 millions (commerce spécial, 1882).

Boulogne (Pas-de-Calais), rattaché par des départs quotidiens à Folkstone et à Londres, doit au transit anglo-français un mouvement de 855 000 tonneaux chargés (494 000 tonnes effectives) et de 330 millions de francs (commerce spécial).

Dieppe (Seine-Inférieure), l'antique rival de Dunkerque et de Saint-Malo, entretient encore des relations assez actives avec la Russie, les pays scandinaves, l'Angleterre et même l'Espagne : une ligne de paquebots anglais le rattache à New-Haven. Son commerce extérieur s'élève à 159 millions pour le commerce spécial, et le mouvement de la grande navigation à 745 000 tonneaux chargés (636 000 tonnes effectives).

Le Havre, à l'embouchure de la Seine, à 90 kilomètres de Rouen, à 228 de Paris, est le grand entrepôt de nos échanges avec le nord de l'Europe et les deux Amériques, le port de Paris, le débouché de la région industrielle et agricole qui s'étend sur tout le bassin de la Seine. Rattaché par le cours du fleuve et par les lignes de l'ouest, à tout le réseau des voies navigables et des voies ferrées de la France, le Havre communique par des lignes régulières de vapeurs français avec tous les grands ports de France, de Dunkerque à Bordeaux, avec Marseille, Alger et Oran dans la Méditerranée; avec Anvers en Belgique; Rotterdam, en Hollande; Hambourg, en Allemagne; Revel, Saint-Pétersbourg en Russie; Lisbonne, Cadix, Gibraltar, Malaga, dans la péninsule Ibérique; New-York, la Nouvelle-Orléans, les Antilles, Colon, les ports du Brésil septentrional, Rio-Janeiro, Montevideo, Buénos-Ayres, Valparaiso, Callao en Amérique. Des lignes anglaises le rattachent à Southampton, Londres, Hull, Dublin, Glasgow et Liverpool en Angleterre : à Malte, Constantinople et Odessa, dans la Méditerranée ; une ligne russe, à Copenhague et à Saint-Pétersbourg ; une ligne norvégienne à Christiania ; des lignes américaines à New-York, à la Havane, à la Nouvelle-Orléans, aux Antilles, à l'Isthme de Panama ; une Compagnie allemande au Mexique et à Colon.

Si l'on ajoute à cet immense mouvement de navigation plus ou moins régulière, des relations suivies avec les Indes, la Chine, l'Australie, l'Afrique occidentale, on atteindra le chiffre de 4 221 navires chargés (2 813 entrés, et 1 408 sortis), et de 3 067 000 tonneaux (2 240 000 tonnes effectives), sans compter le cabotage et la pêche côtière (1882).

Le commerce du Havre avec l'étranger s'élevait, en 1882, à 1 336 000 000 pour le commerce spécial ; son marché est sans rival pour les cotons, les cafés, les sucres, les cacaos, les bois d'ébénisterie et de teinture, les peaux brutes, les huiles végétales et minérales, les graisses, les tabacs ; ces marchandises, en partie destinées à la réexpor-

Fig. 82. — Vue du Havre.

tation, sont entassées dans des docks qui couvrent une superficie de 354 000 mètres et peuvent contenir 300 000 tonnes.

Rouen, malgré la concurrence du Havre, reçoit encore de l'Angleterre, de la Russie, de la Suède, de l'Espagne et même des côtes occidentales d'Afrique, et renvoie aux mêmes destinations 2 400 navires jaugeant plus de 856 000 tonneaux chargés (978 000 tonnes effectives) qui lui apportent les bois du nord, les houilles anglaises, les métaux, les laines, les huiles de palme, les graines oléagineuses, et remportent les céréales et les produits de l'industrie rouennaise. (Mouvement commercial de 194 millions.)

Nantes, sur la rive droite de la Loire, à son confluent avec l'Erdre et la Sèvre, et à 65 kilomètres de la mer, peut recevoir des navires qui tirent $3^m,50$ d'eau. Ses voies de communication nombreuses, chemins de fer, canaux, lignes de vapeurs; sa position, qui le désigne comme le débouché de toute la région de la Loire, et l'un des entrepôts du commerce avec l'Espagne, la côte occidentale d'Afrique et les deux Amériques; ses armements pour la grande pêche, ses chantiers de construction, assuraient encore à cette ville, en 1858, le quatrième rang parmi les ports de France, avec un mouvement de 305524 tonneaux pour la grande navigation et de 264054 pour le cabotage; mais son éloignement de la mer, les difficultés que présente la navigation de la Loire et l'établissement des chemins de fer, lui ont créé une rivale qui la remplace peu à peu, comme le Havre s'est substitué à Rouen. Son mouvement n'est plus aujourd'hui que de 129000 tonneaux chargés pour la grande navigation (240000 tonnes effectives de 1000 kilogr.).

Saint-Nazaire, sur la rive droite de la Loire, à 56 kilomètres de Nantes, bourgade de pêcheurs en 1840, aujourd'hui ville de 20000 âmes, avec ses deux bassins qui couvrent 45 hectares, son mouvement de plus de 638000 tonneaux chargés et de 768000 tonnes effectives (grande navigation) et son activité toujours croissante, a conquis parmi les ports français une des premières places, en rejetant Nantes à un rang inférieur. De Saint-Nazaire partent :

1° Les lignes régulières du Portugal, par Porto et Lisbonne, et de l'Espagne, par Bilbao, Santander, Vigo, Cadix et Séville;

2° Les lignes d'Angleterre, par Liverpool et Glasgow;

3° Celles de l'Océan et de la Manche, par Bordeaux, Lorient, Brest et le Havre;

4° Celles de la Compagnie transatlantique, desservant

les Antilles, le Mexique, et correspondant avec les ports de l'Océan Pacifique, jusqu'au Chili et à la Californie.

Les sucres, les bois, les cafés, les fers et la houille à l'importation ; les céréales, les sucres, etc., à l'exportation, représentaient un mouvement de 117 millions environ, en 1882, pour le commerce spécial.

Bordeaux, sur la Garonne, à 124 kilomètres de l'Océan, tête de ligne du chemin de fer de l'Espagne par Bayonne, de celui d'Orléans, et des lignes du Midi ; en communication avec la Méditerranée par la Garonne et le canal du Languedoc ; rattaché par des lignes de navigation à vapeur à tous les ports français de la

Fig. 83. — Un transatlantique.

Manche et de l'Océan, à l'Angleterre (Londres, Bristol, Dublin, Liverpool, Glasgow) ; à la mer du Nord, par Anvers, Rotterdam et Hambourg ; au Portugal, par Lisbonne ; à l'Espagne par Santander et la Corogne ; à l'Afrique, par Dakar (Messageries maritimes) ; à New-York par la Compagnie bordelaise, aux Antilles et à l'isthme de Panama par la Compagnie transatlantique ; à l'Amérique du Sud, par Pernambuco, Bahia, Rio-Janeiro, Montevideo, Buenos-Ayres (Messageries maritimes) et Valparaiso (vapeurs anglais et français), communiquant par des départs irréguliers de navires à voiles avec Maurice, les Indes, la Chine, en Asie ; la Havane, le Mexique, le Venézuéla, la Plata, le Chili, en Amérique ; Manille et l'Australie, en Océanie, se voit menacé, cependant, par la concurrence de Saint-Nazaire et du Havre. Son mouvement maritime, qui s'élevait à 3234 navires, et 1026000 tonneaux en 1869, 3330 navires et 1575696 tonneaux dont 1292000 chargés, en 1877, 3532 navires et 1910000 tonneaux chargés en 1882, pour la grande navigation (1869000 tonnes effectives), 1600 navires et 400000 tonneaux environ pour le cabotage (280000 tonnes effectives), le place au troisième rang parmi les ports de France. Le chiffre de ses échanges avec l'étranger dépasse 640 millions pour le commerce spécial ; les épices, le café, la gomme, les matières tinctoriales, le sucre, le riz, le thé, la houille, les bois, les peaux brutes, à l'importation ; les vins et spiritueux, les sucres raffinés, la verrerie, les tissus, à l'exportation, sont les principaux articles de son commerce.

Cette (Hérault), sur le golfe du Lion, à l'entrée de l'étang de Thau, à la jonction du canal du Midi et du canal des Etangs, rattaché par des chemins de fer à Bordeaux et à Marseille, par des vapeurs à tous les ports français de la Méditerranée ; à Barcelone, en Espagne, à Gênes, en Italie ; à Oran, Mostaganem, Alger, Philippeville et Bône, en Algérie (*Compagnie de navigation mixte*), est l'un de nos grands marchés pour les vins et les sels du midi, les céréales du Levant et de Russie, les laines d'Amérique, d'Espagne et d'Algérie, la houille et les fers anglais, les bois du nord et des Etats-Unis, la morue de Terre-Neuve et de l'Islande. (Mouvement de 138 millions pour le commerce spécial en 1882.)

Le mouvement de son port était en 1882, de 3325 navires et 914000 tonneaux chargés pour l'intercourse avec l'étranger (784000 tonnes effectives); de 212000 tonneaux de jauge pour le cabotage.

Marseille, 148 597 hab. en 1835, 365 000 en 1884, à l'extrémité orientale du golfe du Lion, est le premier port français. Entrepôt du commerce de la Méditerranée, de l'océan Indien et du Pacifique, en relations actives avec l'Amérique, débouché du transit entre le nord et le midi de l'Europe, siège de nos plus puissantes compagnies maritimes, tête de ligne de trois chemins de fer, celui de Paris par Lyon (862 kilom.), celui de Bordeaux par Cette, celui de Gênes par Toulon, Marseille a la conscience de son avenir et l'audace de sa fortune; elle élargit ses rues, elle creuse des canaux et construit des aqueducs qui lui amènent les eaux de la Durance; elle couvre ses quais de docks rivaux de ceux de Liverpool; elle jette des collines à la mer pour prolonger ses jetées et agrandir ses quatre ports, rendez-vous du commerce de l'Afrique et de l'Orient.

Les Messageries maritimes, avec leur flotte de 80 vapeurs, la Compagnie transatlantique, la Compagnie de navigation mixte, la Compagnie marseillaise, la Société générale de transports à vapeur, plusieurs Compagnies espagnoles, italiennes, anglaises, américaines, la rattachent aux principaux ports de la Méditerranée, en Europe, en Asie et en Afrique; à l'extrême Orient par Alexandrie, Suez, Aden, Ceylan (Pondichéry, Madras, Calcutta), Singapour, Saïgon, Hong-Kong, Chang-Haï, Yokohama; à l'Océanie par Batavia, Melbourne, Sidney, Nouméa; à Maurice et à la Réunion par Aden; à l'Amérique du Sud par Rio-Janeiro et le Rio de la Plata, à l'Amérique du Nord par New-York.

Le marché de Marseille est un des premiers du monde pour les céréales, les huiles, les laines, les soies, le sucre, le café, les gommes, les peaux, les graines oléagineuses, les matières tinctoriales, les graisses, les cotons, et l'ensemble de ses opérations avec l'étranger dépassait 1 521 millions pour le commerce spécial en 1868, et 1 448 millions en 1882.

Son mouvement maritime était en 1878 de 4 510 000 tonneaux et 9 256 navires chargés pour la grande navigation, contre 5 700 000 tonneaux (3 878 000 tonnes effectives) et 9526 navires, en 1882.

Le cabotage s'élève à 600 000 tonnes effectives.

III

PORTS SECONDAIRES

1. Ports de la mer du Nord et de la Manche.

La plupart des ports secondaires de la mer du Nord et de la Manche doivent leur importance à la grande pêche et à leurs relations avec l'Angleterre et le nord de l'Europe.

Gravelines (dép. du Nord), à l'embouchure de l'Aa, fait quelques armements pour la pêche de la morue, et reçoit des bois de Norvège et de Suède (40 000 tonneaux chargés).

Saint-Valery (Somme), à l'embouchure de la Somme, entretient des relations avec la Suède, la Norvège et surtout l'Angleterre (41 000 tonneaux chargés).

Fécamp (Seine-Inférieure) est un de nos principaux ports d'armement pour la grande pêche et reçoit de la Baltique des bois de construction (50 000 tonneaux).

Honfleur (Calvados) communique avec l'Angleterre par Southampton, Littlehampton et Londres, et reçoit de la Baltique des cargaisons de bois du nord (263 000 tonneaux chargés, 226 000 tonnes effectives).

Caen doit également à ses relations avec l'Angleterre et au commerce des bois de Russie, de Suède et de Norvège un mouvement de 164 000 tonneaux chargés et de 272 000 tonnes effectives, sans compter le cabotage.

Saint-Vaast (Manche), entretient un commerce assez actif avec l'Angleterre (35 000 tonneaux chargés).

Cherbourg (Manche), le premier port militaire de la Manche, et l'une des créations les plus hardies du génie moderne, rattaché par un service régulier de vapeurs anglais aux îles anglo-normandes, à Lynn-Regis, à Portland et à Southampton, voit grandir chaque jour son importance commerciale (608 000 tonneaux chargés, 120 000 tonnes effectives).

Granville (Manche) doit sa prospérité à son commerce de bestiaux avec l'Angleterre et à ses armements pour la pêche de Terre-Neuve et d'Islande (80 000 tonneaux chargés).

Saint-Malo (Ille-et-Vilaine), à l'embouchure de la Rance, autrefois l'un des principaux débouchés de notre commerce avec l'Amérique et les Indes, a conservé des relations assez suivies avec l'Angleterre, les pays du nord, l'Espagne et même les Antilles et les États-Unis (293 000 tonneaux chargés, 201 000 tonnes effectives).

2. Ports de l'Atlantique.

Brest (Finistère) le plus sûr et le plus vaste de nos ports militaires, est appelé par sa position à l'extrémité du continent, à un avenir commercial que développera l'amélioration de son port marchand (45 000 tonneaux chargés).

Les **Sables** (Vendée) ont quelques relations avec l'Angleterre et l'Espagne (64 000 tonneaux chargés et 107 000 tonnes effectives).

La Rochelle, chef-lieu de la Charente-Inférieure ruinée par l'ensablement de son port, ne se soutient plus que par la grande pêche et ses relations avec l'Angleterre, l'Espagne et l'Amérique espagnole. Le mouvement de la grande navigation n'y dépasse pas 238 000 tonneaux chargés et 402,000 tonnes effectives.

Rochefort, sur la Charente, l'un de nos cinq ports militaires, et **Tonnay-Charente** disputent à la Rochelle les restes de son commerce (204 000 tonneaux chargés et 300 000 tonnes effectives pour les deux ports).

Bayonne, sur l'Adour, à 4 kilom. de la mer (Basses-Pyrénées), entrepôt du commerce maritime et continental avec l'Espagne, point de départ de l'émigration basque pour l'Amérique du Sud, rattaché par des vapeurs au Havre, à Bilbao, à Santander (Espagne), doit à sa position un mouvement de 130 000 tonneaux (150 000 tonnes effectives), et un chiffre d'échanges qui s'élève à 20 millions.

3. Ports de la Méditerranée.

Port-Vendres (Pyrénées-Orientales), *la Nouvelle*, port de *Narbonne* (Aude), *Agde* (Hérault); *Port-de-Bouc* sur l'étang de Berre; **Toulon**, notre grand arsenal militaire de la Méditerranée et l'une des plus belles rades du monde; **Cannes, Antibes** (Alpes-Maritimes), **Nice**, chef-lieu des Alpes-Maritimes, entretiennent avec l'Espagne, l'Italie, l'Algérie, le Levant et même le Sénégal, l'Amérique et la Chine des relations actives qui représentent un mouvement de près de 900 000 tonneaux chargés, dont 137 000 pour Nice, sans compter le cabotage.

La **Corse**, avec ses côtes souvent escarpées, mais dentelées de baies nombreuses, présente deux grands ports, *Ajaccio*, chef-lieu du département, et *Bastia* qui, grâce à ses communications régulières avec la France, l'Italie et l'Algérie, reçoit ou expédie 700 navires (190 000 tonneaux dont 120 000 chargés).

RÉSUMÉ DES COMMUNICATIONS MARITIMES

En résumé, de 1862 à 1882 le mouvement total de la grande navigation a doublé, et la proportion des navires chargés par rapport aux navires sur lest a augmenté, même à la sortie où les navires sur lest représentent 40 % du mouvement total; mais il n'en est pas de même de la part du pavillon français dans le mouvement général. De 1857 à 1861 notre pavillon couvrait en moyenne 43 % des navires chargés, en 1878-1882 il n'en couvre plus que 37 %. La part du pavillon des pays de provenance et de destination a diminué dans une proportion encore plus forte; mais celle du pavillon tiers a triplé de 1868 à 1882. C'est donc ce dernier qui a surtout bénéficié de la diminution progressive de la part du pavillon français. Les premiers rangs dans le mouvement du pavillon tiers appartiennent à l'Angleterre, à la Suède et à la Norvège, à l'Italie, à l'Allemagne, à l'Autriche, au Danemark et à la Grèce.

Il faut chercher la cause de cette infériorité de notre pavillon, moins encore dans la suppression des surtaxes qui pesaient sur les navires étrangers, que dans les règlements plus minutieux, dans la législation moins libérale qui régissent notre marine marchande, dans le prix de revient plus élevé de nos constructions maritimes, dans la difficulté de trouver du fret de sortie, et dans la situation même de la France qui favorise certaines opérations préjudiciables à nos transports nationaux (1).

Les primes accordées aux armateurs français par la loi de 1880 paraissent cependant avoir eu pour effet de relever la part de notre pavillon et l'effectif de notre marine marchande. Cet effectif, malgré la diminution du tonnage général, a augmenté, grâce à l'accroissement du tonnage des bâtiments à vapeur, qui comprend aujourd'hui 42 °/₀ de l'effectif total au lieu de 3 °/₀ pendant la période 1857-1861. Il est facile de se rendre compte qu'un vapeur représente une puissance de transport trois ou quatre fois plus grande qu'un voilier de même tonnage. Les plaintes si souvent répétées sur la décadence de notre marine marchande ne sont donc pas toujours fondées. Le nombre des navires à voiles a diminué, comme celui des diligences et des pataches ; celui des vapeurs et des locomotives a augmenté, la France y a gagné au lieu d'y perdre.

IV

COMMUNICATIONS PAR TERRE

L'importation et l'exportation françaises par les frontières continentales représentent environ les 34 centièmes du commerce général de la France. Les chemins de fer

---

(1) Supposons par exemple un navire norvégien partant de Christiania pour aller charger du coton à New-York. Il partira chargé de bois à destination du Havre ou de Cherbourg qui se trouvent sur son chemin, et le fret lui payera son voyage d'aller ; par conséquent s'il trouve des marchandises à charger pour New-York, dans un port français de la Manche, il pourra les transporter à meilleur marché que le navire français qui cherchera à en tirer de quoi couvrir ses frais de traversée jusqu'en Amérique, et qui n'a pas les bénéfices de la première opération.

sont, en même temps que les routes du commerce intérieur, les grands chemins du trafic international.

Le réseau du nord rattache la France à la Belgique, à la Hollande, à l'Allemagne du Nord et à la Prusse, enfin à la Russie, dont la capitale, Pétersbourg, n'est plus qu'à trois jours de Paris. Le réseau de l'est communique avec l'Allemagne centrale et méridionale, la Suisse, l'Autriche-Hongrie, les pays du Danube et la mer Noire ; celui du sud-est, avec la Suisse méridionale et l'Italie ; celui du sud-ouest et du midi, avec l'Espagne.

FRONTIÈRE DU NORD

Par sa frontière du nord, qui s'étend de Dunkerque à Longwy, la France touche à la *Belgique* (Nord, Aisne, Ardennes, Meuse, Meurthe-et-Moselle), au grand-duché de *Luxembourg* (Meurthe-et-Moselle), et à *l'empire d'Allemagne* (Meurthe-et-Moselle).

Avec la Belgique, la France communique par sept voies navigables : le canal de Dunkerque à Furnes, la Lys, affluent de l'Escaut, l'Escaut, le canal de la Haute-Deule entre Lille et l'Escaut, le canal de Condé à Mons, la Sambre et la Meuse ; et par quinze embranchements de chemins de fer : 1° Dunkerque à Furnes ; 2° Hazebrouck à Ypres ; 3° Armentières à Comines et Courtrai ; 4° Lille à Comines et Ypres ; 5° Lille à Courtrai par Mouscron ; 6° Lille à Tournai par Baisieux ; 7° Valenciennes à Ath par Condé et Péruwelz ; 8° Valenciennes à Mons par Quiévrain ; 9° Maubeuge à Mons ; 10° Maubeuge à Charleroi par Jeumont (département du Nord) ; 11° Anor à Chimay (*idem*) ; 12° Mézières à Charleroi par Vireux ; 13° Mézières à Namur par Givet (Ardennes) ; 14° Longuyon à Namur par Neufchâteau en Belgique ; 15° Longwy à Arlon (Meurthe-et-Moselle).

Avec le gouvernement d'Alsace-Lorraine, que les traités de 1871 ont enlevé à la France, nos départements du nord communiquent par la ligne de Mézières à Thionville, et par celle de Verdun à Metz.

Lille, chef-lieu du Nord, est le grand entrepôt de cette frontière.

Lille, au centre d'un réseau de canaux et de chemins de fer sans égal en France, à la fois ville de guerre, centre manufacturier et place de commerce, est l'entrepôt des lins, des tissus, des laines, des cafés, des bestiaux, des métaux que lui expédient la Belgique et la Hollande; des vins, des soieries, des céréales, des chanvres, des peaux préparées, des tissus français qu'elle leur renvoie. Les recettes de sa douane dépassent 11 millions. Vient ensuite celle de Jeumont, village de la frontière, sur la ligne de Paris à Cologne par Maubeuge, débouché du commerce de la France avec l'Europe du nord.

Les douanes de Valenciennes, de Tourcoing et de Roubaix sont moins importantes.

FRONTIÈRE DE L'EST

La frontière de l'est, formée par une ligne de convention de Longwy à Raon-lès-l'eau, par les Vosges, le Jura, le lac de Genève et les Alpes, s'étend de Longwy à Menton, sur une longueur de 1390 kilomètres. Elle touche à l'*empire d'Allemagne* (Zollverein) par les départements de la Meurthe-et-Moselle et des Vosges et le territoire de Belfort; à la *Suisse* par ceux du Doubs, du Jura, de l'Ain et de la Haute-Savoie; à l'*Italie* par ceux de la Haute-Savoie, de la Savoie, des Hautes-Alpes, des Basses-Alpes et des Alpes-Maritimes.

Quatorze lignes de chemins de fer, dont une en construction, traversent la frontière et communiquent:

1° Avec l'empire d'Allemagne, par les lignes de Longuyon à Thionville; de Verdun à Metz; de Frouard à Metz; de Nancy à Château-Salins et à Strasbourg; et de Belfort à Mulhouse.

2° Avec la Suisse par les lignes de Belfort à Porrentruy et à Bâle par Delle; de Morteau à Neuchâtel; de Pontarlier à Neuchâtel; de Pontarlier à Lausanne; de Lyon à Genève.

Et par la ligne inachevée de Chambéry à Thonon et de Thonon à Martigny et Sion, par les bords du lac de Genève.

3° Avec l'Italie par deux lignes : celle de Lyon à Turin, par le tunnel de 13 kilomètres qui perce le col de Fréjus, entre le mont Cenis et le mont Thabor ; et celle de Nice à Gênes, par la Corniche. Quatre grandes routes suppléent aux chemins de fer pour les communications avec l'Italie : celle du mont Cenis, celle du mont Genèvre, celle du col de Tende, et celle de la Corniche.

Les deux entrepôts du commerce avec l'Allemagne et la Suisse du nord sont Nancy (recettes des deux douanes d'Emberménil-Avricourt et de Pagny-sur-Moselle, 4 à 5 millions) et Belfort (recettes de la douane de Belfort, plus de 5 millions).

Quant au commerce de l'Italie et de la Suisse méridionale, il s'écoule en partie par Besançon, Chambéry, Nice, mais le grand entrepôt de tout le bassin du Rhône est **Lyon**; le centre d'un commerce que viennent alimenter, outre les produits si riches et si variés de l'industrie lyonnaise, les cotons d'Égypte et des Indes, les vins de Bourgogne et du Beaujolais, la droguerie, les toiles, les cafés, surtout les soies, dont Lyon est le plus grand marché après Londres, et qu'il va chercher sur les lieux mêmes de production.

FRONTIÈRE DU SUD

La frontière du sud, qui s'étend de Banyuls à Hendaye, sur une longueur de 480 kilomètres, est formée par les Pyrénées, qui séparent la France de l'Espagne et qui sont franchies par le chemin de fer de Paris à Madrid, par la ligne de Perpignan à Barcelone, et par trois grandes routes carrossables, celle de Bayonne à Irun par le pont de Bidassoa ; de Bayonne à Pampelune par le col de Maya ; de Puycerda à Perpignan par le col de Pertus. *Perpignan* et surtout *Bayonne* sont les deux entrepôts de la frontière ; mais le véritable centre des relations avec l'Espagne est **Toulouse**, chef-lieu de la Haute-Garonne, que sa situation désigne comme l'entrepôt du midi, et à qui une ligne directe franchissant les Pyrénées rendrait l'importance que lui ont enlevée les communications maritimes et le chemin de fer franco-espagnol de Bordeaux à Madrid.

Le point vers lequel rayonnent toutes les grandes voies commerciales, lignes de navigation, chemins de fer, routes de terre, le plus grand marché international et l'un des plus vastes entrepôts de la France, c'est **Paris** avec ses docks et ses magasins, qui reçoivent annuellement de l'étranger pour 600 millions de marchandises importées directement, et lui en renvoient pour 450 millions (recettes de la douane 87 millions). Les principaux articles étrangers sur le marché parisien sont les tissus de laine et de coton, les peaux brutes, les métaux, les sucres exotiques, les laines, et les cafés. Paris n'est pas un port comme Londres; mais Calais, Boulogne, le Havre, Brest, Saint-Nazaire, Bordeaux, Marseille, sont aujourd'hui ses faubourgs, et si Londres a ses navires qui lui ouvrent toutes les routes des mers, Paris a ses chemins de fer qui lui ouvrent toutes celles du continent, en même temps que les débouchés maritimes.

V

MOUVEMENT DU COMMERCE EXTÉRIEUR. — IMPORTATIONS ET EXPORTATIONS

Le commerce extérieur se divise en **commerce général**, qui comprend sans distinction toutes les marchandises importées ou exportées, et **commerce spécial** qui comprend à l'exportation les marchandises d'origine française, à l'importation celles qui sont destinées à la consommation nationale.

S'il est difficile d'évaluer le mouvement du commerce intérieur, il n'en est pas de même du commerce extérieur fixé par les tableaux que publie chaque année l'administration des douanes. Ces tableaux indiquent les *quantités* ou le *poids* et la *valeur* des marchandises entrées ou sorties. Ces deux éléments sont en effet nécessaires à quiconque veut apprécier sérieusement le mouvement des échanges. 100 000 kilogrammes de coton importés en 1863 (1) représentaient alors une valeur triple de celle qu'ils auraient aujourd'hui ; au contraire le prix d'un grand nombre de marchandises a sensiblement augmenté depuis vingt ans, et cette augmentation se traduit dans les chiffres de la valeur du commerce extérieur par une progression qu'on serait tenté d'attribuer à un accroissement des quantités importées ou exportées, mais qui n'a souvent d'autre cause réelle que la hausse des prix. L'administration des douanes indiquait autrefois la valeur des marchandises par un double chiffre, celui **des valeurs officielles et permanentes**, établi en 1827, et celui des **valeurs actuelles ou réelles**, déterminé chaque année par une commission instituée à cet effet; mais depuis 1865, le chiffre des valeurs officielles a été supprimé. D'après ces documents, le mouvement de notre commerce extérieur (commerce spécial, valeurs réelles), s'élevait en 1858 à 3 milliards 442 millions, en 1868 à plus de 6 milliards ; en 1878 à près de 7 milliards et demi, en 1882 à 8 milliards 400 millions ; en 1883 à 8 milliards 520 millions.

I. — Importation.

En 1881, année qui peut être regardée comme représentant la valeur normale des importations pendant la période quinquennale de 1879 à 1883, les importations s'élevaient à 4 milliards 864 millions (valeurs actuelles), pour le commerce spécial, le seul compris dans le tableau qui suit. Les chiffres qui y figurent représentent la moyenne quinquennale de 1879 à 1883.

---

(1) En 1863, la guerre dite de sécession entre les États du Nord et les États du Sud de la république des États-Unis avait interrompu la culture du coton et les communications entre l'Europe et les ports du sud, débouchés de la production cotonnière.

COMMERCE EXTÉRIEUR.

1° Matières premières.

NATURE des marchandises.	VALEURS actuelles en millions.	LIEUX de provenance.	PORTS ou DOUANES de terre.	MARCHÉS principaux.
Soies.	350	Entrepôts anglais. Suisse et Italie. Turquie, Indes, Chine et Japon	Boulogne. Lyon. Marseille.	Marseille. Lyon.
Laines.	310	Russie. Italie, Espagne. Entrepôts anglais. Amérique du Sud. Australie. Afrique et Levant.	Marseille, Le Havre. Dunkerque, Calais, Boulogne.	Le Havre. Marseille. Lille. Paris.
Bois communs.	235	Suède, Norvège et Russie. États-Unis et Canada. Autriche et Levant. Suisse et Zollverein.	Dunkerque, Le Havre, Honfleur. Caen, Rouen, Nantes, Bordeaux. Marseille. Frontière du nord et de l'est.	Bordeaux. Marseille. Le Havre. Nantes. Caen. Rouen.
Cotons.	215	Entrepôts anglais. États-Unis. Inde, Égypte. Amérique du Sud. Turquie d'Asie.	Ports de la Manche. Le Havre, Bord. Marseille. Le Havre, Nantes. Marseille.	Le Havre. Marseille. Bordeaux. Nantes.
Houille.	170	Angleterre. Belgique, Zollverein.	Ports de la Manche et de l'Océan. Douanes du nord.	Rouen. Nantes. Paris. Lille.
Peaux et pelleteries.	167	Amérique du Sud. Russie, Levant et Afrique. Zollverein, Belgique.	Le Hav., Bordeaux. Marseille. Paris.	Le Havre. Marseille. Paris.
Graines oléagin.	110	Afrique. Levant, Indes.	Marseille. Bordeaux.	Marseille.
Lin et chanvre.	85	Belgique. Russie. Italie.	Lille. Dunkerque. Marseille.	Lille. Marseille.
Minerais et métaux non travaillés.	150	»	»	»

NATURE des marchandises.	VALEURS actuelles en millions.	LIEUX de provenance.	PORTS ou DOUANES de terre.	MARCHÉS principaux.
Minerais.	35	Angleterre, Chili.	Le Havre, Bord.	Paris. Marseille.
Cuivres.	40	Zollverein.	Dunkerque.	
Fers, font.	21	Belgique, Angleterre, Zollverein.	Marseille.	
Acier.	9		Paris, Jeumont.	
Zinc.	14	Belgique.	Valenciennes.	
Etain.	11	Hollande, Bolivie.	Douanes de l'est.	
Plomb.	20	Italie, Espagne.		

Viennent ensuite les huiles d'olives, ou de graines, les fruits oléagineux, les graisses, les matières tinctoriales, indigos, safran, bois de teinture, les bois d'ébénisterie, les cendres et potasses, les engrais, les soufres, les poils et plumes, etc., pour une valeur qui ne dépasse pas 60 millions par article.

2° Objets de consommation ou denrées alimentaires.

NATURE des marchandises.	VALEURS actuelles en millions.	LIEUX de provenance.	PORTS ou DOUANES de terre	MARCHÉS principaux.
Vins et spiritueux.	300	Espagne. Italie.	Douanes du sud. Marseille.	Paris.
Animaux vivants.	200	Belgique. Suisse. Zollverein. Espagne. Italie. Algérie.	Jeumont, Lille. Douanes de l'est. Douanes du sud. Marseille.	Paris.
Sucres bruts étrangers et coloniaux.	125	Maurice. Cuba. Brésil. La Réunion. Antilles françaises	Marseille. Nantes. Le Havre. Bordeaux. Paris.	Marseille. Le Havre. Nantes. Bordeaux. Paris.
Cafés.	100	Brésil. Haïti. Indes anglaises. Indes néerlandaises Angleterre.	Le Havre. Bordeaux. Marseille. Nantes. Paris. Rouen.	Marseille. Le Havre. Nantes. Bordeaux. Paris.
Fruits.	80	Espagne. Italie. Algérie.	Bayonne. Marseille. Marseille.	Paris. Marseille.

L'importation des céréales, libre comme l'exportation, varie avec l'abondance des récoltes de 200 à 857 millions (en 1879). Viennent ensuite, pour un chiffre inférieur à 50 millions, les viandes fraîches ou salées, les beurres et les fromages, les poissons de mer, les légumes secs, les huiles d'olives comestibles du Levant, d'Italie et d'Espagne; les tabacs en feuilles, de la Havane, du Brésil, de l'Algérie, du Levant; le riz, le cacao, etc...

3º Objets manufacturés.

NATURE des marchandises.	VALEURS actuelles en millions.	LIEUX de provenance.	PORTS ou DOUANES de terre.
Fils de coton, de laine et de lin.	78	Angleterre. Belgique. Zollverein.	Lille. Valenciennes. Ports de la Manche.
Tissus de laine. — de coton. — de lin. — de soie.	75 70 10 45 Total... 200	Angleterre. Belgique. Suisse. Zollverein.	Boulogne. Paris. Belfort. Douanes de l'est et du nord.
Machines et mécaniques.	70	Angleterre. Belgique. États-Unis.	Le Havre. Rouen. Lille. Jeumont. Calais.
Teintures préparées (indigo, cochenille, etc.).	50	Indes anglaises. Angleterre. Espagne. Zollverein.	Le Havre. Marseille. Bordeaux. Nantes.
Produits chimiques.	50	Pérou. Angleterre. Belgique. Zollverein, etc.	Le Havre. Marseille. Bordeaux. Nantes. Douanes du nord.
Peaux préparées.	35	Angleterre. Belgique. Zollverein.	Boulogne. Jeumont. Avricourt.
Outils et ouvrages en métaux.	32	Angleterre. Zollverein.	Boulogne. Avricourt.

La valeur totale des objets manufacturés que la France demande à l'étranger dépasse 640 millions. Elle a doublé depuis 1868. Cette augmentation s'explique malheureusement par la décadence d'un certain nombre de nos industries attardées dans des routines que l'étranger a abandonnées depuis longtemps, ou paralysées par un outillage défectueux.

Le prix élevé de la main-d'œuvre française a contribué à favoriser, sur notre propre marché, la concurrence des nations où les mœurs sont restées plus simples et les exigences de l'ouvrier plus modestes, l'Allemagne, l'Autriche-Hongrie, la Suisse, l'Italie.

II. — Exportation.

Les exportations s'élevaient, en 1878, à 3 milliards 180 millions, pour le commerce spécial; elles n'étaient, en 1858, que de 1887 millions. Elles ont atteint, en 1882, 3,574 millions. Les tableaux qui suivent ne se rapportent qu'au commerce spécial, c'est-à-dire aux marchandises d'origine française ou devenues nationales par l'acquittement des droits (moyenne quinquennale de 1879 à 1883).

1° Matières premières.

NATURE des marchandises.	VALEURS actuelles en millions.	PAYS de destination.	PORTS ou DOUANES d'expédition
Soies (1).	180	Angleterre. Suisse. Italie. Espagne.	Boulogne. Paris. Douanes de l'est. Marseille. Lyon.
Laines.	70	États-Unis. Angleterre. Belgique. Italie.	Le Havre. Dunkerque. Paris. Marseille.
Peaux brutes et pelleteries.	110	Angleterre. Turquie. Algérie. Suisse. Italie.	Marseille. Le Havre. Boulogne. Paris. Douanes de l'est.

(1) Les soies ne payant pas de droits d'entrée sont considérées comme marchandises nationales; mais la plupart de celles que nous exportons sont de provenance étrangère. Il en est de même des peaux, des laines, des plumes, etc...

Viennent ensuite, pour des valeurs inférieures à 30 millions, les bois, les crins, poils et plumes, les chanvres et les lins, les graisses, les matériaux de construction, les marbres, les tourteaux, les résines, etc.

2° **Objets de consommation ou denrées alimentaires.**

NATURE des marchandises.	VALEURS actuelles en millions.	PAYS de destination.	PORTS ou DOUANES d'expédition.
Vins et eaux-de-vie.	310	Suisse. Algérie. Angleterre. Italie. Belgique. Russie. Brésil. Etats-Unis.	Bordeaux. Marseille. Le Havre. Cette. Douanes de l'est.
Sucres bruts et raffinés.	170	Italie. Turquie. Suisse. Angleterre. Algérie. Russie.	Marseille. Le Havre. Paris. Dunkerque. Douanes de l'est.
OEufs, beurre et fromage.	110	Angleterre. Brésil. Antilles françaises. Algérie.	Ports de la Manche. Marseille.
Fruits et graines à ensemencer.	60	Angleterre. Belgique. Zollverein. Etats-Unis.	Ports de la Manche. Douanes du nord et de l'est.
Animaux vivants.	50	Espagne. Italie. Angleterre.	Douanes du midi. Ports de la Manche.

L'exportation, nécessairement variable, des céréales et autres farineux alimentaires, a atteint, en 1875, le chiffre de 225 millions contre 190 en 1866, 166 en 1876, et 78 seulement en 1879, exportés par les ports de la Manche et de l'Océan et les frontières du nord et de l'est.

18.

3º Objets manufacturés.

NATURE des marchandises	VALEURS actuelles en millions	PAYS de destination.	PORTS ou DOUANES d'expédition.
Tissus de laine.	365	Italie. Angleterre. Amérique du Sud. Espagne. Pays du Levant. Belgique. Suisse, Zollverein.	Marseille. Le Havre. Boulogne. Bordeaux. Paris. Bayonne.
Peaux préparées et ouvrages en peau.	260	Angleterre. Turquie. Amérique du Sud. Algérie.	Le Havre. Marseille. Boulogne. Bordeaux. Paris.
Soieries.	255	Angleterre. Zollverein. États-Unis. Italie. Pays du Levant. Belgique.	Le Havre. Marseille. Boulogne. Paris. Lyon.
Tabletterie, bimbeloterie, ébénisterie, mercerie, articles de Paris.	155	Angleterre. Zollverein. Italie. Belgique. Amérique du Sud. États-Unis. Algérie.	Le Havre. Boulogne. Marseille. Paris. Bordeaux.
Ouvrages en métaux, armes, coutellerie, machines et mécaniques.	100	Espagne. Italie. Belgique. Angleterre. Algérie.	Le Havre. Marseille. Boulogne. Nantes. Paris.
Tissus de coton.	90	Angleterre. Italie. Algérie. Zollverein. Brésil. Turquie.	Marseille. Le Havre. Boulogne. Paris.
Confections (lingerie, etc.).	85	Angleterre. Amérique du Sud. Colonies franç. Italie, Espagne.	Marseille. Le Havre. Bordeaux. Paris.

Objets manufacturés (suite)

NATURE des marchandises.	VALEURS actuelles en millions.	PAYS de destination.	PORTS ou DOUANES d'expédition.
Produits chimiques, teintures préparées et couleurs.	80	Zollverein. Belgique. Suisse. Angleterre. Italie. Espagne. Etats-Unis.	Le Havre, Paris, Marseille.
Orfèvrerie et bijouterie.	65	Zollverein. Etats-Unis. Amérique du Sud.	Paris. Le Havre. Bordeaux.
Papier et ses applications, livres, gravures, etc.	55	Angleterre. Espagne. Indes anglaises. Amérique du Sud.	Paris. Douanes du nord et de l'est. Principaux ports.
Fils de toute sorte.	47	Angleterre. Belgique. Zollverein. Espagne.	Calais. Paris. Douanes du nord et de l'est.
Vitrifications (verrerie, poterie).	40	Angleterre. Italie. Belgique.	Marseille. Paris. Calais.

Viennent ensuite pour des sommes inférieures à 40 millions, les modes et fleurs artificielles, l'horlogerie, la chapellerie, les instruments de musique, les produits pharmaceutiques, la parfumerie, les savons et les bougies, etc.

L'exportation des produits manufacturés, qui avait progressé rapidement dans la période qui s'étend de 1858 à 1866, plus lentement de 1867 à 1876, a diminué de 1876 à 1883.

Dans la période quinquennale de 1854 à 1858, elle atteignait 1 145 millions ; de 1862 à 1866, la moyenne était de 1 604 millions; de 1872 à 1876, elle s'élevait à 1 927 millions, pour retomber, de 1879 à 1883, à 1 700 millions environ.

La diminution a surtout porté sur les soieries, la tabletterie, la mercerie, l'ébénisterie, les articles de Paris, les outils et ouvrages en métaux, la verrerie et la porcelaine, les confections et les modes.

Les progrès accomplis à l'étranger, les droits protecteurs établis en Amérique et restaurés en Allemagne, les variations de la mode ont certainement contribué à cet abaissement de nos exportations, mais les grèves qui se sont multipliées en France, l'augmentation du prix de la main-d'œuvre, la négligence des ouvriers, la difficulté de former des apprentis, les fâcheux calculs des chefs d'industrie, qui abaissent la qualité des produits pour maintenir quand même le chiffre de leurs bénéfices, ont été la principale cause de ce mouvement rétrograde. C'est indiquer le remède, qui sera d'autant plus efficace qu'il sera moins tardif ; il est plus difficile encore de regagner un terrain perdu que de conquérir un marché nouveau.

Mouvement des métaux précieux. — Nous n'avons pas fait figurer dans les tableaux ci-dessus, ni dans l'évaluation de nos échanges, le mouvement des métaux précieux en lingots ou espèces. La circulation de l'or et de l'argent présente, en effet, un caractère particulier, parce que les métaux précieux ne sont pas seulement des marchandises, mais qu'ils sont en même temps la matière du numéraire dans tous les pays civilisés.

Depuis vingt ans, il est rare que l'importation des espèces ou des lingots ne dépasse pas l'exportation. La moyenne de l'importation des cinq années de la période 1878-1882 est de 254 millions pour l'or, de 135 pour l'argent ; celle de l'exportation : de 262 millions pour l'or, de 84 pour l'argent.

L'écart en faveur de l'importation était beaucoup plus considérable dans la période précédente, car nous avons dû, depuis 1878, payer en numéraire une partie des achats de blés rendus nécessaires par l'insuffisance des récoltes.

Réexportation. Transit. — On ne doit pas confondre, comme on le fait trop souvent, la réexportation et le transit. Les marchandises réexportées sont celles qui, après avoir été admises en France en franchise de droits pour être transformées par l'industrie ou y recevoir un complément de main-d'œuvre, sont renvoyées à l'étranger, et celles qui, après avoir séjourné plus ou moins longtemps sur notre territoire, sont réexpédiées par nos négociants dans un autre pays, sans avoir subi de modifications. Tel est le cas des soies, des laines, des peaux brutes, des plumes de parure, qui figurent à tort sur les tableaux de notre commerce spécial, et à plus forte raison des cotons, des cafés, des épices, etc., que nous ne produisons pas en France. Il est difficile, avec le système adopté pour notre statistique douanière, d'évaluer le mouvement de la réexportation, en dehors des admissions temporaires, ou des marchandises dont la seule désignation suffit à indiquer la provenance étrangère.

Quant au *transit* il ne comprend, si on s'en tient au sens ordinaire du mot, que les marchandises qui passent par notre territoire sans y être l'objet d'aucun travail industriel et d'aucune opération commerciale. Le seul bénéfice qu'elles représentent pour notre commerce est celui des transports.

Le mouvement du transit est, en moyenne, de 200 000 à 300 000 tonnes de 1 000 kilogrammes, dont les quatre cinquièmes transportés par voie de terre. Les céréales, les cafés, les sucres bruts et raffinés, les laines, les soies, la houille, les métaux, les tissus sont les principales marchandises de transit. Elles proviennent surtout de la Suisse, de l'Allemagne, de l'Italie, de la Belgique, de l'Angleterre, de l'Espagne, du Mexique, et ont pour destination les États-Unis, l'Angleterre, la Suisse, l'Italie, l'Espagne, la Belgique, l'Allemagne et la République Argentine.

De ce qui précède, nous pouvons tirer un certain nombre de conclusions générales sur la nature et le mouvement de notre commerce extérieur.

1° **Le commerce est en progrès** : de 1847 à 1856, il était en moyenne (commerce spécial) de 2 300 millions, dont 1 223 à l'exportation ; de 1857 à 1866, il atteignait 4 629 millions, dont 2 430 millions à l'exportation ;

de 1867 à 1876, malgré les désastres de 1870 et de 1871, il s'élevait à une moyenne de 6713 millions, dont 3306 millions à l'exportation; de 1877 à 1884, la moyenne est de 8 milliards, dont 3420 millions à l'exportation.

Cette plus-value constante est due en partie à une augmentation du trafic, en partie à la dépréciation du numéraire; elle est donc en partie *réelle*, en partie *apparente*. Elle s'est ralentie du reste depuis 1867. L'augmentation était de 48 %, pour la première période; de 54 %, pour la seconde; de 100 p. 100, pour la troisième; elle n'est plus que de 45 %, pour la quatrième, et ne sera probablement que de 18 à 20 % pour la dernière.

2° Nos importations, inférieures aux exportations dans les deux premières périodes décennales, à peu près égales dans la troisième, sont supérieures de 1877 à 1884. Les statistiques douanières estiment les marchandises importées au prix qu'elles valent à leur entrée en France, les marchandises exportées, à celui qu'elles valent à la sortie; ces deux mesures sont inégales, et les chiffres qui les représentent ne sauraient donc être regardés comme le rapport véritable de l'importation et de l'exportation; il est du moins certain que ce rapport a varié et que nos exportations n'ont pas grandi dans une proportion égale à celle de nos importations.

3° Nous importons surtout des matières premières et des produits alimentaires; cependant l'importation des produits manufacturés a augmenté dans les dernières années, elle n'atteignait guère autrefois que le dixième du mouvement total, aujourd'hui elle en représente le cinquième.

4° A l'exportation, les produits alimentaires, les objets manufacturés, et dans ces deux catégories les produits de luxe occupent le premier rang. Depuis quelques années, l'exportation des objets fabriqués reste à peu près stationnaire avec une tendance à diminuer. Nous avons indiqué plus haut les causes principales de cet état de choses, qui mérite d'attirer l'attention de tout Français intelligent et dévoué à son pays.

VI

RELATIONS DE LA FRANCE AVEC LES PRINCIPALES PUISSANCES

Répartition du commerce extérieur entre les parties du monde. — De 1872 à 1883, notre commerce avec l'Europe représente les 70 centièmes de nos échanges; avec l'Amérique, un peu plus de 16 centièmes; avec les Colonies françaises, 6 centièmes; avec l'Asie, 4 centièmes et demi; avec l'Afrique, 3 centièmes; avec l'Océanie, moins d'un demi-centième. En Angleterre, le commerce avec les possessions britanniques représente le quart du commerce total; les échanges avec l'Amérique et l'Océanie, un autre quart, et le commerce avec l'Europe, 41 % seulement.

PAYS	IMPORTATIONS EN FRANCE (1)		EXPORTATIONS DE FRANCE		TOTAL MOYEN de 10 ans	Moyenne 1852-61
	1872-76	1877-81	1872-76	1877-81		
Angleterre.	640	600	990	950	1590	700
Belgique.	400	415	480	425	860	315
Allemagne.	330	400	350	360	720	265
États-Unis.	230	390	250	240	590	437
Italie.	310	350	220	280	540	300
Suisse.	120	100	280	240	370	145
Espagne.	100	180	120	140	270	155
Russie.	160	310	30	30	265	186
Algérie.	100	125	150	138	256	175
La Plata et Uruguay.	110	160	100	95	248	85
Turquie.	170	155	80	60	232	115
Indes anglaises.	110	140	10	8	134	65
Brésil.	55	55	70	70	125	70
États scandinaves.	80	110	13	18	111	40
Égypte.	50	50	40	30	85	30
Autriche-Hongrie.	50	75	14	22	80	20
Chine.	60	85	3	3	75	5 avec le Japon.
Pays-Bas.	35	38	36	36	72	47
Pérou.	42	50	30	20	71	44
Cuba et colonies espagnoles.	35	35	22	22	57	45
Japon.	32	25	8	4	34	—

(1) La valeur des échanges est indiquée en millions.

Sauf des variations faciles à expliquer par des circonstances d'un caractère transitoire, comme les mauvaises récoltes des dernières années, qui ont grossi les importations de la Russie et des États-Unis (céréales), et le phylloxéra, qui a augmenté celles d'Italie et d'Espagne (vins), ou des changements déterminés par des conditions nouvelles au point de vue commercial, par exemple les traités de commerce signés avec la Chine et le Japon, les rangs sont à peu de chose près, en 1882, ce qu'ils étaient trente ans auparavant. Le changement le plus remarquable est celui qui a fait descendre les États-Unis du second rang au quatrième ou même au cinquième dans les époques normales.

Tel que nous venons de le dresser, le tableau de notre commerce extérieur ne nous apprend rien ni sur la nature, ni sur la valeur véritable de nos relations avec telle ou telle puissance, c'est-à-dire sur les avantages que nous pouvons tirer de ces relations. Ce n'est qu'un classement des échanges avec chaque pays, d'après l'appréciation des douanes françaises. Si nous voulons avoir une idée plus exacte de notre commerce, il est nécessaire d'examiner avec plus de détail notre compte courant avec chaque puissance en particulier, et de voir comment il se décompose.

L'Angleterre est notre première cliente; sur ce point, du moins, les statistiques anglaises s'accordent avec les nôtres, bien que l'écart entre les évaluations de l'administration française et celles des douanes britanniques soit souvent considérable, surtout pour les années antérieures à 1876 et postérieures à 1860.

D'après les documents des deux pays, ce sont les *produits manufacturés* et les *produits alimentaires* qui représentent la masse de nos exportations en Angleterre, tandis que les *produits manufacturés* et les *matières premières* tiennent le premier rang dans l'importation anglaise en France.

En 1882, nous envoyions en Angleterre pour 85 millions de beurre, pour 57 millions de vins, 52 millions de sucres bruts ou raffinés, 36 millions d'eaux-de-vie et de liqueurs, 27 millions d'œufs, 25 millions de fruits de table ; sauf le beurre et les fruits, ces chiffres sont inférieurs à ceux des années précédentes. Pour les produits manufacturés, la baisse qui s'est produite sur l'exportation des soieries (207 millions en 1868, 138 millions en 1882) est compensée par la hausse de celle des lainages (67 millions en 1868, 106 millions en 1882), et le chiffre total de 1882 est presque celui de 1868.

Beaucoup de ces produits ne sont pas destinés à la consommation anglaise, et le commerce britannique les répand dans le monde entier, mais à son profit, et en nous enlevant le bénéfice que nous pourrions faire si nous les vendions directement au consommateur.

Les marchandises que nous tirons de la Grande-Bretagne sont pour la plupart des produits fabriqués, comme les étoffes de laine, de coton, les fils de toute sorte, la fonte, le fer et l'acier, les machines, les porcelaines anglaises, etc.; ou des matières premières, les unes, comme la houille, provenant du sol britannique, les autres, comme les laines, la soie, le jute, le coton, tirés des colonies ou de l'étranger.

L'importation des produits manufacturés anglais a presque doublé depuis 1868, tandis que c'est à peine si l'exportation de nos manufactures en Angleterre a augmenté de quelques millions depuis la même époque.

Quant à la navigation entre les deux pays, elle représente un mouvement annuel de près de six millions de tonneaux chargés. C'est presque un tiers du mouvement total de nos ports. Malheureusement le pavillon français n'y figure que pour moins d'un million, et le pavillon anglais pour 4 millions et demi de tonneaux. A vingt francs par tonne en moyenne, c'est une somme de 90 millions qu'encaissent les armateurs anglais contre 20 millions à peine qui reviennent à la marine française.

En résumé, les deux peuples ont trop d'intérêts communs pour n'avoir pas besoin de se ménager ; mais l'Angleterre tire plus d'avantages de ses relations avec la France que celle-ci de son commerce avec l'Angleterre. Les transports qui lui appartiennent presque entièrement, les commissions inutiles que nous lui payons en lui demandant des matières qu'elle ne produit pas, la réexportation de nos marchandises par ses négociants, font certainement pencher de son côté la balance des échanges entre les deux pays.

Si nous poursuivions cette étude pour notre commerce avec la Belgique, l'Allemagne, les États-Unis, l'Italie, nous constaterions que ces pays nous envoient surtout des matières premières (houilles belges et allemandes, lins des Pays-Bas importés par la Belgique, laines de l'Amérique du Sud expédiées par Anvers, bois et peaux brutes provenant d'Allemagne, soies, chanvre, soufre d'Italie, cotons, pétrole, tabacs non fabriqués, graisses et suifs des États-Unis); et des produits alimentaires (céréales et viandes salées des États-Unis, bestiaux, houblon, bières de l'Allemagne et de la Belgique, vins, bestiaux, huiles d'olives et riz d'Italie). L'importation des produits manufacturés, insignifiante pour l'Italie (22 à 25 millions, dont moitié pour les tresses et chapeaux de paille), et pour les États-Unis (6 à 8 millions, dont 3 pour les machines et mécaniques), est beaucoup plus importante pour la Belgique (75 à 85 millions, armes, zinc, fer, fonte et acier, fils, tissus de lin et de laine); et surtout pour l'Allemagne (160 à 180 millions, dont 40 pour les tissus, 20 à 30 pour les machines et mécaniques, 16 à 17 pour les livres, le papier, les gravures, autant pour les alcools, 10 à 12 pour les fils, les ouvrages en métaux, etc.). L'importation des produits manufacturés allemands a quadruplé depuis 1868, celle des produits belges a doublé, celle des produits italiens et américains est restée à peu près stationnaire.

Quant à nos exportations dans ces différents pays, ce sont, comme partout, nos produits manufacturés et alimentaires qui en constituent la plus grande partie; mais la progression en notre faveur est bien inférieure à celle que nous venons de signaler pour l'Allemagne et la Belgique.

L'exportation de nos produits manufacturés en Belgique, depuis 1868, a augmenté à peine d'un tiers; en Allemagne, d'un cinquième; en Italie, elle a diminué; et si, aux États-Unis, elle a fait des progrès considérables (80 millions en 1868, 284 millions en 1882), c'est parce qu'elle a reconquis le terrain perdu pendant la guerre de sécession. Nous avons déjà indiqué les causes de ce ralentissement de nos échanges. Les unes sont indépendantes de notre volonté : nous ne pouvons empêcher nos concurrents d'être plus actifs, plus intelligents et mieux outillés qu'ils ne l'étaient autrefois; nous sommes obligés de subir des fléaux qui défient toute prévoyance humaine ; mais d'autres ne sont imputables qu'à nous. C'est aux industriels, aux ouvriers et aux commerçants français à tirer parti d'une expérience dont il est temps de profiter.

RÉSUMÉ

Commerce extérieur

I, II, III

NAVIGATION MARITIME, GRANDS PORTS

Les côtes de la Manche sont bordées de dunes, de falaises et de rochers ; celles de l'Atlantique sont rocheuses en Bretagne, plates et marécageuses en Poitou et dans l'Aunis, formées de dunes en Gascogne; celles de la Méditerranée sont bordées d'étangs et de marais salants sur le littoral du golfe du Lion, élevées et découpées en Provence.

Nos principaux ports de commerce sont :

1° Sur la mer du Nord et le Pas de Calais : *Dunkerque, Calais* et *Boulogne*, débouchés de notre commerce avec le nord de l'Europe et l'Angleterre.

2° Sur la MANCHE, *Dieppe*, LE HAVRE (mouvement de 3 068 000 tonneaux chargés pour la grande navigation, en 1882), à l'embouchure de la Seine, le second de nos ports français, le grand marché des cotons, des cafés et des sucres coloniaux ; *Rouen, Honfleur, Caen* sur l'Orne, *Cherbourg, Saint-Malo* et *Morlaix*.

3° Sur l'ATLANTIQUE, *Brest*, SAINT-NAZAIRE à l'embouchure de la Loire, et NANTES sur la Loire, qui entretiennent d'importantes relations avec l'Amérique centrale et les Antilles; *les Sables, la Rochelle, Rochefort,* Bordeaux (mouvement de 1 910 000 tonneaux chargés en 1882) sur la Garonne, le troisième de nos ports français et le grand marché des vins, et *Bayonne* sur l'Adour.

4° Sur la Méditerranée, *Port-Vendres, Cette,* Marseille (mouvement de 5 700 000 tonneaux chargés), le premier des ports français, l'entrepôt de notre commerce avec la Méditerranée et l'extrême orient, *Nice,* et *Bastia* en Corse.

Les plus grandes compagnies françaises de navigation sont les *Messageries maritimes* (Marseille et Bordeaux) qui desservent la Méditerranée, le littoral de l'océan Indien, de l'océan Pacifique, le Sénégal et l'Amérique du Sud, et la *Compagnie transatlantique*, qui dessert l'Algérie, les Etats-Unis (New-York), les Antilles et l'Amérique centrale.

Le mouvement de la navigation se divise en cabotage ou traversée d'un port français à un port français et navigation au *long cours* ou traversée d'un port français à un port étranger et réciproquement. Le mouvement d'entrée et de sortie représente pour la grande navigation un total de plus de 20 millions de tonneaux chargés, dont 7 608 000 couverts par le pavillon français. La marine marchande de la France comptait en 1882 environ 15 200 navires jaugeant 983 000 tonneaux dont 832 vapeurs (416 000 tonneaux).

IV

COMMUNICATIONS PAR TERRE

La France communique avec la Belgique et l'Europe septentrionale par le réseau du nord, avec l'Allemagne méridionale et centrale, la Suisse et l'Europe centrale par ceux de l'est et du sud-est, avec l'Italie par celui du sud-est (Paris-Lyon-Méditerranée), avec l'Espagne par celui du midi. Les douanes de terre les plus actives sont, sur la frontière du nord, *Lille* et *Jeumont*, sur celle de l'est *Pagny-sur-Moselle, Avricourt, Belfort* et *Lyon*, sur celle du sud *Bayonne, Hendaye* et *Banyuls*. Celle de *Paris* est la première par le mouvement des marchandises et le chiffre des recettes. Le mouvement du commerce extérieur par voie de terre représente 30 à 35 % du chiffre total.

V

LE COMMERCE EXTÉRIEUR

Le commerce extérieur se divise en commerce *général* qui comprend sans distinction toutes les marchandises importées ou exportées et commerce *spécial* qui comprend à l'importation les marchandises destinées à la consommation nationale, et à l'exportation les marchandises d'origine française.

La valeur du commerce spécial à l'*importation* s'élève en moyenne pour la dernière période quinquennale (1879-83) à 4 milliards 800 millions. Nous importons surtout des *matières premières*, soies, laines, cotons, lins et chanvres, peaux, pelleteries, bois communs, graines oléagineuses, matières tinctoriales, houille et métaux non travaillés ; — des objets de *consommation* ou *denrées alimentaires*, sucres, cafés, céréales, bestiaux. Les *objets manufacturés* représentent une somme de 640 à 650 millions consistant surtout en tissus de laine et de coton, fils de coton, de laine et de lin, teintures préparées et produits chimiques, machines et mécaniques, etc.

La valeur du commerce spécial à l'*exportation* s'élève en moyenne pour la même période à 3 milliards et demi consistant surtout en *objets manufacturés*, qui représentent un peu plus de la moitié de nos exportations et parmi lesquels dominent les produits de luxe (étoffes de soie et de laine, mercerie, tabletterie, articles de Paris, orfèvrerie, bijouterie, verrerie, porcelaines, ouvrages en peau et en cuir, etc.), et en objets de *consommation* tels que les vins et eaux-de-vie, le sucre raffiné, les fruits, le beurre et le fromage, les œufs.

L'exportation des objets manufacturés tend à diminuer depuis 1876.

Les marchandises en transit, c'est-à-dire celles qui ne font que passer sur le territoire français représentent un poids de 200 000 à 300 000 tonnes.

VI

Les pays avec lesquels la France entretient le plus de relations sont l'Angleterre, la Belgique, l'Allemagne, l'Italie, la Suisse, l'Espagne, la Russie en Europe, l'Algérie et l'Egypte en Afrique, les Indes, la Chine, la Turquie d'Asie et le Japon en Asie, les Etats-Unis, les Etats de la Plata, les Antilles et le Brésil en Amérique. Le commerce avec l'Europe représente les trois quarts de nos échanges.

Le commerce extérieur de la France a doublé en trente ans de 1827 à 1856 ; il a doublé de nouveau en dix ans de 1857 à 1866 : de 1867 à 1877 la progression s'est ralentie : elle n'a été que de 45 pour 100 par rapport à la période précédente (1857-1866) : elle a subi un nouveau ralentissement de 1877 à 1883.

Exercices.

Planisphère indiquant les grandes lignes de navigation à vapeur françaises et les principaux ports qu'elles desservent.

Diagrammes indiquant par des courbes les variations du commerce français de 1860 à 1882.

Lectures.

Annuaires statistiques de la France. (Ministère du commerce.)
Annales du commerce extérieur. (*Id.*)
BAINIER. *Géographie générale. La France.*
SIMONIN. *Les ports de commerce de la France.*

CHAPITRE V

Notions générales sur les institutions qui intéressent le commerce.

Nous avons répondu, jusqu'ici, à deux des questions qui résument la géographie économique.

1° Quelle est la production de la France et quels sont les centres agricoles ou industriels?

2° Quels sont les centres de consommation, les voies et les lieux d'échanges?

Il nous reste à traiter la dernière : Quelles sont, d'après le caractère national, les usages et les institutions, les conditions du trafic?

Il est facile de comprendre quelle influence peuvent exercer sur les relations commerciales le caractère et les habitudes de la nation, les lois et les institutions qui régissent le commerce et l'industrie, le système des poids et mesures, enfin ces nombreuses associations qui, sous mille formes diverses, concourent au développement du crédit et au progrès commercial et industriel. Des notions générales sur ces divers objets sont donc le complément nécessaire de la géographie commerciale.

I

DU CARACTÈRE NATIONAL.

Quand il s'agit d'une nation civilisée et européenne, l'étude du caractère et des mœurs nationales perd de son importance; car si l'ignorance ou de fausses appréciations à ce sujet peuvent causer au commerçant de graves préjudices, elles ne compromettent, du moins, ni sa sécurité, ni les intérêts du pays auquel il appartient. Au point de vue du commerce intérieur, cette étude devient même impossible dans les limites que nous devons nous prescrire. Forcée de s'en tenir à des banalités sur la finesse normande, l'opiniâtreté bretonne, la supériorité industrielle et agricole des races du nord, l'instinct commercial qui se cache sous la rudesse naïve de nos paysans du centre, elle ne saurait suppléer à l'expérience personnelle, et saisir ces mille nuances qui font la physionomie particulière de tel ou tel marché.

Quant aux aptitudes générales de la nation française pour le commerce et pour l'industrie, on ne saurait les nier en présence des faits accomplis. Le caractère français semble, comme le sol et le climat de la France, le trait d'union entre le nord et le midi. Des races du nord, il a le bon sens, l'énergie, l'amour du travail; des races du midi, la vivacité et l'imagination, et présente à un haut degré cet équilibre des facultés qui s'appelle dans les relations de chaque jour le tact et le savoir-vivre; dans les arts et la littérature, le goût; dans les affaires, le sens pratique. Sans doute, à ces traits dominants il s'en mêle quelques autres moins propres à développer chez nous le génie du commerce, une préférence exagérée pour les carrières libérales et surtout pour les fonctions publiques, une disposition malheureuse à tout attendre de l'État et à le rendre responsable de toutes nos déceptions; mais si l'on veut expliquer notre infériorité vis-à-vis de certaines nations rivales, telles que l'Angleterre, les Etats-Unis ou la Belgique, c'est plutôt dans la nature même de notre sol, ou dans le développement de notre histoire que dans une question de race, et dans je ne sais quelle proportion de sang gaulois, romain ou germain qu'il faut en chercher le secret.

II

LÉGISLATION ET ADMINISTRATION COMMERCIALES INTÉRIEURES.

La législation commerciale de la France a suivi les progrès de son organisation sociale et politique; elle est dominée par ce principe de liberté que l'économie moderne tend à faire prévaloir chez toutes les nations civilisées.

Plus de corporations, plus de restrictions au libre exercice de l'industrie et du commerce qui a reçu sa consécration définitive par la liberté de la boulangerie et de la boucherie; plus de monopoles si ce n'est ceux de la fabrication des tabacs, des allumettes chimiques et des poudres que l'État s'est réservés par des raisons d'ordre public ou dans l'intérêt du Trésor; plus de douanes intérieures, plus d'obstacles à la libre circulation des marchandises : plus de taxes et de lois variables : unité d'impôts et de législation.

La base de notre législation commerciale est le Code de commerce publié en 1807 et modifié ou complété depuis par de nombreuses lois qui en ont étendu les dispositions premières.

Des *tribunaux de commerce*, composés de juges élus par les commerçants, décident toutes les contestations relatives aux transactions ou engagements entre négociants.

Des *conseils de prud'hommes*, formés de fabricants et d'ouvriers désignés par l'élection, ont pour attribution principale de concilier ou de juger les différends survenus dans l'intérieur de la fabrique entre les ouvriers seulement ou entre les ouvriers et les patrons, à l'occasion de leurs travaux habituels.

Deux ministères spéciaux, celui de l'agriculture et celui du commerce, sont chargés de veiller aux intérêts économiques du pays; ils sont assistés et éclairés, ainsi que nous l'avons indiqué plus haut, pour les questions générales par le *Conseil supérieur de l'agriculture*, par celui *de l'industrie et du commerce;* par le *Conseil supérieur des haras*, par le *Comité consultatif des arts et manufactures;* pour les questions locales, par les *Chambres de commerce* (63) et les *Chambres consultatives des arts et manufactures* composées de membres élus, et établies dans les centres les plus importants. Les *Chambres consultatives d'agriculture* jouent un rôle analogue dans les questions qui intéressent l'agriculture.

C'est grâce aux conseils et à l'appui de ces représentants de la France commerciale que se sont propagées tant d'utiles créations; pour l'agriculture, les concours régionaux; pour l'industrie, les expositions locales ou générales, chaque jour plus importantes et plus étendues; pour le commerce, la création de l'enseignement commercial et la réforme de nos tarifs douaniers.

Le *ministère des Travaux publics* (*Conseil général des ponts et chaussées, Conseil général des mines*), qui a dans ses attributions les routes, les chemins de fer, les rivières et canaux, les ports, les mines, les eaux minérales; le *ministère des Postes et télégraphes*, jouent également au point de vue commercial un rôle des plus importants.

A côté des institutions destinées à régler et à garantir les transactions commerciales, à servir les intérêts généraux et à étudier les besoins du commerce, nous ne pouvons omettre celles qui sont appelées à former, pour l'avenir des générations nouvelles d'ingénieurs, d'agriculteurs, de manufacturiers et de commerçants: l'Institut agronomique, les écoles d'agriculture de Grignon (Seine-et-Oise), de Montpellier, de Grand-Jouan (Loire-Inférieure), de Lezardeau (Finistère), et les nombreuses fermes-modèles qui leur servent d'auxiliaires; les écoles des Arts et Métiers d'Aix, d'Angers, de Châlons; l'école des mineurs de Saint-Étienne et celles d'Alais et de Douai; l'école des hautes études commerciales; les écoles supérieures de commerce de Paris, de Marseille, de Lille, de Lyon, de Toulouse, de Nantes, du Havre; le Conservatoire des arts et métiers, l'École des mines, l'École des ponts et chaussées, l'École centrale des arts et manufactures; les innombrables établissements d'instruction professionnelle fondés par les municipalités ou par l'initiative privée ; enfin la création dans les établissements de l'État d'un enseignement spécial qui a sa place entre l'instruction primaire et l'instruction secondaire classique, et qui répond ou du moins qui devrait répondre par son caractère pratique aux besoins de l'industrie et du commerce.

III

POIDS, MESURES ET MONNAIES.

Notre système de poids, mesures et monnaies est sans contredit le plus simple, le plus pratique le plus conforme aux principes de la science et aux intérêts du commerce qui soit en usage dans le monde, et toutes les nations commerçantes se décident tour à tour à nous l'emprunter.

Décrété en 1795, le système métrique décimal est obligatoire depuis 1840. Nous nous contenterons d'en rappeler les principales unités.

1° Mesures linéaires. — Le *mètre* avec ses multiples et ses sous-multiples.

2° Mesures itinéraires. — L'*hectomètre*, le *kilomètre* et le *myriamètre*.

3° Mesures superficielles. — Le *mètre carré*, l'*are* (100 mètres carrés), l'*hectare*.

4° Mesures de volumes. — Le *mètre cube* ; le *stère* (pour les bois).

5° Mesures de capacité. — Le *litre* (liquides), l'*hectolitre* (grains et liquides).

6° Poids. — Le *gramme* et ses multiples et sous-multiples, le *quintal* (100 kilogr.), la *tonne métrique* (1 000 kilogr.).

7° Jaugeage des navires. — *Tonneau* de jauge indiquant le volume intérieur des navires = 2 mètres cubes, 83 centièmes.

Monnaies d'argent. L'unité monétaire est le franc (du poids de 5 grammes), avec ses multiples, le double franc (2 francs), et la demi-pièce de 10 francs (5 francs), et ses sous-multiples, le demi-franc (50 cent.), et le double décime (20 cent.).

Le titre est de 0,835 pour les monnaies divisionnaires dont la valeur est inférieure à 5 francs et de 0,9 pour la pièce de 5 francs.

Monnaies d'or. — Le titre de la monnaie d'or est de neuf dixièmes de métal pur; les monnaies d'or sont la pièce et la demi-pièce de 10 francs (10 fr. et 5 fr.); la double pièce de 10 francs (20 fr.); la demi-pièce de 100 fr. (50 fr.); et la pièce de 100 francs.

La Suisse, la Grèce, la Belgique, la Roumanie et l'Italie ont signé avec la France une convention monétaire qui permet la libre circulation des monnaies d'or et d'argent sur le territoire de toutes les puissances contractantes.

Le numéraire en circulation en France est évalué à 4 milliards 100 millions d'or, 2 milliards 900 millions de grosses monnaies d'argent et 200 millions de monnaies d'argent divisionnaires. Il a été frappé depuis 1795 jusqu'au 1er janvier 1883, 8 milliards 651 millions de monnaies d'or, 5 milliards 297 millions de monnaies d'argent et 63 591 224 francs de monnaies de bronze.

Monnaies de billon. — Les monnaies de billon, qui sont reçues comme appoint, et dont on peut se refuser à accepter pour une valeur supérieure à 4 fr. 95 cent., sont le centime, le double centime, le demi-décime (sou) et le décime (monnaies de bronze).

« La monnaie, dit M. Michel Chevalier, est une mar-
» chandise qui intervient dans les échanges, comme
» mesure et comme équivalent. »

Toute opération commerciale se résout donc, en définitive, en un déplacement de monnaie, c'est-à-dire d'or ou d'argent, la seule monnaie véritable, la seule sur laquelle reposent les échanges; mais la monnaie n'intervient pas nécessairement dans les échanges : à mesure que le commerce se développe et que le crédit s'établit, les signes représentatifs de la monnaie se multiplient; la lettre de change, le billet à ordre, le chèque, les virements de comptes, le billet de banque sont les plus usités en France, comme dans tous les pays civilisés. Le monopole de l'émission des billets appartient à la Banque de France, et la masse des billets en circulation varie aujourd'hui entre 2 milliards et demi et 3 milliards, pour une réserve métallique de 1800 millions à 2 milliards.

IV

GRANDES COMPAGNIES DE COMMERCE. — INSTITUTIONS DE CRÉDIT.

Si les institutions publiques peuvent concourir au développement du commerce, le premier rôle appartient cependant à l'initiative privée que celle de l'État peut provoquer ou soutenir, mais jamais remplacer. Tant que le commerce reste enfermé dans certaines limites, les efforts et les ressources des particuliers suffisent, mais à mesure que le cercle des opérations commerciales s'étend, l'association se substitue peu à peu à l'individu. Bien que la France ait été devancée dans cette voie par d'autres nations, qu'y appelaient naturellement leur caractère et leur constitution politique, l'esprit d'association s'y est propagé avec une rapidité et une puissance qui ne redoute aujourd'hui aucune comparaison. Nous ne pouvons tracer ici qu'un tableau rapide des sociétés de toute nature constituées en France pour exploiter les diverses branches du commerce et de l'industrie, et pour développer le crédit.

On peut les diviser en six grandes catégories :

1. Compagnies de transports.

Les compagnies de transports se subdivisent elles-mêmes en compagnies de transports par terre, réduites aujourd'hui par la concurrence des chemins de fer à une importance toute locale (*Compagnie générale des Omnibus*, etc.);

Compagnies de chemins de fer, dont les plus puissantes

sont celles du Nord, de Lyon-Méditerranée, d'Orléans, de l'Ouest, de l'Est et du Midi, et dont Paris est le siège social. Plusieurs des lignes secondaires sont administrées par l'État.

Compagnies de navigation maritime. Nous avons déjà cité celles qui desservent nos côtes françaises ou qui rattachent la France à l'étranger : aussi nous nous contenterons d'énumérer les plus importantes de ces compagnies :

La *Compagnie des messageries maritimes*, réorganisée en 1852 (Paris, Marseille, Bordeaux);

La *Compagnie transatlantique*, inaugurée en 1864 (Paris, le Havre, Saint-Nazaire, Bordeaux, Marseille).

Ces deux Compagnies sont subventionnées par l'État pour le transport des dépêches.

Au *Havre :* Les Chargeurs réunis (vapeurs pour le Brésil et la Plata);

La Compagnie havraise péninsulaire et algérienne (France, Espagne, Portugal);

La Compagnie maritime du Pacifique;

A *Nantes* et à *Bordeaux :* Plusieurs compagnies de navigation à vapeur qui desservent les ports de France, l'Angleterre, l'Allemagne, l'Amérique du Nord;

A *Marseille :* La Compagnie de navigation mixte (Algérie);

La Compagnie de navigation marseillaise (Italie, Orient);

La Société générale de transports à vapeur (Algérie, Brésil, la Plata).

Compagnies de navigation fluviale. Les principales sont :

La Compagnie de touage de la Seine;

La Compagnie des bateaux à vapeur omnibus de Paris.

La Compagnie de navigation de la Basse-Seine.

La Compagnie générale de navigation de la Saône et du Rhône.

Bateaux à vapeur de la Garonne (Agen à Bordeaux);

Bateaux à vapeur de la Loire (de Nantes à Angers et Saint-Nazaire).

2. Compagnies de docks et magasins généraux.

Le but de ces compagnies est d'établir, dans les grandes places de commerce, et surtout dans les ports, des magasins où les marchandises sont déposées à leur débarquement, et de se charger, pour le compte des négociants, de toutes les opérations de douane, de conservation et de réexpédition de ces marchandises. Elles sont moins développées en France qu'en Angleterre; cependant les docks de Marseille, du Havre, de Bordeaux, les magasins généraux de Paris, peuvent le disputer à ceux des grands ports anglais.

3. Sociétés d'exploitation agricole ou industrielle.

Parmi ces sociétés se placent en première ligne les puissantes compagnies houillères d'Anzin, de la Loire, de la Grand'Combe, etc.; les sociétés pour l'exploitation des plombs de Pontgibaud, des ardoisières d'Angers, des pierres meulières de la Ferté-sous-Jouarre; les compagnies de drainage; d'innombrables associations dont les unes ont pour but l'exploitation des forges et des hauts-fourneaux, comme celles du Creusot, de Fourchambault, de la Franche-Comté : les autres la filature du coton, de la laine, du lin; d'autres enfin, la fabrication du papier, des cristaux et verreries, le raffinage du sucre, l'éclairage au gaz, etc... Le capital réuni des seules sociétés anonymes dépasse un milliard et le nombre de celles qui se sont constituées, en 1881, était de 976.

4. Sociétés d'assurances.

Bien que moins prospères qu'en Angleterre, les sociétés d'assurances ont fait de grands progrès en France Paris seul comptait, en 1884, 20 compagnies d'assurances maritimes, 23 compagnies d'assurances sur la vie, et un beaucoup plus grand nombre d'assurances contre l'incendie. Les valeurs assurées dans toute la France par ces dernières sociétés dépassaient, en 1884, 100 milliards, et les assurances contre la grêle comprenaient environ un huitième des valeurs assurables, c'est-à-dire près de 1100 millions.

5. Institutions de crédit et Sociétés financières.

Paris est le premier marché financier de la France, et, après Londres, le plus important du monde. On évaluait en 1883 à plus de 7 milliards le numéraire circulant en France; à près de 1100 millions, la somme annuelle des épargnes qui viennent chercher un placement sur le marché. Paris est le centre de cet immense mouvement de capitaux, d'entreprises, de spéculations, souvent exagérées, mais parfois fécondes, qui a provoqué la fondation de nombreuses compagnies, et multiplié sous toutes les formes les établissements de crédit.

La base de nos institutions de crédit est la **Banque de France,** fondée en 1800, au capital de 30 millions, porté successivement à 91 et à 182 millions. Banque de prêt, d'escompte et de dépôt, la Banque de France a le monopole de l'émission des billets, qui s'élevait en moyenne à plus de 900 millions avant les événements de 1870 et 1871 et qui aujourd'hui approche de 3 milliards : ses succursales couvrent toute la France, et le succès avec lequel elle a traversé nos crises politiques et commerciales, est une garantie que n'offre, au même degré, aucun établissement étranger en Europe ou en Amérique.

A côté de la Banque, se placent des banques de dépôt et de prêt mobilier et immobilier et des sociétés financières, dont les principales sont :

Le *Crédit foncier*, fondé en 1852, pour faciliter aux propriétaires d'immeubles et aux communes les emprunts hypothécaires.

La *Société générale de Crédit commercial et industriel*, fondée en 1859, agit comme banque de prêt, d'escompte et de dépôt, et ouvre en outre des souscriptions pour tous emprunts publics français ou étrangers, avec l'autorisation du Gouvernement.

Le *Comptoir d'escompte,* fondé en 1848, se livre aux mêmes opérations; ses relations suivies avec l'Inde, la Chine et les colonies; ses comptoirs de Calcutta, Bombay, Pondichéry, Chang-Haï, Melbourne, etc., lui assurent une importance exceptionnelle.

La *Société des dépôts et comptes-courants,* la *Société générale pour favoriser le commerce et l'industrie en France,* la Banque de Paris et des Pays-Bas, la Banque d'Escompte de Paris, le Crédit Lyonnais, etc..., se proposent également de développer le crédit français, qui, après avoir prouvé sa solidité en traversant si heureusement les crises terribles de 1870 et 1871, vient encore de résister aux bouleversements causés par les excès de la spéculation et l'ignorance du public.

A côté des institutions de crédit, rappelons d'autres établissements dont l'influence salutaire s'agrandit chaque jour : les *Caisses d'épargne,* qui comptaient au 1er janvier 1883, 4321000 déposants, et plus de 1743 millions de dépôts;

Les *Sociétés de secours mutuels* approuvées ou autorisées, au nombre de plus de 6970 en 1881, et dont l'avoir représentait une somme de 57 millions de francs;

Les *Caisses de retraite pour la vieillesse* qui avaient reçu du 11 mai 1851 au 31 décembre 1882 plus de 8 millions et demi de versements, représentant un capital de 474 millions; enfin les sociétés de crédit populaire et les sociétés coopératives, trop inexpérimentées jusqu'ici pour qu'il soit possible d'en apprécier les résultats, mais destinées peut-être à jouer un rôle dans l'économie financière de la France.

V

LÉGISLATION COMMERCIALE, DOUANES, TRAITÉS DE COMMERCE
PERSONNEL CONSULAIRE.

Le commerce extérieur a sa législation comme le commerce intérieur : les deux principaux éléments de cette législation sont les tarifs douaniers et les traités de commerce, de navigation, les conventions postales, télégraphiques, etc., conclus avec les puissances étrangères.

Les droits de douane ont un double caractère, l'un purement fiscal, l'autre protecteur de l'industrie ou de la production nationales. Considérées au premier point de vue, les douanes ne sont que les octrois de la frontière. Envisagées comme instrument de protection, elles sont destinées soit à écarter par une prohibition absolue les marchandises étrangères dont l'introduction pourrait nuire aux intérêts nationaux, soit à rétablir par des droits plus ou moins élevés l'équilibre entre les producteurs nationaux et les concurrents étrangers, plus avancés ou plus favorisés par la nature.

Le régime des prohibitions et de la protection, efficace pour défendre une industrie naissante, et qui a prévalu en France jusqu'en 1860, avait l'inconvénient de maintenir en tutelle notre industrie déjà adulte ; l'excès des règlements décourageait l'initiative individuelle et diminuait ce sentiment de la responsabilité que la liberté seule peut créer.

Une révolution économique provoquée, sinon imposée par le gouvernement impérial, vint tout à coup bouleverser la vieille tradition, et la France se trouva jetée un peu brusquement, peut-être, dans la voie de la liberté commerciale inaugurée en 1860 par le traité de commerce anglo-français.

Plus de prohibitions, dégrèvement ou libre entrée des matières premières, abaissement des tarifs sur les objets de grande consommation, réduction à 25 p. 100 de la valeur, des droits protecteurs les plus élevés, suppression des droits de transit et de l'échelle mobile des céréales, c'est-à-dire des droits variables sur les blés étrangers suivant l'abondance des récoltes et l'état du marché : tels étaient les nouveaux principes économiques qui, en neuf ans (1860-69), avaient contribué à porter de 5 à 8 milliards le commerce extérieur de la France, sans léser gravement les intérêts de notre industrie.

Le revenu douanier de la France, qui était de 178 millions en 1858, s'élevait en 1869 à 120 millions, dont 72 pour les sucres et les cafés, sans y comprendre la taxe de consommation sur les sels (1).

La liberté de la navigation et la suppression des droits de tonnage établis sur les navires étrangers avaient été décidées pour l'année 1867, comme une conséquence nécessaire des nouveaux principes et un des moyens de stimuler notre marine marchande trop longtemps endormie sous le régime de la protection.

Les traités signés avec l'Angleterre en 1860, avec la Belgique en 1861, l'Italie en 1862, la Suisse, la Suède et la Norvège, le Zollverein, les Villes hanséatiques en 1864, les Pays-Bas en 1865, l'Autriche en 1866, le Portugal en 1867, reposaient sur les principes de la liberté commerciale et avaient été complétés par des conventions postales et télégraphiques, des stipulations qui garantissaient la propriété littéraire, artistique, industrielle, et qui facilitaient le service des chemins de fer internationaux.

Un traité signé avec l'Espagne adoptait en partie des principes analogues; enfin, des traités signés, en 1858 et 1860, avec la Chine, en 1864 et 1866 avec le Japon et les empires de Siam et d'Annam; des conventions plus anciennes conclues avec tous les États commerçants d'Europe, d'Afrique, d'Asie et d'Amérique, réglaient nos relations avec toutes les parties du monde.

Les funestes événements de 1870 et 1871, en grevant nos finances d'un surcroît de dette de dix milliards, et en réveillant les griefs de certaines industries contre la politique commerciale du gouvernement déchu, ont remis en question tout notre système économique. L'Allemagne, nous a imposé par le traité de Francfort (1871) un engagement perpétuel qui lui accorde le traitement de

---

(1) En 1882 il s'élevait à 367 millions dont 328 637 000 fr. pour les droits d'entrée, 6 675 000 pour les droits de statistique et de navigation, et 3 514 000 pour les droits accessoires.

la nation la plus favorisée : elle a ainsi paralysé notre liberté d'action. L'agriculture menacée par la concurrence des Etats-Unis, de l'Australie, de l'Amérique du Sud, se joint à la filature, à la métallurgie, au tissage, pour réclamer le retour à la protection : cependant des traités de commerce signés sur les mêmes bases qu'en 1860 ont été renouvelés avec la Belgique, la Suisse, l'Italie, l'Espagne, le Portugal, la Suède, la Norvège, des conventions provisoires ont été signées avec l'Angleterre, l'Autriche-Hongrie, et on doit espérer que notre nouvelle politique sera moins une réaction qu'un remaniement des tarifs et un retour sur certaines concessions préjudiciables à nos finances, ou aux intérêts bien compris de nos producteurs.

A l'influence que nous assurent au dehors nos relations commerciales, il faut ajouter celle que nous devons à l'immense développement du crédit qui tend à faire de Paris comme de Londres, le marché financier du monde, et qui nous a permis de négocier, dans les circonstances les plus défavorables, des emprunts sans précédents dans l'histoire économique. On évalue à plus de 12 milliards les capitaux français engagés dans toutes les grandes entreprises qui se multiplient à l'étranger : constructions de chemins de fer, emprunts publics, institutions de crédit ; les résultats n'ont pas toujours répondu aux espérances et de cruelles leçons ont dû nous rendre plus prudents et moins disposés à nous laisser éblouir par les spéculations exotiques ; on ne doit pas oublier cependant que c'est aux capitaux français et à l'initiative de la France, que notre siècle doit, pour ne citer qu'un exemple, l'une des entreprises les plus hardies et les plus fécondes des temps modernes, l'ouverture du canal de Suez.

La protection de l'État s'étend même au delà de ses frontières sur le commerce national ; notre nombreux personnel diplomatique, nos consuls généraux, nos consuls et nos agents consulaires répandus dans tous les centres commerciaux du monde, nos stations navales, garantissent à l'extérieur sécurité et justice au commerce français ; et plus d'un exemple a prouvé qu'il n'est pas de contrée si reculée où la main de la France ne puisse s'étendre pour faire respecter son pavillon ou pour agrandir le cercle de son influence légitime.

VI

UNION POSTALE

La France a largement contribué à créer l'*Union postale universelle*, fondée en 1874 par la Convention internationale de Berne et élargie en 1878 par le traité de Paris. L'Europe tout entière, la Turquie d'Asie, les possessions asiatiques de la Russie, la Perse, l'Inde anglaise, l'Afghanistan, le Béloutchistan, le Japon, la Birmanie, Mascate, les colonies européennes et les bureaux de poste anglais des ports chinois en Asie; l'empire Egyptien, la Tripolitaine, le Maroc, Zanzibar, la Tunisie, l'Algérie, les colonies françaises, espagnoles, portugaises, anglaises, en Afrique, la République argentine, le Brésil, le Paraguay, l'Uruguay, le Chili, le Pérou, l'Equateur, le Vénézuéla, les Etats-Unis de Colombie, l'Amérique centrale, le Mexique, les Etats-Unis, le Canada, les républiques dominicaine et haïtienne, les possessions européennes en Amérique, les possessions européennes et les îles Sandwich en Océanie sont entrés dans l'Union postale qui comprend aujourd'hui, plus de 80 millions de kilomètres carrés, avec 840 millions d'habitants. La taxe internationale est de 0,25 et 0,35 pour les lettres ordinaires. En 1881 il avait été expédié 4600 millions de lettres, 830 millions de cartes postales, 2400 millions de journaux et 1400 millions d'imprimés.

Des conventions analogues ont réglé le régime des lignes télégraphiques internationales.

RÉSUMÉ

I et II

La base de la législation commerciale française est le code de commerce promulgué en 1807 et qui consacre les principes de la liberté de l'industrie et du commerce déjà proclamés par l'Assemblée constituante. La justice est rendue en matière commerciale par les *tribunaux de commerce;* quatre ministères spéciaux : ceux de l'*agriculture*, du *commerce* et des *colonies*, des *travaux publics*, des *postes et télégraphes*, ont la charge des intérêts économiques de la France. Ils sont assistés par les *conseils supérieurs* de l'*agriculture*, de l'*industrie*, du *commerce*, des *colonies*, des *ponts et chaussées*, des *mines*, la commission *des chemins de fer*, etc.

Des *chambres de commerce*, des *chambres consultatives* des *arts et manufactures* et d'*agriculture* ont pour mission d'éclairer le gouvernement sur les divers intérêts qu'elles représentent. Enfin de nombreuses écoles sont destinées à répandre les connaissances techniques.

III

Le système métrique est obligatoire en France depuis 1840.

Une union monétaire a été conclue entre la France, la Suisse, la Belgique, l'Italie, la Roumanie et la Grèce. On évalue à plus de 7 milliards le numéraire en circulation en France, sans compter 3 milliards de billets de la Banque de France.

IV

Les principales compagnies de transport sont les six grandes compagnies de chemins de fer, les Messageries maritimes et la compagnie Transatlantique. Il existe en outre d'innombrables sociétés de magasins généraux, d'exploitation agricole et industrielle, d'assurances contre l'incendie, d'assurances maritimes, d'assurances sur la vie, etc., et des institutions de crédit dont les plus importantes sont : la Banque de France, fondée en 1800, et qui a le monopole de l'émission des billets, le Crédit foncier, le Comptoir d'escompte, etc. Les caisses d'épargne, les caisses de retraite pour la vieillesse, les sociétés de secours mutuels ont pris depuis 1848 un grand développement.

V

Les relations commerciales de la France avec l'étranger sont réglées par des traités de commerce et de navigation qui depuis 1860 ont supprimé les prohibitions et réduit les droits de douanes. La protection de nos nationaux à l'étranger est confiée à des consuls.

VI

La France fait partie de l'union postale universelle et de l'union télégraphique qui comprend aujourd'hui presque tous les pays civilisés.

Exercices

Indiquer sur une carte de France les sièges des tribunaux et des chambres de commerce, des hôtels de monnaies, etc.
Faire le tableau des traités de commerce signés par la France depuis 1860.

Lectures et documents à consulter.

Annuaires statistiques de la France.
Annales du commerce extérieur (Traités de commerce.)

LIVRE IV

LES COLONIES FRANÇAISES

CHAPITRE PREMIER

L'Algérie et la Tunisie

I

INTRODUCTION

Pour compléter le tableau de la France, il nous reste à parler des colonies qui, sans faire partie intégrante du territoire, sont cependant des terres françaises, et l'un des éléments de notre puissance politique et de notre prospérité commerciale.

Les colonies sont à la fois pour les métropoles un centre d'influence, un débouché où se placent dans des conditions plus favorables que sur une terre étrangère, les produits de leur sol et de leur industrie, un marché où elles trouvent à acheter les matières premières, et une issue pour l'excédent de la population.

Notre empire colonial est loin de la merveilleuse prospérité des colonies anglaises; la population de toutes nos colonies y compris l'Algérie et les pays placés sous notre protectorat, ne dépasse pas 30 millions d'âmes ; leur commerce s'élevait en 1882 à 380 millions pour les possessions d'outre-mer, 476 millions pour l'Algérie et pour la Tunisie ; le mouvement de leur navigation avec la France (1882) à 370 000 tonneaux pour les navires chargés, sans y comprendre celle de l'Algérie, qui monte à 2 millions de tonneaux.

Cependant nous dominons l'Afrique, au nord par l'Algérie et la Tunisie, à l'ouest par le Sénégal et par nos comptoirs de Guinée et du Congo, à l'est par nos possessions de l'océan Indien, la Réunion, Sainte-Marie de Madagascar, Mayotte, les Comores. Le comptoir d'Obok et la baie de Tadjoura nous assurent une relâche à l'entrée de la mer Rouge, sur la route de Suez.

En Asie, si nos colonies des Indes, Pondichéry, Karikal, Yanaon, Chandernagor, Mahé, sont perdues au milieu des possessions anglaises ; notre récente conquête, le Tonkin, et nos possessions de Cochinchine, nous donnent un centre d'influence, et des stations navales de premier ordre dans les mers de l'extrême Orient.

En Amérique, la Guadeloupe, la Martinique, la Désirade, Marie-Galante, les Saintes, débris de notre empire des Antilles, la Guyane française, les pêcheries de Saint-Pierre et Miquelon ; en Océanie les îles Marquises et Taïti, et la Nouvelle-Calédonie sont importantes à divers titres comme colonies pénitentiaires, stations navales, ou pays de production.

On donne le nom de pacte colonial à l'ensemble des lois qui, jusqu'en 1861, ont réglé les rapports de nos principales colonies et de la mère-patrie.

Les bases de cette législation aussi contraire aux intérêts des colonies qu'aux habitudes modernes, étaient la réserve de la production coloniale au marché métropolitain ; la réserve du débouché colonial à la production métropolitaine ; la compression partielle de la production locale au profit des produits similaires métropolitains, soit par une prohibition absolue, soit par des taxes oppressives, les droits d'entrée pesant en France sur nos produits coloniaux. Ces différents articles avaient subi, même avant 1861, quelques modifications; mais la réserve de la navigation des colonies au pavillon national était appliquée dans toute sa rigueur, sauf en Algérie et dans nos comptoirs de Guinée, des Indes et de l'Océanie.

En 1861, l'abrogation du pacte colonial a autorisé dans les colonies l'importation de toutes les marchandises étrangères admises en France, et l'exportation des produits coloniaux sous tout pavillon, à la réserve d'une surtaxe qui a pesé jusqu'en 1869 sur le pavillon étranger.

II

Nos colonies africaines étaient, avant les récents événements d'Indo-Chine, les plus importantes par leur étendue et par leur population ; la plus voisine de la métropole, la plus vaste et la plus peuplée, est **l'Algérie.**

Géographie physique. — L'Algérie est située entre 30° et 37° de latitude N.; 6°30' de longitude E., et 4°40' de longitude O. Elle est bornée au nord par la Méditerranée, sur un développement de 1 300 kilom. de côtes, à l'est par la Tunisie, au sud par le Sahara, à l'ouest par le Maroc.

La superficie est d'environ 600000 kilom. carrés (430000 d'après la statistique officielle).

Les côtes sont hérissées de caps nombreux, caps *Rosa*, de *Garde*, de *Fer*, *Boujarone*, *Carbon*, *Matifou*, *Ténès*, *Falcon*, et ne présentent que des rades ou des golfes ouverts, tels que ceux de *Bône*, de *Stora*, de *Bougie*, d'*Alger*, d'*Arzeu* et de *Mers-el-Kébir*.

L'Algérie est un plateau qui domine par des pentes plus ou moins escarpées la Méditerranée et le Sahara. La limite septentrionale et la limite méridionale du plateau sont marquées par des massifs montagneux qui ne forment pas une chaîne continue et qu'on peut ramener à deux systèmes principaux : le massif méditerranéen (*Petit-Atlas* ou *Atlas septentrional*), et le massif saharien

(*Grand-Atlas* ou *Atlas méridional*). Au premier appartiennent (de l'est à l'ouest), l'*Edough*, les *Babor*, le *Djur-*

Fig. 14. — La gorge d'El-Kantara à la sortie de l'Aurès.

jura (2300 mètres), le *Mouzaïa*, le *Zakkar*, le *Dahra*, l'*Ouarensenis*; au second les chaînes tourmentées de l'*Aurès* et de l'*Amour*. Tantôt les montagnes plongent jusque dans la mer, comme dans la *Kabylie* (Babor et Djurjura), ou dans le *Dahra*, tantôt elles laissent à leur pied une lisière de plaines fertiles dont les plus connues sont celles de la *Mitidja*, au sud d'Alger et du *Sig*, au sud d'*Arzeu*.

La plupart des cours d'eau du versant méditerranéen, la *Seybouse*, le *Roummel*, le *Sahel*, l'*Isser*, l'*Harrach*, le *Chélif*, le plus grand de nos fleuves algériens, l'*Habra* et le *Sig* qui se perdent dans les marécages de la *Macta*, la *Tafna*, dont un affluent reçoit l'*Isly*, ne sont que des torrents desséchés en été; ceux du versant intérieur, l'*Oued-Djedi*, l'*Oued-Igharghar*, se perdent dans les sables, et n'ont pas d'écoulement vers la mer.

Régions naturelles. — L'Algérie se divise en trois régions physiques :

1° De la Méditerranée aux sommets de l'Atlas septentrional, le **Tell**, la région des forêts et de la culture :

2° Entre le petit et le grand Atlas, la région des **Plateaux** ou des steppes, couverte de prairies d'alfa, de pâturages et de *Chotts* ou lacs salés (*Chott-el-Rharbi*, *Chott-el-Chergui*, lacs des *Zarès*, du *Hodna*, etc.) :

3° Dans le versant méridional de l'Atlas, le **Sahara**, la région des dunes de sable et des oasis, dont les limites indécises se confondent avec le pays des Touaregs et des Chambas. La région saharienne renferme aussi des lacs salins; le plus connu est le Chott ou lac *Melrir*, qui fait partie d'une série de dépressions situées au-dessous du niveau de la Méditerranée (Chotts *Rharsa*, *Fedjidj* et *Djerid* en Tunisie), et qu'il serait possible d'inonder en perçant un canal à travers l'isthme de Gabès (Tunisie). Cette mer intérieure n'aurait toutefois qu'une superficie d'à peu près 20 000 kilomètres carrés et une profondeur moyenne de 7 à 8 mètres, et n'exercerait qu'une médiocre influence sur le climat du Sahara algérien.

III

Notions historiques. — L'Algérie correspondait à l'ancienne *Numidie* et à une partie de la *Mauritanie* si intimement mêlées à l'histoire de Carthage et de Rome. Comme le reste de l'Afrique septentrionale, elle subit tour à tour la domination des Romains, des Vandales et des Arabes, devint au moyen âge une dépendance de la sultanie du Maroc et se divisa en petits États indépendants qui finirent par se réunir sous l'autorité d'un *dey* (tuteur), vassal de la Porte Ottomane.

Alger devint, à partir du seizième siècle, un repaire de pirates redoutables pour le commerce de la Méditerranée. Charles-Quint essaya vainement de s'en emparer, et les deys continuèrent à régner sous la suzeraineté nominale du Sultan de Constantinople, jusqu'à ce qu'une querelle avec la France entraînât, en 1830, la prise d'Alger et la chute de ses souverains.

La conquête de l'Algérie se poursuivit lentement sous le règne de Louis-Philippe Ier, sous la seconde république et sous le second empire. Dès 1843, la France était maîtresse du Tell; la soumission de la région des plateaux, celle des oasis de la région septentrionale du Sahara algérien (1852-54), enfin, celle de la Grande Kabylie (1858), peuvent être regardées comme les diverses étapes de la conquête.

Malgré les insurrections qui témoignent des haines et des espérances persistantes des populations indigènes, l'Algérie est entrée aujourd'hui dans la période d'organisation, et le travail administratif doit compléter l'œuvre militaire.

Géographie politique. — La colonie est administrée par un gouverneur général civil, ayant sous ses ordres les autorités civiles et militaires et assisté d'un conseil de gouvernement composé des chefs de service et des délégués des conseils généraux. L'Algérie est représentée dans nos Assemblées par des députés et des sénateurs, et les Français ou les étrangers naturalisés y jouissent des mêmes droits civils et politiques qu'en France. Elle se divise en trois provinces partagées en territoire civil et territoire militaire. Ce dernier, dont la population est presque entièrement arabe ou berbère, est divisé en circonscriptions ou cercles, administrés par des chefs indigènes, sous la surveillance et la direction de l'autorité militaire française.

Fig. 85. — Vue panoramique d'Alger.

Le territoire civil, qui comprend à peu près toute la région du Tell, forme trois départements, soumis au régime administratif des départements français. Les communes *de plein exercice* sont administrées par des maires et des conseils municipaux, où les indigènes sont représentés; les communes *mixtes*, où les Européens ne sont pas assez nombreux pour pouvoir y constituer une administration régulière, sont régies par des *administrateurs civils*.

Fig. 86. — Constantine.

1° Le département d'**Alger** a pour chef-lieu **Alger** (70 000 hab.), la ville la plus peuplée et le premier port d'Algérie, résidence du gouverneur général; sous-préfectures : *Milianah*, au pied des premiers contreforts de l'Atlas, *Orléansville* sur le Chélif et *Tizi-Ouzou*, en Kabylie : villes principales *Blidah*, dans la fertile plaine de la Mitidja, *Médéah*, au sud du col de Mouzaïa, *Cherchell* (port);

2° Le département d'**Oran** a pour chef-lieu **Oran** (60 000 hab.), sur la Méditerranée; sous-préfectures : *Mascara*, *Tlemcen* dans l'intérieur, *Mostaganem* sur la côte, *Sidi-bel-Abbès* au sud d'Oran; villes principales *Arzeu* et *Saint-Denis-du-Sig;*

3° Le département de **Constantine** a pour chef-lieu **Constantine** (43 000 habitants), sur le *Roummel;* sous-préfectures : *Bougie*, *Bône*, et *Philippeville* (ports), *Sétif* et *Guelma*, sur les plateaux.

454   LES COLONIES FRANÇAISES.

Les principales villes de la région des Plateaux et du Sahara sont :

Fig. 87. — Philippeville.

1° Dans la province d'Alger : *Bou-Saada, Laghouat, Guerrara, Gardaïa*, dans le *Mzab, Ouargla* et *El Golea*, dans le pays Chamba.

2° Dans la province d'Oran : *Sebdou, Daïa, Saïda, Frenda, Géryville,* le *Kreider, Méchéria ;*

3° Dans la province de Constantine : *Tébessa, Batna, El-Kantara, Biskra, Zaatcha,* détruite en 1849 et remplacée par *Lichana; Tougourt,* capitale de l'*Oued-Rir,* au sud du lac *Melrir; El-Oued,* chef-lieu du *Souf.*

Population. — La population totale (recensement de 1881) est de 3310000 habitants, environ 780000 pour les villes et leurs banlieues, 2530000 pour les campagnes dont 145000 Européens.

Les Kabyles ou plutôt les Berbères, de race pure ou mélangée avec les Arabes, et parlant des dialectes berbères plus ou moins altérés, comptent pour moins de deux millions, les Arabes pour un million. Les uns et les autres sont musulmans. Les Israélites, considérés aujourd'hui comme citoyens français, sont au nombre d'à peu près 35000, les nègres de 10000 à 12000. Les Européens, concentrés dans le Tell, comptent 460000 âmes contre 95231 en 1845; dont 234000 Français et 226000 étrangers, parmi lesquels dominent les Espagnols, les Italiens, les Maltais et les Allemands. — La moyenne est de 20 habitants par kilom. carré, pour les 140000 kilom. carrés du Tell.

Notions de géographie administrative. — L'Algérie forme une région de corps d'armée (19ᵉ corps) dont l'état-major réside à Alger.

Alger est également le siège d'un archevêché qui a pour suffragants les évêques de Constantine et d'Oran, d'une cour d'appel et d'une académie. Les établissements d'enseignement secondaire (3 lycées dans les 3 chefs-lieux) et 8 collèges comptaient, en 1882, plus de 3500 élèves, et les écoles primaires plus de 55000. L'enseignement supérieur est donné par les écoles de *droit,* des *sciences,* des *lettres,* et les *écoles préparatoires de pharmacie et de médecine* d'Alger.

Le budget de l'Algérie s'élève à environ 40 millions pour les dépenses, et à 41 pour les recettes ordinaires. Les dépenses militaires ne figurent pas dans ce chiffre. Les recettes comprennent le produit des impôts indigènes, l'*achour* ou impôt sur les récoltes, le *zekkat* ou taxe sur les bestiaux, la capitation ou *lezma*, perçue dans les pays kabyles, et celui des impôts européens (enregistrement, timbre, octroi de mer, patentes, taxe foncière).

IV

CLIMAT. — PRODUCTIONS

Climat. — Le climat de l'Algérie, sec pendant la saison d'été, pluvieux en hiver, est chaud dans la plaine, tempéré, rigoureux même pendant quelques mois (décembre, janvier, février), dans la montagne, brûlant quand souffle le vent du désert, le sirocco; mais il n'est ni insalubre, ni funeste aux Européens, comme on l'a trop répété : l'insalubrité tient à des causes locales, aux marais, par exemple, qui disparaissent devant la civilisation. La mortalité des Européens est égale à celle de France, et l'excédent des naissances sur les décès y est supérieur.

Quant au sol, que sillonnent en tous sens les ramifications de l'Atlas, nous en avons déjà indiqué les grandes divisions et les principaux caractères physiques. Sur 14 millions d'hectares, le Tell renferme environ 3 500 000 hectares de terres cultivées (plus d'un million aux Européens, plus de 2 millions 1/2 aux indigènes), et 10 millions d'hectares de terres incultes, dont une partie pourrait être fertilisée par les barrages et les canaux d'irrigation. Même dans le Sahara, partout où l'on fore un puits artésien, partout où l'on crée une source, la végétation reparaît et le désert recule. Le sol argilo-calcaire, qui domine en Algérie et qui, dans les plaines, est presque toujours recouvert d'une épaisse couche d'alluvions, se prête à toutes les cultures et en particulier à celle des céréales.

Production agricole et industrielle. — Les principales cultures sont :

1° **Cultures alimentaires.** Les céréales (blé dur, blé tendre, orge, maïs, sorgho, avoines, etc.) qui occupent plus de 3 millions d'hectares, et produisent 20 à 28 millons d'hectolitres ; (un million de quintaux de blé dur,

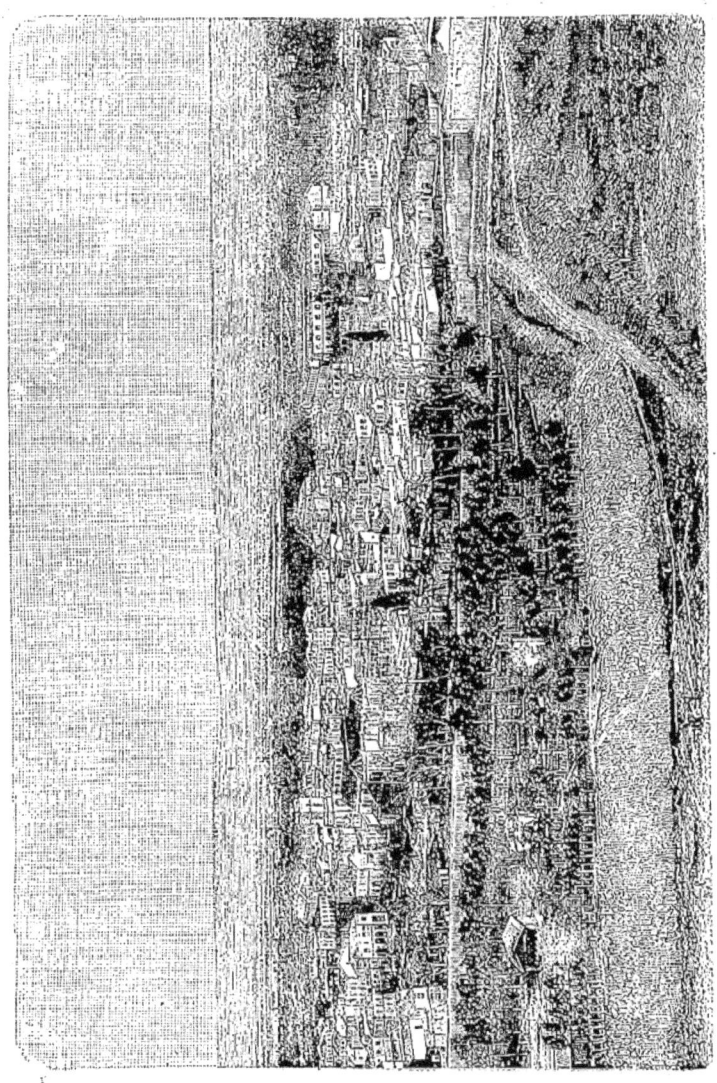

Fig. 88. — Blidah et ses environs.

5 millions de blé tendre, 7 millions d'orge, 300 000 quintaux d'avoine), etc.

Les légumes secs, cultivés surtout par les Kabyles et

les Européens (50000 hectares, 400000 quintaux, dont 300000 pour les fèves) ; et les légumes verts, dont l'exportation dépasse 3 millions de kilogrammes ;

Les racines-tubercules (pommes de terre et patates), qui occupent 6000 hectares et produisent 16 millions d'hectolitres.

2° **Cultures industrielles.** Le **tabac** couvre plus de 6000 hectares et rendait, en 1882, plus de 3 millions de kilogrammes.

Le **coton** n'occupe plus aujourd'hui que 80 hectares dans la province d'Oran ; cette culture, en 1876, a rendu 31000 kilogrammes (poids net, après égrenage), contre 124000 en 1861-62.

Le **lin** réussit surtout dans la province d'Alger : il est cultivé sur une superficie d'environ 2000 hectares.

3° **Cultures arborescentes.** La vigne qui peut réussir partout, sauf dans l'Atlas et dans le Sahara, produisait, en 1883, 900000 hectolitres de vin ; les oliviers greffés sont au nombre de 1 500 000, surtout dans la province de Constantine et dans celle d'Alger, sans compter plus de 11 000 hectares couverts d'oliviers sauvages. On évalue à plus de 300000 hectolitres la production de l'huile. Les orangers et les citronniers sont au nombre de plus de 200000.

Les palmiers-dattiers, la principale culture des oasis du Sahara, se comptent par millions. Enfin, tous les arbres fruitiers, le pistachier, le jujubier, l'amandier, le caroubier, le grenadier, le figuier, le pêcher, le noyer, le pommier même réussissent en Algérie.

Nous n'avons énuméré que les cultures les plus développées, mais il n'est pas de plante alimentaire, sauf le sucre et le café, pas de plantes textiles, tinctoriales, oléagineuses, médicinales, aromatiques, à l'exception du thé et de la vanille, qui ne croissent ou ne puissent croître sur quelque point du territoire. Aux productions de la culture, il faut ajouter des productions naturelles dont l'exploitation prend chaque jour plus d'importance, l'*alfa* (12 millions d'hectares), espèce de sparte qui abonde sur les plateaux de la province d'Oran, le *palmier-nain* qui fournit un crin végétal, le *diss*, graminée qu'on peut employer comme l'alfa à la fabrication du papier, etc.

Les forêts, parmi lesquelles domine le chêne-liège, couvrent 2050000 hectares, dont 800000 dans la seule province de Constantine. Les essences résineuses (pin d'Alep, lentisque, etc.), les bois de construction (eucalyptus, chêne, frêne, etc.), les bois d'ébénisterie et de tabletterie (thuya, cèdre, érable, etc.), abondent et seraient une source de richesses, sans les incendies périodiques et trop souvent volontaires qui dévastent les forêts.

Animaux domestiques et sauvages. Les prairies naturelles couvrent plus de 82000 hectares ; les prairies artificielles à peu près 6000 hectares. Les pâturages nourrissent 1200000 bêtes à cornes, 6000000 de moutons à la laine rude et commune (statistique incomplète pour la région des plateaux), 3000000 de chèvres, 150000 chevaux, 330000 ânes et mulets, et 220000 chameaux. L'éducation de l'autruche, qui a donné dans les colonies anglaises de l'Afrique australe de si brillants résultats, a été essayée avec succès (parc du Kreider). La production des cocons de vers à soie dépassait, en 1881, 21000 kilogrammes.

L'éducation de la volaille et celle des abeilles est assez active. Le gibier à poil et à plume abonde en Algérie : sangliers, daims, gazelles, lièvres, outardes, perdrix, bécasses, etc. ; mais les animaux nuisibles : le lion, la panthère, l'hyène, le chacal, les oiseaux de proie, les reptiles venimeux y sont encore nombreux, et les sauterelles sont pour l'agriculture algérienne le plus redoutable de tous les fléaux.

Les **mines** sont abondantes et riches, mais un petit nombre est réellement exploité. Ce sont les mines de plomb de Ghar-Rouban dans la province d'Oran, et de Kefoum-Théboul près de la Calle ; les mines de fer de Mokta-el-Hadid et de Karézas dans la province de Constantine, des Beni-Saf, dans celle d'Oran, et de Soumah dans la province d'Alger (valeur totale des minerais en 1881, 7314000 francs, pour 24 gisements exploités) ; le zinc de Hamman-N'bails près de Guelma ; les cuivres d'Aïn-Bar-

460   LES COLONIES FRANÇAISES.

bar près de Bône. On connaît environ 168 gisements de fer, de cuivre, d'antimoine, de bismuth, de mercure, de zinc, de plomb argentifère, de lignite et d'anthracite.

Les carrières de marbre (Filfila, près de Philippeville),

Fig. 89. — Femmes kabyles; le moulin à olives.

d'onyx, de pierres, de grès, se rencontrent dans tout l'Atlas. Arzeu possède de riches salines; les eaux thermales sont très communes.

L'ALGÉRIE. 461

Enfin les pêcheries de corail de la Calle employaient chaque année, en moyenne, de 1879 à 1883, 200 bateaux qui récoltaient 30000 kilogrammes.

L'industrie algérienne est dans l'enfance. Les machines à vapeur étaient, en 1867, au nombre de 39, d'une force totale de 464 chevaux ; ce nombre a décuplé depuis ; c'est la mesure de l'industrie européenne. Les Kabyles sont de bons ouvriers, habiles et patients ; ils fabriquent des armes blanches, des socs de charrue, de la poudre, de la cire, de l'huile, du savon ; l'Arabe ne fabrique rien, et laisse aux femmes le peu d'industrie qui soit nécessaire dans sa vie nomade : la fabrication des habits, des tentes, des tapis, des nattes.

Les industries métallurgiques, qui manquent de combustible minéral, n'ont de chances de succès que dans les parties boisées. Les industries textiles, sauf la corderie, la sparterie et la filature de la soie, sont insignifiantes. L'ébénisterie, les constructions pour la marine, les scieries mécaniques, les fabriques de bouchons, les usines pour la préparation de l'alfa et des fibres du palmier-nain, sont au contraire en voie de prospérité, ainsi que la minoterie, la fabrication des pâtes alimentaires, celle des cigares, celle des essences, de la bougie, du savon, celle des maroquins et des objets de sellerie, la distillerie des huiles qui compte 16000 moulins, et les teintureries qui trouvent en abondance les matières premières.

V

SITUATION COMMERCIALE. — COMMUNICATIONS
COMMERCE EXTÉRIEUR

Principaux ports. — Dominant toute la côte septentrionale de l'Afrique et les routes du Sahara, située entre l'Italie et l'Espagne, à 40 heures de Marseille, à 24 heures à peine du détroit de Gibraltar, l'Algérie ne le cède par sa position à aucune des contrées de l'Afrique.

La nature, il est vrai, ne lui a donné que des ébauches de ports, mais l'art les améliore et les complète peu à peu.

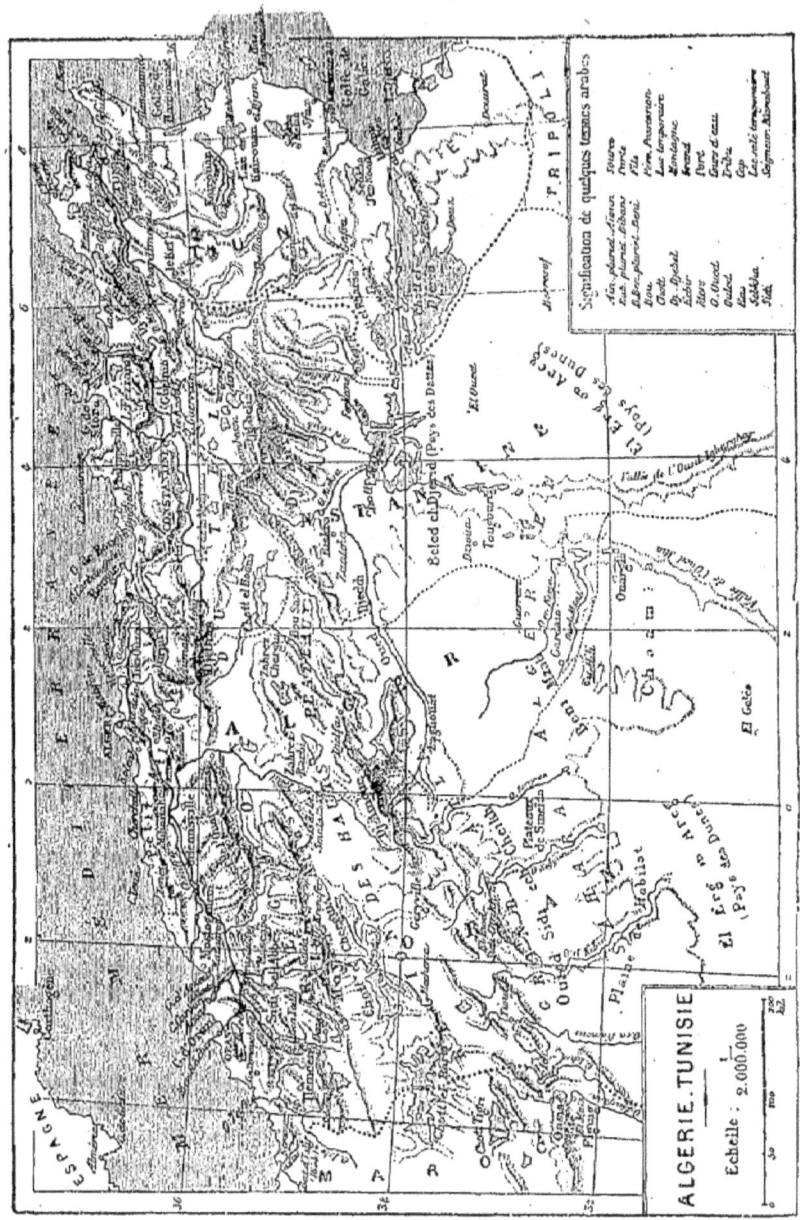

Carte XVI.

Cinq ports principaux se partagent inégalement le commerce maritime de l'Algérie :

Alger, rattaché au Havre, à Marseille, à Cette, à Valence en Espagne, à Malte, à Tunis et à tous les principaux ports de la côte algérienne, par les services de la Compagnie transatlantique, des Messageries maritimes, de la Compagnie de navigation mixte, de la Compagnie havraise péninsulaire et algérienne, s'élève en amphithéâtre sur les bords d'une vaste baie, que des travaux récents ont transformée en un port capable d'abriter 40 bâtiments de guerre et 300 navires de commerce. C'est le principal débouché de l'Algérie; il entre à lui seul dans le mouvement général des exportations et des importations pour 38 à 40 %.

Oran et Mers-el-Kébir, une des rades les plus sûres et les plus vastes de l'Algérie, qui lui sert de complément, sont desservis par les mêmes lignes qu'Alger; leur commerce s'élève à 22 % du mouvement total.

Mostaganem, dont l'importance grandit chaque jour, sert de débouché à la partie orientale de la province d'Oran.

Philippeville, avec la rade de Stora, et **Bône,** le plus oriental des grands ports de l'Algérie, sont les débouchés de la province de Constantine. Des services réguliers les rattachent comme les précédents à la France et à Tunis.

Les ports secondaires d'*Arzeu* et de *Nemours,* dans la province d'Oran; de *Ténès,* de *Cherchell,* de *Dellys,* dans la province d'Alger; de *Bougie,* de *Djidjelli,* de *Collo,* de la *Calle,* dans celle de Constantine, sont le siège d'un cabotage assez actif qui employait, en 1881, 4600 navires jaugeant 1 903 000 tonneaux et qui transportait plus de 1 195 000 tonnes effectives.

Le mouvement de la grande navigation s'élevait en moyenne, pendant la dernière période quinquennale, à 8150 navires et 3 450 000 tonneaux, dont près de 2 000 000 de tonneaux pour la navigation avec la France.

Routes de terre et Chemins de fer. — L'Algérie n'a pas de fleuves navigables, et les autres voies de communication, malgré des efforts persévérants et de longs travaux, ne sont encore qu'à l'état d'ébauches. Le réseau des chemins de fer, qui comprend la ligne d'Alger à Oran par Blidah et Relizane, de Philippeville à Constantine, de Constantine à Sétif, de Bône à Guelma, de Guelma à Tunis, d'Arzeu au Kreider et à Mécheria (1 800 kilomètres exploités), doit sillonner toute la région du Tell, et rattacher à Alger tous les chefs-lieux de préfectures et d'arrondissements, et les principaux centres de population européenne.

Aujourd'hui, une partie du futur tracé des chemins de fer n'est encore desservie que par des routes de terre d'un développement de 12 500 kilomètres que parcourent les services de la poste, et un certain nombre de diligences appartenant à des entreprises particulières.

Quant aux routes de l'intérieur, ce ne sont souvent que des sentiers de caravanes, qui rattachent à la côte et aux principaux ports les marchés situés à la limite du Tell et du Sahara, ou les oasis de la région saharienne.

Voici le tableau des plus fréquentées :

1° De Nemours, par Nedroma, à Lalla-Maghrnia, entrepôt du commerce par terre avec le Maroc.

2° D'Oran à Sidi-Bel-Abbès, Sebdou et Tiout chez les Ouled-Sidi-Cheikh, entrepôt du commerce avec le Soudan, par l'oasis du Touat.

3° De Mostaganem à Saïda et Géryville par Mascara.

4° De Ténès à Orléansville, à Tiaret et Frenda.

5° D'Alger à Blidah, Médéah, Boghar, Laghouât et Gardaïa (chez les Chaambas), entrepôt du commerce avec les Touaregs.

6° De Bougie et Djidjelli à Sétif, Bou-Saada et Ouargla, l'un des entrepôts du commerce avec Ghadamès (Tripoli).

7° De Philippeville et Constantine, centre de la région orientale, à Batna, Biskra et Tougourt.

8° De Bône à Soukarras et Tebessa, les deux marchés du commerce algérien avec la Tunisie.

Ces routes se prolongent à travers le Sahara jusqu'au
Soudan, et les Touaregs, qui sont à la fois les douaniers,

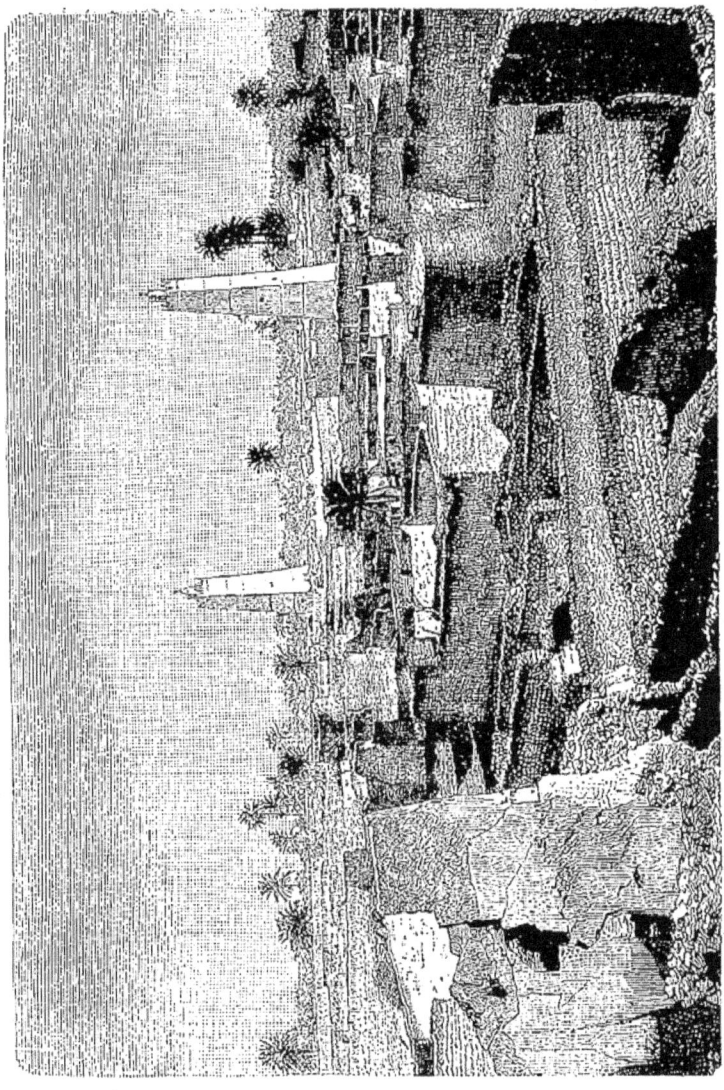

Fig. 90. — L'oasis d'Ouargla.

les rouliers et les pirates du désert, semblent peu disposés
à les ouvrir au commerce français.

Les principaux points de l'Algérie sont en communication par un réseau télégraphique, qui se rattache à l'Europe par un câble direct et par Tunis et la Sicile.

Commerce. — Le commerce intérieur, favorisé par une sécurité plus grande, par l'amélioration des routes, une administration plus juste et plus intelligente, se développe chaque jour. Les marchés indigènes, qui sont au nombre de plus de 250, se multiplient; et l'on évalue les transactions à plus de 1 300 millions.

En 1882, le commerce extérieur (spécial) de l'Algérie s'élevait à 424 millions contre 125 millions en 1845.

L'importation y entrait pour 262 millions, l'exportation pour 162 millions.

La part de la France, sans compter les marchandises provenant de nos entrepôts (40 millions), dépassait *à l'importation* 165 millions, consistant en tissus, vins et spiritueux, sucres raffinés, ouvrages en peau et en cuir, ouvrages en métaux, denrées coloniales, bougies, savons, poterie, verrerie et cristaux, etc. :

A *l'exportation*, 96 millions consistant en laines, bestiaux, peaux brutes, céréales, alfa et crin végétal, minerais de fer, de plomb et de cuivre, écorces de lièges, huiles d'olive, fruits secs ou frais, graisses de toute sorte, corail, marbres, bois d'ébénisterie, etc.

L'Angleterre et l'Espagne suivent de loin la France, avec un chiffre qui, pour l'Angleterre, dépasse 43 millions et pour l'Espagne 38 millions.

L'Angleterre et ses possessions exportent pour plus de 30 millions de laines, d'orge, d'alfa, etc., et renvoient en échange des houilles et des métaux. L'Espagne tire d'Algérie du tabac et des bestiaux qu'elle échange contre ses vins et ses fruits.

La Belgique (3 millions d'échanges) importe surtout des tissus, des verres à vitre et des métaux.

L'Italie, dont les échanges s'élèvent à plus de 10 millions, reçoit des grains, du corail, et renvoie de la poterie commune, du riz et des vins.

Les États barbaresques (Tunis, Tripoli et Maroc) tirent

de l'Algérie pour trois ou quatre millions de tabacs, d'ouvrages en peau et en cuir, d'objets de sellerie, de sparterie, et lui expédient pour 10 à 12 millions de laines, d'objets d'habillements, de peaux préparées, sans compter la poudre et les armes qui passent en contrebande.

Le commerce avec le Soudan, qui, par l'intermédiaire des Touaregs, pourrait devenir une des sources de richesse de l'Algérie, ne consiste encore qu'en quelques échanges irréguliers, et trop peu importants pour lutter avec le courant du commerce anglais établi par le Maroc.

La colonisation. — La conquête, commencée en 1830, ne s'est achevée qu'en 1858. L'Algérie date d'hier, et cependant elle est déjà la plus riche possession de la France ; travaux immenses, routes, chemins de fer, ports, aqueducs, villes improvisées, barrages, puits artésiens, introduction de cultures nouvelles, augmentation progressive de la population européenne, création de nombreuses écoles pour les Européens et les indigènes, réforme de la justice musulmane, formation de compagnies pour la culture du sol, institutions de crédit, dont la plus importante est la *Banque d'Algérie*, créée en 1851, au capital de 3 millions, tels sont les progrès accomplis en trente ans.

Toutefois la colonisation a rencontré et rencontre encore bien des obstacles : l'insuffisance des routes, le prix élevé du travail européen, la rareté des capitaux, qui maintient l'intérêt pour le petit cultivateur de 8 à 10 %, des changements trop fréquents dans le système d'administration, des règlements trop compliqués qui entravent l'initiative individuelle ; enfin les dernières agitations qui suivent nécessairement la conquête, et qui se traduisent par les soulèvements partiels des races indigènes. Le colon se trouve en présence de deux populations plus diverses encore de mœurs que de races : le Kabyle montagnard, sédentaire, ouvrier intelligent, cultivateur habile, musulman tiède, et assez disposé à accepter la civilisation et la richesse que lui offre la France; l'Arabe ou le Berbère des plateaux doué de qualités plus brillantes que solides, nomade par instinct, connaissant à peine la propriété individuelle, détestant le travail pour lui-même, le craignant et le méprisant chez les autres, trop au large sur les vastes espaces où il promène sa vie indolente, pour s'y résigner jamais sans nécessité. Il est à désirer que les généreuses concessions faites à la race arabe soient interprétées par elle dans leur véritable sens, et lui inspirent, avec le goût de la propriété, celui du travail et de la vie sédentaire, qui peut seule la réconcilier avec la civilisation.

Tunisie

La Tunisie, située entre 34° et 37° de latitude Nord, 5° 30′ et 9° de longitude Est, est bornée : au nord et à l'est par la Méditerranée, au sud, par le Sahara et la Tripolitaine, à l'ouest par l'Algérie. Le littoral tantôt rocheux, tantôt sablonneux, se dirige de l'ouest à l'est depuis le cap *Roux*, sur la frontière algérienne, jusqu'au cap *Bon*. Il est semé de quelques îlots (*île de Tabarca*) et creusé par la baie de *Bizerte* où se déverse le lac de *Tindja* et par le vaste golfe de *Tunis*. A partir du cap Bon, la côte bordée de dunes et de salines court du nord au sud jusqu'à l'île de *Djerba* sur les frontières de la Tripolitaine. Elle forme deux grands golfes ouverts, celui de *Hammamet*, et celui de *Gabès* entre les îles *Djerba* et *Kerkennah*. L'intérieur du pays sillonné par les chaînes de l'Atlas, qui prolongent les montagnes de la province de Constantine, est un plateau ou plutôt une série de plateaux (pays des *Kroumirs*, entre la mer et la rive droite de la Medjerda, *Djebel Zaghouan* sur la rive gauche de ce fleuve, etc.), en partie couverts de forêts de chênes-lièges. Ces plateaux sont arrosés par quelques rivières, dont la plus importante est la *Medjerda*. Au sud, dans la région saharienne. des lacs salés, le chott Fedjidj, le chott Djérid, le chott Rharsa, situés au dessous du niveau de la mer, forment une chaîne

Fig. 91. — Vue de Kairouan.

presque continue depuis le golfe de Gabès jusqu'au chott Melrir. Du reste la nature du climat, la constitution du sol et les productions sont à peu près les mêmes qu'en Algérie (120 000 kilom. carrés, 1 500 000 à deux millions d'habitants, presque tous musulmans).

La capitale est **Tunis** (125 000 habitants), avec le port de la *Goulette*, sur la Méditerranée, non loin des ruines de *Carthage :* c'est la résidence du bey, du représentant du protectorat français, et le siège d'un archevêché uni à celui d'Alger ; les ports de *Bizerte*, sur la côte septentrionale, de *Sousse*, (ancien *Hadrumetum*), et de *Monastir*, sur le golfe de Hammamet, de *Sfax* et de *Gabès*, sur le golfe de Gabès, ont une navigation assez active ; la ville de *Kairouan*, au sud de Tunis, a été longtemps la capitale. *Gafsa*, au sud-ouest de Kairouan est la ville la plus importante de la région des Chotts, *El-Kef,* de celle des plateaux.

Notions historiques. — La Tunisie correspond à l'ancien territoire de Carthage. Ce fut là que se fonda une des premières puissances maritimes et commerçantes de l'antiquité.

Après avoir détruit Carthage et fait de son territoire la province d'Afrique, les Romains ne tardèrent pas à la relever, et la Carthage impériale retrouva une partie de sa prospérité. Conquise par les Vandales, puis reprise par Justinien, elle ne fut enlevée à l'empire romain que par les Arabes qui la renversèrent pour toujours. *Kairouan*, qui lui succéda, devint la capitale de dynasties indépendantes qui eurent plus d'une fois à lutter contre les chrétiens. Saint Louis vint mourir sous les murs de Tunis ; Charles-Quint s'en empara, mais ne garda pas cette conquête, et, à la fin du seizième siècle, la Tunisie devint vassale de l'empire ottoman. Depuis le dix-huitième siècle, elle se gouverne d'une manière à peu près indépendante. Le voisinage de l'Algérie, et la nécessité de réprimer les brigandages des tribus tunisiennes ont forcé la France, en 1881 (traité du 12 mai), à imposer son protectorat à la Tunisie et à occuper les principales villes.

Productions, commerce. — La situation de la Tunisie à l'extrémité septentrionale de l'Afrique, au centre de la Méditerranée, à quelques heures de Malte et de la Sicile, à deux jours de Marseille, la douceur de son climat, ses richesses minérales (fer, cuivre, plomb, marbres, sel); la fécondité de son territoire sillonné par les rameaux de l'Atlas, mais qui dans les plaines du littoral (Sahel), produit, presque sans culture, les céréales, les légumes, le tabac, le dattier, l'olivier, les arbres fruitiers; ses forêts de chênes-lièges, ses vastes pâturages, ses prairies d'alfa et ses pêcheries de corail ont assuré de tout temps une haute importance commerciale à ce pays, qui par sa proximité de l'Algérie, méritait d'attirer d'une manière toute spéciale l'attention de la France.

Le commerce maritime de la Tunisie se concentre dans quatre ports :

Tunis, sur une lagune qui communique avec la mer par le canal de la Goulette, centre des relations avec l'Europe, et de l'industrie indigène :

Hammamet et *Sousse,* sur un large golfe au sud de Tunis; **Sfax,** sur le golfe de Gabès (20 000 habitants), centre du commerce avec Tripoli et Malte.

Le mouvement total de la navigation dépasse 550 000 tonneaux.

Le commerce de terre communique avec la Tripolitaine, le Sahara et le Soudan par des routes de caravanes, dont *Kairouan* est le centre, et qui se dirigent au sud vers l'oasis de *Ghadamès*, par Gafsa; à l'ouest, vers l'oasis du *Touat*, par le Beled-el-Djerid (pays des Dattes) algérien et les villes de *Ouargla* et d'*El Goleà*.

La Tunisie compte environ 400 kilomètres de chemins de fer et 1 200 kilomètres de lignes télégraphiques.

La France occupe le premier rang dans le commerce de Tunis, qui ne dépasse pas 50 millions; l'Italie, le second, l'Angleterre, le troisième. Les exportations consistent, pour l'Europe, en produits naturels, huiles, céréales, bestiaux, laines, dattes, alfa, etc., et en tissus, cuirs ouvrés, bonnets de laine pour l'Algérie, la Tripolitaine et le Soudan ; les importations en draps, cotonnades, soieries de France, armes, quincaillerie, métaux bruts, bois de construction, sucres, cafés, épices et boissons, de Gênes, de Malte et de Marseille.

La monnaie de compte est la **piastre**, de 0 fr. 62 ; les poids les plus usités, le *cantaro* = 50 kilogr. 7 ; le *mital* = 17 kilogr. 4, et le *rotolo* = 0 kilogr. 507 ; la mesure pour les matières sèches ou liquides, le *caffiso* = 640 litres.

RÉSUMÉ

I. ALGÉRIE. — L'*Algérie*, possession française (5 à 600000 kilomètres carrés), est bornée, au nord par la Méditerranée, à l'est par la Tunisie, au sud par le Sahara, à l'ouest par le Maroc. Elle correspond à l'ancienne *Numidie* et à une partie de la *Mauritanie* et fut tour à tour soumise par les Romains, les Vandales, les Arabes ; les Turcs y exercèrent, à partir du seizième siècle, une souveraineté nominale. La France a achevé, en 1858, la conquête de l'Algérie, commencée en 1830 par la prise d'Alger.

L'Algérie est un plateau dominé ou limité par des massifs montagneux qui appartiennent au système de l'Atlas et qui donnent naissance à un grand nombre de rivières, non navigables (*Seybouse*, *Roummel*, *Harrach*, *Tafna*), dont la plus considérable est le *Chélif*.

L'Algérie se divise en trois régions physiques : 1° de la Méditerranée aux sommets de l'Atlas septentrional, le *Tell*, région des céréales, de la vigne, de l'olivier, du tabac, des forêts de chênes-lièges, des mines de fer et de cuivre, des carrières de marbre ; 2° entre l'Atlas septentrional et l'Atlas méridional, la région des *Plateaux* ou steppes, couverts de lacs salés, de pâturages et de prairies d'alfa ; 3° au sud de l'Atlas, le *Sahara*, région des sables et des oasis.

La population totale est de 3 310 000 habitants, dont près de 460 000 européens et 2 850 000 indigènes, *Arabes* ou *Berbères* (Kabyles), de religion musulmane.

L'Algérie se divise en trois provinces, partagées en territoire civil et territoire militaire. Alger est la résidence du gouverneur général.

Le territoire civil forme trois départements.

1° ALGER (70 000 hab.) ; sous-préfectures : *Milianah*, *Orléansville* et *Tizi-Ouzou* ; ville principale : *Blidah* ;

2° ORAN, sous-préfectures : *Mascara, Tlemcen, Mostaganem* et *Sidi-bel-Abbès*;

3° CONSTANTINE, sous-préfectures : *Bône, Bougie, Philippeville, Guelma* et *Sétif*.

Les principales villes du territoire militaire sont :

1° Dans la province d'Alger : *Laghouat* et *Ouargla*;

2° Dans la province d'Oran : *Saïda* et *Géryville*;

3° Dans la province de Constantine : *Batna, Biskra, Tougourt*, au sud du lac *Melrir*.

Les principaux ports de l'Algérie en communication régulière avec la France sont : Alger, Oran, Philippeville et Bône. — La longueur des chemins de fer exploités atteint 1 800 kilomètres. — Le commerce extérieur de l'Algérie dépasse 420 millions dont 260 pour la France. Elle exporte surtout des céréales, des laines, du tabac, des fruits, de l'alfa, des bestiaux et des minerais de fer. La plupart des objets manufacturés lui viennent de France.

II. La TUNISIE (120 000 kilomètres carrés), est située entre la Méditerranée au nord et à l'est, la Tripolitaine au sud, l'Algérie à l'ouest. Elle est couverte par les ramifications de l'Atlas et arrosée par plusieurs rivières dont la plus importante est la *Medjerda*. La Tunisie formait autrefois le territoire de *Carthage*, la rivale de Rome. Les Romains en firent la province d'Afrique qui fut conquise par les Vandales, reprise par Justinien, puis définitivement enlevée à l'empire romain par les Arabes. Elle est aujourd'hui gouvernée par un bey, protégé de la France depuis 1881.

La capitale est TUNIS (125 000 habitants), sur la Méditerranée, près des ruines de Carthage. Les principaux ports : *La Goulette*, port de Tunis, *Bizerte, Sousse, Sfax*, et *Gabès*. Kairouan est la principale ville de l'intérieur. La Tunisie dont le climat et le sol rappellent l'Algérie produit surtout des céréales, des laines, des dattes, des huiles d'olive, et de l'alfa.

Population. — Moins de deux millions d'habitants. Arabes et Berbères, musulmans.

Exercices

Carte physique et politique de l'Algérie et de la Tunisie.

Cartes agricoles de l'Algérie et de la Tunisie (production des céréales, de la vigne, forêts, alfa, etc...)

Lectures

LANIER. *L'Afrique*. 1 vol. in-12, 1884.
NIOX. *L'Algérie*. 1 vol. in-12, 1884.
CLAMAGERAN. *L'Algérie*. 1 vol. in-8°, 1883.
FROMENTIN. *Un été dans le Sahara*. 1 vol. in-16.
DUVEYRIER. *La Tunisie*. 1 vol. in-8°, 1881.

CHAPITRE II

Colonies d'Afrique autres que l'Algérie

I

CÔTE OCCIDENTALE D'AFRIQUE

Caractères physiques. — L'Afrique occidentale s'étend sur le littoral de l'Atlantique, depuis les bouches du Sénégal jusqu'à celles de la rivière *Counéné*, au sud du Congo, et comprend trois divisions principales, la Sénégambie, la Guinée septentrionale et la Guinée méridionale ou Congo. Ces trois vastes régions offrent à peu près les mêmes caractères : sur les bords de l'Atlantique et du golfe de Guinée, des plages basses, inondées, malsaines, couvertes de palétuviers, bordées de lagunes et de marécages, battues par un ressac violent; dans l'intérieur, des plaines de sable ou d'argile, brûlées pendant la saison sèche par un soleil de feu, mais fécondées par les pluies régulières des tropiques, et par les eaux de nombreuses rivières; enfin, sur les terrasses des monts *Kong* et des montagnes du *Congo*, qui soutiennent les plateaux du Soudan et de l'Afrique équatoriale, un climat plus tempéré, un sol plus humide, des cultures plus variées.

Les productions sont les mêmes sur presque toute la côte : fruits des tropiques, gommes, canne à sucre, café, arachides, huile de palme, coton, bois de toute espèce, cire, écaille; dans l'intérieur, d'immenses forêts, des sables aurifères, des mines de fer et de cuivre; mais ce riche tableau n'est pas sans ombres : un climat funeste pour les Européens, des ouragans terribles, des chaleurs accablantes, des pluies torrentielles qui durent du mois de juin au mois d'octobre, des communications difficiles, des populations appartenant à la race nègre, dégradées par le fétichisme, l'esclavage et le despotisme : tels sont les obstacles que rencontrent dans l'Afrique occidentale la civilisation et le progrès des colonies européennes.

Notions historiques. — Ces contrées ont été révélées à l'Europe par les navigateurs dieppois du quatorzième siècle, et les explorateurs portugais du quinzième et du seizième. Elles étaient probablement inconnues des anciens.

Toutes les nations maritimes de l'Europe, la Hollande, l'Angleterre, la France, la Suède, le Danemark vinrent tour à tour disputer aux Portugais le commerce de cette région où des populations grossières, passionnées pour les liqueurs d'Europe et pour les bagatelles qui flattaient leurs goûts puérils, livraient sans peine et, d'ordinaire sans danger, au trafiquant européen d'immenses bénéfices.

La poudre d'or, l'ivoire, les gommes, le poivre de Guinée ou malaguette, les graines oléagineuses et surtout les esclaves (1), tels étaient les objets de ce commerce qui peupla d'Africains exilés les plantations de l'Amérique.

L'abolition de la traite des nègres, en 1815, et l'active surveillance exercée par les croiseurs anglais, ruina la plupart des comptoirs qui n'avaient d'autre raison d'être que cet odieux trafic, et donna au commerce de l'Angleterre, des Etats-Unis et de la France une supériorité décisive sur celui du Portugal. La France a des établissements dans les trois régions dont nous venons de décrire les traits généraux.

Sénégambie. — La Sénégambie, qui s'étend sur la côte de l'Atlantique depuis le 18° jusqu'au 10° degré de latitude nord, n'est qu'un prolongement du Sahara : elle est arrosée par quelques fleuves considérables qui prennent naissance dans les monts Kong, le *Sénégal*, avec ses affluents (rive gauche) la *Falémé* et le *Bafing;* la *Gambie*, la *Casamance*, le *Rio Grande*, le *Rio Cassini*, le *Rio Pongo*.

(1) De là viennent les noms de *Côte du Poivre* de l'île Sherbro au cap Palmas; *Côte d'Ivoire*, du cap Palmas à la rivière d'Assinie; *Côte d'Or*, de l'Assinie au Rio Volta; et *Côte des Esclaves*, du Rio Volta au delta du Niger, donnés aux différentes parties du littoral de la Guinée.

Par leur importance politique et commerciale, nos établissements du Sénégal marchent après l'Algérie. Bornés au nord par les dunes et les steppes du Sahara, que parcourent les Maures nomades, à l'est par le Soudan, au sud par les établissements portugais et des peuplades indépendantes, à l'ouest par l'Atlantique, ils présentent à côté de plages sablonneuses et de savanes desséchées par un soleil brûlant, de fertiles terrains d'alluvion, de riches vallées, et des plateaux couronnés d'une admirable végétation.

C'est la France qui tient entre ses mains l'avenir commercial du Sénégal. Maîtresse de la côte par les ports de **Saint-Louis**, chef-lieu de la colonie (16 000 hab.), à l'embouchure du Sénégal, de **Dakar**, au pied du cap Vert, de **Gorée**, dans l'île du même nom, de *Carabane*, et de **Sedhiou**, dans le delta de la Casamance, de *Kakondy* et de *Boké* sur le Rio-Nunez, de *Boffa*, à l'embouchure du Rio-Pongo, dominant le cours du Sénégal jusqu'à 250 lieues des côtes, par les comptoirs et les forts de *Dagana*, de *Podor*, de *Bakel*, de *Médine*, de *Bafoulabé*, elle compte dans ses possessions directes 195 000 habitants; elle gouverne, par son influence armée ou pacifique, les Etats indigènes du Oualo, du Cayor, du Fouta-Toro, du Bambouk, peuplés par les nègres Yolofs, et le Bondou, habité par la race intelligente des Peuls, ou Fellatas. Les explorations hardies de nos voyageurs et l'énergie de nos soldats ont ouvert à notre commerce la route du Soudan occidental. Le poste de *Kita* sur le plateau qui sépare le bassin du Sénégal de celui du Niger, et celui de *Bamakou*, sur le Niger même, établissent entre le grand fleuve soudanien et l'Atlantique une ligne continue de positions françaises, et tracent peu à peu cette grande voie commerciale qui réunira un jour le Sénégal à l'Algérie, à travers le Sahara et le Soudan.

Des voies ferrées sont en construction entre Médine et Bafoulabé, et entre Dakar et Saint-Louis.

Les principaux produits de la Sénégambie française sont la gomme, les arachides et autres fruits oléagineux, les huiles de palme et le coton, dont la culture a donné d'heureux résultats. La Sénégambie sert en outre de dé-

Fig. 92. — Vue de Saint-Louis.

bouché à quelques produits du Soudan, cire, ivoire, plumes de parure, caoutchouc : ce commerce devra prendre un développement considérable si nous savons profiter de nos positions sur le Niger.

Le commerce extérieur est en moyenne de 38 à 40 millions, dont 30 pour le commerce avec la France (21 millions pour l'exportation en France, 8 à 9 pour l'importation française).

Le mouvement de navigation (navires chargés) est d'environ 125000 tonneaux. Les *Messageries maritimes* mettent Dakar à 10 jours de Bordeaux.

Guinée septentrionale. — On donne le nom de **Guinée septentrionale** aux pays qui s'étendent entre les monts *Kong* et l'Atlantique, depuis le Rio *Pongo* jusqu'au cap *Lopez*, et qui sont arrosés par la rivière de *Sierra-Leone*, la rivière *St-Paul*, le Rio *Volta*, le cours inférieur du *Niger*, le *Vieux Calabar* et l'*Ogooué* dont la vallée a été explorée par MM. *Marche, de Compiègne* et *Savorgnan de Brazza*.

La **France** possède sur les côtes de Guinée quelques territoires, qui formaient autrefois une dépendance du gouvernement du Sénégal; *Dabou* et *Grand-Bassam*, sur la côte d'Ivoire; *Assinie*, sur la côte d'Or, marchés du commerce de l'ivoire et de l'huile de palme avec les **Achantis**; les comptoirs de *Porto-Seguro*, d'*Agoué*, de *Ouidah*, des deux *Popos*, et de *Porto-Novo* sur le littoral du **Dahomey**; le territoire du *Gabon* (chef-lieu *Libreville*) et plusieurs villages sur le golfe de Biafra et sur le cours de l'Ogooué qui deviendra une des routes de l'Afrique équatoriale.

Quelques milliers de nègres reconnaissent le protectorat ou la domination française; les colonies de Guinée offriraient des ressources pour la culture des épices, du café, du tabac, du coton, de l'indigo, si la paresse des indigènes n'opposait au progrès une difficulté aggravée par l'insalubrité du climat. L'ivoire, le caoutchouc (Gabon), les huiles de palme sont les principaux objets d'exportation. Les marchandises importées sont, outre les liqueurs et spiritueux, les tissus de coton, les armes, la quincaillerie, les miroirs, la verroterie, le fil de cuivre, etc… Des maisons françaises ont fondé sur le bas Niger et le cours inférieur du Binoué des factoreries qui rivalisent avec celles de l'Angleterre.

Congo. — Au sud de la Guinée, entre le cap Lopez (1ᵉʳ degré de lat. S.) et le cap Frio (18° 30′ de lat. S.), se prolonge sur les bords de l'Atlantique, le **Congo** ou Guinée

Fig. 93. — Comptoir du Gabon.

méridionale dont le littoral était partagé, avant les derniers événements, entre les royaumes indigènes du *Loango* et du *Congo* et les territoires portugais d'*Angola* et de

Benguela, qui s'étendent jusqu'à 500 ou 600 kilomètres de la côte.

La domination portugaise n'a jamais pénétré chez les populations noires des hauts plateaux de l'intérieur dont les richesses paraissent supérieures à celles du littoral. Le coton, les arachides, l'indigo, le ricin, la canne à sucre, le sorgho y poussent presque sans culture. Les bois d'ébénisterie et de teinture, le palmier à huile, le caoutchouc, la gutta-percha, la gomme copal y abondent. L'ivoire y est de qualité excellente. Des mines de plomb, de cuivre, des gisements de fer et de houille ont été reconnus par les explorateurs européens.

La grande route de ces riches contrées où quelques caravanes arabes et quelques traitants portugais trafiquaient seuls avec les indigènes, c'est le Congo dont l'importance n'a été soupçonnée qu'en 1878 après le voyage de *Stanley*.

De cet immense cours d'eau à qui la reconnaissance des géographes contemporains a imposé le nom de *Livingstone*, on n'avait remonté que le cours inférieur, depuis son embouchure jusqu'aux cataractes de Yellala. Les découvertes successives de Livingstone, de Cameron et de Stanley révélèrent ce fleuve gigantesque, long de 4000 kilomètres, navigable sur une étendue d'au moins 2000, grossi par des affluents aussi puissants que le Rhin ou le Danube, et dont le bassin occupe une superficie égale aux deux tiers de l'Europe. Mais à quelque distance de la mer et sur un espace d'environ 200 kilomètres, le fleuve traverse un pays de ravins, de montagnes sauvages, il est coupé de rapides et de cataractes qui opposent un obstacle invincible à la navigation.

Il y avait deux manières de triompher de cet obstacle: l'aborder de front en jetant par dessus les torrents, les montagnes et les précipices une route le long de la vallée du Congo, ou le tourner en arrivant à la partie navigable du fleuve par une voie plus facile. M. Stanley devenu l'agent de l'*Association internationale africaine*, se décida pour le premier parti.

Un voyageur français, M. *Savorgnan* de *Brazza* résolut de tourner cette barrière qu'il était si difficile de percer. Sur les traces d'autres Français, MM. Marche et de Compiègne, il avait déjà exploré tout le bassin de l'Ogooué, qui vient déboucher dans l'Atlantique sur le territoire de notre établissement du Gabon. Presque en même temps que Stanley, dont il ignorait alors les découvertes, il avait pénétré dans le bassin du Congo en remontant l'Ogooué, en traversant les plateaux où il prend naissance et en redescendant un des affluents du grand fleuve, l'Alima. Il rapporta de son voyage la conviction que la véritable route pour atteindre le point où le Congo redevient navigable, ce n'était point la vallée inférieure du fleuve hérissée d'obstacles, c'était celle de l'Ogooué ou plutôt d'un autre cours d'eau presque parallèle, le *Niari*, séparé par des plateaux d'un accès facile des affluents de la rive droite du Congo. Il restait à déterminer cette route et à l'assurer à la France. Ce fut une rude tâche. Il fallut lutter contre le climat, contre la nature et contre les hommes. Il fallut prouver aux populations indigènes que s'il y a des blancs disposés à les traiter en bêtes sauvages (elles en avaient malheureusement fait l'expérience), il y en a d'autres qui leur apporteront la richesse, la civilisation et la paix ; que si, parmi les hommes plus ou moins apparentés à notre race, il y a des trafiquants de chair humaine, il y en a aussi qui viennent briser les fers des esclaves et se faire les apôtres de la liberté. Tout fut vaincu : la défiance, le désert, la fatigue, la famine, et au mois d'octobre 1880 le drapeau français flottait sur le Congo où nul autre ne l'avait précédé.

La France, en vertu d'un traité signé avec les chefs indigènes et sanctionné par les Chambres françaises, est maîtresse d'un territoire situé sur le Congo entre les rivières Djoué et Impila, station qui peut lui assurer une large part dans le commerce du moyen et du haut Congo. Le poste français, *N'tamo* dans la langue des indigènes a reçu de la reconnaissance nationale le nom de *Brazzaville*. Des postes échelonnés sur l'Ogooué (*Franceville*) et sur l'Alima assurent la communication du haut fleuve avec notre établissement du Gabon. En 1883, la France a également occupé le port de *Loango* et la baie de *Punta-Negra*, sur l'Atlantique, près de l'embouchure du *Niari*. Enfin l'*Association internationale africaine* qui, sous la direction de M. Stanley, a fondé plusieurs comptoirs sur le Congo s'est engagée par un accord avec le gouvernement français, à ne céder ses possessions qu'à la France si l'association venait à disparaître.

La conférence de Berlin (novembre 1884) a décidé que la navigation du Congo serait libre pour tous les pavillons, et placée sous la surveillance d'une commission internationale analogue à celle du Danube.

II

POSSESSIONS FRANÇAISES DE L'OCÉAN INDIEN
LA RÉUNION, MADAGASCAR.

Obok. — La France a occupé (traité du 11 mars 1862) sur la côte orientale de l'Afrique, à l'entrée du détroit de Bab-el-Mandeb et presque en face de la ville anglaise d'Aden, le territoire d'*Obok*, qui renferme des gisements de charbon de terre et qui peut avoir une certaine importance comme point de relâche, surtout depuis l'occupation (1884) de la baie de *Tadjoura*, située au sud de celle d'Obok ; mais c'est jusqu'à présent à la Réunion et à Madagascar que se concentrent nos intérêts coloniaux dans l'Afrique orientale.

La Réunion. — L'île de la **Réunion ou de Bourbon** fait partie du groupe des *Mascareignes* : elle est occupée par les Français depuis 1638. Elle est située entre 52°55' et 53°12' de longitude orientale, 20°50' et 21°20' de latitude méridionale. Volcanique, hérissée de montagnes, dont le point culminant, le *Piton-des-Neiges*, atteint 3 070 mètres, mais fertile dans les vallées et sur la côte, elle possède une superficie de 251 000 hectares et une population de 180000 âmes, dont 50000 blancs et 50000 immigrants chinois, indous ou africains. Les trois ports: *Saint-Pierre, Saint-Paul* et *Saint-Denis*, chef-lieu de la colonie (40000 habitants), ne sont que des rades ouvertes et dangereuses, que d'immenses travaux ont enfin réussi à améliorer. Saint-Denis est la résidence du gou-

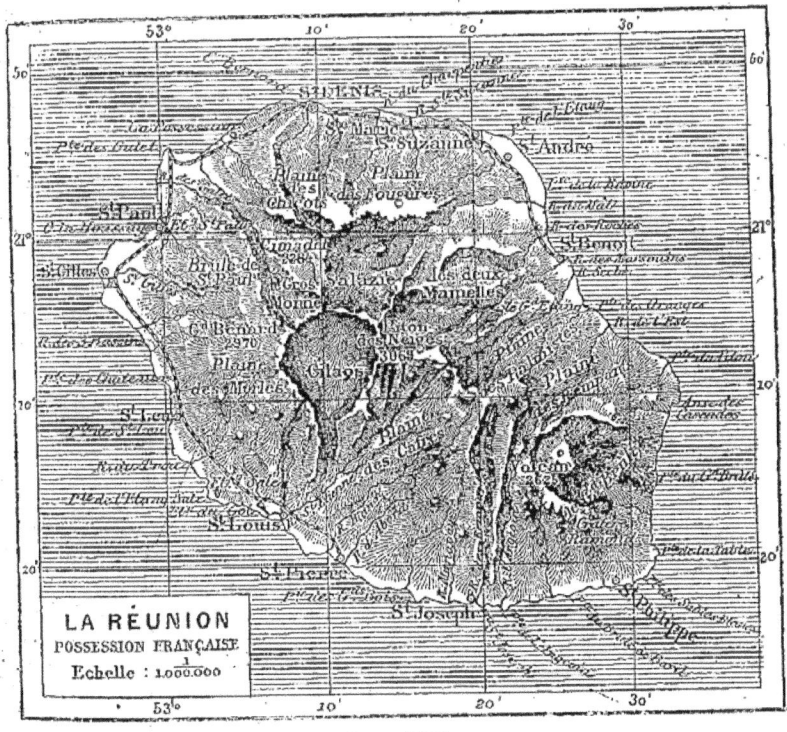

Carte XVII.

verneur, le siège d'une cour d'appel, d'un vice-rectorat et d'un évêché. Le budget local atteint 5 millions.

Le mouvement de la navigation entre la France et la Réunion s'élève à environ 48000 tonneaux chargés. Les vapeurs des *Messageries maritimes* (Marseille, Suez, Aden), y prennent la principale part.

La grande industrie et la grande culture de la Réunion est la canne à sucre, dont la production moyenne dépasse

30 millions de kilogrammes de sucres bruts préparés dans 120 usines; le tabac fournit environ 500 000 kilogrammes; le cacao, le coton, la vanille, les épices, le riz, les céréales jouent dans la culture un rôle secondaire; la production du café, qui dépassait, en 1817, 3 530 000 kilogrammes, est réduite à 750 000 kilogrammes en moyenne.

La production du tafia (rhum) est évaluée à 1 500 000 litres; c'est avec les sucreries, à peu près la seule industrie de la colonie.

Le mouvement des échanges atteignait, en 1882, 43 millions, dont 24 millions pour la France.

Le sucre représentait à l'exportation une somme de 13 millions; la vanille et le café 2 millions environ. A l'importation, les tissus, les vins, les ouvrages en peau, et en cuir, les ouvrages en métaux, les machines occupent les premiers rangs.

La Réunion entretient avec l'Inde anglaise, la colonie du Cap, l'Australie, Maurice et Madagascar, et avec les colonies françaises de l'Inde et de l'Océanie, des relations actives : elle en reçoit des céréales, des bestiaux, des huiles à brûler, et y réexporte des marchandises françaises et quelques sucres de qualité inférieure.

Nous avons perdu en 1815 l'île de **France (Maurice)**, aujourd'hui possession anglaise, dont la capitale, *Port-Louis*, est un des meilleurs ports de l'océan Indien.

Madagascar, Les Comores. — Maurice et la Réunion sont le principal centre des relations avec la grande île de Madagascar, dont la superficie dépasse 590 000 kilomètres carrés, et la population 3 millions 1/2 d'habitants. Elle est située entre 12° (cap *Sainte-Marie*) et 25°30′ (cap d'*Ambre*) de latitude sud. Malsaine mais fertile sur la côte, bien arrosée, quoiqu'elle n'ait pas de cours d'eau navigables, elle est traversée par une chaîne de montagnes (points culminants 2,500 mètres) qui forme dans l'intérieur de vastes plateaux au climat tempéré, mais au sol aride, pierreux, et rebelle à la culture. Madagascar possède cependant de grandes richesses natu-

POSSESSIONS FRANÇAISES DE L'OCÉAN INDIEN. 485

relles : céréales, légumes, riz, tabac, épices, café, coton cultivés sur le littoral et sur le bord des cours d'eau, cire, bestiaux, bêtes à laine, admirables pêcheries, surtout

Fig. 94. — Vue de Mayotte.

dans le canal de Mozambique, entre l'île et le continent; forêts aux essences variées (ébène, palissandre, acajou, bois de teinture, gommiers) dans la région du littoral, mines de fer, de plomb, de cuivre, de manganèse, gisements de lignite, carrières de gypse et de porphyre. Mais ces ressources sont paralysées par l'apathie des populations malgaches et le gouvernement peu intelligent des Hovas, peuplade d'origine malaise, récemment convertie au presbytérianisme, qui ont soumis la plupart des populations noires du centre et de l'est. Ils ont fait de *Tananarive* ou *Antananarivou* (80000 habitants) leur capitale, et du port de *Tamatave*, sur la côte orientale, le seul débouché régulièrement ouvert au commerce étranger.

La France avait conservé de ses droits de souveraineté sur Madagascar, qui remontent au dix-septième siècle, le protectorat des tribus malgaches de la côte nord-ouest, quelques postes sur cette côte (*Madsunga*, *Passandava*, etc.), et une certaine influence à Tananarive, disputée par les Anglais et les Américains. Mais depuis quelques années les vexations des Hovas contre nos commerçants et leurs attaques contre les tribus amies de la France, ont amené avec le gouvernement de Tananarive des difficultés qui ont fini par aboutir à une guerre ouverte et à l'occupation de *Tamatave* et du nord de l'île par les forces françaises.

Nous possédons à peu de distance de Tamatave l'île *Sainte-Marie de Madagascar* et les îles *Nossi-Bé*, *Nossi-Mitsiou*, *Nossi-Comba*, et *Nossi-Fali* à la pointe nord-ouest de Madagascar. L'influence française est dominante dans le groupe des Comores, dont la plus voisine de Madagascar, **Mayotte** (10000 habitants) est occupée depuis 1841, tandis que nous n'exerçons sur *Moheli*, *Anjouan* et *Grande-Comore* qu'un protectorat contesté par les chefs arabes du Zanguebar. Le sucre et les peaux brutes sont les principaux objets du commerce avec la France qui ne dépasse pas 5 millions.

RÉSUMÉ

I

La SÉNÉGAMBIE, située entre le Sahara au nord, l'Atlantique à l'ouest, la Guinée septentrionale au sud et le Soudan à l'est, est en grande partie occupée par les *établissements fran-*

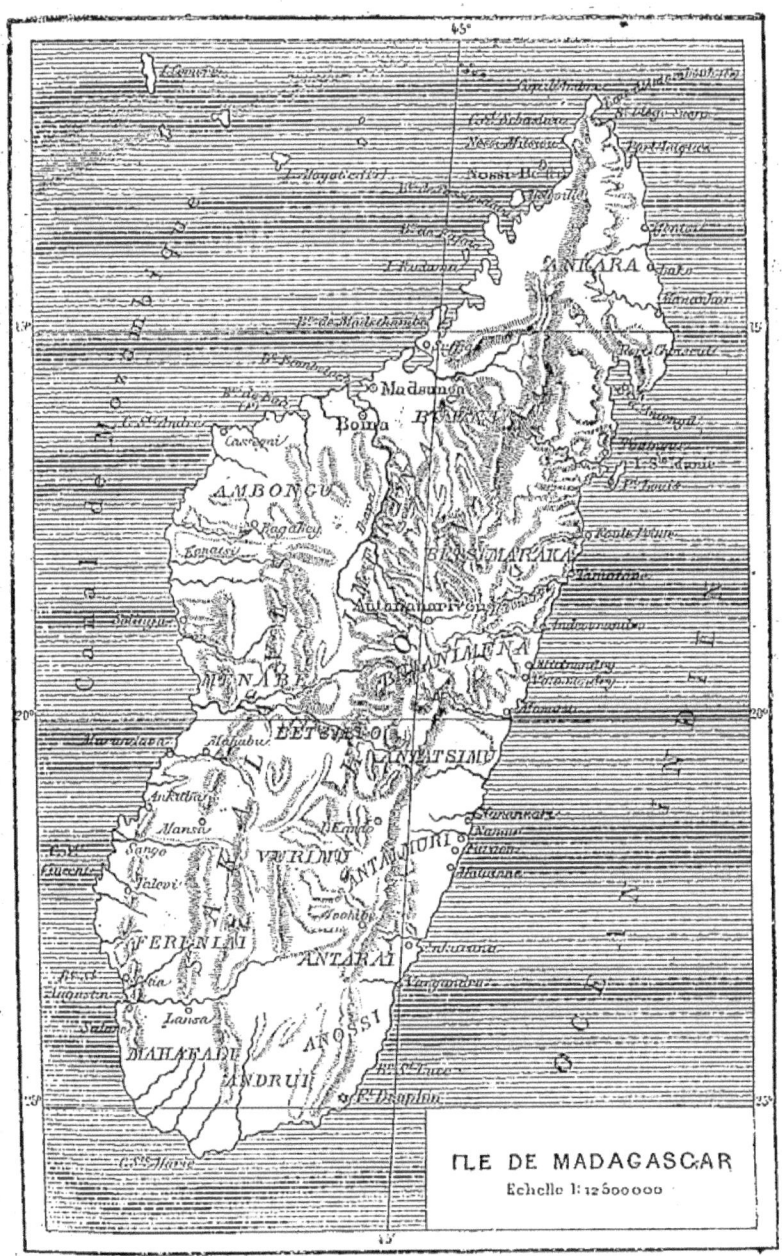

Carte XVIII.

çais (195000 habitants), capitale *Saint-Louis* sur le Sénégal; villes principales : *Gorée*, dans l'île du même nom et *Dakar* près du cap Vert, *Médine* et *Bafoulabé* sur le haut Sénégal qui servent de lien entre nos établissements de la côte et ceux du Niger. Nous occupons sur ce grand fleuve la ville de *Bamakou*.

Les populations indigènes de race nègre et fellata, sont musulmanes ou fétichistes. — Le principal commerce est celui des gommes, des arachides et autres fruits ou graines oléagineuses; le climat est un des plus brûlants et des plus insalubres de l'Afrique.

La GUINÉE SEPTENTRIONALE, entre la Sénégambie et le Soudan au nord, la Guinée méridionale, au sud-est, et l'Atlantique au sud et à l'ouest, est une région sablonneuse sur la côte, montagneuse dans l'intérieur, arrosée par le *Rio Volta*, le *Niger*, l'*Ogooué* et partagée entre des *établissements anglais, allemands et français*. Nos principaux comptoirs sont *Assinie, Grand-Bassam, Porto-Novo*, et le territoire du *Gabon*. Les productions sont à peu près les mêmes que celles de la Sénégambie : il faut y ajouter le commerce de l'ivoire et du caoutchouc.

La GUINÉE MÉRIDIONALE ou CONGO, qui s'étend sur le littoral de l'Atlantique entre l'équateur et le 18° degré de latitude méridionale et qu'arrosent le *Livingstone* ou *Congo* et le *Coanza*, était partagée entre des Etats nègres indépendants et des *établissements portugais*.

M. Savorgnan de Brazza a fondé en 1880 sur le Congo, au-dessus des cataractes, une station française, *Brazzaville*, destinée à devenir l'entrepôt du commerce du haut fleuve, et à se rattacher à l'Ogooué par le cours de l'Alima, affluent du Congo : la France a occupé également, en 1883, des positions sur la côte de l'Atlantique, près de l'embouchure du Niari.

II

ILES DE L'OCÉAN INDIEN. — *Madagascar*, la plus grande île de l'Afrique (590 000 kilomètres carrés, 3 500 000 habitants), couverte de plateaux dénudés, ou plus rarement boisés, dans l'intérieur, et sur la côte de marécages et de rizières, est soumise en partie à un peuple de race malaise, les Hovas; mais la France a conservé le protectorat de plusieurs tribus indigènes et des droits de souveraineté sur toute l'île. La capitale est *Tananarive*, ou *Antananarivou*, au centre de l'île; le principal port, *Tamatave*, à l'est, aujourd'hui occupé par les Français.

L'île *Sainte-Marie*, les îles *Nossi-Bé*, *Nossi-Comba*, *Nossi-Fali*, *Mayotte*, l'île de la *Réunion* (180000 hab.), capitale *Saint-Denis*, v. pr. *Saint-Pierre* et *Saint-Paul*, sont des possessions françaises. Le sucre et le café sont les principales productions.

Nous occupons à l'entrée de la mer Rouge le petit port d'*Obok* et la baie de *Tadjoura*.

Exercices

Carte des possessions françaises de la côte occidentale d'Afrique (Sénégambie et Guinée).
Itinéraires de M. Savorgnan de Brazza.
Carte de Madagascar.

Lectures

Lanier. *L'Afrique.* 1 vol. in-12, 1884.
Gaffarel. *Les colonies françaises.* 1 vol. in-8°, 1883.
Rambosson. *Les colonies françaises,* in-8°, 1884.
Faidherbe. *Un chapitre de géographie sur le nord-ouest de l'Afrique,* in-8°, 1865.
Mage. *Le Soudan occidental.* 1 vol. in-8°, 1868.
Gallieni. *Mission dans le Haut-Niger et à Ségou.* (Bulletin de la Société de géographie, 1882-1883.)
De Compiègne. *L'Afrique équatoriale.* 2 vol. in-18.
Marche. *Trois voyages dans l'Afrique occidentale.* 1 vol. in-16, 1882.
D. Neuville et Bréard. *Les voyages de M. Savorgnan de Brazza,* in-8°, 1884.
Mme Ida Pfeiffer. *Voyage à Madagascar.* 1 vol. in-18, 1881.
Grandidier. *Histoire physique, naturelle et politique de Madagascar.* 17 vol. in-4°, 1876-84.
Leroy. *Les Français à Madagascar.* 1 vol. in-12, 1884.
Azema. *Histoire de l'île Bourbon,* 1 vol. in-8°, 1859.
Lacaze. *L'île Bourbon, l'île de France et Madagascar.* in-8°, 1881.
De Rivoire, *Obok, Mascate,* etc. 1 vol. in-12, 1883.

CHAPITRE III

Colonies d'Asie et d'Océanie

I

INDES FRANÇAISES

La France possède aux Indes quelques comptoirs, souvenirs d'un empire qui s'étendait au milieu du siècle dernier sur 30 millions de sujets. La Compagnie française des Indes orientales fondée par Colbert, ruinée par les guerres de la fin du dix-septième siècle, puis relevée par Law, fut un moment, grâce au génie de Dupleix, maîtresse d'une grande partie du Dékan et du Bengale; mais l'incurie du gouvernement français assura le triomphe de l'Angleterre. La paix de Paris, en 1763, ne nous laissa aux Indes que les cinq comptoirs qui nous appartiennent encore. L'étendue de ces territoires ne dépasse pas 490 kilomètres carrés, et leur population 280 000 habitants.

Le chef-lieu est **Pondichéry**, sur la côte de Coromandel, rattaché à la métropole par les Messageries maritimes (24 jours). Les autres comptoirs sont *Karikal*, à l'embouchure du Cavéry, et *Yanaon*, à l'embouchure du

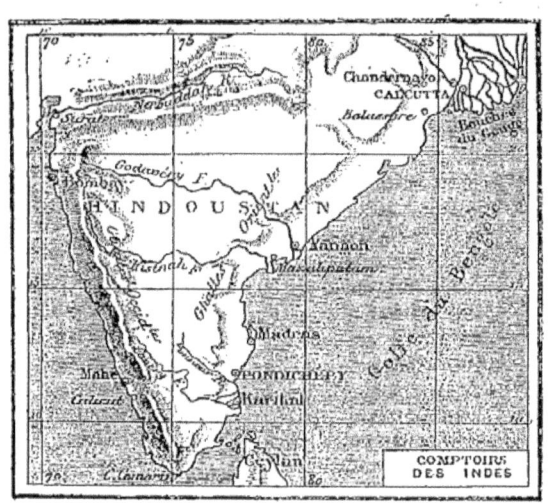

Carte XIX.

Godavéry, sur la côte de Coromandel, *Mahé* sur la côte de Malabar, et *Chandernagor* dans le delta du Gange, à 25 kilom. de Calcutta. Le commerce des graines oléagineuses, de l'indigo, du poivre, du café, des toiles de coton, dites guinées, et le recrutement des coolies indous, ont rendu quelque importance à ces comptoirs perdus au milieu des colonies anglaises, mais riches en cultures de toute espèce, nourrissant un demi-million d'animaux domestiques, et possédant même quelques industries, magnaneries, indigoteries, sucreries, fabriques de tissus, exploitées pour la plupart par des indigènes.

Le mouvement de la navigation avec la France s'élève

à 13,000 tonneaux chargés ; celui du commerce varie entre 25 et 29 millions, dont 10 à 12 millions seulement représentent la part de la France. Les toiles de coton, les arachides et les graines oléagineuses, l'indigo et le coton à l'exportation ; les vins et les tissus à l'importation, sont les articles les plus importants.

II

INDO-CHINE

Géographie physique. — L'Indo-Chine est une vaste presqu'île située entre la Chine au nord, les Indes et le golfe du Bengale à l'ouest, le détroit de Malacca et le golfe de Siam au sud, et la mer de Chine à l'est, creusée par trois grands golfes, celui de Martaban dans l'océan Indien, ceux de Siam et du Tonkin, dans l'océan Pacifique, et terminée par un étroit et long promontoire qui porte le nom de presqu'île de Malacca.

L'intérieur du pays est un plateau coupé par trois arêtes montagneuses qui se rattachent au gigantesque massif du Thibet. La plus occidentale, orientée du nord au sud, forme la presqu'île de Malacca ; la plus septentrionale, orientée de l'ouest à l'est, dessine la frontière chinoise et la ligne de partage des eaux entre les bassins du *Yang-tse-Kiang* et du *Tchou-Kiang*, et celui du *Song-Taï* (*Fleuve Rouge*) ; la troisième dont la crête se dirige du nord-ouest au sud-est, s'étale en larges plateaux qui dominent par des pentes rapides le littoral oriental de l'océan Pacifique entre le cap Saint-Jacques et le delta du Fleuve Rouge (points culminants, plus de 2000 mètres). Cinq grands fleuves arrosent l'Indo-Chine : l'*Iraouaddi* et le *Salouen* qui se jettent dans le golfe du Bengale, et dont le cours appartient à la **Birmanie** et aux établissements britanniques ; le *Meïnam* qui traverse le **Royaume de Siam** : le *Meï-Kong* ou rivière de *Cambodge*, long de 3500 kilomètres, et reconnu dans presque tout son cours par l'expédition française de MM. Doudart de Lagrée et Garnier, descend des montagnes du Thibet, coule dans le **Laos** siamois, dans le **Cambodge** où il reçoit les eaux d'une véritable mer intérieure, le grand lac Cambodgien, et forme un vaste delta, la **Cochinchine française**, terre d'alluvions, en grande partie créée par le fleuve. Le delta du *Meï-Kong* se confond avec celui de plusieurs cours d'eau moins considérables, dont le plus important, le *Don-Naï*, prend naissance dans les montagnes de l'**Annam**. Le cinquième des fleuves indochinois, le *Song-Tao* ou *Fleuve Rouge*, prend sa source dans les montagnes du **Yun-nan** (Chine méridionale), coule dans la direction du sud-est, et après avoir reçu ses deux principaux affluents, la *Rivière-Noire* (*Song-Bô*), à droite, et la *Rivière-Claire* (*Bô-dé*) à gauche, se partage en plusieurs bras avant de se jeter dans le golfe du **Tonkin**. Un de ces bras communique avec le fleuve *Song-Kau* ou *Thaï-Binh* qui forme également un delta.

La situation de l'Indo-Chine entre les deux mers, dominant les routes de la Chine et celles de l'Océanie, ses grands fleuves, la merveilleuse fertilité de ses plaines, la variété de ses productions, ont attiré depuis longtemps l'attention de l'Europe. L'Angleterre s'est emparée du littoral de la Birmanie et des trois clefs du détroit, Malacca, Poulo-Pinang et Singapour.

Cochinchine française. — La France a songé à son tour à se créer, dans l'extrême Orient, une position qui lui manquait depuis la ruine de sa domination dans les Indes, et, de 1859 à 1867, elle a occupé les six provinces de la basse **Cochinchine**, conquises sur l'empire d'**Annam**, *Saïgon*, *Mytho*, *Bien-Hoa*, *Chaudoc*, *Hâ-Tien* et *Vinh-Long*, avec le groupe des îles *Poulo-Condore*, situé à 180 kilomètres au sud de l'embouchure du Meï-Kong.

Les principaux débouchés du commerce de la basse Cochinchine sont *Mytho* et *Vinh-Long*, sur le Meï-Kong, *Bien-Hoa*, sur le Donnaï, et surtout *Saïgon* (100000 h.), chef-lieu de la colonie, sur un affluent du Don-naï, à 100 kilomètres de la mer, accessible aux plus grands navires, centre des voies de communication et des lignes télégraphiques qui le rattachent à l'Annam, au Tonkin et au télégraphe du Pacifique, desservi par les Messageries maritimes, qui font le trajet de Marseille aux bouches du Cambodge en 30 jours, et par les *Messageries fluviales* de Cochinchine.

La population de la colonie est de 1 600 000 habitants Annamites, Malais et Chinois pour un territoire de 59 457 kilomètres carrés. La religion est le bouddhisme, la langue est l'annamite, proche parent du chinois. Les résidents Européens sont au nombre de 2 000 dont 1 850 français.

Le climat est chaud et insalubre, surtout pendant la saison des pluies, d'avril à septembre : le sol bas, humide et arrosé par d'innombrables canaux ou arroyos, dont quelques-uns peuvent porter des jonques d'un assez fort tonnage, produit le riz, sa principale richesse, dans les alluvions du delta (560 000 hectares, 8 500 000 quintaux), les arachides, le tabac, le bétel dans les parties plus sèches : on a essayé avec plus ou moins de succès de cultiver le poivre (190 hectares), le maïs, le coton, la ramie, la canne à sucre (4 350 hectares), le mûrier et l'indigo. Les animaux domestiques sont le buffle, le porc, la volaille, les vers à soie et les abeilles.

Fig. 95.
Riz (hauteur de la tige, 1 mètre).

Au nord, à l'est et à l'ouest de la Cochinchine française se dressent quelques massifs montagneux d'origine volcanique, en partie couverts de forêts où abondent les bois de teinture et de construction, les cocotiers, les arékiers, les bananiers. Les minéraux sont rares, l'industrie peu avancée, bien que les Annamites excellent dans la fabrication des nattes et le travail du bois. Le commerce indigène est presque tout entier entre les mains des Chinois, qui ont fait de *Cholen*, ville chinoise, située à 5 kilomètres de Saïgon, l'entrepôt des riz et des produits les plus importants de la basse Cochinchine. Les échanges s'élevaient, en 1882, à près de 36 millions dont 8 millions pour le commerce avec la France. Les vins, les tissus, la poterie, les outils, sont les principaux articles d'importation. La population indigène vit du reste avec la plus grande simplicité et fait peu d'usage des produits européens.

Le mouvement de la grande navigation est d'à peu près 635 000 tonneaux; le pavillon anglais l'emporte sur le pavillon français.

La Cochinchine est administrée par un gouverneur général civil, assisté d'un conseil privé et d'un conseil colonial élu. Le territoire de la colonie se divise en 4 districts, 19 arrondissements, 201 cantons et environ 2400 communes qui ont leurs maires et leurs conseils de notables indigènes.

Les écoles primaires et secondaires comptent 16000 à 17000 élèves, presque tous indigènes.

Le budget de la colonie s'élève à plus de 20 millions dont 5 seulement à la charge de la métropole, pour les dépenses militaires.

L'anéantissement de la piraterie, l'amélioration des routes, les travaux exécutés sur les cours d'eau, la liberté complète du commerce et de la navigation, la création de la *Banque de l'Indo-Chine* (1875), privilégiée pour l'émission des billets, celle d'une chambre de commerce à Saïgon, la construction d'un chemin de fer de Saïgon à Mytho, ne peuvent que hâter les progrès de la colonie.

Cambodge. — Le protectorat français est reconnu par le royaume de **Cambodge** (83864 kilom. car., 900000 h.) situé au nord-ouest de nos possessions, et important par ses rizières, les riches pêcheries du grand lac et les produits de ses forêts. Il a pour capitale *Phnom-Pehn*, sur le *Meï-Kong*, pour ville principale *Oudong*, cité ruinée.

Annam et Tonkin. — Quant à nos relations avec l'**Annam** (440000 kilomètres carrés?? 18 à 20 millions d'habitants), il est plus difficile de les définir. Elles étaient restées défiantes, sinon ouvertement hostiles, depuis le traité de 1867 qui avait confirmé nos conquêtes dans la basse Cochinchine. En 1872, elles semblèrent prendre un caractère plus amical; les tentatives faites par le gouvernement français pour obtenir l'ouverture du Tonkin au commerce européen avaient paru favorablement accueillies, et un petit corps expéditionnaire français, sous la conduite de Garnier, l'explorateur du Meï-Kong, avait reçu l'autorisation de pénétrer dans le Fleuve Rouge pour y réprimer la piraterie et négocier avec le vice-roi les conditions d'un arrangement commercial.

Le refus de celui-ci, probablement encouragé par le gouvernement annamite, et les attaques dirigées contre les Français décidèrent Garnier à occuper la citadelle d'Hanoï, que ses 120 hommes enlevèrent aux 7000 soldats du vice-roi. Mais, quelques jours après, il tombait égorgé dans une embuscade. Le gouverneur de la Cochinchine rappela l'expédition et signa, le 14 mars 1874, avec l'Annam, un traité qui plaçait l'indépendance de ce royaume sous la garantie de la France, autorisait l'exercice du culte catholique et stipulait l'ouverture des ports de *Quin-hon*, sur la côte annamite, de *Haï-Phong* et de *Ha-noï*, sur le fleuve Rouge, dans le Tonkin, ainsi que le droit, pour le gouvernement français, d'entretenir dans ces ports des consuls avec une force militaire suffisante pour les protéger.

La possibilité d'établir par le cours du fleuve Rouge des relations avec le **Yun-Nan**, révélée par les explorations de M. *Dupuis*, les voyages de MM. *Harmand*, de *Kergaradec*, etc., et d'autre part les richesses naturelles (riz, sucre, plantes oléagineuses, coton, indigo, bois précieux, soie, houille, étain) du Tonkin dont la population dépasse 11 millions d'habitants, avaient enfin attiré sur ce pays l'attention publique trop longtemps indifférente; mais la piraterie et le brigandage rendaient le commerce impossible, et les petits détachements français étaient insuffisants pour les réprimer. Une nouvelle catastrophe, la mort du commandant Rivière, tué sous les murs de Hanoï (1883), a prouvé la nécessité d'en finir avec les manœuvres déloyales de l'Annam et les incursions des bandits soudoyés par la Chine et le gouvernement annamite, sur lequel la cour de Pékin prétend exercer un droit de suzeraineté.

L'empire d'Annam a dû reconnaître (traités du 24 août 1833 et du 6 juin 1884) le protectorat de la France, et sa capitale *Hué* a été occupée par une garnison française. En même temps, les hostilités étaient plus énergiquement conduites au **Tonkin**, où les troupes chinoises avaient profité de nos hésitations pour occuper presque tout le pays, et agissaient de concert avec les Annamites et les pirates. La prise des places fortes qui dominent le delta du fleuve Rouge, *Nam-Dinh*, *Ninh-Binh*, *Sontay*, *Hung-Hoa*, *Bac-Ninh*, décida le gouvernement chinois à promettre l'évacuation des forteresses qu'il occupait encore, *Lang-Son*, *Caobang* et *Lokaï*, les deux premières au débouché des défilés qui permettent de pénétrer dans le bassin du Tchou-Kiang, la troisième sur le haut fleuve Rouge : il s'engageait en outre à reconnaître le protectorat français sur l'Annam et le Tonkin, et à ouvrir au commerce de la France ses frontières méridionales. (Traité de Tien-Tsin, du 11 mai 1884.) Les difficultés survenues depuis par suite d'un guet-apens organisé contre une des colonnes du corps expéditionnaire français ont suspendu l'exécution de ce traité, et rendu nécessaires des mesures vigoureuses, capables de faire repentir le gouvernement chinois de son imprudence ou de sa mauvaise foi (bombardement de Fou-Tchéou, occupation de *Kelung*, dans l'île de **Formose**).

Le principal objet du commerce du Tonkin, qu'il est impossible d'apprécier dans la situation actuelle, est le riz exporté surtout en Chine. Les débouchés maritimes sont les ports d'*Haï-Phong*, dans la province de *Haï-Dzuong*, et de *Qouang-Yen*, situés sur deux des bras du *Song-Kau*.

III

COLONIES D'OCÉANIE

Les établissements français en Océanie forment un gouvernement dont le chef réside à la Nouvelle-Calédonie, et comprennent l'archipel de la Nouvelle-Calédonie (occupé en 1853), celui des îles Marquises, et des îles de la Société (Taïti), Tuamotou, Gambier et Toubouaï.

Nouvelle-Calédonie. — La Nouvelle-Calédonie, longue de 300 kilom. et large de 50 (16 000 kilom. carrés), est l'île principale d'un groupe situé entre le 18° et le 23° degré de latitude sud, le 160° 17′ et le 165° de longitude est. Traversée par une chaîne de montagnes peu élevées (point culminant, 1600 mètres), assez fertile et bien boisée, la Nouvelle-Calédonie est habitée par une population indigène de race noire (*Kanaques*), qui compte environ 35 000 individus, y compris les indigènes des îles Loyalty, et qui, sans être dépourvue d'intelligence, ne s'est pas encore élevée au-dessus des plus humbles débuts de la civilisation. La population européenne ne dépasse pas 18 600 individus, marins, soldats, fonctionnaires, colons et transportés libérés astreints à la rési-

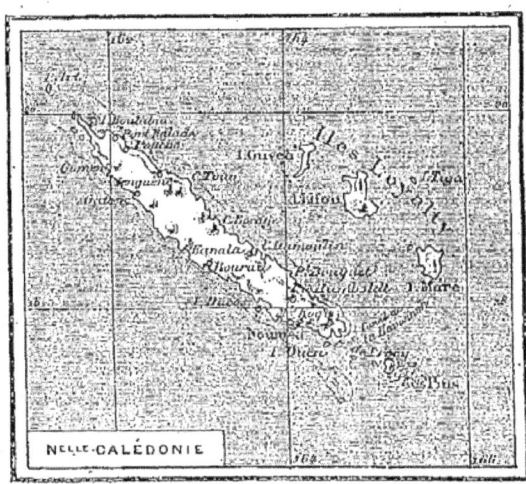

Carte XX.

dence. La décision, qui a transformé la Nouvelle-Calédonie et l'île des Pins en colonie pénitentiaire, a augmenté dans une proportion considérable le chiffre de la population non indigène.

La Nouvelle-Calédonie produit en abondance les bois de construction et d'ébénisterie; les plantes fourragères, le maïs, le tabac, le café, l'ananas y réussissent; presque toutes les plantes des tropiques peuvent s'y cultiver; mais les seules cultures, qui donnent lieu jusqu'ici à un commerce appréciable, sont la canne à sucre, menacée par les ravages des sauterelles, les arachides et autres plantes oléagineuses, et le tabac. Le bétail est assez nombreux (80 000 bœufs, 20 000 moutons); mais les colons élèvent surtout des chèvres, des porcs et de la volaille. On a reconnu des gisements de cuivre, de chrome, de cobalt, d'antimoine, de fer et de houille et surtout de riches mines de nickel, et l'on pêche, sur les côtes, des éponges, des huîtres à perles, et des tripangs ou biches de mer, qui sont déjà l'objet d'un commerce assez important avec la Californie et la Chine. Le mouvement total des échanges ne dépasse pas 10 millions à l'importation et 4 ou 5 à l'exportation (arachides, nacre, graines oléagineuses, nickel).

Les deux principaux ports sont *Balade* et *Nouméa*, chef-lieu de la colonie, siège d'une chambre de commerce, rattaché à la France par les services réguliers des *Messageries maritimes*, qui partent de Marseille et relâchent à la Réunion, à Melbourne et à Sidney (50 jours de traversée).

L'île des *Pins* et le groupe des îles *Loyalty* dépend du gouvernement de la Nouvelle-Calédonie.

La situation du groupe des **Nouvelles-Hébrides** (*Vaté, Mallicollo, Terre du Saint-Esprit*) et de l'archipel de *Santa-Cruz*, célèbre par le naufrage de La Pérouse, a attiré l'attention des colons de la Nouvelle-Calédonie. Des indigènes de cet archipel voisin de notre colonie ont été employés par nos planteurs pour les travaux de la culture; un certain nombre de Français se sont établis, à leurs risques et périls, dans les îles les plus fertiles, et la France a acquis dans les Nouvelles-Hébrides des titres sérieux qui ne sont contestés que par la jalousie peu justifiée des colonies anglaises d'Australie.

Iles Marquises, Taïti. — Le groupe des îles *Mar-*

quises composé de onze îles, dont la principale est *Nouka-Hiva*, est habité par 5 ou 6 mille indigènes, qui cultivent

Carte XXI.

le tabac, le coton, l'indigo, et qui se livrent à la pêche du tripang. Le commerce est insignifiant.

Le groupe des îles de la *Société*, doublement important par sa position sur la route de l'Australie à l'Amérique, et sur celle des baleiniers de la mer du Sud, était soumis, depuis 1843, au protectorat de la France ; l'annexion définitive a été prononcée en 1882.

L'île principale (104 000 hectares), est celle de **Taïti** (10 000 hab.), dont le chef-lieu *Papéïti* est en même temps le meilleur port et le seul débouché commercial de l'île.

Les îles *Tuamotou* (*Pomotou*), *Gambier*, *Toubouaï* dépendent du gouvernement de Taïti.

La population totale de ces différents groupes ne dépasse pas 25 000 habitants.

Fig. 96. — Le cocotier (haut. de l'arbre, 20 à 25 mètres).

Le climat est d'une douceur et d'une salubrité exceptionnelles ; les pêcheries, l'éducation du porc et de la volaille, la culture des légumes, du manioc, des arbres fruitiers fournissent une nourriture abondante; les bois de toute espèce, la canne à sucre, le rocou, l'indigo, le coton, le tabac, le ricin, le cocotier, l'oranger réussissent à Taïti. Mais la race indigène ne sait pas tirer parti du sol, et les colons européens sont trop peu nombreux pour se livrer à de grandes entreprises de culture.

Le mouvement commercial varie entre 7 et 9 millions, et se partage presque également entre le commerce de la métropole et le commerce étranger, représenté par les possessions anglaises de l'Océanie, le Chili et les îles Sandwich.

Les huiles de coco, les coquilles de nacre, les tripangs, les oranges sont les principaux articles d'exportation.

Les étoffes, les vêtements, la quincaillerie, les vins de France, la verrerie, etc., figurent dans l'importation pour les sommes les plus considérables.

RÉSUMÉ

I. La France n'a conservé du vaste empire qu'elle possédait aux Indes, dans la première moitié du dix-huitième siècle que cinq comptoirs : *Pondichéry*, *Yanaon* et *Karikal* sur le golfe du Bengale, *Mahé* sur la mer d'Oman et *Chandernagor* sur un bras du Gange (280 000 habitants).

II. Dans l'Indo-Chine elle possède les provinces de la *Basse-Cochinchine*, capitale *Saïgon* sur un affluent du *Donnaï*; v. pr. *Mytho*, dans le delta du *Meï-Kong*. La population dépasse 1 600 000 habitants de race jaune et de religion bouddhiste.

Le riz est la principale culture : on y élève des vers à soie, des porcs et de la volaille.

La France exerce en outre un protectorat sur le royaume du *Cambodge* (900 000 habitants), sur le royaume d'*Annam* (capitale *Hué*) et sur une dépendance de l'Annam la province de *Tonkin* (villes principales : *Hanoï*, *Son-Tay*, sur le *Song-Tao* ou *Fleuve Rouge*, *Bac-Ninh*, *Haïphong* dans le delta du *Song-Cau*, *Lang-Son*, dans la région montagneuse), riche en mines de houille, d'étain, en forêts, et en produits agricoles, tels que le riz, le coton, etc.

La population totale de l'Annam est évaluée à 18 millions d'habitants dont 11 millions pour le Tonkin.

III. En Océanie la France possède la *Nouvelle-Calédonie*.

colonie pénitentiaire (capitale *Nouméa*) riche surtout en mines de nickel, l'île des *Pins* et les îles *Loyalty* (20 000 kilomètres carrés, 53 000 habitants dont 35 000 indigènes Kanaques).

Le groupe des îles *Marquises* ou *Nouka-Hiva* ;

Le groupe des îles *Taïti* (capitale *Papéiti*), *Tuamotou*, *Gambier* et *Toubouai* (population, 25 000 habitants).

Exercices

Carte de la Cochinchine française.
Carte de l'Annam et du Tonkin.
Carte comparée des possessions françaises aux Indes en 1754 et en 1884.
Carte de la Nouvelle-Calédonie.

Lectures

E. Reclus. *Géographie universelle. L'Asie.*
Garnier. *Voyage d'exploration en Indo-Chine* (1866-68). 2 vol. in-4°.
Lemire. *L'Indo-Chine.* 1 vol. in-12, 1884.
Bouinais et Paulus. *La Cochinchine contemporaine*, 1 vol. in-8°, 1884.
De Bizemont. *L'Indo-Chine française.* 1 vol. in-12, 1884.
Dutreuil de Rhins. *Le royaume d'Annam et les Annamites.* 1 vol. in-18.
Moura. *Le Royaume de Cambodge.* 2 vol. in-8°, 1883-84.
H. Gautier. *Les Français au Tonkin.* 1 vol. in-18, 1884.
G. Marcel. *La Nouvelle-Calédonie.* 1 vol. in-8°, 1873.
Lemire. *La colonisation française en Calédonie.* 1 vol. in-12, 1883.

CHAPITRE IV

Colonies américaines

I

SAINT-PIERRE ET MIQUELON

Du vaste empire qu'elle possédait au dix-huitième siècle dans l'Amérique du Nord (île de Terre-Neuve, Canada, Louisiane), la France ne conserve plus que le droit de pêche sur le banc de Terre-Neuve, et trois îlots stériles, mais importants comme ports de refuge et d'approvisionnement pendant la saison de la pêche : *Saint-Pierre* et les deux *Miquelon* (210 kilomètres carrés, 5 500 habitants). — Terre-Neuve nous avait été enlevé dès 1713 par le traité d'Utrecht; celui de Paris, en 1763, céda le Canada à l'Angleterre, et la Louisiane fut vendue aux Etats-Unis, en 1803; mais notre langue et notre race se sont main-

Fig. 97. — Vue de Saint-Pierre.

tenues dans une partie de nos anciennes colonies; au Canada, 1300000 Canadiens descendent de nos colons du dix-huitième siècle, parlent encore le français et professent le catholicisme, la religion de leurs ancêtres.

II

ANTILLES FRANÇAISES

Nos possessions des Antilles sont plus importantes et forment deux gouvernements : celui de la Guadeloupe et celui de la Martinique.

Ces établissements sont rattachés à la métropole par la Compagnie transatlantique, dont les paquebots partent de Saint-Nazaire, du Havre et de Bordeaux.

Gouvernement de la Guadeloupe. — La Guadeloupe, située entre 15° 47′ et 16° 40′ de latitude nord, 63°20′ et 64°9′ de longitude ouest, fait partie du groupe des petites Antilles. Divisée en deux parties, Basse-Terre et Grande-Terre, par un étroit bras de mer, la Rivière-Salée, elle offre tous les contrastes des terres volcaniques : au nord une plaine aride, au centre des cratères couronnés

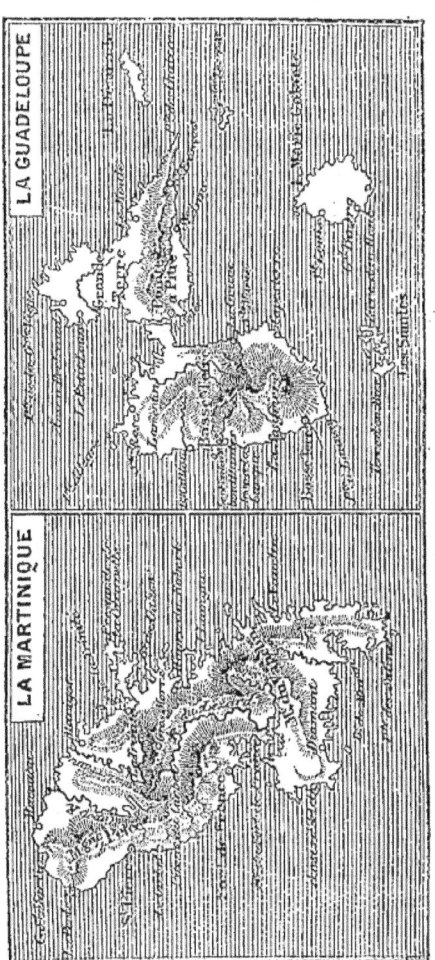

Carte XXII.

de forêts (points culminants 1500 mètres), sur les côtes des terrains fertiles et bien arrosés. Sa superficie est de 160000 hectares et sa population de 145000 habitants, dont un vingtième de race blanche, et les autres noirs, métis ou immigrants chinois.

Le siège du gouvernement est *Basse-Terre* (18000 hab.); mais la principale place de commerce est le port de *Pointe-à-Pitre* (21000 hab.), l'un des plus vastes et des plus sûrs de l'archipel, exposé toutefois à ces terribles tremblements de terre qui ravagent périodiquement les Antilles (mouvement de la navigation avec la France, 60000 tonneaux chargés).

La colonie est administrée par un gouverneur, assisté d'un *Conseil général* élu par le suffrage universel. Le budget s'élève à environ 4630000 francs. Basse-Terre est le siège d'une cour d'appel et d'un évêché.

Les industries agricoles sont les seules qui méritent d'être citées, et malgré les crises désastreuses que lui ont fait traverser, ainsi qu'à nos autres colonies, l'émancipation des noirs et les guerres maritimes, la Guadeloupe doit encore sa prospérité à ses plantations de sucre, de café, de tabac, de coton.

La production moyenne du sucre, depuis 1860, est de 40 à 48 millions de kilogrammes; les raffineries fonctionnent avec succès depuis l'abolition des entraves imposées à l'industrie locale par le pacte colonial.

La production moyenne du café, qui s'est élevée avant 1790 jusqu'à 3 millions et demi de kilogrammes, varie aujourd'hui entre 800000 et 930000.

La culture du coton (12000 kilogrammes), du tabac (3000 kilogrammes), du rocou (570000 kilogrammes), du cacao (164000 kilogrammes), des plantes aromatiques (vanille, girofle), du manioc, ne joue qu'un rôle secondaire.

La Guadeloupe entretient des relations avec les autres colonies des Antilles, et depuis l'abolition du pacte colonial, avec le Mexique et les Antilles anglaises et espagnoles; mais le commerce avec la métropole représente la plus grande partie des échanges qui s'élèvent à 65 millions (1882).

Les principales marchandises qu'elle expédie en France sont les sucres, le café, le rhum, le rocou, etc., pour une valeur de 25 à 27 millions.

Elle reçoit en retour des tissus, des ouvrages en peau et en cuir, des huiles d'olive, des machines et ouvrages en métaux, des vins, du beurre, du riz, des céréales pour une valeur de 11 à 13 millions.

Une banque coloniale fonctionne à la Guadeloupe depuis 1851.

La **Désirade**, **Marie-Galante** et le groupe des **Saintes**, qui renferment 12 à 15,000 habitants, et qui dépendent du gouvernement de la Guadeloupe, n'ont pas d'importance commerciale. L'île St-Barthélemy (21 kilomètres carrés, 2,400 habitants) a été rétrocédée à la France par la Suède. L'eau est rare et le sol peu fertile.

La France possède une partie de l'île **Saint-Martin** qu'elle partage avec la Hollande : la région française, qui compte 4000 habitants, produit du sucre et du café.

Gouvernement de la Martinique. — La Martinique, située à 110 kilomètres au sud de la Guadeloupe, forme un gouvernement distinct. Sa superficie est de 99 000 hectares et sa population de 167 000 habitants, dont 13 000 de race blanche, et 154 000 noirs ou métis. Couverte au centre de montagnes, de volcans éteints et de forêts impénétrables, mais bien arrosée et fertile sur les côtes, la Martinique possède deux ports qui figurent parmi les plus sûrs des Antilles, *Saint-Pierre*, chef-lieu d'un des deux arrondissements (26 000 h.), et *Fort-de-France* (15 000 h.), chef-lieu du gouvernement, siège d'une cour d'appel et d'un évêché, rattaché à Saint-Nazaire par la Compagnie transatlantique, et point de départ des correspondances pour la Guadeloupe, les Antilles anglaises et les Guyanes.

L'industrie est, comme à la Guadeloupe, exclusivement agricole : la production du sucre est évaluée à 52 millions de kilogrammes en moyenne, et le nombre des sucreries à 570 ; la culture du café, qui avait été presque complètement abandonnée, tend à se relever depuis 1863 ; celle du cacao (230000 kilogr.), et du coton a pris un assez grand développement.

Sur un mouvement d'échanges qui s'élève à 60 millions en moyenne, le commerce avec la métropole représente une valeur de plus de 39 millions.

Les sucres et les tafias comptent à l'exportation pour 23 à 25 millions sur 27.

A l'importation, les principaux articles sont les tissus, les huiles, les ouvrages en cuir ou en métal, les vins, le beurre salé, etc.

Une banque a été fondée à Saint-Pierre en 1851, et ses billets ont cours légal. Le budget colonial n'atteint pas 4 millions.

Guyane. — La France possède sur les côtes de l'Amérique du Sud un vaste territoire, borné au sud par le Brésil, au nord et à l'ouest par la Guyane hollandaise, à l'est par l'océan Atlantique, qui baigne ses côtes sur une étendue de 500 kilomètres : c'est la Guyane française.

La Guyane est une colonie pénitentiaire, analogue à celle que l'Angleterre fonda en Australie à la fin du siècle dernier. On n'y envoie plus aujourd'hui que des condamnés appartenant à la population indigène de nos colonies. Sa superficie est d'environ 75 000 kilomètres carrés, explorés et organisés. La population totale est de 26000 habitants, parmi lesquels 2000 transportés, 16000 nègres ou indiens, 5000 immigrants noirs, indous ou chinois, et 3000 blancs, soldats, fonctionnaires, commerçants ou planteurs.

La côte insalubre, marécageuse, bordée de palétuviers, est cependant la seule région occupée et cultivée : dans l'intérieur, qu'arrosent de nombreux cours d'eau, le Maroni, la rivière de Sinnamari, l'Oyapoc, etc., errent, au milieu des savanes ou des hauts plateaux couverts de forêts immenses, des tribus indiennes, encore sauvages, et dont on ignore le nombre.

Fig. 99. — Vue de Cayenne.

L'unique débouché commercial de la Guyane est le chef-lieu de la colonie, *Cayenne*, mauvais port dans une île marécageuse. Une correspondance régulière de la

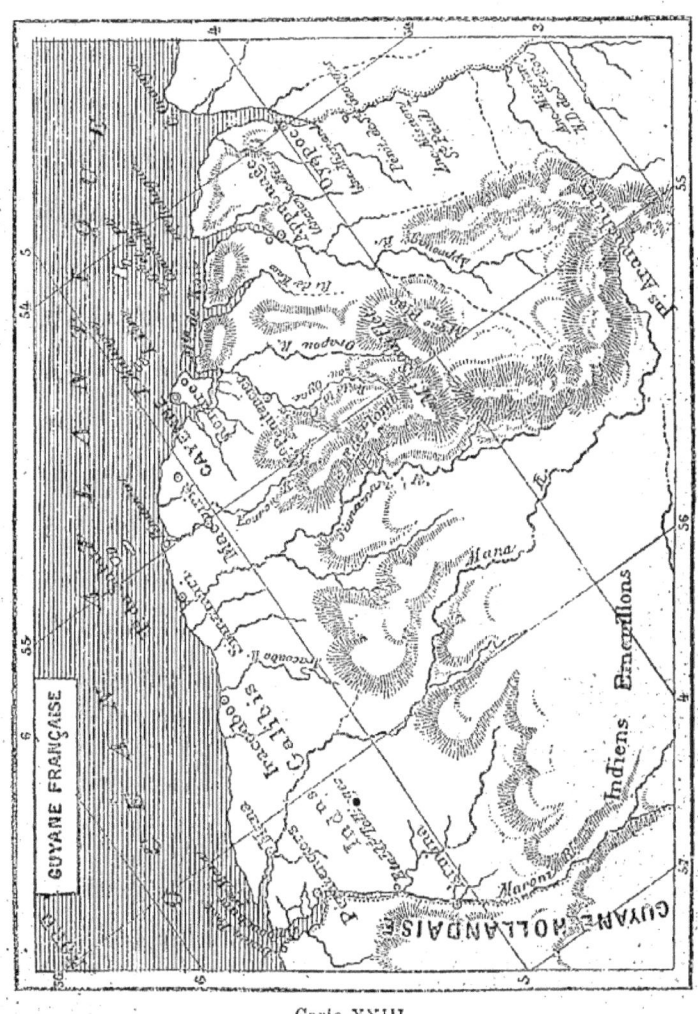

Carte XXIII.

Compagnie transatlantique le rattache à Saint-Nazaire par Fort-de-France (Martinique).

Sinnamari, *Approuage* et *Oyapoc* ne sont que des stations de cabotage.

La Guyane produit toutes les plantes des tropiques : maïs, sucre, café, riz, épices, plantes aromatiques, coton, gommes, indigo, cacao, etc., mais le manque de bras et de capitaux, et l'insalubrité du climat offrent aux progrès de la culture des obstacles insurmontables.

La découverte de gisements aurifères n'a pas réalisé toutes les espérances qu'elle avait fait concevoir.

Le mouvement des échanges avec les États-Unis, le Brésil et la Guyane hollandaise, ne s'élève pas à plus de 2 millions et demi; le commerce avec la France à un peu plus de 6 millions, dont 5 500 000 francs à l'importation (vins, tissus, ouvrages en peau, farines, etc.), et 550 000 francs à l'exportation (rocou, rhum et tafia, sucre, bois d'ébénisterie et peaux brutes).

III

Conclusion

RÔLE DE LA FRANCE DANS LE COMMERCE DU MONDE

Les échanges des grandes puissances commerçantes avec l'Asie, l'Afrique, l'Amérique et l'Océanie. — Le commerce de la Grande-Bretagne avec l'Asie, en y comprenant les colonies britanniques dépasse deux milliards sept cents millions, avec l'Afrique il s'élève à près de 850 millions; avec les deux Amériques à 5 milliards deux cents millions, avec l'Océanie, à près de 1 400 millions. Le commerce des États-Unis avec l'Asie atteint 360 millions, avec l'Amérique 1 700 millions, avec l'Afrique 60 millions, avec l'Océanie 600 millions.

Le commerce de la France avec l'Amérique, flotte entre 1 600 et 1 700 millions, avec l'Asie entre 380 et 400 millions, avec l'Afrique entre 450 et 480 millions, avec l'Océanie entre 40 et 45 millions.

CONCLUSION.

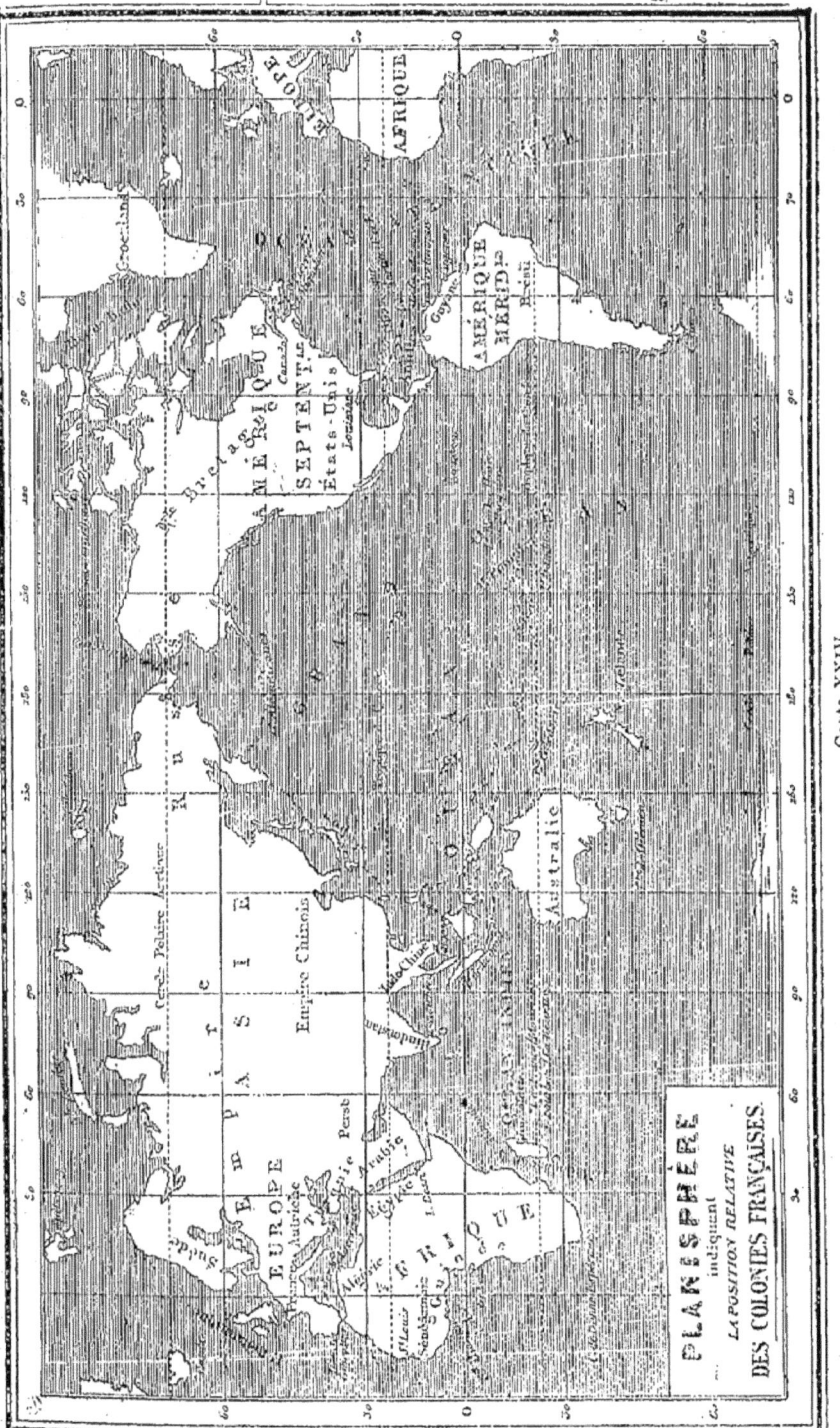

Carte XXIV

Rôle commercial de la France. — La part de notre pays est considérable, puisqu'elle nous place immédiatement après l'Angleterre et au-dessus des Etats-Unis, cependant la France est encore loin du développement commercial qu'elle peut espérer et que la nature lui assigne. Située au cœur de l'Europe occidentale, c'est-à-dire du monde civilisé, dominant les routes de la Méditerranée, de l'Atlantique, de la Manche et touchant à la mer du Nord, elle pourrait au point de vue de la situation géographique défier en Europe toutes les concurrences, même celle de l'Angleterre.

Nos grands ports. — Marseille attire le commerce de la Russie, de la Turquie d'Asie et de la Perse par le Bosphore et les Dardanelles, celui de l'Europe méridionale, du Levant, de l'Egypte et des côtes barbaresques, par la Méditerranée, celui de l'extrême Orient et de l'Océanie par le canal de Suez.

Bordeaux est un des entrepôts du trafic avec la côte occidentale d'Afrique et de l'Amérique du Sud ; Nantes et Saint-Nazaire, communiquent avec l'Amérique centrale, les Antilles, l'océan Pacifique par l'isthme de Panama. Le Havre dispute à l'Angleterre le commerce des Etats-Unis et celui de l'Europe du Nord : à Nantes, celui de l'Amérique centrale ; à Bordeaux celui de l'Amérique du Sud et de l'Afrique.

Notre commerce en Amérique. — Sans parler de nos relations avec l'Europe, l'Amérique tout entière, avec ses populations anglo-saxonnes, si riches et si actives, avec ses populations espagnoles, passionnées pour les recherches du luxe européen, est déjà ouverte aux produits de notre sol et de nos manufactures, à nos vins, à nos draps, à nos soieries, et le développement de nos lignes transatlantiques, en multipliant les relations, doit nous y fournir de nouveaux débouchés.

En Afrique. — En Afrique, l'Algérie, le Sénégal, nos récentes possessions du Congo, la Réunion, les Comores peuvent nous ouvrir des marchés à peine exploités, le Soudan, la région des plateaux et des lacs de l'Afrique centrale, l'île de Madagascar, etc., et, par Obok, nos relations s'étendraient facilement jusqu'à l'Abyssinie. Nos cotonnades, nos lainages, notre quincaillerie, notre mercerie, nos armes, nos ouvrages en cuir, nos liqueurs et nos vins trouveraient chez les populations indigènes un débouché assuré ; le coton, l'ivoire, les gommes, le caoutchouc, les aromates, la poudre d'or, les fruits et graines oléagineux fourniraient à nos caravanes et à nos navires un précieux fret de retour ; mais notre commerce semble hésiter devant la barbarie ou le fanatisme des populations, l'incertitude des routes commerciales, l'ignorance des mœurs et des usages, qui n'arrêtent pas les voyageurs et les commerçants anglais et allemands.

En Asie. — En Asie, nous avons déjà signalé les avantages que pourrait nous offrir le marché de la Perse, ce pays où le goût du luxe est si répandu, et où le nom français rencontre tant de sympathies.

Aux Indes, si nous allions chercher nous-mêmes le coton, le café, les épices, la soie, l'indigo que nous tirons en partie des entrepôts anglais, nous répandrions facilement dans les classes supérieures le goût de nos marchandises de luxe, qu'elles ne reçoivent que par l'intermédiaire de l'Angleterre ; au Tonkin et en Indo-Chine, nous pouvons être les maîtres du marché si nos commerçants suivent d'assez près nos soldats ; enfin, en Chine et au Japon, où les négociants n'ont plus, en temps normal, de dangers à redouter, pourvu qu'ils respectent les usages et les préjugés nationaux, nos draps, nos cotonnades, nos articles de Paris, nos armes, nos vins, nos livres même s'échangeraient contre la soie et le thé, ces deux riches produits que nous demandons en partie à l'Angleterre.

En Océanie. — En Océanie, où notre pavillon paraît encore si rarement, l'Australie et la Nouvelle-Zélande accueilleraient, en échange de leurs métaux précieux et de leurs laines, nos draps, nos ouvrages en cuir, et même nos marchandises de luxe, nos vins, nos soieries, et les traités avec la Hollande nous ouvrent le marché de Java.

Mais pour atteindre les destinées que nous avons le droit d'ambitionner, il faut savoir profiter des leçons que nous donnent nos rivaux ; il faut n'avoir pas peur de se déplacer, de voyager, d'émigrer même, comme le font nos concurrents ; il faut étudier, jusque dans les détails les plus minutieux les mœurs, les goûts, les besoins des peuples à qui nous offrons nos marchandises.

Il faut connaître la législation, les usages commerciaux, la langue des affaires : dans l'Amérique du Nord, l'anglais ; dans l'Amérique centrale et les Antilles, l'anglais et l'espagnol ; dans l'Amérique du Sud, l'espagnol et le portugais ; sur la côte septentrionale et orientale d'Afrique, dans le Soudan, l'arabe ; sur la côte occidentale et dans l'Afrique australe, le portugais et l'anglais ; aux Indes, l'anglais et l'hindoustani ; en Chine, l'anglais et le chinois ; en Océanie, le hollandais, le malais et l'anglais.

Il faut surtout accepter franchement les conséquences de la liberté et ne pas demander à l'État ce qui n'appartient qu'à l'initiative privée.

Les gouvernements français qui se sont succédé depuis quarante ans ont largement accompli leur tâche ; les traités nous ouvrent tous les marchés du monde : nos lignes de paquebots sillonnent toutes les mers ; nos stations et nos consuls assurent ou pourraient assurer partout à nos négociants sécurité et protection ; c'est au commerce à faire le reste, et à poursuivre la route que l'État lui a frayée.

RÉSUMÉ

Dans l'AMÉRIQUE DU NORD, la France possédait autrefois le *Canada*, qui lui a été enlevé au dix-huitième siècle par l'Angleterre ; il ne lui reste que les petites îles de *Saint-Pierre* et *Miquelon* avec le droit de pêcher la morue sur le banc de Terre-Neuve.

Dans les Antilles nous n'avons plus que les deux îles de la MARTINIQUE (167 000 hab.), c. *Fort-de-France*, et de la GUADELOUPE (145 000 hab.), c. *Basse-Terre*, v. pr. *Pointe-à-Pitre*, avec leurs dépendances les îles de *Marie-Galante*, de *la Dési-*

rade, des *Saintes*, de *Saint-Barthélemy*, et une partie de l'île *Saint-Martin* (population totale, 20 000 hab.). Le sol volcanique et en général accidenté produit la canne à sucre, le café, le cacao, etc. Le commerce de chacun des deux gouvernements de la Martinique et de la Guadeloupe s'élève à 60 ou 65 millions. La majorité de la population est formée par les nègres autrefois esclaves, mais aujourd'hui émancipés.

Dans l'Amérique du Sud, la GUYANE FRANÇAISE, capitale *Cayenne*, est un vaste territoire, couvert de forêts, insalubre, marécageux sur le littoral, et qui sert de lieu de déportation pour les condamnés appartenant à la population indigène de nos colonies.

L'étendue des colonies ou des protectorats français dans toutes les parties du monde dépasse 1 110 000 kilomètres carrés, et la population atteint 30 millions d'habitants.

Exercices

Carte des Antilles françaises.
Carte de la Guyane française.
Carte des anciennes possessions coloniales de la France en Amérique.
Planisphère indiquant les colonies ou protectorats français.

Lectures

LEROY-BEAULIEU. *La colonisation chez les peuples modernes*. 1 vol. in-8°, 1874.
GAFFAREL. *Les colonies françaises*. In-8°, 1884.
VIGNON. *Les colonies françaises*. 1 vol. in-8°, 1884.
LANIER. *Lectures géographiques. Amérique*. 1 vol. in-12, 1883.
DE LAMOTHE. *Cinq mois chez les Français d'Amérique (Canada)*. 1 vol. in-12, 1881.
BOUINAIS. *La Guadeloupe*. In-12, 1882.
MEIGNAN. *Aux Antilles*. 1 vol. in-18, 1878.
AULET. *La Martinique*. In-8°, 1880.
AUBE. *La Martinique*. In-8°, 1883.
CREVAUX. *Voyages en Guyane* (*Tour du Monde* de 1879 et 1881).
F. BOUYER. *La Guyane française*. 1 vol. in-4°, 1867.

FIN

TABLE DES MATIÈRES

LIVRE PREMIER

GÉOGRAPHIE PHYSIQUE

Chapitre Ier. Situation. Notions sur la constitution géologique de la France. Les côtes................	1
— II. Le relief du sol. Montagnes, plateaux et plaines...	24
— III. Versants et bassins. Les eaux.................	53
— IV. Le climat................................	80

LIVRE II

GÉOGRAPHIE POLITIQUE

Chapitre Ier. Formation du territoire français. Anciennes divisions...................................	84
— II. Limites continentales. Les places fortes...........	95
— III. Description des départements. Bassin de la Méditerranée................................	106
— IV. Bassin de la mer du Nord.....................	132
— V. Bassin de la Manche........................	144
— VI. Bassin de l'océan Atlantique...................	166
— VII. Bassin du golfe de Gascogne...................	191
— VIII. La population. Notions de géographie administrative...................................	213

LIVRE III

GÉOGRAPHIE ÉCONOMIQUE

Chapitre Ier. Géographie agricole...................	234
— II. L'industrie................................	273
— III. Commerce intérieur de la France. Voies de communication...............................	317
— IV. Commerce extérieur de la France................	389
— V. Notions générales sur les institutions qui intéressent le commerce.............................	430

LIVRE IV

LES COLONIES FRANÇAISES

Chapitre Ier. L'Algérie et la Tunisie................................	446
— II. Colonies d'Afrique autres que l'Algérie............	474
— III. Colonies d'Asie et d'Océanie.....................	489
— IV. Colonies d'Amérique..........................	501

FIN DE LA TABLE DES MATIÈRES.

TABLE DES CARTES

I. Delta du Rhône	18	XIII. France administrative	214
II. France physique	26	XIV. France agricole et minérale	239
III. Profil de la France de Bordeaux au mont Genèvre	40	XV. France. Voies de communication	334
IV. La Gaule à l'époque de César	86	XVI. Algérie et Tunisie	462
V. Empire de Charlemagne	88	XVII. La Réunion	483
VI. France féodale	90	XVIII. Madagascar	487
VII. Empire français en 1811	92	XIX. Comptoirs des Indes	490
VIII. Bassin de la Méditerranée	111	XX. Nouvelle-Calédonie	497
IX. Bassins du Rhin, de la Meuse et de l'Escaut	138	XXI. Taïti	499
X. Bassin de la Manche	149	XXII. La Guadeloupe et la Martinique	503
XI. Bassin de l'Atlantique	178	XXIII. Guyane française	509
XII. Bassin du golfe de Gascogne	197	XXIV. Planisphère (colonies françaises)	511

TABLE DES FIGURES ET GRAVURES

1. Falaises d'Etretat	8	15. Le pont de Bordeaux	74
2. Mont Saint-Michel	10	16. Pont de Saint-Sauveur	76
3. Marais salants	13	17. Grenoble	98
4. Port de Marseille	19	18. Besançon	100
5. Les Pyrénées vues de Pau	25	19. Belfort	101
6. Cascade de Gavarnie	28	20. Avignon	114
7. Le chamois	29	21. Marseille (Notre-Dame de la Garde)	115
8. Chaîne des Puys (Auvergne)	32	22. Marseille (la Canebière)	116
9. Une chaussée basaltique (Ardèche)	35	23. Nice	117
10. La marmotte	44	24. Le Creusot	119
11. Le mont Blanc	46	25. Saint-Bénigne à Dijon	120
12. Source du Rhône	54	26. Statue de Vercingétorix à Alésia	121
13. Le lac de Genève	57	27. Une fromagerie dans le Jura	123
14. L'Allier à Moulins	71		

28. La rue de la République à Lyon............	124	65. Ardoisières d'Angers...	277
29. Les arènes de Nîmes....	127	66. Un haut-fourneau...,...	285
30. Nîmes. Maison carrée...	128	67. Marteau à vapeur du Creusot............	286
31. Montpellier. Le Peyrou.	129	68. Une raffinerie de sucre à Nantes............	293
32. Ajaccio............	131	69. Une filature de lin à Lille	296
33. La cathédrale de Strasbourg............	134	70. Un atelier de canut à Lyon............	299
34. Nancy............	136	71. Vannerie et boissellerie.	302
35. Le beffroi d'Arras......	141	72. Machine à fabriquer le papier............	304
36. Lille............	142	73. Le château de Versailles.	307
37. Le beffroi de Douai.....	143	74. Une salle d'étude à la Bibliothèque nationale.	308
38. Cathédrale de Reims....	147	75. Une écluse............	325
39. La colonnade du Louvre. (Paris)............	151	76. Réservoir pour le canal du Midi............	327
40. La Sainte-Chapelle (id.).	152	77. Pont tournant à Cette...	328
41. Notre-Dame (id.)......	153	78. Aqueduc de Roquefavour	332
42. Le château-fort de Vincennes............	154	79. Flottage des bois.......	333
43. Le château de Pierrefonds............	156	80. Entrée du tunnel de la Nerthe............	341
44. Cathédrale d'Amiens....	158	81. Les Halles centrales....	347
45. Rouen vu de la Seine...	161	82. Vue du Havre.........	394
46. Cherbourg et sa digue..	164	83. Un transatlantique......	401
47. Saint-Étienne..........	168	84. La gorge d'El Kantara...	449
48. Cathédrale de Clermont-Ferrand............	171	85. Vue panoramique d'Alger	452
49. Statue de Jeanne d'Arc à Orléans............	173	86. Constantine...........	453
50. Le château de Blois..	174	87. Philippeville..........	454
51. Limoges............	181	88. Blidah et ses environs..	457
52. Le port de Nantes......	184	89. Femmes kabyles. Le moulin à olives............	460
53. Rennes............	185		
54. Le port de Brest......	187	90. L'oasis d'Ouargla......	465
55. Toulouse. Le Capitole..	193	91. Vue de Kairouan.......	469
56. Bordeaux. Les Quinconces	195	92. Vue de Saint-Louis (Sénégal)............	477
57. Henri IV............	204		
58. Le maïs............	245	93. Comptoir du Gabon.....	479
59. Le chanvre..........	246	94. Vue de Mayotte........	485
60. Le lin............	248	95. Le riz............	493
61. La garance..........	248	96. Le cocotier............	499
62. Le tabac............	249	97. Vue de Saint-Pierre....	502
63. Récolte du liège.......	257	98. Vue de Basse-Terre.....	504
64. Ver à soie..........	263	99. Vue de Cayenne.......	508

SAINT-CLOUD. — IMPRIMERIE V° EUG. BELIN ET FILS.

MÊME LIBRAIRIE

Envoi franco au reçu du prix en un mandat ou en timbres-poste.

L'AFRIQUE

CHOIX
DE

LECTURES DE GÉOGRAPHIE

ACCOMPAGNÉES

DE RÉSUMÉS, D'ANALYSES, DE NOTES EXPLICATIVES ET BIBLIOGRAPHIQUES

ET ORNÉES

de 51 vignettes, de 10 cartes tirées en couleur
et de 31 cartes intercalées dans le texte

PAR

M. L. LANIER

AGRÉGÉ DE L'UNIVERSITÉ, PROFESSEUR D'HISTOIRE ET DE GÉOGRAPHIE
AU LYCÉE CONDORCET ET AU COLLÈGE CHAPTAL

1 fort vol. in-12, br. . . . . 6 fr.
Le même ouvrage, cart. . . . . 6 fr. 50 c.

EXTRAIT DE LA PRÉFACE

« ..... Nous avons pris pour collaborateurs les voyageurs et les savants eux-mêmes ; nous avons emprunté aux uns et aux autres quelques pages agréables et instructives de leurs écrits, et composé, à l'aide de ces fragments signés de leurs noms, une anthologie géographique, dont les éléments sont puisés aux bonnes sources. Les Bulletins des diverses Sociétés de géographie, le Tour du Monde, la Revue de Géographie, la Revue des Deux-Mondes, la Revue scientifique, la Revue politique et littéraire, la Revue maritime et coloniale, la Revue géographique internationale, la Revue Britannique, la Nouvelle-Revue, le Journal des économistes, l'Economiste français, l'Exploration, le Correspondant, vingt autres recueils cités en leur lieu, outre les ouvrages originaux de librairie, nous ont fourni une ample matière, d'une abondance et d'une variété infinies. Dans le choix de ces lectures destinées à être pour l'esprit une récréation et un enseignement tout ensemble, nous nous sommes efforcé de bannir l'ennui, le mauvais goût, le mauvais style, les descriptions imaginaires, les tableaux fantastiques et inexacts, qui cachent, sous un certain éclat de la forme, la pauvreté ou les mensonges du fond.

» Cette publication comprendra six volumes, sans liens nécessaires entre eux, et formant isolément un ensemble complet : en voici les titres : *Géographie générale et régions polaires; — France; — Europe; — Amérique; — Afrique; — Asie et Océanie.* Aux textes tirés des relations les plus récentes et les plus autorisées, nous avons ajouté des notes explicatives, les rapprochements qui nous ont paru curieux, et des analyses propres à lier les lectures et à en compléter le sens, de manière à ne pas dépasser les limites de justes citations. Nous les avons fait précéder d'un résumé contenant des notions sommaires sur la géographie physique, politique et économique des divers États, leurs constitutions, la population, les races, l'immigration, les religions, l'instruction publique, la justice, les productions, les poids et mesures, les monnaies, les chemins de fer et télégraphes, la balance du commerce, la dette publique et les budgets, etc. Il est à peine besoin d'observer que ces détails de toute espèce émanent de documents authentiques et de fraîche date. Cette brève nomenclature sera pour le lecteur un répertoire commode, mais ne le dispensera pas toujours de consulter les traités de géographie techniques, notre dessein ayant été moins de les remplacer que de les compléter. Des gravures choisies avec soin, des plans et des cartes partielles dressées sur une échelle plus grande que celle des atlas usuels, ont été insérés dans le texte et contribueront à l'éclairer.

» Nous avons placé à la fin de chaque chapitre une *Bibliographie* par ordre alphabétique : 1° des ouvrages les plus recommandables ; 2° des meilleurs articles périodiques, français et étrangers qui ont paru dans les trente dernières années..... »

DU MÊME AUTEUR :

AMÉRIQUE

CHOIX DE LECTURES DE GÉOGRAPHIE

ACCOMPAGNÉES

DE RÉSUMÉS, D'ANALYSES, DE NOTES EXPLICATIVES
ET BIBLIOGRAPHIQUES

ET ORNÉES

de 37 vignettes, de 9 cartes tirées en couleur et de 28 cartes
intercalées dans le texte

1 fort vol. in-12, br. . . . . 4 fr.
Le même ouvrage, cart. . . . . . 4 fr. 50 c.

(CET OUVRAGE A ÉTÉ ADOPTÉ ET HONORÉ D'UNE SOUSCRIPTION PAR LE MINISTÈRE
DE L'INSTRUCTION PUBLIQUE ET LA VILLE DE PARIS.)

« M. Belin, éditeur, fait hommage d'un exemplaire des *Lectures géographiques* sur l'Amérique, par M. Lanier. Cette publication sera continuée pour les autres parties du monde et la suite en sera adressée à la Société. Le secrétaire général croit devoir attirer l'attention de ses collègues sur un livre dont la place est marquée parmi les meilleurs ouvrages de vulgarisation de la géographie. Les morceaux dont il se compose sont intelligemment choisis et très variés. L'auteur a fait précéder chaque chapitre d'une *Bibliographie* et d'une série d'informations sur la géographie physique, politique et économique des pays auxquels se rapportent les extraits. Des notions succinctes sur les principaux auteurs ou voyageurs cités, complètent l'ouvrage écrit par M. Lanier avec autant de méthode que de conscience. » (*Extrait du Bulletin de la Société de Géographie de Paris*, n° 6, p. 461.) — Séance du 9 mars 1883.

« Le *choix de Lectures de géographie*, par M. Lanier, est un des livres les plus utiles qui aient paru dans ces derniers temps. Il est né du progrès général des études géographiques en France, et y contribuera lui-même pour une bonne part. Il rendra de précieux services aux élèves, aux professeurs, à toutes les personnes qui étudient pour soi ou pour autrui... On ne saurait être plus au courant et dans un meilleur courant scientifique. Notre savant collègue ne s'est pas contenté de lire beaucoup et bien, il a fort habilement agencé tous les matériaux amassés par lui. Ses résumés de géographie physique et politique, ses notices bibliographiques, son commentaire sobre, mais toujours instructif, les cartes tirées en couleur ou intercalées dans le texte, les vignettes, tout dénote l'emploi d'une méthode sûre dans un genre de travail d'où la méthode était trop souvent exclue...

» C'est une œuvre de longue haleine que M. Lanier a entreprise. Puisse le public, par un accueil chaleureux, mettre l'auteur en demeure, je ne dirai pas de se hâter, car la conscience de l'érudit ne connaît pas la précipitation, mais de ne pas laisser un seul instant chômer la bibliothèque géographique portative qu'il nous promet. » (Ludovic DRAPEYRON, *Revue de géographie*, mars 1883.)

« M. L. Lanier vient de publier le premier volume d'un *Choix de Lectures de géographie*, conçu d'après un plan nouveau, et destiné à rendre de grands services à notre enseignement classique... Ce volume se rapporte à l'Amérique, il est des plus attachants; l'historien y trouvera son profit autant que le géographe, car c'est la vie même des peuples modernes que l'auteur s'est efforcé de nous peindre d'après les récits des savants ou des voyageurs les plus autorisés; il y a pleinement réussi. » (Ch. BÉMONT, *Revue historique*, mai-juin 1883.)

« .... M. Lanier s'est appliqué à ne donner que des textes empruntés aux relations les plus récentes, aussi son anthologie a-t-elle un caractère d'actualité qui en augmente de beaucoup l'intérêt. Toutes les parties de l'Amérique sur lesquelles s'est portée récemment l'attention publique, sont l'objet de descriptions faites *de visu* et souvent avec le plus grand talent. M. du Hailly nous trace un tableau de Terre-Neuve et de ses pêcheries; MM. Duvergier de Hauranne et de Molinari nous racontent leurs visites au Niagara moderne, si différent de celui que Chateaubriand a admiré; MM. Milton et Cheadle nous font pénétrer dans les mines du Caribou; M. Simonin nous parle de Chicago et de ses usines étranges; Quatrelle nous dépeint la Havane; Jules Duval la Martinique; MM. Wiener, Crevaux, Marcoy, Darwin nous conduisent dans les régions les plus curieuses de l'Amérique du Sud, etc., etc. Ajoutons que non seulement les textes ont été très heureusement choisis, mais que M. Lanier les a accompagnés de notes étendues fort bien faites. On a ainsi un tableau contemporain de tout le continent tracé de main de maîtres par des voyageurs pleins d'entrain, à la curiosité émue, qui peuvent tous dire : « J'étais là, telle chose m'advint », ce qui augmente singulièrement l'attrait et la valeur de leurs descriptions. » (Émile DELEROT, *Revue de l'enseignement secondaire des jeunes filles*, avril 1883.)

« ... La somme de travail que suppose ce livre est considérable : l'auteur a dû dépouiller des collections volumineuses de revues, de journaux, de rapports, pour nous donner un ouvrage d'un peu plus de 600 pages; nous ne saurions trop l'en remercier, non moins que d'avoir si bien réussi à nous transporter en Amérique, et à nous y faire accomplir, sans fatigue et au coin de notre feu, le moins périlleux et le plus charmant voyage. Nous tenons ce livre pour indispensable dans les bibliothèques des écoles normales, et nous espérons qu'il trouvera place dans beaucoup de bibliothèques d'écoles primaires. » (Jules GAUTIER, *Revue pédagogique*, 15 février 1884.)

Contraste insuffisant

NF Z 43-120-14

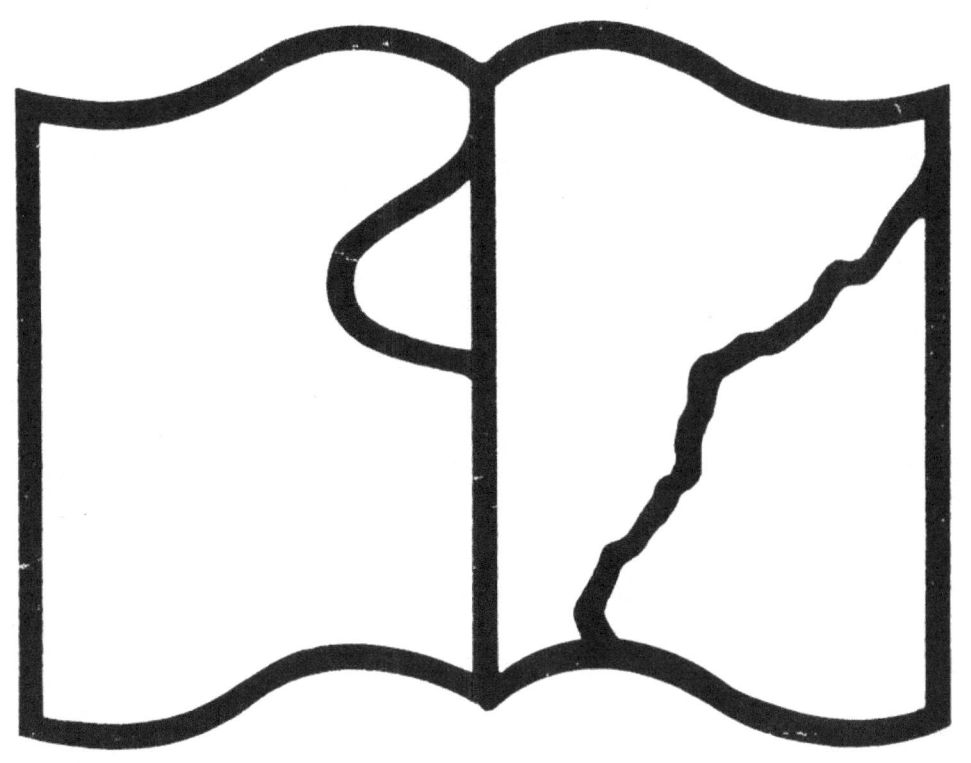

Texte détérioré — reliure défectueuse

NF Z 43-120-11

www.ingramcontent.com/pod-product-compliance
Lightning Source LLC
Chambersburg PA
CBHW071937240426
43669CB00048B/1739